Nomos Universitätsschriften

Recht

Band 697

Matthias Martens

Die Entwicklung der Widerrufsrechte des Verbrauchers bis zur Umsetzung der Richtlinie 2008/48/EG

Eine Untersuchung unter besonderer Berücksichtigung der zeitlichen Dimension

Nomos

Die Arbeit hat dem Promotionsausschuss Dr. jur.
der Universität Bremen als Dissertation vorgelegen.
Gutachter 1: Prof. Dr. Peter Derleder
Gutachter 2: Prof. Dr. Kai-Oliver Knops
Das Kolloquium fand am 30. Juni 2010 statt.

Die Deutsche Nationalbibliothek verzeichnet diese Publikation in der Deutschen Nationalbibliografie; detaillierte bibliografische Daten sind im Internet über http://dnb.d-nb.de abrufbar.

Zugl.: Bremen, Univ., Diss., 2010

ISBN 978-3-8329-5972-2

1. Auflage 2010

Meiner Großmutter

Vorwort

Die vorliegende Arbeit lag im Sommersemester 2010 der Juristischen Fakultät der Universität Bremen als Dissertation vor. Das Kolloquium fand am 30. Juni 2010 statt. Die Arbeit befasst sich mit den Widerrufsrechten des Verbrauchers, wobei im Mittelpunkt die Möglichkeit einer Verwirkung steht, und insbesondere auf das Umsetzungsgesetz vom 02.07.2009 nebst der zugrundeliegenden Verbraucherkreditrichtlinie 2008/48/EG eingegangen wird.

Einem herzlichen Dank gebührt meinem Doktorvater und Erstgutachter, Herrn Professor Dr. Peter Derleder. Er gab die Anregung für dieses Thema, und seine Unterstützung und Betreuung während des gesamten Vorhabens haben sowohl mich, als auch die Arbeit nachhaltig beeinflusst.

Ferner möchte ich Herrn Professor Dr. Kai-Oliver Knops für die rasche Erstellung des Zweitgutachtens und vor allem für die Anregungen und Hilfestellungen danken.

Insofern danke ich auch dem Privatrechtlichen Seminar von Herrn Professor Dr. Derleder und Herrn Professor Dr. Knops für die geführten Diskussionen im Zusammenhang mit meinen Vorträgen.

Einem großen Dank gilt selbstverständlichen meiner Familie und insbesondere meinen Eltern für deren Unterstützung in jeglicher Hinsicht. Ohne sie hätte dieses Vorhaben nie verwirklicht werden können.

Widmen möchte ich dieses Buch meiner Großmutter, da sie sich so sehr über das gesamte Promotionsvorhaben gefreut hat.

Bremen, im Juli 2010 *Matthias Martens*

Inhaltsverzeichnis

Vorwort 7

Erstes Kapitel
Einleitung 17

I) Einführung 17
II) Gang der Untersuchung 19

Zweites Kapitel
Das Informationsmodell des europäischen und des deutschen Verbraucherrechts und Widerrufsrechts 23

I) Der Grundbegriff des Informationsmodells 23
1) Das liberale Sozialmodell 23
2) Das soziale Zivilrechtsverständnis 24
3) Ergebnis in Bezug auf das Informationsmodell und seine Bedeutung 25
II) Das europäische Informationsmodell des Verbraucher- und Widerrufsrechts 26
III) Das deutsche Informationsmodell des Verbraucher- und Widerrufsrechts 29
IV) Zusammenfassung 34

Drittes Kapitel
Die Geschichte der Widerrufsrechte 37

I) Die historische Entwicklung des Verbraucherschutzrechts 37
1) Einleitung 37
2) Das BGB von 1900 38
3) Das Verbraucherrecht seit den 70er Jahren 39
4) Verbraucherschutz in der Europäischen Gemeinschaft 40
II) Die Widerrufsrechte des Verbrauchers 42
1) Abzahlungsgesetz und seine Novellierungen 43

2) Gesetz über Kapitalanlagen (KAGG) und Gesetz über den Vertrieb ausländischer Investmentanteile und über die Besteuerung der Erträge aus ausländischen Investmentanteilen (AuslInvG) 43
3) Gesetz zum Schutz der Teilnehmer am Fernunterricht (FernUSG) 44
4) Haustürwiderrufsgesetz (HWiG) 45
5) Versicherungsvertragsgesetz (VVG) 45
6) Teilzeit-Wohnrechtegesetz (TzWRG) 46
7) Fernabsatzgesetz (FernAbsG) 46
III) Fazit 46

Viertes Kapitel
Das Widerrufsrecht bei Haustürgeschäften nach dem HWiG, seinen Änderungen und nach § 312 I 1 BGB, unter besonderer Berücksichtigung des Zeitmoments 49

I) Haustürgeschäfterichtlinie 85/577/EWG 49
1) Geschichtlicher Hintergrund 49
2) Bestimmungen der Richtlinie 50
a) Anwendungsbereich 50
b) Widerrufsrecht 52
c) Informationspflichten 52
d) Sanktionen 52
e) Mindestschutz 53
II) Das Haustürwiderrufsgesetz von 1986 53
1) Geschichtlicher Hintergrund 53
2) Anwendungsbereich 54
a) Persönlicher Anwendungsbereich 54
b) Sachlicher Anwendungsbereich 55
aa) Ausnahmen gem. § 1 II HWiG a.F 56
bb) Bürgschaften 57
cc) Vereins-, Genossenschafts- oder Gesellschaftsbeitritt 58
dd) Versicherungsverträge 59
c) Situativer Anwendungsbereich 59
3) Widerrufsbelehrung 60
4) Rechtsfolgen des Widerrufes 62
III) Die Haustürwiderrufsgesetzgebung vom 30.06.2000 64
1) Geschichtlicher Hintergrund 64
2) Wesentliche Änderungen 64

a) Persönlicher Anwendungsbereich 64
aa) BGB-Gesellschaft 65
(1) Die Auffassung zur Unanwendbarkeit des HWiG 65
(2) Ansicht des BGH 66
(3) Stellungnahme 67
bb) Mischgeschäfte 67
(1) Verhältnis von gewerblichem und privatem Zweck 67
(2) Mischgeschäfte stets privates Handeln 68
(3) Ansicht des EuGH 68
(4) Stellungnahme 69
b) Sachlicher Anwendungsbereich 69
c) Widerrufsbelehrung 70
d) Widerrufsfolgen 71
IV) Das Haustürwiderrufsrecht vom 01.01. und 01.08. 2002 72
1) Geschichtlicher Hintergrund 72
2) Wesentliche Änderungen 74
a) Schuldrechtsmodernisierungsgesetz, 01.01.2002 74
b) OLG-Vertretungsänderungsgesetz, 01.08.2002 75
V) Zusammenfassung 75

Fünftes Kapitel
Das Widerrufsrecht bei Fernabsatzverträgen 79

I) Fernabsatzrichtlinie 97/7/EG 80
1) Geschichtlicher Hintergrund 80
2) Die Bestimmungen der Richtlinie 97/7/EG 82
a) Anwendungsbereich 82
b) Widerrufsrecht 84
c) Informationspflichten 85
aa) Informationspflichten vor Vertragsschluss gem. Art. 4 FARL 85
bb) Informationspflichten nach Vertragsschluss, Art. 5 FARL 86
d) Vorgaben zur Vertragserfüllung 87
e) Schutz des Verbrauchers, Art. 9 und 10 FARL 87
II) Das Fernabsatzgesetz von 2000 88
1) Geschichtlicher Hintergrund 88
2) Anwendungsbereich 90
a) Persönlicher Anwendungsbereich 90
b) Sachlicher Anwendungsbereich 90

c) Ausnahmen gem. § 1 III, IV FernAbsG 91
3) Widerrufsrecht 93
4) Informationspflichten 94
5) Vertragserfüllung 96
6) Zahlungsmodalitäten 96
7) Schutz des Verbrauchers 97
III) Das Fernabsatzrecht 2002 97
1) Geschichtlicher Hintergrund 97
2) Wesentliche Änderungen 98
3) Zweite Verordnung zur Änderung der BGB-InfoV 100
IV) Gesetz zur Änderung von Vorschriften über Fernabsatzverträge bei Finanzdienstleistungen 102
1) Geschichtlicher Hintergrund 102
2) Wesentliche Änderungen 103
V) Musterwiderrufsbelehrung vom 01.04.2008 106
1) Wirksame Passagen innerhalb der Musterwiderrufsbelehrung 107
2) Unwirksame Passagen innerhalb der Musterwiderrufsbelehrung 108
VI) Zusammenfassung 114

Sechstes Kapitel
Das Widerrufsrecht bei Verbraucherkreditverträgen 117

I) Verbraucherkreditrichtlinie 87/102/EWG 118
1) Geschichtlicher Hintergrund 118
2) Inhalt der Richtlinie 87/102/EWG 120
a) Anwendungsbereich 120
b) Informationspflichten 123
c) Die Vertragsdurchführung 126
II) Das Verbraucherkreditgesetz von 1991 127
1) Geschichtlicher Hintergrund 127
2) Anwendungsbereich 128
a) Persönlicher Anwendungsbereich 129
b) Sachlicher Anwendungsbereich 130
c) Ausnahmen gem. § 3 VerbrKrG 131
3) Das Informationsmodell 133
4) Die Vertragsabwicklung 134
III) Die Neuregelung des VerbrKrG durch die Novelle 1993 139
1) Geschichtlicher Hintergrund 139

2) Wesentliche Änderungen 139
IV) Das Verbraucherkreditrecht von 2000 141
V) Das Verbraucherkreditrecht seit 2002 142
1) Geschichtlicher Hintergrund 142
2) Wesentliche Änderungen 143
VI) Zusammenfassung 144

Siebtes Kapitel
Die Änderungen durch das Gesetz zur Umsetzung der Verbraucherkreditrichtlinie, des zivilrechtlichen Teils der Zahlungsdiensterichtlinie sowie zur Neuordnung der Vorschriften über das Widerrufs- und Rückgaberecht 147

I) Verbraucherkreditrichtlinie 2008/48/EG 147
1) Wesentlicher Inhalt der Richtlinie 148
a) Anwendungsbereich 148
b) Werbung 149
c) Vorvertragliche Pflichten 149
d) Effektiver Jahreszins 150
e) Widerrufsrecht 150
f) Vorzeitige Rückzahlung 151
2) Bewertung der Verbraucherkreditrichtlinie 2008/48/EG 152
3) Zwischenergebnis 153
II) Das Umsetzungsgesetz vom 02.07.2009 154
1) Wesentliche Änderungen durch das Umsetzungsgesetz 154
a) § 360 BGB n.F. und die neue Musterwiderrufsbelehrung 154
b) Die Widerrufsrechte nach §§ 312ff. BGB n.F 155
c) Die Widerrufsfolgen gem. §§ 355ff. BGB n.F 156
d) Verbundene Verträge 157
e) Das neue Verbraucherdarlehensrecht 158
f) Die neuen Normen des EGBGB 159
2) Stellungnahme zum Umsetzungsgesetz 160
3) Die Bedeutung des Umsetzungsgesetzes anhand von Fallgruppen 165
a) Verspätete/ fehlende Widerrufsbelehrung 165
b) Widerrufsbelehrung bei Onlineauktionen 166
c) Darlehensverträge im Fernabsatz 167
d) Verbundene Geschäfte gem. § 358 BGB 168
e) Der Anwendungsbereich des § 359 a BGB n.F 169
f) Die Restschuldversicherung 170

III) Zusammenfassung 173

Achtes Kapitel
Sonstige Widerrufsrechte außerhalb des BGB bezüglich deren Rechtsentwicklung 175

I) § 126 I Investmentgesetz 175
1) Geschichtlicher Hintergrund 175
2) Veränderungen durch das InvG und das InvÄndG 176
II) § 4 I FernUSG 178
1) Geschichtlicher Hintergrund 178
2) Inhalt und Änderungen des § 4 FernUSG und deren Bedeutung 178
III) §§ 8, 9, 152 VVG 181
1) Geschichtlicher Hintergrund 181
2) Die wesentlichen Änderungen des Widerrufsrechts innerhalb des VVG 181
IV) Zusammenfassung 185

Neuntes Kapitel
Die Überschneidung der Widerrufsrechte 187

I) Überschneidungsmöglichkeiten und deren Ausschluss 187
1) Das Widerrufsrecht aus § 312 I 1 BGB 187
2) Das Widerrufsrecht gem. § 312 d I 1 BGB 188
3) § 312 I 1 BGB vs. § 312 d I 1 BGB 189
4) Die Überschneidung sonstiger Widerrufsrechte 190
II) Die Regelung des § 312 a BGB und seine Europarechtskonformität 192
III) Die Regelung des § 312 d V BGB und seine Europarechtskonformität 195
IV) Zusammenfassung 197

Zehntes Kapitel
Die Regelung der Widerrufsfolgen 199

I) Die Rechtsfolgen gem. §§ 355 f. BGB 199
II) Die Regelungen des § 357 BGB 202
1) § 357 I 2, 3 BGB 203
2) § 357 II BGB 204
3) § 357 III BGB 205

4) Zwischenergebnis 209
III) Verbundene Verträge, §§ 358 f. BGB 210
IV) Zusammenfassung 212

Elftes Kapitel
Die Bedeutung der EuGH-Rechtsprechung für die nationalen Widerrufsrechte 215

I) Die Entscheidung des EuGH in Sachen „Heininger“ vom 13.12.2001 216
1) Rechtslage vor der Entscheidung des EuGH 216
2) Die Entscheidung des EuGH vom 13.12.2001 218
3) Die Bedeutung des EuGH-Urteils vom 13.12.2001 für das nationale Recht 219
II) Die Entscheidung des EuGH in Sachen „Schulte“ und „Crailsheimer Volksbank vom 25.10.2005 220
1) Das nationale Recht vor der Entscheidung des EuGH 222
2) Die Entscheidungen des EuGH vom 25.10.2005 224
3) Bedeutung der EuGH-Urteile für das nationale Recht 225
III) Die Entscheidung des EuGH in Sachen „Hamilton“ vom 10.04.2008 227
1) Die Rechtslage vor der Entscheidung des EuGH 228
2) Die Entscheidung des EuGH vom 10.04.2008 228
3) Die nationale Bedeutung des EuGH-Urteils in Sachen „Hamilton“ 229
IV) Zusammenfassung 230

Zwölftes Kapitel
Die Verwirkung von Widerrufsrechten 233

I) Die Verwirkung und ihre Voraussetzungen 233
II) Die Möglichkeit einer Verwirkung der Widerrufsrechte 235
1) Die Argumente gegen eine Verwirkung 235
2) Die Begründungen für eine Verwirkung 237
3) Zwischenergebnis 238
III) Verschiedene Ansichten für die Voraussetzungen einer Verwirkung 239
1) § 7 II 3 VerbrKrG analog 239
2) § 124 III BGB 240
3) § 257 HGB 241
4) Zwischenergebnis 241
IV) Eigene Anforderungen an die Voraussetzungen einer Verwirkung 242

1) Die Anforderungen an den Unternehmer 242
2) Das Umstandsmoment 243
3) Zeitmoment 245
V) Zusammenfassung 248

Dreizehntes Kapitel
Rechtspolitische Perspektive und Zusammenfassung 251

I) Rechtspolitische Perspektive 251
II) Zusammenfassung der wesentlichen Ergebnisse 254

Literaturverzeichnis 261

Erstes Kapitel
Einleitung

I) Einführung

Die Vorlageentscheidung des *OLG Stuttgart* hat die zeitliche Dimension der Widerrufsrechte erneut ins Gespräch gebracht.[1] Sie dienen der Informationssicherung und dem Überrumpelungsschutz von Verbrauchern und Anlegern und haben in der Vergangenheit vor allem im Hinblick auf die Anknüpfsituation (Haustürsituation, Telekommunikation etc.), die Belehrung, den Fristablauf und die ergänzende Bedeutung einer Verwirkung Kontroversen durchlaufen. Dabei befinden sich die geltenden verbraucherschützenden Widerrufsregelungen seit dem Gesetz zur Modernisierung des Schuldrechts vom 26.11.2001, mit Ausnahme des § 4 I FernUSG, in den § 312 I 1, § 312 d I 1, § 485 I, § 495 I (gegebenenfalls in Verbindung mit §§ 499 I, 500, 501 S. 1) und § 505 I BGB und verweisen ihrerseits auf das Widerrufsrecht bei Verbraucherverträgen gemäß §§ 355ff. BGB. Außerhalb des BGB gibt es noch ein Widerrufsrecht für Versicherungsnehmer, §§ 8, 9, 152 VVG, und für Käufer von Investmentanteilen, § 126 I InvG. Sie alle sollen vor übereilten Vertragsabschlüssen durch Gewährung einer Überlegungsfrist schützen.[2] Bis zum jetzigen Zeitpunkt wurden die Widerrufsrechte immer wieder aufs Neue geändert. So gab es zuerst für die Widerrufsrechte jeweils eigene Gesetze, bevor sie dann überwiegend ins BGB eingegliedert wurden. Die Änderungen ergaben sich vor allem aus Defiziten bei der Umsetzung der jeweils einschlägigen europäischen Richtlinien. So verwundert es nicht, dass das Haustürwiderrufsrecht, welches bereits vor der einschlägigen Haustürwiderrufsrichtlinie 85/577/EWG erlassen wurde, in der Hoffnung, dadurch werde schon im Vorwege der angestrebten Rechtsangleichung Rechnung getragen, in weiten Teilen mit der Richtlinie nicht übereinstimmte.[3] Dieses Problem gab es in weiten Teilen auch für die anderen Widerrufsrechte. Die größten Schwierigkeiten ergaben sich dabei jeweils bei der Umsetzung der Widerrufsfrist und der Rechtsfolgen bei unterbliebener Widerrufsbelehrung. Diese Defizite existieren noch zum Teil bis heute, wie die oben bereits benannte Vorlageentscheidung des *OLG Stuttgart* gezeigt hat. Dass Umsetzungs-

1 S. *OLG Stuttgart*, ZfIR 2007, 18ff.; bzgl. der Entscheidung des *EuGH* vgl. die Ausführungen im 11. Kapitel, III.
2 Vgl. *Larenz/ Wolf*, § 39 Rn. 3.
3 Vgl. MünchKomm/ *Ulmer*, 3. Auflage, Vor § 1 Rn. 7 HWiG.

defizite bestehen, ist bereits durch frühere Urteile des *EuGH* deutlich geworden.[4] Diesbezüglich wurden auch bereits mehrere Monographien vorgelegt, bei denen es um die Umsetzung verbraucherschützender Richtlinien ins nationale Recht und um den Schutz von Verbrauchern geht.[5]

Diese Arbeit legt zwar einen Schwerpunkt auf die zeitliche Dimension der Widerrufsrechte, kann dies aber nicht ohne Erfassung der historischen Rechtsentwicklung und der Systematik der Rechtsbestände leisten. Dies gilt für die Tatbestandsvoraussetzungen wie für die Rechtsfolgen. Was den Belehrungstatbestand angeht, so entwarf der Gesetzgeber aufgrund der Hindernisse bei Erteilung einer ordnungsgemäßen Widerrufsbelehrung ein Muster hierfür, welches, so die Intention, dazu führen sollte, dass der Unternehmer bei Verwendung dieses nicht mehr den Gefahren und Rechtsfolgen einer fehlerhaften Widerrufsbelehrung ausgesetzt werde. Da dennoch eine Flut von Rechtstreitigkeiten bzgl. der Anforderung an eine ordnungsgemäße Widerrufsbelehrung dazu führte, dass die Rechtsprechung die Widerrufsbelehrungen, die unter Verwendung des Musters erteilt wurden, als unwirksam bezeichnete, wurde versucht, die Musterwiderrufsbelehrung durch neue Verordnungen an die gesetzlichen Voraussetzungen anzupassen. Mit den Einzelheiten der Musterwiderrufsbelehrung, und ob sie nunmehr den gesetzlichen Anforderungen entspricht, befasst sich ein besonderes Kapitel.

Aber auch bzgl. der Rechtsfolgen eines Widerrufs haben die Recherchen dieser Arbeit ergeben, dass dort noch einige Unklarheiten sowie Schwierigkeiten hinsichtlich der Vereinbarkeit mit den einschlägigen Richtlinien bestehen. So sieht das nationale Recht gem. § 355 II 3 BGB n.F. die Möglichkeit der Nachbelehrung vor. Sofern der Unternehmer also fehlerhaft oder gar nicht belehrt hat, kann er diesen Misstand beheben und die ordnungsgemäße Widerrufsbelehrung nachholen. Das Problem hierbei besteht jedoch darin, dass die Haustürwiderrufsrichtlinie eine solche Nachbelehrung nicht vorsieht, so dass auch verschiedene Auffassungen zu deren Europarechtskonformität bestehen. Die Nachbelehrung ist nämlich vor allem dann von Bedeutung, wenn man sich deren Rechtsfolgen vergegenwärtigt. So bedeutet eine unterbliebene oder fehlerhafte Widerrufsbelehrung, dass das Widerrufsrecht gem. § 355 IV 2 BGB n.F. ewig bestehen bleibt, während es durch die Nachbelehrung auf einen Monat verkürzt wird. Dadurch wird also im Ergebnis die Widerrufsfrist des Verbrauchers erheblich eingeschränkt. Ob man hierin jedoch eine Verkürzung der Rechte des Verbrauchers sehen kann und ob diese Regelung gegen höherrangiges Recht verstößt, ist ebenfalls Gegenstand dieser Arbeit. Aber auch in Hinsicht auf den Umfang der Widerrufsfolgen gem. § 357 BGB ergeben sich für den Verbraucher zum Teil erhebliche Probleme. Dies gilt insbesondere für

4 Vgl. „Heininger“, *EuGH*, NJW 2002, 281; „Schulte“, *EuGH*, ZIP 2005, 1959; „Crailsheimer Volksbank“, WM 2005, 2086.

5 S. *Brenner; Rott; Liedtke; Borst.*

die Wertersatzpflicht nach § 357 III BGB, deren Europarechtskonformität ebenfalls höchst umstritten ist. Die Einzelheiten hierzu werden im elften Kapitel näher erörtert.

Wie eingangs erwähnt, bedarf die zeitliche Dimension der Widerrufsrechte besonderer Berücksichtigung. Dabei spielt insbesondere die Möglichkeit einer Verwirkung des Widerrufsrechts eine besondere Rolle, die zwar in der Literatur und Rechtsprechung bereits mehrfach in Betracht gezogen, jedoch bis jetzt aus verschiedenen Gründen immer abgelehnt wurde. Diesen Umstand soll diese Arbeit Rechnung tragen, indem die einzelnen Voraussetzungen einer Verwirkung und deren Anknüpfungspunkte nochmals explizit herausgearbeitet werden. Denn soviel sei schon einmal vorangestellt: Ein ewig bestehendes Widerrufsrecht, wie es § 355 IV 2 BGB n.F. vorsieht, nutzt einem Verbraucher relativ wenig, wenn er hiervon keine Kenntnis hat. Daher versucht die Arbeit unter Einbeziehung der europäischen Richtlinien, der rechtsgeschichtlichen Erfahrungen mit den ersten Widerrufsrechten und des zugrundeliegenden Informationsmodells eine systematische Konkretisierung der zeitlichen Dimensionen der Widerrufsrechte und ihrer Verwirkung.

II) Gang der Untersuchung

Als Rechtfertigung für das verbraucherschützende Widerrufsrecht wurde seit Beginn der Verbraucherschutzgesetze immer auf die ungleiche Verhandlungsposition des Kunden/ des Verbrauchers hingewiesen. Daher befasst sich das zweite Kapitel mit den theoretischen Grundlagen der Widerrufsrechte. Ungeeignete Verhandlungssituationen, die sich aus den besonderen Umständen von Zeit und Ort der Verhandlungssituationen ergeben, und die schwierige Prüfung des Vertragsgegenstandes, sei es, weil der Verbraucher den Vertragsgegenstand erst nach Vertragsschluss zu sehen bekommt (insbesondere bei Fernabsatzverträgen), sei es, weil sich die vertragliche Regelung als besonders komplex darstellt, ergeben eine Typologie des Informationsbedarfs, der mit Widerrufsrechten befriedigt wird.

Das dritte Kapitel legt die Grundlagen der Widerrufsrechte, indem die Geschichte des Verbraucherschutzrechts und der einzelnen Widerrufsrechte vorgestellt werden. Dazu wird bereits auf das BGB von 1900 Bezug genommen, bevor auf die für den Verbraucherschutz wichtigen 70er Jahre eingegangen wird. Dabei ist aber nicht nur das deutsche und europäische Recht Gegenstand der Untersuchung, sondern allen voran das Verbraucherrecht der USA, da es dort seinen Ausgang genommen hat. Für die einzelnen Widerrufsrechte wird deren Ursprung in Form von Vertragslösungsrechten nach § 242 BGB oder der c.i.c. über die sodann geregelten Spezialvorschriften bis hin zu den geltenden Regelungen innerhalb und außerhalb des BGB vorgestellt.

Die folgenden Kapitel stellen die einzelnen Widerrufsrechte dar. Dabei wird für die Widerrufsrechte bei Haustür-, Fernabsatz- und Verbraucherdarlehensgeschäften ein chronologischer Aufbau gewählt, so dass zunächst die einschlägigen Richtlinien vorgestellt werden, bevor auf die nationalen Regelungen Bezug genommen wird. Hierbei wird immer auf die zeitliche Dimension der einschlägigen Widerrufsrechte eingegangen. Aber auch jeweils bestehende Probleme in Bezug auf die Umsetzung der Richtlinien werden herausgearbeitet. Das letzte Kapitel dient demgegenüber der Vervollständigung und stellt daher die Widerrufsrechte außerhalb des BGB (FernAbsG, InvG, VVG) und diesbezüglich bestehende Schwierigkeiten bei der Rechtsanwendung vor.

Das siebte Kapitel widmet sich der neuen Verbraucherkreditrichtlinie und enthält eine kritische Stellungnahme in Bezug auf das Erreichen der angestrebten Ziele. Außerdem wird auf das in diesem Zusammenhang erlassene Gesetz zur Umsetzung der Verbraucherkreditrichtlinie, des zivilrechtlichen Teils der Zahlungsdiensterichtlinie sowie zur Neuordnung der Vorschriften über das Widerrufs- und Rückgaberecht eingegangen, das am 02.07.2009 vom Bundestag beschlossen wurde. Da dort aber auch wesentliche Teile der geltenden Widerrufsregelungen neu gegliedert werden und die Musterwiderrufsbelehrung in das EGBGB ausgegliedert wird, um ihr Gesetzesrang einzuräumen, wird auch auf die dadurch entstandenen Neuerungen und eventuellen Probleme anhand von einigen Fallgruppen eingegangen.

Durch das neunte Kapitel werden die Überschneidungsmöglichkeiten der einzelnen Widerrufsrechte aufgezeigt. Dabei wird auch auf das Verhältnis von Haustürgeschäften zu Fernabsatzverträgen eingegangen, bei dem die Möglichkeit einer Überschneidung kontrovers gesehen wird und daher einer näheren Untersuchung bedarf. Vertieft befasst sich dieses Kapitel jedoch mit der Frage, ob die Normen der §§ 312 a und 312 d V BGB aufgrund ihrer Konkurrenzregelungen der einzelnen Widerrufsrechte gegen die einschlägigen europäischen Richtlinien verstoßen.

Von besonderer Bedeutung ist das zehnte Kapitel, in dem die Regelungen der Widerrufsfolgen behandelt werden. Dabei geht es vor allem um die Europarechtskonformität der Regelungen in Bezug auf die Möglichkeit der Nachbelehrung aus § 355 II 3 BGB n.F. und der Wertersatzpflicht des Verbrauchers bei erfolgtem Widerruf gem. § 357 BGB. Bei der Regelung des § 357 BGB wird sodann noch die Möglichkeit einer richtlinienkonformen Auslegung erörtert.

Abseits von den einzelnen Widerrufsregelungen, befasst sich das elfte Kapitel mit der Bedeutung der *EuGH*-Rechtsprechung. Im Mittelpunkt stehen hier die Urteile des *EuGH* in den Rechtssachen „Heininger“[6], „Schulte“[7], „Crailsheimer

6 S. *EuGH*, NJW 2002, 281
7 S. *EuGH*, ZIP 2005, 1959.

Volksbank“[8] und „Hamilton“[9]. Es wird erläutert, wie es zu den Vorlagen beim *EuGH* kam und wie der *BGH* und vor allem der nationale Gesetzgeber hierauf reagiert haben. Neben der Entscheidung „Hamilton“ spielt das Zeitmoment auch insbesondere in Sachen „Heininger“ eine erhebliche Rolle, wie das OLG-Vertretungsänderungsgesetz gezeigt hat. Die Entscheidungen des *EuGH* betrafen zwar Einzelpunkte, hatten aber zum Teil weitreichende Folgen für die nationale Rechtsprechung. Die europarechtlichen Vorgaben sollen hier systematisiert werden.

Schließlich wird sodann im zwölften Kapitel die Möglichkeit einer Verwirkung behandelt. Da ja auch nach dem Umsetzungsgesetz aus § 355 IV 2 BGB n.F. folgt, dass das Widerrufsrecht des Verbrauchers unter Umständen über Jahre oder sogar Jahrzehnte bestehen bleibt, besteht nur die Möglichkeit einer Verwirkung, sofern dies europarechtskonform ist, um dennoch Rechtssicherheit zu schaffen. Daher befasst sich dieses Kapitel mit der Möglichkeit der Verwirkung des Widerrufsrechtes. Hierbei wird neben der Europarechtskonformität einer solchen Verwirkung vor allem auf die einzelnen Vorschläge in Rechtsprechung und Literatur eingegangen, ab wann man eine Verwirkung annehmen kann, also wann sowohl das Zeitmoment als auch das Umstandsmoment erfüllt sind. Darüber hinaus ist Ziel dieses Kapitels, einen eigenen Ansatz für eine eventuelle Verwirkung zu finden und zu begründen. Die Arbeit schließt mit der rechtspolitischen Perspektive und der Zusammenfassung der wesentlichen Ergebnisse der Untersuchung im dreizehnten Kapitel.

8 S. *EuGH, WM* 2005, 2086.
9 S. *EuGH,* NJW 2008, 1865.

Zweites Kapitel
Das Informationsmodell des europäischen und des deutschen Verbraucherrechts und Widerrufsrechts

In den siebziger Jahren entbrannte eine Diskussion um die Stellung des Verbrauchers auf dem Markt und darüber wie demgegenüber sein Schutz verbessert werden kann.[10] Ziel war eine systemimmanente Anpassung des geltenden Zivilrechts an die veränderten wirtschaftlichen und sozialen Rahmenbedingungen, um den bestehenden Informationsassymetrien entgegenzuwirken. In diesem Zusammenhang fiel sodann auch der Begriff des „Informationsmodells", auf den in diesem Kapitel näher eingegangen wird. Aus diesem Grund wird in einem ersten Schritt zunächst der Begriff näher erläutert (I). Sodann wird das europäische Informationsmodell des Verbraucher- und Widerrufsrechts vorgestellt (II), bevor auf das nationale Informationsmodell eingegangen wird (III).

I) Der Grundbegriff des Informationsmodells

In der Diskussion um die Entstehung eines Sonderprivatrechts für Verbraucher bildeten sich zwei gegenüberstehende Ansichten in Bezug auf das Zivilrechtsverständnis und den Verbraucherschutz, an denen der Begriff des Informationsmodells zu messen ist und nach denen sich die zu treffenden Maßnahmen zur Erreichung dieses Verbraucherschutzes richten. Diese Ansichten werden unterteilt in das liberale Zivilrechtsverständnis mit marktkomplementären Verbraucherschutzkonzept[11] auf der einen und das soziale Zivilrechtsverständnis mit marktkorrigierenden Verbraucherschutzkonzept[12] auf der anderen Seite.

1) Das liberale Sozialmodell

Das innerhalb des BGB herrschende *klassische, liberale Sozialmodell* geht davon aus, dass eine abstrakt-formale Gleichheit aller geschäftsfähigen Rechtssubjekte bestehe und aus diesem Grund die Vermutung der Richtigkeit der zwischen diesen

10 S. hierzu die Ausführungen im 3. Kapitel.
11 Vgl. Piepenbrock/ Schröder/ *Schröder*, S. 127ff.
12 Vgl. *Dauner-Lieb*, S. 117ff.

Subjekten geschlossenen Verträge greife.[13] Insofern ist vom Verbraucher als *homo oeconomicus* die Rede, der als leistungswilliger, verantwortlicher, urteilsfähiger und selbständiger Bürger anzusehen sei.[14] Dies habe zur Folge, dass aufgrund des funktionierenden Wettbewerbes die Funktionsbedingungen privatautonomer Gestaltungsfreiheit automatisch gewährleistet und dementsprechend die Verhandlungsergebnisse nicht korrekturbedürftig seien.[15] Nur im Einzelfall bei Störungen der Vertragsparität müsse als ultima ratio ausnahmsweise auf die Rahmenbedingungen der Privatautonomie eingewirkt werden, dann jedoch wirklich nur einzelfallbezogen und nicht schichtspezifisch für eine ganze Bevölkerungsgruppe.[16] Dementsprechend dürften die Verbraucherschutzmittel auch nicht inhaltlich in das Marktgeschehen oder den Vertragsschluss eingreifen, sondern nur auf dessen Rahmenbedingungen einwirken, sog. marktkomplementäre Maßnahmen.

2) Das soziale Zivilrechtsverständnis

Dem wurde jedoch das *soziale Zivilrechtsverständnis* entgegengehalten. Die Parität sei aufgrund des Informationsgefälles zwischen Verbraucher und Unternehmer grundsätzlich gestört, da der Verbraucher nicht in der Lage sei, sich ohne Hilfe ein zutreffendes Bild von den rechtlichen Bedingungen seiner Verpflichtung und ihren wirtschaftlichen Auswirkungen, vom Vertragsgegenstand und seinem Preis zu machen.[17] Außerdem spreche auch eine gesamtwirtschaftliche Betrachtungsweise für eine Anerkennung von Paritätsstörungen, da aufgrund der Unwissenheit des Verbrauchers die Gefahr bestehe, dass der Wettbewerb verzerrt oder verfälscht werde, wenn Waren nur gekauft würden, weil es dem Unternehmer mittels aggressiver Verkaufs- und Werbemethoden gelinge, sein Produkt zu verkaufen, ohne dass es noch auf die günstigste Relation zwischen Qualität und Preis ankäme.[18] Aus diesem Grund geht diese Auffassung dahin, dass der Staat aus sozialstaatlichen Gründen die Funktionslücken des Marktes schließen und das Vertragsgeschehen dahingehend steuern müsse, dass der Wissensvorsprung des Unternehmers gegenüber dem Verbraucher bei den Vertragsverhandlungen und einem evtl. Vertragsschluss keine Rolle mehr spiele.[19] Somit müssten entgegen dem *liberalen Modell* auch in erster Linie marktkorrigierende Methoden gewählt werden, um das Ziel eines besseren

13 S. *Kind,* S. 42.
14 Vgl. *Dick*, S. 56; *Kind*, S. 43.
15 Vgl. *Dauner-Lieb*, S. 63.
16 S. *Kind*, S. 42.
17 S. *Kemper*, S. 186 f.
18 S. *Dauner-Lieb*, S. 64.
19 Vgl. *Bartsch*, ZRP 1973, 219 (222); *Damm*, JZ 1978, 173 (179); *Stauder,* ZRP 1980, 217 (220).

Verbraucherschutzes zu erreichen,[20] dies unter Umständen durch eine Preiskontrolle im Wege des § 138 BGB, durch AGB-Rechte, Werbeaufsicht, halbzwingende Normen und Sonderrechtsgewährleistung.[21]

3) Ergebnis in Bezug auf das Informationsmodell und seine Bedeutung

Grundsätzlich wird die Möglichkeit, anhand von Informationen den Verbraucher hinreichend zu schützen und ihm dadurch die Möglichkeit zu gewähren, eine rationale und für ihn vernünftige Entscheidung zu treffen, von beiden Ansichten getragen. Dennoch muss das Informationsmodell eher dem *klassischen, liberalen Sozialmodell* zugerechnet werden, da es sich nur um eine marktkomplementäre und nicht marktkorrigierende Maßnahme handelt. Der Verbraucher wird durch die Informationen lediglich in die Lage versetzt, den Markt genau zu beurteilen und dementsprechend selbst zu entscheiden, während das *soziale Zivilrechtsverständnis* zum Schutz des Verbrauchers für weitergehende materielle Schutzbestimmungen eintritt.

Dadurch ist jedoch noch nicht geklärt, welche Risiken ohne Informationsmodell bestünden. Ein Risiko wurde bereits eben herausgearbeitet; dass nämlich aufgrund von Paritätsstörungen auch eine Gefahr für den Wettbewerb besteht. So sprach *Akerlof* 1970 von einem „market for lemons“ als er das Problem der Informationsasymmetrien beschrieb.[22] Hintergrund dieses Marktversagens ist, dass bei fehlenden Informationen das Angebot preislich höchstens so hoch bewertet wird, wie maximal der Durchschnitt der Angebote, aber eher wie Angebote am unteren Rand, mit der Folge, dass auch bei hoher Qualität nur ein vergleichbar niedriger Preis erzielt wird, so dass die Zusatzkosten für die hohe Qualität nicht zu realisieren sind und aus diesem Grund vom Markt verdrängt werden und dieser somit nach unten zur Ausschussware (amerikanisch „lemon“) tendiert.[23] Daneben führt eine mangelnde Information des Verbrauchers aber gerade auch dazu, dass der Verbraucher selbst benachteiligt wird. Während der Verbraucher bei Waren des täglichen Gebrauchs noch unter Umständen selbst entscheiden kann, welche Ware seinen Vorstellungen entspricht und seine Anforderungen an das Produkt erfüllt, ist dies bei Dienstleistungen bei weitem nicht der Fall. Gerade in Bezug auf Versicherungs- und Finanzdienstleistungen sieht sich der Verbraucher einer Fülle von Angeboten mit unterschiedlichsten Konditionen und Programmen ausgesetzt. Hierbei das Angebot zu finden, welches den eigenen Bedürfnissen am nächsten kommt, ist wie

20 S. *Kind*, S. 48.
21 Wie zuvor.
22 S. *Grundmann*, JZ 2000, 1133 (1137) m.w.N.
23 Vgl. *Grundmann*, JZ 2000, 1133 (1137).

die sprichwörtliche Suche nach der „Nadel im Heuhaufen“. Dies führt sodann zu dem Ergebnis, dass der Interessierte einen Vertrag abschließt, den er bei umfänglicher Information vielleicht nicht abgeschlossen hätte. Gerade im Bereich von Versicherungs- und Finanzdienstleistungen ist dies jedoch u.U. mit erheblichen Kosten verbunden, zumal sich der Verbraucher in der Regel auch für einen längeren Zeitraum vertraglich bindet. Somit besteht neben dem Risiko der Wettbewerbsverzerrung vor allem das Risiko der Ungleichbehandlung von Anbieter und Verbraucher, mit der Folge der Schlechterstellung des Verbrauchers auf dem Markt. Dem soll durch das Informationsmodell entgegengewirkt werden.

II) Das europäische Informationsmodell des Verbraucher- und Widerrufsrechts

Für die EU liegen die Vorteile eines Informationsmodells vor allem darin, dass die Marktmechanismen weitestgehend erhalten bleiben und über die Informationsregeln leichter Konsens zu erzielen ist, da der Disput über verschiedene zwingende inhaltliche Lösungen entfällt.[24] Im Bereich des Primärrechts findet sich das Informationsmodell sowohl bei den Gemeinschaftskompetenzen als auch in der Rechtsprechung zur Verbraucherinformation. Dabei hatte das Informationsmodell seinen endgültigen Durchbruch mit dem Amsterdamer Vertrag vom 01.05.1999, durch den Art. 153 I EGV aufgenommen wurde, der nunmehr zum Schutz des Verbrauchers ein Recht auf Information vorsieht. Darüber hinaus verfolgt Art. 153 I EGV nicht nur das Ziel, ein hohes Schutzniveau zu erreichen (vgl. den alten Art. 129 a I EGV), sondern dieses auch fortwährend zu gewährleisten.[25] Aber vorher schon gehörte im Gemeinschaftsrecht das Informationsmodell zur gängigen Praxis, auch wenn sich im EGV noch keine eigenständige Regelung fand. So findet sich die Grundlage des Art. 153 I EGV bereits in dem von 1975 stammenden „Programm der EWG für eine Politik zum Schutz und zur Unterrichtung der Verbraucher“ und den dort enthaltenen „fünf fundamentalen Rechten“ der Verbraucher.[26] Dabei stützte sich der Verbraucherschutz auf die Reservekompetenz des Art. 308 EGV (ex-Art. 235) und im weiteren auf Art. 94 EGV (ex-Art. 100) zur Errichtung und sodann auf Art. 95 EGV (ex-Art. 100 a) zur Vollendung des Binnenmarktes.[27] Erst der Maastrichter Vertrag führte dazu, dass Art. 153 EGV (ex-Art. 129 a) das Informationsmodell im Gemeinschaftsrecht legitimierte, indem er eine allgemeine Zuständigkeit der Gemeinschaft zur Sicherung der Verbraucherinformationen vorsah und somit explizit Maßnahmen zur Sicherung einer angemessenen Information

24 S. *Grundmann*, JZ 2000, 1133 (1143).
25 Vgl. Streinz/ *Lurger*, Art. 153 Rn. 15.
26 Vgl. Callies/ Ruffert/ *Wichard*, Art. 153 Rn. 9.
27 S. *Fleischer*, ZEuP 2000, 772 (782).

der Verbraucher sicherstellte. Darüber hinaus hatte die europäische Rechtsprechung[28] bereits frühzeitig unter Berufung auf die verbraucherpolitischen Programme der Gemeinschaft den Grundsatz abgeleitet, dass im Rahmen der Verhältnismäßigkeitsprüfung nach Art. 30 EGV (jetzt Art. 28 EGV) einzelstaatliche „Maßnahmen gleicher Wirkung" grundsätzlich den Informationszugang des Verbrauchers nicht beschränken dürfen, so dass der Verbraucherinformation gegenüber Verboten oder Verkehrsbeschränkungen der Vorrang zu gewähren ist.[29] Diese Rechtsentwicklung auf der Basis der *Cassis-de-Dijon*-Entscheidung,[30] wonach mitgliedstaatliche Eingriffe in die Warenverkehrsfreiheit unzulässig sind, wenn dem Verbraucher durch eine Etikettierungspflicht hinreichend Rechnung getragen werden kann, fand ihren Höhepunkt in einer späteren Entscheidung des *EuGH*, wo festgestellt wurde, dass der Verbraucher sogar ein Grundrecht auf Information hat.[31] Dies ist vor allem beachtlich, wenn man bedenkt, dass erst aufgrund des Amsterdamer Vertrages sechs Jahre später eine eigenständige Rechtsgrundlage im EGV auf dem Gebiet des Verbraucherschutzes geschaffen wurde.

Aber auch innerhalb des Sekundärrechts hat sich der Gemeinschaftsgesetzgeber immer häufiger des Instruments des Informationsmodells bedient und eine Reihe von Richtlinien erlassen, bei denen dem Anbieter der Ware oder Dienstleistung umfangreiche Informationspflichten auferlegt werden.[32] Sie sollen vor allem eine wohlüberlegte Transaktionsentscheidung des Nachfragers vorbereiten, um dadurch der Unterlegenheit gegenüber dem Anbieter entgegenzuwirken und somit den Verbraucherschutz stärken.[33] Der Vollständigkeit halber ist hierbei zu erwähnen, dass es demgegenüber auch Informationspflichten innerhalb des Sekundärrechts gibt, die neben dem Verbraucherschutz vor allem auch der generellen Funktionsfähigkeit des Marktes dienen. Hierbei handelt es sich insbesondere um Regelungen des Kapitalmarktrechts, auf das in dieser Arbeit aber nicht näher eingegangen wird. Somit ergibt sich, dass sowohl das europäische Primär- als auch das Sekundärrecht sich seit langem des Informationsmodells zum Schutz des Verbrauchers bedient.

Obwohl sich der Begriff des Verbrauchers an den verschiedensten Stellen im Gemeinschaftsrecht findet, wird er an keiner Stelle definiert. Auch im Sekundärrecht findet sich keine einheitliche Definition. Der Verbraucher wird dort vielmehr situations- und problembezogen definiert.[34] Gemeinsamer Nenner der Mehrzahl der Verbraucherschutz-Rechtsakte der EG ist ein weiter Verbraucherbegriff, der

28 *EuGH,* Urt. v. 07.03.1990, Rs. C-362/88, Slg. 1990 I, 667.
29 S. *Reich*, S. 304 f.
30 *EuGH*, Urt. v. 20.02.1979, Rs. 120/78, Slg. 1979 I, 649.
31 *EuGH*, Rs. C-126/91, Slg. 1993 I, 2361.
32 Vgl. die Ausführungen im 5. Kapitel, I, 2, c (Fernabsatzrichtlinie 97/7/EG); 6. Kapitel, I, 2, b (Verbraucherkreditrichtlinie 87/102/EWG).
33 Vgl. *Fleischer*, ZEuP 2000, 772 (784).
34 *Vogel*, S. 143.

natürliche Personen, die bei ihrem Markthandeln nicht für gewerbliche oder berufliche (d.h. nur für private) Zwecke tätig werden.[35] Vom Verbraucherbegriff ist aber das Verbraucherleitbild zu trennen. Dieses besagt, dass der Anbietende nicht stets über sämtliche Umstände informieren muss. Vielmehr ist nur eine korrekte und diesbezüglich auch vollständige Datenübermittlung geschuldet.[36] Es darf durchaus von dem Nachfragenden verlangt werden, sich in einem gewissen Umfang und Maße selbst zu informieren, wenn er am Markt tätig wird. Hieraus ergibt sich sodann das verbraucherpolitische Leitbild des *EuGH* des „durchschnittlich informierten, aufmerksamen und verständigen Durchschnittsverbrauchers."[37] Diese Definition des Durchschnittsverbrauchers wird auch im Sekundärrecht verwendet, wenn man sich zum Beispiel die Richtlinie 2005/29/EG über unlautere Geschäftspraktiken anschaut, die von einem Durchschnittsverbraucher ausgeht, der im Hinblick auf das betreffende Produkt und in der jeweiligen Situation „angemessen gut unterrichtet und angemessen aufmerksam und kritisch ist."(Erwägungsgrund 18)[38] Gerechtfertigt wird dieses Leitbild damit, dass ein Mindestmaß an Nachfrageraufmerksamkeit unerlässlich sei, um einen funktionsfähigen Binnenmarkt zu sichern.[39] Dabei müsse der Verbraucher die ihm angebotene Information mit einer der Situation adäquaten Aufmerksamkeit wahrnehmen.[40] Ob diese Anforderungen an den Verbraucher, die sich aus dem Lauterkeitsrecht ergeben, auch für das Schuldvertragsrecht und den dort erlassenen Richtlinien gelten, war lange Zeit nicht ganz eindeutig, ist mittlerweile aber allgemein anerkannt.[41]

Bezüglich der Rechtsfolgen von fehlenden oder fehlerhaften Informationen findet sich im Gemeinschaftsrecht nur wenig. Grund hierfür ist, dass dies den Mitgliedstaaten überlassen bleiben soll.[42] Dennoch bietet das Gemeinschaftsrecht bei einem Fehlen von Pflichtinformationen zumindest einen Mindestschutz für den zu Informierenden. Gerade im Bereich der verbraucherschützenden Richtlinien finden sich für den Verbraucher Widerrufsrechte,[43] für deren Ausübung sich die maßgebliche Frist im Falle einer Nicht- oder Falschbelehrung verlängert. Dadurch soll dem Anbietenden der Anreiz gegeben werden, seinen Informationsverpflichtungen

35 S. Streinz/ *Lurger*, Art. 153 Rn. 11.
36 S. *Fleischer*, ZEuP 2000, 772 (790).
37 S. *EuGH*, Urt. v. 16.07.1998, Rs. C-210/96, Slg. 1998 I, 4657 (*Gut Springenheide)*; *EuGH*, Rs. C-220/98, Slg. 2000 I, 117 (*Lifting Creme*), *EuGH*, Rs. C-465/98, Slg. 2000 I, 2297 (*Darbo*).
38 S. Callies/ Ruffert/ *Wichard*, Art. 153 Rn. 7.
39 Vgl. *Leible*, EuZW 1998, 528 (529).
40 S. *Peterek*, WRP 2008, 714 (718).
41 Noch gegen diese Anforderungen an den Verbraucher *Klauer*, S. 132; *Lurger*, S 89; für ein einheitliches Verbraucherleitbild Streinz/ *Lurger*, Art. 153 Rn. 12; Callies/ Ruffert/ *Wichard*, Art. 153 Rn. 7; *Heinrichs,* NJW 1996, 2190 (2197); *Fleischer*, ZEuP 2000, 772 (791).
42 Vgl. *Roth*, JZ 1999, 529 (533).
43 Vgl. 4. Kapitel, I, 2, b; 5. Kapitel, I, 2, b; 7. Kapitel, I, 1, e.

nachzukommen, um der Möglichkeit einer besonders langen Widerrufsfrist entgegenzuwirken. Ob dadurch der Anbieter jedoch wirklich angehalten ist, den Nachfragenden entsprechend seinen Verpflichtungen umfänglich zu informieren, wird an verschiedenen Stellen dieser Arbeit noch weitergehend erörtert. Vorweg kann jedoch bereits jetzt festgehalten werden, dass dies nicht immer der Fall ist, so dass noch andere Instrumente zur Sicherung und Durchsetzung seiner Information zu prüfen sind. Hinzu kommt auch, dass die Widerrufsfristen innerhalb der einzelnen Richtlinien teilweise so knapp bemessen sind, dass der Verbraucher nicht in der Lage ist, sich in der Kürze der Zeit qualifizierten Rat einzuholen oder erst nach Ablauf der Widerrufsfrist die erheblichen Verpflichtungen für ihn ersichtlich werden, die mit dem Vertrag einhergehen.[44] Dies spricht ebenfalls dafür, über weitergehende Maßnahmen innerhalb des Gemeinschaftsrechts nachzudenken.

III) Das deutsche Informationsmodell des Verbraucher- und Widerrufsrechts

Dass eine grundsätzliche Schutzbedürftigkeit des Verbrauchers besteht, ist bereits oben herausgearbeitet worden. Aus diesem Grund kann auch der frühere Grundsatz *emptor debet esse curiosus*, der Käufer muss sich seine erforderlichen Informationen für den Vertragsschluss selbst beschaffen,[45] nicht mehr vollumfänglich gelten. Vielmehr treffen den Unternehmer bei Verbraucherverträgen verschiedene Informationspflichten bereits vor Vertragsschluss. So zählen z.B. die umfangreichen Informationspflichten des Unternehmers nach § 312 c BGB zum klassischen Schutzinstrument des Fernabsatzrechts bzgl. des Verbraucherschutzes.[46] Dasselbe gilt auch für Verbraucherdarlehen, wo neben der Möglichkeit des Widerrufes aus § 495 BGB vor allem auf die Informationspflichten aus §§ 491 a, 492 BGB n.F. zur Aufklärung der Verbraucher gesetzt wird. Darüber hinaus ergeben sich Informationspflichten bei Verbraucherverträgen aus §§ 312 e, 482, 651 l, 675 a BGB und Widerrufsrechte aus §§ 312, 312 d, 485 BGB, §§ 8, 152 VVG und § 4 FernUSG. In allen dieser Fälle verfährt das deutsche Recht so, wie es die Vorgaben der einschlägigen Richtlinien verlangen, indem es die Widerrufsfrist an den Erhalt der zu gewährenden Informationen knüpft. Erfreulich ist insofern aber zumindest, dass der nationale Gesetzgeber bei der Umsetzung der Richtlinien gerade im Bereich der Fristen zum Teil von der Möglichkeit der Mindestharmonisierung Gebrauch gemacht hat und meistens längere Widerrufsfristen vorsieht.[47]

44 Vgl. *Roth*, JZ 1999, 529 (533).
45 Vgl. *Fleischer*, ZEuP 2000, 772.
46 Vgl. *RegE, BT-Drucks. 14/ 2658,* 37.
47 S. 4. Kapitel, III, 2, c; 5. Kapitel, II, 3; 6. Kapitel, II, 4.

Neben diesen Möglichkeiten zur Gewährung der Einhaltung der Informationspflichten, die sich zwingend aus dem Gemeinschaftsrecht ergeben haben und auf die in den folgenden Kapiteln näher eingegangen wird, sehen der deutsche Gesetzgeber und die Rechtsprechung aber auch noch weitere Möglichkeiten der Informationsverpflichtung vor. So ist es typisch bei Verträgen, bei denen eine gewisse Disparität besteht, dass auch der Vertragsinhalt meist einseitig durch den Unternehmer geregelt wird, dies nicht zuletzt durch die Verwendung von AGB. Obwohl die Einbeziehungsvoraussetzungen des § 305 II BGB grundsätzlich unabhängig von der Erfüllung der Informationspflichten sind, beziehen sie sich dennoch zum Teil auf gleichartige Umstände, mit der Folge, dass bezüglich einzelner Regelungen über § 305 II BGB hinaus durch Informationen Transparenz zu gewährleisten ist.[48] Kommt der Verpflichtete dieser Pflicht nicht nach, so wird der Eindruck erweckt, die AGB enthielten insoweit keine Regelung, so dass der Verpflichtete an diesen Rechtsschein aufgrund des § 305 c I BGB festgehalten werden kann; der Verbraucher hat nicht mit Klauseln zu rechnen, über die er nicht informiert wurde.[49] Dies hat dann zur Folge, dass sich der Vertrag sodann gem. § 306 II BGB nach dispositiven Recht richtet. Dementsprechend wird im AGB-Recht das Informationsmodell aufrecht erhalten, da sich der Unternehmer nicht in die Gefahr begeben will, dass sein Verhalten bei unterlassener Information gem. § 306 II BGB sanktioniert wird. Des Weiteren ergeben sich auch aus der BGB-InfoV verschiedene Informationspflichten, ohne dass sie dabei aber Gesetzesrang entfalten und daher mit den Regelungen innerhalb des BGB vereinbar sein müssen.[50]

Nach der grundlegenden Rechtsprechung des *BVerfG*[51] haben die Zivilgerichte zur Gewährleistung der grundrechtlichen Privatautonomie (Art. 2 I GG) allgemein darauf zu achten, dass Verträge nicht als Mittel der Fremdbestimmung dienen. Im Falle von gestörten Vertragsparitäten müssen die Gerichte jedenfalls im Rahmen der Generalklauseln des Zivilrechts korrigierend eingreifen.[52] Dabei kann als taugliches Mittel nach Ansicht des *BVerfG*[53] zumindest die Aufklärung der unterlegenen Partei über die Risiken sowie über das Missverhältnis zwischen ihrem Leistungsvermögen sowie der eingegangenen Zahlungsverpflichtung angesehen werden.[54] Damit greift auch das *BVerfG* auf das Informationsmodell zur grundrecht-

48 S. *Hoffmann*, ZIP 2005, 829 (836); ebenso *Präve*, VersR 2008, 151 (152) der bei Versicherungsinformationen unter bestimmten Voraussetzungen auf die AGB-rechtlichen Bestimmungen der §§ 305ff. BGB zurückgreift.

49 S. *Hoffmann*, ZIP 2005, 829 (836); a.A. zumindest in Bezug auf Versicherungsverträge *Schimikowski*, r+s 2007, 133 (137).

50 S. 5. Kapitel, III, 3, IV, 2, V.

51 *BVerfGE 89*, 214; verfestigt durch Beschluss des 1. Senats vom 05.08.1994, *1 BvR 1402/89*; NJW 1994, 2749.

52 Vgl. *Kiethe/ Groeschke*, BB 1994, 2291 (2293).

53 *BVerfGE 89*, 214.

54 S. *Groeschke*, BB 1994, 725 (727); BB 1994, 1312 (1313 f.)

lichen Gewährleistung der Privatautonomie aus Art. 2 I GG zurück, indem die geschäftliche und rechtliche Unerfahrenheit des Verhandlungspartners durch die bereitzustellenden Informationen beseitigt wird.[55]

Des Weiteren sind in der zivilgerichtlichen Rechtsprechung Informationspflichten vor allem in Bezug auf das Rechtsinstrument der c.i.c. aus § 311 II Nr. 1 BGB herausgearbeitet worden, wonach bei deren Verletzung Schadensersatzansprüche bestehen können. Bei diesen Aufklärungspflichten geht es vor allem darum, dass der Schädiger dem Geschädigten unrichtige oder unvollständige Informationen gegeben und dadurch auf die Willensbildung des Geschädigten in der Weise eingewirkt hat, dass dadurch der Vertrag zustande gekommen ist.[56] Entscheidend ist dabei jedoch, ob eine Aufklärungspflicht nach Treu und Glauben unter Berücksichtigung der Verkehrsanschauung im Einzelfall erwartet werden darf, da nur dann auch Schadensersatzansprüche in Betracht kommen.[57] Um dies zu beurteilen, kommt es auf die unterschiedlichen Gesichtspunkte wie Informationsgefälle, Art des Vertrages, Beziehung der Parteien untereinander und die Konsequenzen bei verstärkten Aufklärungspflichten für den funktionierenden Markt an.[58] Von besonderer Bedeutung sind diesbezüglich die Aufklärungspflichten von Banken und Versicherungen gegenüber den Verbrauchern, da dort sowohl von einem intellektuellen als auch wirtschaftlichen Übergewicht auszugehen ist.[59] So ist die Rechtsprechung in letzter Zeit wieder zunehmend bereit, den Verbraucherschutz auf diesem Gebiet zu stärken.[60] Dies kann nicht zuletzt durch die Verpflichtung der Banken aufgrund eines Beratungsvertrages zu einer „anleger- und objektgerechten Beratung“ geschehen, wodurch klargestellt wird, dass die Beratung speziell auf die Bedürfnisse, Interessen, Vermögensverhältnisse und Anlageziele des Kunden zugeschnitten sein und sich daher auch auf die Eigenschaften und Risiken der verschiedenen in Betracht kommenden Anlagen erstrecken muss.[61]

Außerhalb des BGB führen vor allem die Sanktionen aus dem UKlaG und dem UWG zur Einhaltung der Informationspflichten und damit zur Förderung des Informationsmodells in Bezug auf das Verbraucherrecht. So sieht § 2 I, II UKlaG einen Unterlassungsanspruch vor, wenn jemand die ihm obliegenden Informationspflichten zum Schutz der Verbraucher nicht erfüllt, die Geltendmachung des Anspruchs im Interesse des Verbraucherschutzes geboten ist, also die Kollektivinteressen der Verbraucher berührt sind, und eine Wiederholungsgefahr be-

55 Vgl. *Kiethe/ Groeschke*, BB 1994, 2291 (2293).
56 Vgl. Palandt/ *Grüneberg*, § 311 Rn. 40.
57 *BGH*, BB 2006, 1650; NJW 1993, 2107.
58 Vgl. *Fleischer*, S. 424, 449, 567ff.
59 Vgl. MünchKomm/ *Emmerich*, § 311 Rn. 104.
60 S. *BGH*, NJW 2006, 2099.
61 S. MünchKomm/ *Emmerich*, § 311 Rn. 155; bzgl. der Einzelheiten und um ein Ausschweifen zu vermeiden, wird für die Vertiefung der Aufklärungspflichten der Banken verwiesen auf Derleder/ Knops/ Bamberger/ *Tonner*/ *Tonner*, § 4.

steht.[62] Dabei ist die Liste der Verbraucherschutzgesetze in § 2 II UKlaG nicht abschließend, so dass auch andere Verbraucherschutzbestimmungen, insbesondere solche, die als Gemeinschaftsrechtsakte noch nicht ins nationale Recht umgesetzt wurden, mit vom Anwendungsbereich umfasst sind.[63] Das Besondere bei dem Unterlassungsanspruch aus § 2 I, II UKlaG ist, dass nicht der Verbraucher selbst den Anspruch geltend macht, sondern nur die in § 3 I UKlaG genannten anspruchsberechtigten Stellen. Hierzu zählen die Verbraucherverbände (Nr. 1), die Verbände zur Förderung gewerblicher oder selbständiger beruflicher Interessen (Nr. 2) und die Industrie-, Handels- und Handwerkskammern (Nr. 3). Grund hierfür ist, dass im Privatrechts- und Vertragssystem grundsätzlich nur jeder für sich selbst prozessieren kann, so dass auch nur das bestimmte Vertragsverhältnis der gerichtlichen Kontrolle unterliegt und somit auch nur hierfür seine Wirkung entfaltet.[64] Daher wird durch die Ausnahmeregelung in § 3 UKlaG bestimmten Verbänden und Kammern eine Klagezuständigkeit gegen verbraucherschutzwidrige Praktiken gewährt, obwohl sie kein eigenes rechtliches Interesse an der Überprüfung und Ausschaltung dieser Praxis haben, mit der Folge, dass diese abstrakte Zuständigkeit dann auch auf eine generelle Wirkung des Urteils hinausläuft.[65] Somit ist auch das Ziel des Gesetzgebers zu erkennen, den Verbraucherschutz nicht nur einzelfallspezifisch, sondern umfassend zu verbessern. Des Weiteren kann die Nichtbefolgung von Informationspflichten eine wettbewerbswidrige Handlung i.S. des § 3 UWG darstellen, die einen Unterlassungsanspruch nach § 8 I 1 UWG begründet.[66] Dieser kann sogar neben dem Anspruch aus § 3 I, II UKlaG geltend gemacht werden.[67] Wie bei § 3 I, II UKlaG kann der Anspruch aus § 8 I 1 UWG nicht nur von dem Verbraucher selbst geltend gemacht werden, der von der Rechtsverletzung direkt selbst betroffen ist, sondern ermöglicht gem. § 8 III UWG auch den kollektiven Schutz von Verbraucherinteressen und den Schutz der unmittelbar verletzten Wettbewerber.

Aus diesem Grund sieht *Hoffmann* in den Regelungen des UKlaG und des UWG auch keine hinreichende, den Anforderungen des europäischen Rechts genügenden Sanktionen.[68] Er begründet seine Auffassung damit, dass zum einen eine Sanktion nur in Betracht komme, wenn einer der anspruchsberechtigten Verbände oder eine der Kammern den Verstoß aufgreife oder sich ein Wettbewerber geschädigt fühle, und zum anderen damit, dass die Abschreckungswirkung der Unterlassungsklage minimal sei, da der Unternehmer allenfalls die Kosten des Rechtsstreits tragen

62 Vgl. Erman/ *Roloff*, § 2 UKlaG Rn. 4.
63 S. MünchKomm/ *Micklitz*, ZPO, § 2 UKlaG Rn. 22.
64 *BGH*, BB 2005, 123ff.
65 S. MünchKomm/ *Micklitz*, ZPO, § 3 UKlaG Rn. 3.
66 S. *Schimikowski*, r+s 2007, 133 (137).
67 S. *OLG Hamburg*, NJW-RR 2003, 984.
68 S. *Hoffmann*, ZIP 2005, 829 (834 f.).

müsse.[69] Dies überzeugt jedoch nicht. Zu den anspruchsberechtigten Verbänden gehören ja gerade auch die Verbraucherverbände, die ein großes Augenmerk darauf legen, dass die Unternehmer ihren Informationsverpflichtungen nachkommen und im Falle eines Verstoßes auch unverzüglich eine Unterlassungsklage anstreben. Und das Kostenargument überzeugt ebenfalls nicht, da die Unternehmer es tunlichst vermeiden werden, dass gegen sie Unterlassungsklagen erhoben werden, da dies zu Negativschlagzeilen in der Presse führen kann. Außerdem müssten die Unternehmen sodann unverzüglich ihrer Informationsverpflichtung nachkommen und gegebenenfalls ihre AGB ändern, was u.U. wiederum mit einem erheblichen Verwaltungsaufwand verbunden sein kann. Daher sind die Regelungen innerhalb des UKlaG und des UWG durchaus in der Lage, die Informationsverpflichtungen der Unternehmer zu gewährleisten und dadurch das Informationsmodell zu fördern. Hinzu kommen außerdem noch der Schadensersatzanspruch und die Gewinnabschöpfung aus §§ 9 und 10 UWG, die ebenfalls einen Informationsverstoß sanktionieren und somit zur Förderung des Informationsmodells beitragen.

Aufgrund der Novellierung des UWG durch das Gesetz vom 03.07.2004[70] kam es zur Normierung des § 4 Nr. 11 UWG, der an die gewandelte Rechtsprechung des *BGH* zum Rechtsbruchtatbestand anknüpft[71] und die zu § 1 UWG a.F. entwickelte Fallgruppe des „Wettbewerbsverstoßes durch Rechtsbruch" präzisiert.[72] Hiernach ist eine unterbliebene, falsche oder unzureichende Widerrufsbelehrung unlauter, da es sich bei der Belehrung um eine Marktverhaltensregelung zum Schutz der Verbraucher handelt.[73] Die Rechtsfolgen ergeben sich sodann wieder aus den §§ 8ff. UWG. In der neueren Rechtsprechung und der Literatur wird aufgrund der Novellierung aber auch vermehrt bei fehlerhafter Widerrufsbelehrung oder Verletzung von Informationspflichten auf § 4 Nr. 2, 1. Var. UWG zurückgegriffen, da er dem Schutz der Verbraucher vor der Ausnutzung ihrer geschäftlichen Unerfahrenheit dient und insoweit die Generalklausel des § 3 UWG konkretisiert.[74] Begründet wird dies damit, dass der Unternehmer die Rechtsunkenntnis des Verbrauchers ausnutze, wenn er ihn falsch oder gar nicht informiere, da der Verbraucher hierdurch von der Möglichkeit der Ausübung seiner Rechte abgehalten werde.[75] Insofern wird § 4 Nr. 2, 1. Var. UWG mittlerweile sogar als eine Generalklausel des Verbrauchers verstanden, die ganz allgemein vor der Ausnutzung

69 Vgl. *Hoffmann*, ZIP 2005, 829 (834).
70 *BGBl. I 2004*, 1414ff.
71 *BGHZ 144,* 255 (267); *BGH*, GRUR 2002, 825.
72 S. *Lehmler*, § 4 Nr. 11 Rn. 1.
73 S. *OLG Hamm*, GRUR-RR 2005, 285; *OLG Karlsruhe*, WRP 2006, 1039 (1041).
74 S. *OLG Düsseldorf*, GRUR 2006, 782; *LG Frankenthal*, BeckRS 2007, 06960; *Becker/Föhlisch*, NJW 2005, 3377 (3380); *Föhlisch*, MMR 2007, 139 (141); *Schlömer/Dittrich*, BB 2007, 2129 (2135 f.).
75 Vgl. *Peterek*, WRP 2008, 714 (717).

der Rechtsunkenntnis schützen soll.[76] Auch wenn *Peterek* diesbezüglich mit der Begründung, dass die Rechtsunkenntnis kein Unterfall der geschäftlichen Unerfahrenheit i.S. des § 4 Nr. 2 UWG sei, anderer Auffassung ist,[77] ist dem nicht zu folgen. So hat auch das *OLG Düsseldorf* bei einer fehlerhaften Widerrufsbelehrung die Anwendbarkeit des § 4 Nr. 2 UWG bejaht, wenn dadurch die Gefahr begründet werde, dass der Verbraucher von seinem Widerrufsrecht keinen Gebrauch mache und somit der Unternehmer diese Rechtsunkenntnis zu seinem Vorteil ausnutze.[78] Letztendlich bleibt aber abzuwarten, wie der *BGH* zur Auslegung des § 4 Nr. 2 UWG bei fehlerhafter oder unterbliebener Widerrufsbelehrung oder Verletzung von Informationspflichten entscheiden wird. Anzumerken ist insofern jedoch, dass der *BGH* in seiner Entscheidung vom 03.05.2007 zumindest auf einen Verstoß gegen § 4 Nr. 2 UWG bei unterlassener Rechtsberatung durch den Haftpflichtversicherer einging, diesen aber im Ergebnis verneinte, da eine Unkenntnis der Rechtsprechung zur Erstattung von Sachverständigengutachten den Geschädigten noch nicht zu einer geschäftlich unerfahrenen Person mache.[79]

IV) Zusammenfassung

Es hat sich gezeigt, dass schon der Begriff des Informationsmodells Schwierigkeiten aufwirft, abhängig davon, ob man einem liberalen Zivilrechtsverständnis folgt oder soziale Rahmenregelungen erwartet. In jedem Fall ist festzuhalten, dass das Informationsmodell nicht nur dem Verbraucherschutz dient, sondern auch für einen funktionierenden Wettbewerb auf dem Markt unerlässlich ist.

Im Bereich der Europäischen Gemeinschaft hat sich das Informationsmodell vor allem seit der Einführung des Art. 153 I EGV aufgrund des Amsterdamer Vertrages vom 01.05.1999 durchgesetzt und ist seit dem auch nicht mehr aus dem Gemeinschaftsrecht wegzudenken. So wird das Informationsmodell im Primärrecht durch eine ganze Reihe von Rechtsprechungslinien getragen, wobei als bekannteste hier die *Cassis-de-Dijon*-Entscheidung[80] zu nennen ist. Aber auch im Sekundärrecht hat sich das Informationsmodell zunehmend etabliert. Gerade in Bezug auf Richtlinien zur Verstärkung des Verbraucherschutzes sind Informationspflichten mittlerweile unerlässlicher Bestandteil. In diesem Zusammenhang hat sich auch das

76 S. Hefermehl/ Köhler/ Bornkamm/ *Köhler*, § 4 Rn. 2.21; Lehmler, § 4 Nr. 2 Rn. 22; MünchKomm/ *Heermann*, Lauterkeitsrecht, § 4 Nr. 2 Rn. 93, der die betreffenden Sachverhalte allerdings primär unter § 4 Nr. 11 UWG subsumieren will und somit § 4 Nr. 2 nur als Auffangnorm sieht.
77 S. *Peterek*, WRP 2008, 714ff.
78 S. *OLG Düsseldorf*, CR 2007, 51 (53 f.).
79 *BGH*, WRP 2007, 1334 (1336).
80 *EuGH*, Urt. v. 07.03.1990, Rs. C-362/88, Slg. 1990 I, 667.

verbraucherpolitische Leitbild in der Rechtsprechung des *EuGH* des „durchschnittlich informierten, aufmerksamen und verständigen Durchschnittsverbrauchers" entwickelt, das mittlerweile allgemein anerkannt ist und sogar Einzug ins Sekundärrecht erhalten hat. Wie sich herausgestellt hat, sind die Konsequenzen für einen Verstoß gegen die Informationspflichten abgesehen von der verlängerten Möglichkeit des Widerrufes im Gemeinschaftsrecht allerdings sehr spärlich geregelt.

Auf nationaler Ebene hat sich der Gesetzgeber vor allem an die Vorgaben des Gemeinschaftsrechts gehalten und eine Reihe von Informationspflichten und Widerrufsrechte verankert, um den Verbraucher zu schützen. Daneben ergeben sich aber noch Informationspflichten aus dem Recht der AGB, der BGB-InfoV und nach der Rechtsprechung des *BVerfG* auch aus Art. 2 I GG. Des Weiteren hat die zivilgerichtliche Rechtsprechung das Institut der c.i.c. aus § 311 II Nr. 1 BGB konkretisiert, um Verletzungen von Informationspflichten sanktionieren zu können. Außerhalb des BGB sollen vor allem die Sanktionen aus dem UKlaG und dem UWG die Einhaltung der Informationspflichten sichern. gewähren, wenn auch diese Maßnahmen in der Literatur zur Erreichung des Informationsmodells aus verschiedenen Gründen nicht unumstritten sind. Zuletzt allein durch die Novellierung des UWG Mitte 2004 und der damit verbundenen Einführung des § 4 Nr. 2 UWG, der auf die geschäftliche Unerfahrenheit des Verbrauchers abstellt. Welche Bedeutung dies für die Informationspflichten und Widerrufsbelehrungen hat, bleibt insoweit noch abzuwarten, ist aber bereits jetzt stark umstritten.

Drittes Kapitel
Die Geschichte der Widerrufsrechte

I) Die historische Entwicklung des Verbraucherschutzrechts

1) Einleitung

Im Zuge des Bevölkerungswachstums, der Urbanisierung und der Ausweitung des Konsums wuchs auch der Finanzierungsbedarf erheblich, wodurch sich die Standardverbindung von Kaufvertrag und Warenkredit entwickelte. Dies führte dazu, das die Hälfte der produzierten Waren für den häuslichen Gebrauch auf diesem Weg verkauft wurde.[81]

Die Position des Käufers war in Absatzverträgen aber besonders prekär. So mussten sich die Käufer oft harten Bedingungen unterwerfen. Die Abzahlungsverträge enthielten zugunsten des Verkäufers weitgehende Verfalls- und Verwirkungsklauseln.[82] Außerdem wurden die Verträge häufig als „Leihgabe" bezeichnet, so dass in vielen Fällen nach langer Ratenzahlung und fast vollständiger Tilgung des Kaufpreises infolge eines Rückstandes der Käufer den Besitz an der Sache und somit auch die Möglichkeit des endgültigen Eigentumserwerbs verlor.[83]

Um diesen Missstand entgegenzuwirken, wurde am 23.12.1892 dem Reichstag ein erster Entwurf eines Schutzgesetzes vorgelegt. Dies wurde sodann nach einigen Änderungen im Reichsgesetzblatt vom 16.05.1894 als AbzG veröffentlicht und trat am 04.06.1894 in Kraft.[84] Es regelte im Handelsverkehr vorgenommene Abzahlungsgeschäfte durch zahlreiche Rechtsnormen zwingend, so dass der wirtschaftlich Schwächere, also der heutige Verbraucher, geschützt wurde.[85] Dies geschah gem. § 1 I AbzG durch die Schaffung eines Abwicklungsverhältnisses, wonach im Falle eines Rücktritts des Verkäufers vom Vertrag die Parteien zur Rückgewähr der empfangenen Leistungen verpflichtet wurden.[86] Somit wurde der Abzahlungskäufer im wesentlichen davor geschützt, dass er die Ware abzahlen musste, obwohl sie ihm bereits aufgrund des Rücktritts genommen war. Die Regelungen im AbzG brachten dabei verschiedene Einschränkungen der Privatautonomie, die jedoch bewusst hingenommen wurden. So hieß es in der Gesetzesberatung im Reichstag:

81 S. HKK/ *Duve*, §§ 1-14 Rn. 69.
82 S. *Xu*, S. 81.
83 wie zuvor.
84 S. *RGBl.* S. 450.
85 S. *Xu*, S. 82.
86 BGB-RGRK/ *Kessler*, § 1 AbzG Rn. 1.

„Wo eine wirkliche Vertragsfreiheit fehlt, wo die eine der Parteien – hier der Abzahlungskäufer – durch ihre wirtschaftliche Lage genötigt ist, sich auf die Bedingungen der anderen einzulassen, kann dieser Grundsatz nicht unverändert zur Anwendung kommen.“[87]

2) *Das BGB von 1900*

Als 1871 das Deutsche Reich gegründet wurde, war die Einheit im Zivilrecht nur zu einem Teil hergestellt, nämlich durch das gesetzlich geregelte Handelsrecht und durch ein einheitliches Pandektenrecht.[88] Es gab jedoch noch vielfältige Unterschiede, zum Beispiel durch das Preußische Allgemeine Landrecht und den Code Civil. Gegen eine Rechtseinheit stand jedoch zunächst die Verfassung, die erst 1873 geändert wurde, so dass die Gesetzgebungskompetenz des Reiches auf das gesamte bürgerliche Recht erweitert wurde und somit eine einheitliche Kodifizierung des Zivilrechts in Deutschland ermöglichte.[89] Nach mehreren Änderungen wurde der dritte Entwurf 1886 dem Reichstag vorgelegt und mit Mehrheit beschlossen. Der Bundesrat stimmte dem ebenfalls zu, so dass Wilhelm II. am 18.08.1896 das Bürgerliche Gesetzbuch verkündete. In Kraft trat es dann am 01.01.1900 und löste die bis dahin geltenden, zum Teil sehr verschiedenen territorialen gesetzlichen Regelungen ab. Dem Vertragsrecht wurde im BGB der Grundsatz des *pacta sunt servanda*[90] zu Grunde gelegt,[91] wonach eine einseitige Lösung von einer Vereinbarung nicht möglich war, um den Vertragspartner die wirtschaftlichen Vorteile des bereits geschlossenen Vertrages zu sichern.[92] Im Hinblick auf Verbraucher wurden, abgesehen von der Sanktionierung des Betruges, keine speziellen Schutzvorschriften im BGB aufgenommen,[93] so dass der Spezialgesetzgebung des Reichs oder den einzelnen Bundesstaaten soziale Neuerungen überlassen wurde. Dies zeigte sich bereits im soeben genannten AbzG, das trotz der zeitlichen Nähe zur Redaktion des BGB nicht darin integriert wurde. Aber gerade diese Zweispurigkeit der Gesetzgebung, d. h. die Auslagerung durchaus anerkannter, aber noch nicht befriedi-

87 1. Lesung des Regierungsentwurfs, *Reichstags-Verhandlungen, Bd. 134*, 870 (D).

88 Die Pandektenwissenschaft bereitete das in Deutschland als Gewohnheitsrecht rezipierte römische Recht der Pandekten (lat. Digesten), das vornehmlich Fallrecht war, in der Weise auf, dass es daraus abstrakte Rechtssätze und Rechtsbegriffe extrahierte und sie systematisch darstellte. Benannt wurde es dabei nach den Titeln der Lehrbücher des römischen Rechts, die von Savigny-Schülern geschrieben wurden.

89 Vgl. *Wesel,* 16. Kapitel Rn. 285.

90 Lateinisch: Verträge müssen eingehalten werden.

91 Davor galt noch die alte Lehre von der *clausula rebus sic stantibus* aus dem Mittelalter, wonach jeder Vertrag unter der stillschweigenden Klausel stand, dass die Dinge so bleiben, wie sie sind, vgl. *Wesel*, 16. Kapitel Rn. 286.

92 S. HKK/ *Oestmann*, §§ 145-156 Rn. 27.

93 S. *Liedtke*, S. 14.

gend gelöster neuer Fragen in Spezialgesetze, hatte die territoriale Vereinheitlichung möglich gemacht.[94] Außerdem sollten mit dem BGB die großen Prinzipien des 19. Jahrhunderts wie Vertragsfreiheit oder Privatautonomie gefördert werden. Die Väter des BGB sahen ihre Aufgabe darin, das bestehende Recht zu kodifizieren und nicht dasselbe umzugestalten.[95] Außerdem erschien es nach damaliger Sicht unmöglich, einen Rechtssatz zum Schutz des Schwächeren gegen den wirtschaftlich Stärkeren so zu formulieren, dass dadurch nicht gleichzeitig die Sicherheit des Verkehrs gefährdet werde, so dass die Behandlung derjenigen Rechtsverhältnisse, für welche die Abwägung verschiedener Interessen geboten erschien, speziellen Vorschriften vorbehalten bleiben sollte.[96]

3) Das Verbraucherrecht seit den 70er Jahren

Am 18.10.1971 publizierte die Regierung Brandt einen ersten „Bericht zur Verbraucherpolitik", der eine öffentliche Diskussion der behandelten Fragen in Gang bringen sollte.[97] Die Bundesregierung stellte in dem Bericht fest, die Marktstellung des Verbrauchers müsse durch staatliche Maßnahmen verbessert werden, und gab einen Überblick über Zielsetzungen der Verbraucherpolitik und vorgesehene verbraucherpolitische Maßnahmen.

Diese Verbraucherpolitik fand ihren Ursprung in den USA. Bereits am 15.03.1962 verkündete John F. Kennedy vor dem amerikanischen Kongress, dass die Verbraucher die wichtigste ökonomische Gruppe repräsentierten, der zugleich am wenigsten Gehör geschenkt werde.[98] Daher verlangte der Präsident die künftige Beachtung von vier grundlegenden Verbraucherrechten; hierzu zählte er das Recht auf sichere Produkte, das Recht auf freie Auswahl sowie auf umfassende Information über Waren und Dienstleistungen und das Recht auf eine politische Interessenvertretung der Verbraucher.[99] 1966 bis 1968 erließen die USA fünf verbraucherschützende Gesetze, welche den Autoverkehr, die richtige Verpackung und Deklaration der Ware und die Lebensmittelkontrolle betrafen.[100] Auch der Verbraucheranwalt Ralph Nader[101] beeinflusste durch seine Publikationen weite Krei-

94 S. HKK/ *Duve*, §§ 1-14 Rn. 70.
95 Vgl. *Planck*, AcP 75 (1889), 327 (405ff.).
96 Vgl. *Liedtke*, S. 15.
97 S. *Xu*, S: 85.
98 S. *v. Hippel*, S. 281ff., *John F. Kennedys* Special Message to the Congress on Protecting the Consumer Interest.
99 Wie zuvor.
100 S. HKK/ *Schmoeckel,* vor §§ 312ff. Rn. 23.
101 Nader, Ralph, US-amerikanischer Verbraucheranwalt und Vertreter des Konsumerismus, organisierte zahlreiche Initiativen zur Durchsetzung von Verbraucherrechten und Autor des Bestsellers „Unsafe at Any Speed".

se Amerikas. Es entstand in den 60er Jahren eine große gesellschaftliche Bewegung mit ehrgeizigen Zielen, für die sich die Bezeichnung „consumerism" fand.[102] Da sich in den 60er Jahren ebenfalls der Trend der deutschen Juristen entwickelte, einen Studienabschnitt oder eine Qualifikationsphase in den USA zu verbringen, half dies dabei, die US-Tendenzen zu übernehmen. Daher bildet den Ausgangspunkt des Verbraucherschutzes in Deutschland der Versuch, die große US-amerikanische Entwicklung zu erfassen.[103]

Im Zweiten „Bericht zur Verbraucherpolitik", schrieb die Bundesregierung ihr verbraucherpolitisches Programm fort. Letztendlich führte der „consumerism" zur Normierung zahlreicher Verbraucherschutzgesetze. Beispielhaft zu nennen wären das sog. „Maklergesetz",[104] die Verordnung über Preisangaben,[105] die Gerichtsstandsnovelle,[106] das Gesetz zur Gesamtreform des Lebensmittelrechts,[107] das Gesetz nur Neuordnung des Arzneimittelrechts,[108] das Gesetz zur Regelung des Rechts der Allgemeinen Geschäftsbedingungen,[109] das Reisevertragsgesetz[110] und mehrere Novellen zum Kartellgesetz. Darüber hinaus wurde der Schutz des Verbrauchers vor allem im Wege richterlicher Rechtsfortbildung ausgeweitet. Unlautere Vertriebspraktiken wurden über gewerberechtliche Beschränkungen sowie über das Lauterkeitsrecht (UWG) kontrolliert.[111]

4) Verbraucherschutz in der Europäischen Gemeinschaft

Wichtig für die Entwicklung des Verbraucherschutzrechts waren auch die Auswirkungen des Rechts der Europäischen Gemeinschaft.[112] Auch wenn sich der EWG-Vertrag vom 25.03.1957 zunächst primär an die Produzenten richtete, tauchte der Verbraucherbegriff bereits im Bereich der Agrarpolitik und bei der Wettbewerbspolitik auf.[113] In den 70er Jahren etablierte sich sodann eine eigenständige EG-Verbraucherpolitik, da auf der Ebene der Europäischen Union zunehmend die Notwendigkeit erkannt wurde, für den wachsenden grenzüberschreitenden Handel mit Waren und Dienstleistungen einheitliche europaweit harmonisierte Regeln des

102 S. HKK/ *Schmoeckel,* vor §§ 312ff. Rn. 21.
103 S. HKK/ *Schmoeckel,* vor §§ 312ff. Rn. 24.
104 *BGBl. 1972 I* S. 1465.
105 *BGBl. 1973 I* S. 461.
106 *BGBl. 1974 I* S. 753.
107 *BGBl. 1974 I* S. 1945.
108 *BGBl. 1976 I* S. 2445.
109 *BGBl. 1976 I* S. 3317.
110 *BGBl. 1979 I* S 509.
111 Ursprüngliche Fassung vom 07.06.1909, *RGBl. 1909* S. 499.
112 S. *Borchert*, S. 6.
113 Vgl. Art. 39 I lit. e; Art. 40 II; Art. 85 III und Art. 86 II lit. b EWG-Vertrag.

Wettbewerbs sowie ein einheitliches Verbraucherschutzniveau zu schaffen.[114] Deshalb erarbeitete die Europäische Kommission in zwei verbraucherpolitischen Programmen aus den Jahren 1975[115] und 1981[116] Grundsätze und Prioritäten zur Verwirklichung der Verbraucherinteressen, die sie in fünf fundamentale Rechte des Verbrauchers wie folgt zusammenfasste:

- das Recht auf Schutz seiner Gesundheit und Sicherheit,
- das Recht auf Schutz seiner wirtschaftlichen Interessen,
- das Recht auf Wiedergutmachung erlittenen Schadens,
- das Recht auf Unterrichtung und Bildung,
- das Recht auf Vertretung (Recht, gehört zu werden).[117]

Der Verbraucherschutz wurde auch durch die Rechtsprechung des EuGH, insbesondere der Cassis-de-Dijon-Entscheidung[118], weiter gefördert, da der Gedanke des Verbraucherschutzes als ein immanenter Rechtfertigungsgrund einzelstaatlicher Beschränkungen des freien Waren- und Dienstleistungsverkehrs anerkannt wurde.

Mit der Einführung des Art. 100 a EGV (nunmehr Art. 95 EGV) durch die Einheitliche Europäische Akte wurde die Rechtssetzungskompetenz dahingehend erweitert, dass auch Maßnahmen, die sich mittelbar auf die Errichtung und das Funktionieren des Binnenmarktes auswirken, zulässig sind. Außerdem wurden die Regeln der Einstimmigkeit für die Verabschiedung von Richtlinien in vielen der Bereiche, die direkt oder indirekt mit dem Verbraucherschutz in Verbindung standen, durch die Einheitliche Europäische Akte aufgehoben. In seiner Verbraucherschutzentschließung vom 23.06.1986[119] erklärte sich auch der Europäische Rat zur Mitwirkung bei der Sicherung eines hohen Niveaus an Verbraucherschutz bereit, und in der Entscheidung des Rates vom 13.07.1992[120] wurden die künftigen Prioritäten für den Ausbau der Verbraucherschutzpolitik aufgeführt. In dem Maastrichter EU-Vertrag vom 07.02.1992,[121] der erst am 01.11.1993 aufgrund von Hindernissen im Ratifizierungsverfahren in Kraft trat, und in dem Amsterdamer Vertrag vom 19.06.1997[122] wurde die Kompetenz der Gemeinschaft weiter ausgedehnt. Zuletzt wurde das Gemeinschaftsrecht durch den am 01.12.2009 in Kraft getretenen Vertrag von Lissabon[123] geändert, durch den der EU unter anderem beim Verbrau-

114 S. *Liedtke,* S. 23.
115 *ABl. EG C 92* vom 25.04.1975.
116 *ABl. EG C 133* vom 03.06.1981.
117 S. *Frotscher,* S. 18.
118 *EuGH*, Urt. vom 20.02.1979, Rs. 120/79, Slg. 1979, 649ff.
119 *ABl EG Nr. C 167*, vom 29.06.1986.
120 *ABl EG Nr. C 186*, vom 23.07.1992.
121 *ABl EG Nr. C 191*, vom 07.02.1992.
122 *ABl EG Nr. C 340*, vom 02.10.1997.
123 *ABl EG Nr. C 306/01*, vom 13.12.2007.

cherschutz eine Teilzuständigkeit zugestanden wurde, um diesen so weiter voranzutreiben.

Insgesamt ist der Verbraucherschutz zu Recht als Motor der Rechtsangleichung bezeichnet worden.[124]

II) Die Widerrufsrechte des Verbrauchers

Die Rechtsprechung entwickelte zunächst ohne gesetzliche Vorgabe aufgrund des wachsenden Interesses an einem verbesserten Verbraucherschutz vereinzelt Vertragslösungsrechte, durch die den erkannten Missständen, insbesondere bei Abzahlungsgeschäften an der Haustür und sonstigen Formen des sogenannten Direktvertriebes, über § 242 BGB oder das Institut der c.i.c. abgeholfen werden sollte.[125] Des Weiteren wurden Vertragslösungsrechte aus § 123 BGB oder § 119 II BGB diskutiert.[126] Der Nachteil dieser Vertragslösungsrechte bestand aber darin, dass regelmäßig der Verbraucher Beweis hinsichtlich aller typischen Pflichtverletzungen, Täuschungen und Investitionen zu führen hatte. Zudem ging es nicht um Individualfehlverhalten, sondern um generelle Vertriebspraktiken. Außerdem wurde durch diese Vertragslösungsrechte eine Nichtigkeitsfolge selbst dann vorgesehen, wenn der Vertrag an sich gewollt war oder dass sich beweistechnische Unzulänglichkeiten allgemeiner zivilrechtlicher Regeln ergaben.[127]

Somit war der Gedanke an ein Lösungsrecht für bestimmte Verträge dort schon angelegt. Es war jedoch noch ein langer Weg nötig, bis es zum heutigen Widerrufsrecht aus §§ 355 ff. BGB kam. Zunächst fanden sich verbraucherrechtliche Widerrufsrechte allein in zivilrechtlichen Nebengesetzen. Am Ende wurden die meisten der Regelungen aus den Nebengesetzen in das BGB integriert, so dass § 355 BGB an die gesetzliche Einräumung des Widerrufsrechts im BGB selbst anknüpft. Dabei ist das Besondere am verbraucherrechtlichen Widerruf die einseitige Möglichkeit des Verbrauchers, sich ohne weitere Voraussetzungen und Begründungen vom Vertrag zu lösen. Die einzelnen Normen sehen zwar bestimmte Voraussetzungen vor, nämlich einen bestimmten persönlichen, sachlichen und situativen Anwendungsbereich, ist dieser aber gegeben, kann sich der Verbraucher vom Vertrag durch einseitigen Akt lösen, ohne dass es dafür einer weiteren Begründung bedarf.

124 S. *Xu*, S. 87 m. w. N.
125 S. *LG Oldenburg*, MDR 1969, 392 (Einräumung eines Rücktrittsrechts aus § 242 BGB beim Folgevertrag); *LG Landau*, MDR 1974, 41 (Überredung beim Haustürkauf als culpa in contrahendo).
126 Vgl. *Jung*, ZRP 1981, 137 (139).
127 Vgl. *Jung*, ZRP 1981, 137.

1) Abzahlungsgesetz und seine Novellierungen

Das bereits angesprochene AbzG von 1894[128] enthielt zunächst kein Widerrufsrecht für Geschäfte, die außerhalb der Geschäftsräume des Verkäufers geschlossen oder angetragen wurden.[129] Schließlich setzte sich bei allen Abzahlungsgeschäften der Gedanke durch, dass ihre typische Gefährdungslage ein Widerrufsrecht erfordert, um den Käufer zu schützen.[130] Daraufhin wurde 1974 ein einwöchiges Widerrufsrecht durch Einfügung des § 1 b AbzG geschaffen.[131] In dieser Fassung blieb § 1 b AbzG, bis das Abzahlungsgesetz am 17.12.1990 vom Verbraucherkreditgesetz abgelöst wurde.[132] Dabei wurde der ehemalige § 1 b AbzG fast wortgleich in § 7 VerbrKrG übernommen. Für Haustürgeschäfte entsprach das Widerrufsrecht der europäischen Haustürgeschäfterichtlinie 85/577/EWG,[133] während die Verbraucherkreditrichtlinie 87/102/EWG[134] kein solches Widerrufsrecht vorsah.

Mit der Novelle von 1974 wurde auch § 1 c AbzG eingeführt, der auf § 1 b AbzG verweist und dem Käufer ein einwöchiges Widerrufsrecht gewährte, wenn ein Vertrag geschlossen wurde, der eine Lieferung in Teilleistungen oder wiederkehrenden Leistungen vorsah.[135] Dabei sollte der Käufer durch die Einführung des § 1 c AbzG bei wiederkehrend zu liefernden Sachen davor bewahrt werden, sich unüberlegt und unter dem psychologischen Druck des vom Verkäufer aktiv geführten Verkaufsgesprächs mit einer Verpflichtung zu belasten, die sich nach Dauer und Höhe erst in der Zukunft realisierte.[136] Im Rahmen der Ersetzung des AbzG durch das VerbrKrG wurde der § 1 c AbzG in § 2 VerbrKrG übernommen.

2) Gesetz über Kapitalanlagen (KAGG) und Gesetz über den Vertrieb ausländischer Investmentanteile und über die Besteuerung der Erträge aus ausländischen Investmentanteilen (AuslInvG)

Im Gegensatz zu der langwierigen Auseinandersetzung über das Widerrufsrecht für Abzahlungsgeschäfte entstanden 1969 und 1970 zwei Regelungen zum Widerruf für Haustürgeschäfte.[137] Hierbei handelte es sich um Widerrufsrechte bei In-

128 S. I, 3.
129 S. Entwurf vom 03.03.1964 *BT-Drucks. IV/1864*.
130 Sog. „Große Lösung"; *BT-Drucks. 7/1398*, S. 2 f.
131 *BGBl. I 1974*, S. 1169.
132 *BGBl. 1990 I Nr. 71,* S. 2840ff.
133 S. 4. Kapitel, I, 2, b.
134 S: 6. Kapitel, I, 2, c.
135 *BGBl. I 1974*, S. 1169.
136 S. *BGHZ 67*, 389 (392 f.).
137 Gesetz über den Vertrieb ausländischer Investmentanteile, über die Besteuerung ihrer Erträge sowie zur Änderung und Ergänzung des Gesetzes über Kapitalanlagegesellschaften, *BGBl. 1969 I,* S. 986; *1970 I,* S. 127.

vestmentgeschäften an der Haustür, die mit nahezu identischem Wortlaut in das bereits bestehende KAGG von 1957 und das neue AuslInvG eingefügt wurden. Sowohl nach § 11 AuslInvG, als auch nach § 23 KAGG stand dem Käufer ein zweiwöchiges Widerrufsrecht bei geschlossenen Verträgen über ausländische Investmentanteile bzw. über Anteilsscheine, zu, wenn er hierzu durch mündliche Verhandlung außerhalb der ständigen Geschäftsräume bestimmt wurde. Sinn und Zweck der Normen war der Schutz der Erwerber ausländischer Investmentanteile vor speziellen Vertriebsmethoden bzw. der Schutz des Anlegers vor unüberlegten und interessewidrigen Anteilscheinkäufen.[138] Zum 01.01.2004 trat das InvG in Kraft, das die Umsetzung zweier europäischen Richtlinien[139] zur Änderung der OGAW-Richtlinie[140] bezweckte. Dabei wurden die investmentrechtlichen Regelungen des KAGG und des AuslInvG im InvG zusammengeführt und ein zweiwöchiges Widerrufsrecht gemäß § 126 InvG geschaffen, wobei die Norm im Wesentlichen § 23 KAGG nachgebildet wurde. Während aber § 23 KAGG nur auf den Fall des Kaufes von Investmentanteilen durch den Anleger anwendbar war, erfasst § 126 VI InvG auch die Rücknahme von Investmentanteilen durch die Kapitalanlagegesellschaft, die in einer Haustürsituation veräußert wurden. Somit sind vor allem die Fälle erfasst, in denen den Anlegern der „Tausch" von Investmentanteilen vorgeschlagen wird.[141] Die Vorschrift dient dabei der Verhinderung von Spekulationsmöglichkeiten zu Lasten der Kapitalanlagegesellschaft.[142]

3) Gesetz zum Schutz der Teilnehmer am Fernunterricht (FernUSG)

Im Gegensatz zu den eben genannten Widerrufsrechten hat das Widerrufsrecht bei Fernunterrichtsverträgen nichts mit der Situation des Vertragabschlusses, etwa in Haustürsituationen zu tun. Hier sollte dem Teilnehmer an einem Fernlehrgang die Möglichkeit eröffnet werden, zumindest die erste Lieferung von Lehrmaterial auf ihre Tauglichkeit zu prüfen, da es sich häufig als nicht geeignet erwies, die in der Werbung angekündigten Lernziele zu erreichen.[143] Das Gesetz wurde am 24.08.1976 aufgrund der beiden „Berichte zur Verbraucherpolitik" der Regierung[144] erlassen und räumte dem Teilnehmer in § 4 I FernUSG a.F. ein zweiwö-

138 Vgl. Brinkhaus/ Scherer/ *Schödermeier/ Baltzer*, § 23 KAGG Rn. 1 und Brinkhaus/ Scherer/ *Pfüller*, § 11 AuslInvG Rn. 1.
139 Richtlinie 2001/107/EG und Richtlinie 2001/108/EG.
140 Richtlinie 85/611/EWG des Rates vom 20.12.1985 zur Koordinierung der Rechts- und Verwaltungsvorschriften betreffend bestimmte Organismen für gemeinsame Anlagen in Wertpapieren (OGAW).
141 S. *Nickel*, ZBB 2004, 197 (202).
142 S. *BT-Drucks. 15/ 1553*, S. 114.
143 Vgl. die gleichen Erwägungen beim FernAbsG, *BT-Drucks. 14/2658,* S. 47.
144 S. I, 5.

chiges allgemeines Widerrufsrecht ein. Dieses nebengesetzliche Widerrufsrecht besteht weiterhin, auch wenn für die Rechtsfolgen insoweit auf die §§ 355ff. BGB verwiesen wird.

4) Haustürwiderrufsgesetz (HWiG)

Seit Mitte der 70er Jahre wurde über ein Widerrufsrecht bei Haustürgeschäften diskutiert,[145] und zwar unabhängig von der Zahlungsweise und dem erworbenen Gegenstand. In den 80er Jahren griffen die Europäische Kommission sowie der nationale Gesetzgeber die Idee auf. Es ging insbesondere um das Moment der Überraschung des Verbrauchers in einer Haustürsituation und seinen Schutz vor der Gefahr der Überrumpelung. Die Richtlinie 85/577/EWG betreffend den Verbraucherschutz im Falle von außerhalb von Geschäfträumen geschlossenen Verträgen wurde am 20.12.1985 erlassen.[146] Das HWiG wurde bereits einen Monat vorher, also am 14.11.1985 verabschiedet,[147] trat jedoch erst am 01.05.1986 in Kraft. Aufgrund der Überschneidung des HWiG mit der Haustürwiderrufsrichtlinie kam es zu erheblichen Divergenzen, auf die im folgenden Kapitel eingegangen wird.[148]

5) Versicherungsvertragsgesetz (VVG)

Für Versicherungsverträge wurde ein Widerrufsrecht mit dem Gesetz zur Änderung versicherungsrechtlicher Vorschriften vom 17.12.1990 begründet.[149] Danach konnte der Versicherungsnehmer gem. § 8 IV 1 VVG innerhalb von 10 Tagen nach Unterzeichnung des Versicherungsvertrages seine auf den Vertragsschluss gerichtete Willenserklärung schriftlich widerrufen. Grund für dieses Widerrufsrecht war, wie bei anderen vertragstypbezogenen Widerrufsrechten auch, die Erwägung, den Versicherungsnehmer durch ein Widerrufsrecht bei längerfristigen, komplexen und belastenden Versicherungsbindungen zu schützen.

145 S. Erste Entwürfe von Bayern, *BR- Drucks. 384/ 85,* und Bremen, *BR- Drucks. 394/ 75.*
146 S. ABl. EG Nr. L 372 v. 31.12.1985, S. 31.
147 Vgl. Protokoll der 174. Sitzung des Bundestages vom 14.11.1985, 13110-13121.
148 S. 4. Kapitel, II.
149 *BGBl. I 1990*, S. 2864.

6) Teilzeit-Wohnrechtegesetz (TzWRG)

Aufgrund der Entstehung eines Marktes für Teilzeitwohnrechte, auch im grenzüberschreitenden Verkehr, wurde Rechtssicherheit bezüglich der rechtlichen Konstruktion von Nutzungsrechten an Immobilien benötigt, um auf ihrer Basis über ein Widerrufsrecht Missbräuchen durch die Anbieter besser entgegenwirken zu können. Daher trat am 20.12.1996 das Teilzeit-Wohnrechtegesetz in Kraft.[150] Es beruhte auf der Time-Sharing-Richtlinie 94/47/EG[151] und gab dem Erwerber ein zehntägiges Widerrufsrecht gem. § 5 I TzWRG. Dabei sollte das Widerrufsrecht eine Säule sein, um die Beeinflussung durch psychologisch geschulte Verkäufer am Urlaubsort auszugleichen und um den Erwerber nicht durch komplizierte risikoreiche Rechtsgestaltungen zu überfordern.[152]

7) Fernabsatzgesetz (FernAbsG)

Schließlich wurde als letztes ein Widerrufsrecht für Fernabsatzgeschäfte eingeführt, um der fehlenden physischen Nähe des Verbrauchers zum Geschäftspartner und zur erworbenen Ware Rechnung zu tragen. Die Neuregelung sollte die Prüfung des Produkts, der angegebenen Informationen und der Pflichtangaben des Unternehmers vor der endgültigen Bindungskraft des Vertrages ermöglichen. Das Gesetz wurde aufgrund der Fernabsatzrichtlinie 97/7/EG[153] am 27.06.2000 erlassen[154] und bewirkte gleichzeitig bereits vor der Schuldrechtsreform die teilweise Integration in das BGB durch den neu eingeführten § 361 a BGB a.F.,[155] auf den § 3 FernAbsG verwies und der dem Verbraucher ein zweiwöchiges Widerrufsrecht einräumte.

III) Fazit

Seit Beginn der europäischen Verbraucherpolitik mit dem Konzept des consumerism entwickelte sich der Verbraucherschutz insbesondere durch Widerrufsrechte. Sie knüpfen teilweise an die Gefährlichkeit der Waren und Dienstleistungen, teilweise an die fehlende physische Anwesenheit des Vertragspartners oder des Vertragsgegenstandes oder die Vertragsschlusssituation an. Mit ihrer Einführung, zunächst in Nebengesetzen und später zum größten Teil im BGB, wurde ein umfas-

150 *BGBl. I 1996*, S. 2154.
151 ABl. L 280 vom 29.10.1994, S. 83ff.
152 S. *Kind*, S: 442ff.
153 S. ABl. EG Nr. L 144 vom 04.06.1997.
154 S. *BGBl 2000 I 897.*
155 S. II.

sender und systematischer Verbraucherschutz geschaffen, der der zunehmenden Schutzbedürftigkeit des Verbrauchers aufgrund Industrialisierung und Globalisierung Rechnung trug. Vor allem durch ihre weitesgehend einheitliche Regelung in Bezug auf die Rechtsfolgen, ist es dem Verbraucher möglich geworden, hierüber einen systematischen Überblick zu bekommen.

Viertes Kapitel
Das Widerrufsrecht bei Haustürgeschäften nach dem HWiG, seinen Änderungen und nach § 312 I 1 BGB, unter besonderer Berücksichtigung des Zeitmoments

Das Haustürwiderrufsrecht besteht seit dem 01.05.1986 aufgrund des § 1 HWiG a.F. Die Rechtsfolgen waren zunächst in § 3 HWiG a.F. geregelt. Die Neuerungen im Gesetz vom 30.06.2000 führten dann zur Integration der Rechtsfolgen in das BGB und dort in die §§ 361 a und b. Durch das Schuldrechtsmodernisierungsgesetz (SMG) vom 26.1.2001 wurden sodann die §§ 361 a, 361 b BGB a.F. durch die §§ 355 bis 357 BGB ersetzt, wobei die §§ 312, 312 a BGB an die Stelle der Vorschriften des HWiG traten. Diese verweisen wiederum auf die §§ 355 bis 357 BGB. Durch das OLG- Vertretungsänderungsgesetz[156] wurden die §§ 312 a, 355 III BGB zum 01.08.2002 ein weiteres Mal geändert, bevor durch das Umsetzungsgesetz vom 02.07.2009 die Vorschriften des allgemeinen Schuldrechts insgesamt noch einmal überarbeitet wurden.[157]

Die Änderungen hatten teilweise auch eine inhaltliche Dimension, vor allem in Bezug auf die zeitliche Regelung des Widerrufsrechts. Daher befasst sich dieses Kapitel im Einzelnen mit der Entstehungsgeschichte des Haustürwiderrufrechts bis zur aktuellen Fassung unter besonderer Berücksichtigung des Zeitmoments.

I) Haustürgeschäfterichtlinie 85/577/EWG

1) Geschichtlicher Hintergrund

Am 20.12.1985 wurde die Richtlinie des Rates der Europäischen Gemeinschaft (EG) betreffend den Verbraucherschutz im Falle von außerhalb von Geschäftsräumen geschlossenen Verträgen 85/577/EWG erlassen.[158] Dabei hatte die EG-Kommission bereits im ersten Verbraucherschutzprogramm vom 14.04.1975 angekündigt, Haustürgeschäfte auf Gemeinschaftsebene zu regeln,[159] hatte einen ersten Vorschlag jedoch erst Anfang 1977 vorgelegt.[160] Danach sollte als zentrale Schutz-

156 S. *BGBl. I, 2850.*
157 Vgl. die Ausführungen zum Umsetzungsgesetz im 7. Kapitel.
158 S. *ABl. EG Nr. L 372* v. 31.12.1985, S. 31.
159 S. *ABl. EG Nr. C 92*, 2ff.
160 S. *ABl. EG Nr. C 22*, 6ff.

maßnahme dem Verbraucher mindestens sieben Tage lang die Möglichkeit verschafft werden, seine Entscheidung zu überdenken und zu widerrufen. Die Intention lag darin, dass die Kommission es als notwendig erachtet hatte, den Verbraucher vor missbräuchlichen Handelspraktiken, vor allem bei Haustürgeschäften, besser zu schützen. Insbesondere hielt die Kommission das Überraschungsmoment des Verbrauchers in einer Haustürsituation für problematisch, da ihn die Vertragsverhandlungen unvorbereitet träfen und er daher keine Möglichkeit zu Qualitäts- oder Preisvergleichen habe.[161] Dies sollte die Richtlinie ändern. Der Vorschlag der Kommission scheiterte jedoch zunächst am Widerstand der Bundesregierung bei den Beratungen im Rat der EG, da diese von der Erforderlichkeit einer gemeinschaftsrechtlichen Regelung der Haustürgeschäfte nicht überzeugt war.[162] Nachdem sich im Bundestag dann aber eine Einigkeit über die Einführung eines allgemeinen Widerrufsrechts bei Haustürgeschäften abzeichnete, war der europäische Weg frei und es wurde acht Jahre nach dem ersten Kommissionsvorschlag die Haustürwiderrufsrichtlinie 85/577/EWG erlassen, die jedoch im Vergleich zum ersten Vorschlag der EG-Kommission erhebliche Abstriche hinnehmen musste.[163] Diese entsprach weitestgehend dem in Deutschland beschlossen Haustürwiderrufsgesetz, welches kurz zuvor, nämlich am 14.11.1985, vom Bundestag verabschiedet worden war.[164]

2) Bestimmungen der Richtlinie

Zu den Bestimmungen der Richtlinie gehören der persönliche, sachliche und der situative Anwendungsbereich. Als Rechtsfolge sieht die Richtlinie vor, dass der Verbraucher innerhalb einer von den Mitgliedstaaten festzulegenden Frist, diese muss mindestens sieben Tage betragen, die Möglichkeit haben muss, sich vom Vertrag und den damit verbundenen Verpflichtungen zu lösen. Des Weiteren sieht die Richtlinie noch Informationspflichten vor, Ausnahmen, Sanktionen bei fehlender Belehrung und einen Mindestschutz.

a) Anwendungsbereich

Gemäß Art. 1 I der Richtlinie 85/577/EWG kann sich hierauf nur ein Verbraucher berufen, der einen Vertrag mit einem Gewerbetreibenden, also jemand der Waren

161 S. *Brenner*, S. 78.
162 Vgl. *Gilles*, NJW 1986, 1131 (1136).
163 Vgl. MünchKomm/ *Ulmer*, 3. Auflage, HWiG, Vor § 1 Rn. 6.
164 S. Gesetz über den Widerruf von Haustürgeschäften und ähnlichen Geschäften; *BGBl. I* v. 16.01.1986, S. 122

liefert oder Dienstleistungen erbringt, schließt. Der Verbraucher wird in Art. 2 Spiegelstrich 1 definiert als natürliche Person, die bei den von der Richtlinie erfassten Geschäften zu einem Zweck handelt, der nicht ihrer beruflichen oder gewerblichen Tätigkeit zugerechnet werden kann. Somit wurde zugleich erstmals der gemeinschaftsrechtliche Verbraucherbegriff definiert.[165] Er wurde dabei bewusst weit formuliert, damit dem Verbraucherschutz ein möglichst großer Anwendungsbereich zugute kommt.[166]

In Bezug auf den sachlichen Anwendungsbereich erfasst die Richtlinie alle Verträge über die Lieferung von Waren und die Erbringung von Dienstleistungen, erlaubt den Mitgliedstaaten in Art. 3 jedoch, bestimmte Geschäfte bei der Umsetzung vom Anwendungsbereich auszunehmen. Dazu zählen neben der Möglichkeit, eine Bagatellegrenze von 60 ECU einzuführen (Art. 3 I), eine Ausnahme für Verträge über Warenlieferungen oder Dienstleistungen zu beschließen, bei denen der Verbraucher den Gewerbetreibenden um einen Besuch gebeten hat (Art. 3 III). Darüber hinaus findet sich in Art 3 II ein Ausnahmenkatalog, nach dem die Richtlinie nicht für Verträge über dingliche Rechte an Immobilien und Verträgen über den Bau und die Miete von Immobilien (Art. 3 II a) den ambulanten Lebensmittel- und Getränkehandel (Art. 3 II b) den Katalogversandhandel (Art. 3 II c), für Versicherungsverträge (Art. 3 II d) und für Verträge über Wertpapiere gilt (Art. 3 II e).

Was den situativen Anwendungsbereich angeht, zählt die Richtlinie die relevanten Haustürsituationen in Art. 1 I abschließend auf. Dementsprechend werden nur die Verträge zwischen Verbraucher und Unternehmer geschützt, die

- während eines vom Gewerbetreibenden außerhalb von dessen Geschäftsräumen organisierten Ausflugs (Kaffee- oder Butterfahrten) oder
- anlässlich eines Besuches des Gewerbetreibenden beim Verbraucher in seiner oder in der Wohnung eines anderen Verbrauchers oder an seinem Arbeitsplatz geschlossen werden, sofern der Besuch nicht auf ausdrücklichen Wunsch des Verbrauchers erfolgt.

Andere Situationen, die zur Anwendbarkeit der Richtlinie führen, nennt Art. 1 I nicht ausdrücklich, dehnt den Anwendungsbereich aber in Art. 1 III und IV auf ähnliche Situationen aus.[167]

165 Vgl. *Brenner*, S. 84.
166 Vgl. *Liedtke*, S. 43.
167 Vgl. *Liedtke*, S. 46.

b) Widerrufsrecht

Wie bereits erwähnt, gewährt die Haustürwiderrufsrichtlinie dem Verbraucher die Möglichkeit, sich innerhalb von mindestens sieben Tagen von den eingegangenen Verpflichtungen und somit vom Vertrag zu lösen (Art. 5). Dabei beginnt die Widerrufsfrist erst dann zu laufen, wenn der Verbraucher gemäß Art. 4 belehrt wurde. Zur Fristwahrung genügt die Absendung der Anzeige, dass der Verbraucher von den eingegangenen Verpflichtungen zurücktritt (Art. 5 I 2). Die weiteren Regelungen bezüglich der Rückabwicklung des widerrufenen Vertrages werden den Mitgliedstaaten überlassen (Art. 7).

c) Informationspflichten

Gemäß Art. 4 muss der Gewerbetreibende den Verbraucher bei Haustürgeschäften schriftlich über sein Widerrufsrecht informieren. Dabei hat die Belehrung in der Regel bei Vertragsschluss zu erfolgen (Art. 4 S. 3 lit. a) oder, wenn es in der Haustürsituation noch nicht zum Vertragschluss kommt, zum Zeitpunkt der Abgabe des Angebotes durch den Verbraucher (Art. 4 S. 3 lit. c). Inhaltlich muss die Belehrung den Namen und die Anschrift einer Person angeben, der gegenüber das Widerrufsrecht ausgeübt werden kann, muss die Widerrufsfrist enthalten, ist zu datieren und hat Angaben zu enthalten, die eine Identifizierung des Vertrages ermöglichen (Art. 4 S. 1 und 2).

d) Sanktionen

Sofern der Gewerbetreibende seiner Verpflichtung zur ordnungsgemäßen Belehrung nicht nachkommt, haben die Mitgliedstaaten gemäß Art. 4 III geeignete Maßnahmen zu treffen, die den Verbraucher schützen. Hierbei haben die Mitgliedstaaten ein relativ weites Ermessen,[168] so dass die einzelnen Mitgliedstaaten dieser Verpflichtung auf unterschiedlicher Weise nachgekommen sind.[169]

168 S. GA *Lenz*, Schlussanträge vom 09.02.1994, Rs. C-91/92 *Paola Faccini Dori* gegen *Recreb Srl*, Slg. 1994, I-3325, Tz. 9.

169 Vgl. *Rott*, S. 137 f.

e) Mindestschutz

Gemäß Art. 8 sind die Mitgliedstaaten nicht daran gehindert, noch günstigere Verbraucherschutzbestimmungen auf dem Gebiet der Richtlinie zu erlassen oder beizuhalten. Hierbei ist nach dem siebenten Erwägungsgrund der Richtlinie sogar ein generelles Verbot von Haustürgeschäften zulässig.[170] Bei einer solchen Mindestklausel auf europäischer Ebene besteht durch Art. 8 ein gemeinsamer Grundbestand bezüglich des Verbraucherschutzes, der durch die einzelnen Mitgliedstaaten teilweise bis zur Unkenntlichkeit in den nationalen Regelungen aufgegangen ist, so dass es sich um ein wichtiges Instrument der Flexibilität bezüglich der europäischen Regelungsbemühungen im Verbraucherrecht handelt.[171]

II) Das Haustürwiderrufsgesetz von 1986

1) Geschichtlicher Hintergrund

Das Haustürwiderrufsgesetz a.F. (HWiG) wurde am 16.01.1986 verkündet und trat am 01.05.1986 in Kraft. Es beruht auf einem von Bayern initiierten Gesetzentwurf des Bundesrates[172] und wurde vom Bundestag am 14.11.1985 verabschiedet. Das HWiG a.F. wurde in der Erwartung erlassen, dadurch werde schon im Vorwege der in der Haustürgeschäfterichtlinie 85/577/EWG angestrebten Rechtsangleichung Rechnung getragen.[173]

Bis zu dem Zeitpunkt des Inkrafttretens war es jedoch ein langer Weg für das HWiG a.F. Die ersten verbraucherschützenden Widerrufsrechte ergingen, wie bereits erwähnt,[174] 1969 und 1970 mit Einführung des § 11 I AuslInvG und des § 23 I KAGG. Erst 1975 wurden von den Bundesländern Bayern[175] und Bremen[176] erste Entwürfe für ein gesetzliches Widerrufsrecht bei Haustürgeschäften vorgelegt, nachdem ein Widerrufsrecht bei Abzahlungsgeschäften durch das Zweite Gesetz zur Änderung des Abzahlungsgesetzes vom 15. Mai 1974 eingeführt worden war. Hierbei handelte es sich um die sogenannte „große Lösung“, wonach ein Widerrufsrecht bei jedem Abzahlungsgeschäft bestand, ohne an die weitere Voraussetzung des Vorliegens eines Haustürgeschäftes gekoppelt zu sein, wie es der soge-

170 Vgl. *Rott*, S. 9.
171 Vgl. *Brenner*, S. 85 f.
172 S. *BT-Drucks. 10/2876*, 1 (8 f.).
173 Vgl. MünchKomm/ *Ulmer*, 3. Auflage, Vor § 1 Rn. 7 HWiG.
174 S. 3. Kapitel, II, 2.
175 *BR- Drucks. 384/ 85.*
176 *BR- Drucks. 394/ 75.*

nannten „kleinen Lösung“[177] entsprochen hätte. Obwohl der Entwurf Bayerns, welcher in leicht abgeänderter Form im Bundestag eingebracht wurde,[178] auf breite Zustimmung stieß, so etwa bei den Verbraucherverbänden[179] und dem Deutschen Richterbund[180], wurde er im Bundestag nicht beraten und verfiel der Diskontinuität.[181] Das gleiche galt für die achte und neunte Wahlperiode, in denen ein gleichlautender Gesetzesentwurf eingebracht wurde. Erst in der zehnten Wahlperiode des Bundestages wurde sodann nach Vornahme einer im Rechtsausschuss des Bundestages vorgeschlagenen Änderung das HWiG a.F. in der Fassung von 1986 am 14.11.1985 verabschiedet.[182]

Trotz dieser Änderungen änderte sich an der Zielsetzung des HWiG a.F. nichts. In der Gesetzesbegründung wurde eingehend die Notwendigkeit eines Schutzes des Kunden angesichts der wirtschaftlichen Lage bei Haustür- und ähnlichen Geschäften und wegen der nicht ausreichenden Effizienz des geltenden Rechts dargelegt und darauf die Angemessenheit des Widerrufsrechts als mildestes Mittel zur Erreichung dieses Ziels samt dessen positiven Auswirkungen auf die Branche des Direktvertriebes herausgestellt.[183]

2) Anwendungsbereich

a) Persönlicher Anwendungsbereich

Gemäß § 1 I HWiG a.F. hatte der Erklärende (Kunde) in den dort aufgeführten Situationen ein einwöchiges Widerrufsrecht, so dass er den zu schützenden Vertragspartner darstellte. Dieser schutzbedürftige Personenkreis setzte sich vor allem aus Personen zusammen, die während der normalen Arbeitszeit zu Hause waren, so dass insbesondere Hausfrauen, Rentner und andere nicht im Erwerbsleben stehende Personen umfasst waren, da diese erfahrungsgemäß wenig geschäftsgewandt waren.[184] Dabei war die Anwendbarkeit des HWiG a.F. nicht nur auf natürliche Personen beschränkt, sondern erfasste auch juristische Personen wie etwa den Idealverein.[185]

177 Vgl. *Fischer/ Machunsky,* Grundlagen des HWiG, Rn. 21.
178 *BR-Drucks. 384/ 85.*
179 S. Zeitschrift test 4/1978, Haustürgeschäfte: Wann kommt das Widerrufsrecht, S. 7.
180 S. DRiZ 1975, Info 10/75, S. 40 I.
181 S. *Fischer/ Machunsky,* Grundlagen des HWiG, Rn. 27 f.
182 Vgl. Protokoll der 174. Sitzung des Bundestages vom 14.11.1985, 13110-13121.
183 S. *Fischer/ Machunsky,* Grundlagen des HWiG, Rn. 31 mit weiteren Nachweisen zur Gesetzesbegründung des Bundestages.
184 Vgl. *Brenner*, S. 91.
185 S. *AG Hamburg*, BB 1988, 869; kritisch hierzu die Anmerkung von *Teske*, BB 1988, 869 (871); *Fischer/ Machunsky,* § 6, Rn. 22.

Das HWiG a.F. fand jedoch gemäß § 6 Nr. 1 keine Anwendung, wenn der Kunde den Vertrag in Ausübung einer selbständigen Erwerbstätigkeit schloss oder die andere Partei nicht geschäftsmäßig handelte (beiderseitiges Privatgeschäft). Dabei war selbständig erwerbstätig, wer auf die Erzielung von Gewinn oder sonstigen Einkünften gerichtet, planmäßig und auf Dauer angelegt tätig wurde.[186] Hierbei kam es auf die tatsächliche geschäftliche Erfahrung nach dem Wortlaut des § 6 Nr. 1 HWiG a.F. nicht an.[187] Ferner fand § 6 Nr. 1 HWiG a.F. keine Anwendung auf Geschäfte, die erst der Aufnahme einer selbständigen Erwerbstätigkeit dienten.[188]

Für die Anwendung des § 6 Nr. 1 HWiG a.F. war es jedoch erforderlich, dass der selbständig Erwerbstätige einen Vertrag abschloss, der seinem Zweck nach dessen beruflicher Tätigkeit diente, denn nur dann war er bezüglich des Vertragsinhalts als so erfahren anzusehen, dass er selbst des Schutzes des HWiG a.F. nicht bedurfte.[189] Dass der Vertragspartner des Kunden geschäftsmäßig handeln musste, wurde mit dem HWiG a.F. erstmals ins deutsche Zivilrecht eingeführt, aber nicht näher erläutert.[190] Er umfasste alle Fälle des gewerbsmäßigen Handelns, ging jedoch darüber hinaus, indem er keine Gewinnerzielungsabsicht verlangte.[191] Dies entsprach der Verwendung des Begriffs in § 1 der PreisAngVO und in § 1 RBerG und war auch sinnvoll, da es für die Anwendung des HWiG auf die geschäftliche Überlegenheit des Vertragspartners ankam, die durch die wiederholte Vornahme solcher Geschäfte geschaffen wurde und somit den Kunden benachteiligte.

b) Sachlicher Anwendungsbereich

Gemäß § 1 I HWiG a.F. waren nur solche Willenserklärungen widerrufbar, die auf den Abschluss eines Vertrages über eine entgeltliche Leistung gerichtet waren, so dass hiermit sämtliche Austauschverträge gemeint waren.[192]

186 Vgl. *Liedtke*, S. 171.
187 Vgl. *Rott*, S. 12.
188 S. *OLG Karlsruhe*, NJW-RR 1993, 1274; *Fischer/ Machunsky*, § 6, Rn. 19; a.A. *BGH*, WM 1994, 1390 (1391)= NJW 1994, 2759 f.
189 Vgl. *Liedtke*, S. 172.
190 Vgl. *Gilles*, NJW 1986, 1132 (1147) m.w.N.
191 S. *Liedtke*, S. 172.
192 Vgl. *Fischer/ Machunsky*, § 1, Rn. 28.

aa) Ausnahmen gem. § 1 II HWiG a.F

Zunächst bestand keine Schutzbedürftigkeit des Kunden bei nur geringer wirtschaftlicher Belastung, was in der sogenannten Bagatellklausel des § 1 II Nr. 2 HWiG a.F. geregelt wurde, wonach sofort vollzogene Geschäfte unter 80 DM nicht widerrufbar waren.[193]

Ferner wurden solche Verträge mangels Schutzbedürftigkeit des Kunden ausgeschlossen, deren mündliche Verhandlung, auf denen der Abschluss des Vertrages beruht, auf vorhergehende Bestellung des Kunden geführt worden sind (§ 1 II Nr. 1 HWiG). Begründet wurde dies damit, dass in einem solchen Fall die typische Gefährdungssituation, die sich bei Haustürgeschäften für den Verbraucher ergebe, insbesondere das Überraschungsmoment, ausscheide.[194] Der Verbraucher befinde sich dann nämlich in einer dem Aufsuchen eines ständigen Geschäftsbetriebs des Anbieters vergleichbaren Situation.[195]

Schließlich bestand nach § 1 II Nr. 3 HWiG a.F. auch dann kein Recht zum Widerruf, wenn die auf den Vertragsschluss gerichtete Willenserklärung des Kunden von einem Notar beurkundet worden war. Diese von Beginn an vorgesehene Ausnahmevorschrift[196] beruhte auf der Erwägung, dass es bei einer in der Regel nach Abschluss der Vertragsverhandlungen erfolgten notariellen Beurkundung an einer Überraschung oder Übervorteilung des Kunden fehle.[197] Hierdurch wurde der Widerrufstatbestand durch das deutsche HWiG weiter eingeschränkt, als es die Haustürwiderrufsrichtlinie vorgesehen hatte, da die Richtlinie nur Immobiliengeschäfte ausnahm. Daher wurde vorgeschlagen, § 1 II Nr. 3 HWiG a.F. richtlinienkonform so auszulegen, dass dieser nur auf notariell beurkundete Immobiliengeschäfte anzuwenden war.[198]

Da es wegen der vorhandenen Altfälle immer noch zur Anwendung des HWiG a.F. kommen kann, stellt sich auch weiterhin die Frage, ob § 1 II Nr. 3 HWiG a.F. richtlinienkonform ausgelegt werden sollte. Dies ist m.E. der Fall, weil ein Ausschluss aufgrund einer notariellen Beurkundung den Anwendungsbereich der Norm viel zu weit fassen würde. Die Auffassung des Gesetzgeber, dass aufgrund der Belehrungspflicht des Notars eine Überraschung oder Übervorteilung des Kunden ausgeschlossen sei, trifft nämlich nicht immer zu. So gibt es eine Reihe von Verträgen, in denen die notarielle Beurkundung nur noch eine Formalie darstellt, da der Kunde bereits aufgrund der vorangegangenen Vertragsverhandlungen fest entschlossen ist, den Vertrag zu schließen. Außerdem kann von den Notaren nicht

193 Hierzu kritisch *Gilles*, NJW 1986, 1131 (1143).
194 Vgl. MünchKomm/ *Ulmer*, 3.Auflage, § 1 Rn. 37 HWiG.
195 S. *Gilles*, NJW 1986, 1131 (1142).
196 S. *BT-Drucks. 7/4078*
197 Vgl. *BT-Drucks. 10/2876*, 1 (12); *Fischer/ Machunsky*, § 1, Rn. 275.
198 Vgl. *Brenner*, S. 95; MünchKomm/ *Ulmer*, 3. Auflage, § 1 Rn. 49 HWiG.

verlangt werden jeden Vertrag auch auf deren Zustandekommen hin zu überprüfen und dementsprechend den Kunden jeweils gesondert über die Nachteile des Vertrages aufzuklären. Dies würde bei weitem den Rahmen der notariellen Pflichten überschreiten. Im Übrigen muss der Notar auch gar nicht über die wirtschaftlichen Zusammenhänge und steuerlichen Hintergründe belehren. Und schließlich hat der *BGH* zu dieser Ausnahme bereits ausgeführt, dass über die Herbeiführung einer notariellen Beurkundung die Möglichkeit geschaffen werde, das Widerrufsrecht auszuschließen, ohne dass die dem Geschäft innewohnende Überrumpelungsgefahr ausgeräumt werde.[199] Somit ist eine richtlinienkonforme Auslegung des § 1 II Nr. 3 HWiG a.F. in der Form, dass nur notariell beurkundete Immobiliengeschäfte ausgeschlossen sind, geboten.

bb) Bürgschaften

Bei dem Tatbestandsmerkmal der Entgeltlichkeit der Leistung ergaben sich vor allem im Hinblick auf Bürgschaften und anderen Sicherungsrechte, die in einer der Verhandlungssituationen des § 1 HWiG a.F. abgeschlossen wurden, erhebliche Probleme.[200] Die Rechtsprechung war bezüglich deren Widerrufbarkeit nach dem HWiG a.F. gespalten.[201] Begründet wurde die Ablehnung vom IX. Zivilsenat des BGH damit, dass die Bürgschaft kein entgeltlicher Vertrag im Sinne des § 1 I HWiG a.F. sei, sondern eine einseitige Verpflichtung. Demgegenüber war der XI. Zivilsenat des BGH in seiner Entscheidung vom 09.03.1993[202] der gleichen Auffassung wie die Literatur[203] und begründete dies damit, dass die Richtlinie 85/577/EWG nicht auf entgeltliche Verträge beschränkt sei, sondern auch einseitige Verpflichtungserklärungen mit einbezogen seien.[204] Als der XI. Zivilsenat die Frage dem EuGH am 11.01.1996 vorlegte,[205] entschied dieser mit Urteil vom 17.03.1998,[206] dass Bürgschaften dann in den Anwendungsbereich der Richtlinie fallen, wenn sie für eine Verbindlichkeit eingegangen werden, die ihrerseits ein Verbrauchergeschäft darstellen. Da der IX. Zivilsenat auch in der Person des Bürgen ein Haus-

199 S. *BGH*, NJW 1992, 425 (426).
200 Vgl. *Bydlinski*, WM 1992, 1301 (1302 f.); *Tiedtke*, ZIP 1995, 521 (535); *Bülow*, NJW 1996, 2889 (2890 f.); *Roth*, ZIP 1996, 1285; *Reich*, VuR 1997, 187 (194 f.).
201 *BGH*, NJW 1993, 1594 (1595); NJW 1996, 57; *OLG Düsseldorf*, NJW-RR 1991, 436; *OLG Köln*, EWS 1994, 443 haben sich für eine Anwendbarkeit entschieden; während sich der *BGH* in seinen Entscheidungen vom 24.01.1991 und vom 28.05.1991, WM 1991, 359; NJW 1991, 2905 noch dagegen entschieden hatte.
202 S. Fn. 44.
203 Wie zuvor.
204 Vgl. *Liedtke*, S. 174.
205 S. *BGH*, NJW 1996, 930.
206 S. *EuGH*, Slg. 1998, I-1199.

türgeschäft verlangte,[207] bedurfte es für einen Widerruf damit des „doppelten Verbrauchererfordernisses". Nach der Entscheidung des EuGH fällt nicht die Bürgschaft aus eigenem Recht in den Anwendungsbereich der Richtlinie, sondern auf Grund der Akzessorietät zur Hauptschuld.[208] Da die Entscheidung des EuGH wegen der Mindestklausel in Art. 8 der Richtlinie aber keine verbrauchergünstigere Auslegung oder Ausgestaltung des nationalen Rechts sperrt,[209] ist es aus nationaler Sicht unproblematisch, Bürgschaftsverträge mit in den Anwendungsbereich des § 1 HWiG a.F. einzubeziehen.[210] In einer neueren Entscheidung des XI. Zivilsenates des BGH[211] gewährte dieser, ohne auch nur näher auf das Erfordernis der entgeltlichen Leistung einzugehen, dem Sicherungsgeber ein eigenes Widerrufsrecht aus § 312 BGB, unabhängig von der Art der zu sichernden Forderung. Er stellt nicht mehr auf die Gesamtbetrachtung ab, sondern wendet entsprechend dem Schutzzweck des Haustürwiderrufsrechts den Grundsatz der Einzelbetrachtung an.[212]

cc) Vereins-, Genossenschafts- oder Gesellschaftsbeitritt

Weiterhin war die Anwendbarkeit des HWiG a.F. bei Vereins-, Genossenschaftsbeitritt oder einem Beitritt zu einer GbR umstritten. Die herrschende Meinung war der Ansicht, dass diese Beitritte nicht von § 1 HWiG a.F. erfasst würden.[213] Etwas anderes galt teilweise jedoch dann, wenn der Beitritt lediglich der Verschleierung eines entgeltlichen Leistungsaustausches dienen sollte, so dass hierin ein Verstoß gegen das Umgehungsverbot des § 5 I HWiG a.F. lag.[214] Dies war vor allem bei der Vermarktung von Timesharing-Rechten im Wege des Genossenschaftsmodells von Bedeutung, weil dies auch in einer Rechtsform, die unter § 1 HWiG fällt, erfolgen konnte. Seit dem Inkrafttreten des Teilzeit-Wohnrechtegesetzes (TzWrG) vom 20.12.1996[215] ist dieser Fall für Verträge, die nach dem 01.01.1997 geschlossen wurden, von § 5 TzWrG erfasst. Zur selben Zeit wurde § 5 III HWiG a.F. eingeführt, wonach auf ein Geschäft, das zugleich die Voraussetzungen des TzWrG erfüllt, nur die Vorschriften dieses Gesetzes anwendbar waren. Schließlich hielt

207 S. *BGH*, NJW 1998, 2356 (2356 f.).
208 Vgl. *Lorenz*, NJW 1998, 2937 (2938).
209 S. I), 2), e).
210 Vgl. *Brenner*, S. 94.
211 S. *BGH*, NJW 2006, 845.
212 Vgl. *Derleder*, EWiR 2006, 195 (196).
213 S. *BGH*, ZIP 1997, 511; *OLG Karlsruhe*, NJW 1991, 433; *OLG München*, ZIP 1991, 756; a.A. *Teske*, ZIP 1991, 758; *Löwe*, BB 1986, 821 (823); *Fischer/ Machunsky*, § 1, Rn. 44.
214 *OLG München*, NJW 1996, 263; *LG Stuttgart*, NJW-RR 1995, 1009; *Löwe*, BB 1986, 821 (823).
215 S. *BGBl. I, 2154.*

der BGH in einer Entscheidung des Jahres 2001 das HWiG auch dann für anwendbar, wenn sich ein Anleger in einer Haustürsituation über einen Treuhänder mittelbar an einer Publikums-GbR beteiligt hatte.[216]

dd) Versicherungsverträge

Gemäß § 6 HWiG a.F. fanden die Vorschriften des Haustürwiderrufgesetzes a.F. keine Anwendung bei Abschluss von Versicherungsverträgen. Dies wurde in der Literatur als größter Fauxpas des HWiG a.F. angesehen.[217] Es sei kaum begreiflich, wie sich die Gesetzgebungsorgane dazu hätten bereitfinden können, ausgerechnet eine Branche, bei der seit vielen Jahren besonders viele Missstände im Bereich der Vertragsanbahnung durch Außendienstmitarbeiter zu beklagen seien, vom Anwendungsbereich des HWiG auszunehmen.[218] Außerdem sei das Grundanliegen des HWiG schwer mit der Vorstellung, dass der Kunde den Kauf eines Kühlschrankes widerrufen könne, nicht aber den Abschluss eines Versicherungsvertrages, in Einklang zu bringen.[219] Seitdem dem Versicherungs-nehmer mit der Einführung des § 8 IV VVG im Jahre 1991 ein Widerrufsrecht zustand, wurde die Bevorzugung etwas gemildert. Die Situation des Versicherungsnehmers wurde sodann 1994 noch einmal durch die §§ 5 a, 8 IV, V VVG und schließlich durch den § 152 I VVG, welcher im Januar 2008 mit dem Gesetz zur Reform des Versicherungsvertragsrechts[220] eingeführt wurde, weiter verbessert.[221]

c) Situativer Anwendungsbereich

Bei dem situativen Anwendungsbereich des HWiG a.F. handelte es sich um einen enumerativen Katalog von relevanten Situationen, da der Anwendungsbereich des Gesetzes beschränkt und möglichst deutlich und vorhersehbar abgegrenzt werden sollte.[222] Bei den abschließend aufgeführten Situationen in § 1 I HWiG a.F., also bei Haustürgeschäften, bei denen der Kunde seine Willenserklärung am Arbeitsplatz oder im Bereich (irgend-)einer Privatwohnung (Nr. 1), anlässlich einer von der anderen Vertragspartei oder von einem Dritten zumindest auch in ihrem Interesse durchgeführten Freizeitveranstaltung (Nr. 2) oder im Anschluss an ein über-

216 *BGH*, NJW 2001, 2718; a.A. *OLG Karlsruhe*, VuR 2003, 390.
217 *Gilles*, NJW 1986, 1131 (1147); *Teske*, ZIP 1986, 624 (634); *Löwe*, BB 1986, 821 (829 f.).
218 S. *Gilles*, NJW 1986, 1131 (1147).
219 S. *Löwe*, BB 1986, 821 (830).
220 S. *BGBl. I, 2631.*
221 Siehe hierzu die näheren Ausführungen im 8. Kapitel.
222 *BT-Drucks. 10/2876*, 9 f.

raschendes Ansprechen in Verkehrsmitteln oder im Bereich öffentlich zugänglicher Verkehrswege (Nr. 3) abgibt, musste immer noch das Umgehungsverbot des § 5 I HWiG a.F. beachtet werden. Daher wurde § 1 I Nr. 1 HWiG a.F. auch bei Treffen in einer Gaststätte oder in einem Café[223], auf Verkäufe in Hotelhallen[224] und auf privaten Baustellen[225] angewandt. Außerdem wandte die Rechtsprechung, ebenfalls über § 5 I HWiG a.F., den § 1 I Nr. 2 HWiG a.F. auf Verträge an, die zwar nicht während einer Freizeitveranstaltung geschlossen wurden, die aber aus einem Verkaufsgespräch hervorgingen, für das im eigens für die Vertragsanbahnung angemieteten Ladenlokal unter Ausschluss der Öffentlichkeit eine vergleichbare Atmosphäre hergestellt wurde.[226]

Schließlich musste der Kunde durch die genannten Situationen zur Abgabe einer Willenserklärung „bestimmt" worden sein. Diese Voraussetzungen war aber nicht allzu streng zu bewerten, so dass bei engem zeitlichen Zusammenhang zwischen der Einflussnahme der anderen Vertragspartei, etwa durch einen von ihr eingeschalteten Vertreter oder Vermittler, und der Abgabe der Willenserklärung von einem „bestimmen" auszugehen war, so dass die andere Vertragspartei den Gegenbeweis führen musste.[227] Hierbei ist darauf hinzuweisen, dass nach deutschem Recht für die Bejahung des sachlichen Anwendungsbereiches bereits die Vertragsanbahnung ausreichend war,[228] während es nach Art. 1 I der Haustürgeschäfterichtlinie auf den Vertragsabschluss in einer Haustürsituation ankommt. Dies führte dazu, dass der nationale Anwendungsbereich für ein Widerrufsrecht erheblich weiter war, als es der europäische vorgesehen hat. Da es sich hierbei jedoch um eine für den Verbraucher günstigere Bestimmung handelte, griff insofern die Mindestschutzklausel des Art. 8 der Richtlinie 85/577/EWG, so dass die Erweiterung des Anwendungsbereiches bereits auf die Vertragsanbahnung innerhalb einer Haustürsituation richtlinienkonform war.

3) Widerrufsbelehrung

Gemäß Art. 4 I 1 der Haustürgeschäfterichtlinie hat der Gewerbetreibende den Verbraucher schriftlich über sein Widerrufsrecht innerhalb der in Artikel 5 festgelegten Fristen zu belehren und dabei den Namen und die Anschrift einer Person anzugeben, der gegenüber das Widerrufsrecht ausgeübt werden kann. Eine solche Pflicht fand sich im HWiG a.F. nicht. Dort wurde lediglich in § 2 I 2 HWiG a.F.

223 S. *AG Freising,* NJW-RR 1988, 1326.
224 S. *OLG Frankfurt*, NJW 1994, 1806.
225 S. *OLG Zweibrücken*, NJW 1995, 140.
226 S. *OLG Hamburg*, VuR 1997, 250.
227 Vgl. *Löwe*, BB 1986, 821 (824).
228 *Gilles*, NJW 1986, 1131 (1141).

der Beginn der Widerrufsfrist an eine ordnungsgemäße Belehrung geknüpft. Somit traf die andere Vertragspartei lediglich eine Obliegenheit zur Widerrufsbelehrung und keine Rechtspflicht, so dass dies mit der Richtlinie 85/577/EWG kaum zu vereinbaren war.[229]

Weiterhin waren auch die Anforderungen an die Widerrufsbelehrung nicht dieselben. Im Gegensatz zu den Anforderungen in Art. 4 I 2 der Haustürgeschäfterichtlinie, wonach die Belehrung zu datieren ist und Angaben zu enthalten hat, die eine Identifizierung des Vertrages ermöglichen, war in § 2 I HWiG a.F. eine solche Datierung der Belehrung nicht aufgeführt.[230]

Ferner konnte die Belehrung nach nationalem Recht nachgeholt werden, also auch noch nach Vertragsschluss erfolgen, mit der Folge, das die gesetzliche Wochenfrist gemäß § 1 I HWiG a.F. in Gang gesetzt wurde.[231] Diese Möglichkeit bestand nach der Haustürgeschäfterichtlinie nicht ausdrücklich.[232]

Außerdem schreibt Art. 4 III der Haustürgeschäfterichtlinie den Mitgliedstaaten vor, dass sie für geeignete Maßnahmen zum Schutz des Verbrauchers in den nationalen Rechtsvorschriften zu sorgen haben, wenn die vorgesehene (Widerrufs-) Belehrung nicht erfolgt. Nach nationalem Recht führte die fehlende oder fehlerhafte Widerrufsbelehrung dazu, dass die Widerrufsfrist nicht eine Woche betrug, sondern gemäß § 2 I 4 HWiG a.F. die Frist erst einen Monat nach beiderseits vollständiger Erbringung der Leistungen erlosch. Dabei sollte die Verlängerung der Frist verhindern, dass die andere Vertragspartei die Belehrung unterließ oder bewusst eine fehlerhafte Belehrung abgab.[233] Ob damit dem Sanktionscharakter, der von Art. 4 III der Richtlinie 85/577/EWG zum Schutze des Verbrauchers bei unterbliebener oder falscher Belehrung von den Mitgliedstaaten verlangt wird, Genüge getan wurde, war zweifelhaft.[234] Die Zweifel bestanden deswegen, weil dies bedeuten würde, dass das Widerrufsrecht durch Zeitablauf erlosch, ohne dass der Verbraucher von ihm jemals erfuhr. Jedoch nützt dem Verbraucher ein Recht wenig, von dem er keine Kenntnis genommen hat oder nehmen konnte. Dann ist es für den Verbraucher unmöglich, gemäß Art. 5 der Richtlinie 85/577/EWG innerhalb von mindestens sieben Tagen nach Erteilung der Widerrufsbelehrung von der eingegangenen Verpflichtung zurücktreten. Daher sprach vieles dafür, dass eine Befristung auf einen Monat nach beiderseitiger Erfüllung nicht mit der Richtlinie vereinbar war, da eine solche Beschränkung in der Richtlinie nicht enthalten war.

229 Vgl. *Fischer/ Machunsky*, § 2, Rn. 54; *Rott*, S. 18.
230 Vgl. MünchKomm/ *Ulmer*, 3. Auflage, vor § 1 Rn. 8 HWiG.
231 S. *OLG Stuttgart*, NJW-RR 1990, 1081 (1083).
232 Auf dieses Problem wird näher unter Kapitel 10, Die Regelung der Widerrufsfolgen, eingegangen.
233 *BT-Drucks. 10/2876*, 13.
234 S. MünchKomm/ *Ulmer*, 3. Auflage, vor § 1 Rn. 8 HWiG; *Fischer/ Machunsky*, § 2 Rn. 54; *Brenner*, S. 96; *Rott*, S. 19.

Darüber hinaus bestanden Unklarheiten, wann die Leistung i.S. des § 2 I 4 HWiG a.F. vollständig erbracht war. So war das *OLG Hamm* der Auffassung, dass auch die Zahlung einer Nichtabnahmeentschädigung für den Beginn der Monatsfrist maßgeblich sei.[235] Bei Dauerschuldverhältnissen müsse für die Frage der vollständigen Erbringung der beiderseitigen Leistungen geprüft werden, ob einzelnen Leistungsabschnitten eine selbständige, in sich abgeschlossene Bedeutung zugemessen werden könne. Wenn dem so sei, müsse auf den jeweiligen Leistungsabschnitt zur Klärung, ob die beiderseitigen Leistungen erbracht wurden, abgestellt werden.[236] Dementsprechend sei bei Mietverhältnissen dieser Leistungsabschnitt jeweils der Zeitraum, für den die Miete gezahlt werde, also bei Wohnraummiete in der Regel ein Monat.[237] Dadurch wurde noch einmal deutlich, dass die nationale Regelung bezüglich der fehlenden oder fehlerhaften Belehrung dem Verbraucher keinen hinreichenden Schutz gewährte.

4) Rechtsfolgen des Widerrufes

§ 3 HWiG a.F. regelte die Rechtsfolgen eines erfolgten Widerrufs, wobei sich die Norm dabei fast wortwörtlich an § 1 d I-IV AbzG anlehnte.[238] Während aber § 1 d AbzG ausschließlich auf die Rückabwicklung von Kaufverträgen zugeschnitten war, erfasste § 3 HWiG a.F. sämtliche Rechtsgeschäfte, die an der Haustür abgeschlossen wurden. Daher erstreckte der Gesetzgeber die in § 1 d III AbzG verankerte Wertersatzpflicht des Käufers für die Überlassung des Gebrauchs der Kaufsache auf sämtliche „sonstigen Leistungen" der anderen Vertragspartei. Dies führte zu dem normzweckwidrigen Ergebnis, dass der Kunde bei nichtgegenständlichen Leistungen trotz Ausübung seines Widerrufsrechts zur Zahlung der üblichen Vergütung regelmäßig auch dann verpflichtet blieb, wenn die Leistung der anderen Vertragspartei bei ihm zu keiner Vermögensmehrung geführt hatte.[239] Daher sollte für die Bestimmung der Vergütungspflicht auf die bereicherungsrechtlichen Grundsätze des § 818 II BGB zurückgegriffen werden.[240]

Gemäß § 3 I HWiG a.F. waren bei einem Widerruf die jeweils empfangenen Leistungen zurückzugewähren. War die Herausgabe der empfangenen Leistungen unmöglich geworden, so war zwar nicht auch der Widerruf unmöglich geworden, der Kunde musste aber gemäß § 3 I 2, 3 HWiG a.F. Wertersatz leisten, wenn er die Unmöglichkeit zu vertreten hatte. Wurde der Kunde jedoch nicht ordnungsgemäß

235 S. *OLG Hamm*, MDR 1999, 537.
236 S. *LG Zweibrücken*, NJW-RR 1999, 808 (809).
237 Wie zuvor.
238 Vgl. *Fischer/ Machunsky*, § 3 Rn. 1.
239 Vgl. MünchKomm/ *Ulmer*, 3. Auflage, § 3 Rn. 2 HWiG.
240 *BT-Drucks. 10/2876*, 14; *Fischer/ Machunsky*, § 3 Rn. 11.

über sein Widerrufsrecht belehrt, so haftete er gemäß § 3 II HWiG a.F. nur für die Sorgfalt in eigenen Angelegenheiten im Sinne des § 277 BGB. Des Weiteren waren nicht nur die empfangenen Leistungen zurückzugewähren, sondern bis zum Zeitpunkt des Widerrufs auch der Wert zu vergüten, der der Überlassung oder Benutzung eines Gegenstandes oder einer Leistung entsprach (§ 3 III HWiG a.F.). Schließlich konnte der Kunde nach § 3 IV HWiG a.F. Ersatz für auf eine Sache gemachte Aufwendungen von der anderen Vertragspartei verlangen.

Im Gegensatz zu § 3 II HWiG a.F. bestand nach § 3 III HWiG a.F. keine Einschränkung für den Fall, dass der Kunde nicht ordnungsgemäß belehrt wurde. Außerdem galt Abs. 3 auch für die längere Widerrufsfrist des § 2 I 4 HWiG a.F. Dies bedeutete, dass der Kunde für die Zeit der Nutzung einer Sache und der Inanspruchnahme einer Dienstleistung faktisch seine vertraglich übernommenen Verpflichtungen erfüllen musste, sofern sie sich mit der Vergütung deckten. Daher verstieß nach überwiegender Ansicht Abs. 3 gegen den Anspruch, solche Rechtsfolgen festzulegen, die der Absicherung der Entscheidungsfreiheit des Kunden dienen.[241] Außerdem wurde hierin vielfach ein Verstoß gegen Art. 4 III der Richtlinie 85/577/EWG gesehen, wonach der Verbraucher durch geeignete Maßnahmen geschützt werden soll, wenn die vorgeschriebene Belehrung unterbleibt.[242]

Gemäß § 5 IV 1 HWiG a.F. waren Vereinbarungen unwirksam, die zu Lasten des Kunden von der Regelung des § 3 HWiG a.F. abwichen. Demgegenüber waren Vereinbarungen, die den Kunden begünstigten, zulässig. Die Nachteiligkeit von solchen Vereinbarungen war dabei mit der jeweiligen Einzelnorm festzustellen, und nicht aufgrund einer Gesamtbetrachtung, so dass auch dann nicht zugunsten des Kunden von § 3 HWiG a.F. abgewichen werden durfte, wenn dadurch dem Kunden zugleich an anderer Stelle erweiterte Rechte eingeräumt wurden.[243] Abweichende Regelungen für Kaufverträge aufgrund von Verkaufsprospekten sahen §§ 5 III 2 und 3 HWiG a.F. vor.[244]

241 Vgl. MünchKomm/ *Ulmer*, 3. Auflage, § 3 Rn. 13; *Fischer/ Machunsky*, § 3 Rn. 11; *Gilles*, NJW 1986, 1131 (1144); *Knauth*, WM 1987, 517 (522).

242 *Fischer/ Machunsky*, § 3 Rn. 16; *Rott*, S. 21; *Gilles*, NJW 1986, 1131 (1144); *Ulmer*, WRP 1986, 445 (451); *Michalski*, Jura 1996, 169 (175).

243 S. *Fischer/ Machunsky*, § 3 Rn. 17.

244 Gem. § 5 III 2 HWiG a.F. war es bei Abschluss eines Kaufvertrages aufgrund eines Verkaufsprospektes zulässig, das Widerrufsrecht durch ein § 8 II 1-5 VerbrKrG entsprechendes Rückgaberecht zu ersetzen, sofern der Kunde den Verkaufsprospekt in Abwesenheit der anderen Vertragspartei eingehend prüfen konnte und zwischen beiden Vertragsparteien eine ständige Vertragsbindung aufrechterhalten werden sollte.

III) Die Haustürwiderrufsgesetzgebung vom 30.06.2000

1) Geschichtlicher Hintergrund

Wie bereits erwähnt, wurde das HWiG a.F. inhaltlich am 30.06.2000 mit Wirkung zum 01.10.2000 durch die §§ 361 a, 361 b BGB a.F. teilweise in das BGB integriert. Die Änderung erfolgte aufgrund der noch ausstehenden Umsetzung der Fernabsatz-Richtlinie 97/7/EG[245] ins deutsche Recht. Bei dem Erlass des Fernabsatzgesetzes (FernAbsG) am 27.06.2000 entschied sich der Gesetzgeber entgegen einem ersten Referentenentwurf vom 31.05.1999 zu einer allgemeinen, verbraucherschützenden Regelung bezüglich des Widerrufsrechtes.[246] Dieses geschah dann durch die Einführung der §§ 361 a, 361 b BGB a.F. am 30.06.2000. Gleichzeitig wurde eine Definition der Begriffe Verbraucher und Unternehmer durch die § 13 und § 14 BGB in das BGB eingefügt. Darüber hinaus nahm der Gesetzgeber die Fernabsatz-Richtlinie zum Anlass, die in verschiedenen Gesetzen stehenden verbraucherrechtlichen Kollisionsnormen durch Einführung des Art. 29 a EGBGB an zentraler Stelle zu konzentrieren.[247] Gleichzeitig wurden durch die Änderungen im BGB auch eine Änderung des HWiG erforderlich, da die Gesetzesänderung vom grundsätzlichen Bestehen einzelner verbraucherschützender Spezialgesetze nicht abhing.[248] Daher musste der Anwendungsbereich des Haustürwiderrufsrechts weiterhin spezialgesetzlich geregelt werden. Die Besonderheiten, die sich für ein Lösungsrecht bei Haustürgeschäften ergaben, blieben also nach wie vor im HWiG n.F. geregelt.

2) Wesentliche Änderungen

a) Persönlicher Anwendungsbereich

Gemäß § 1 HWiG n.F. stand nun einem Verbraucher im Sinne des § 13 BGB ein Widerrufsrecht zu, wenn die weiteren Voraussetzungen gegeben waren. Danach waren alle natürliche Personen ohne Rücksicht auf ihren intellektuellen oder ökonomischen Status und somit auch Unternehmer im Sinne des § 14 BGB Verbraucher, soweit sie außerhalb ihres gewerblichen oder beruflichen Tätigkeitskreises handelten.[249] Insofern wurde der Begriff des „Kunden“ durch den des „Verbrau-

245 *ABl EG Nr. L 144,* 19.

246 Der Referentenentwurf vom 31.05.1999, RefE Fernabfragegesetz Referat *I B 2 3420/* 12-41 sah noch die Normierung eines eigenen Widerrufsrechts in dem FernAbsG, also ein weiteres spezialgesetzliches Widerrufsrecht vor. Vgl. *Bülow*, ZIP 1999, 1293ff.

247 S. *Liedtke*, S. 195.

248 Vgl. *BT-Drucks. 14/2658*, 42.

249 S. Palandt/ *Heinrichs/ Ellenberger*, 67. Auflage, § 13 Rn. 2.

chers" ersetzt.[250] Dies hatte zur Folge, dass sich nunmehr juristische Personen nicht mehr auf den Schutz des HWiG n.F. berufen konnten, auch wenn sie nicht oder noch nicht beruflich oder gewerblich tätig waren. Außerdem wurde die Formulierung des „Anbieters" durch den des „Unternehmers" aus § 14 BGB ersetzt. Gemäß § 14 I BGB ist jede natürliche oder juristische Person oder rechtsfähige Personengesellschaft, die bei Abschluss eines Rechtsgeschäfts in Ausübung ihrer gewerblichen oder selbständig beruflichen Tätigkeit handelt, Unternehmer.[251] Deshalb entfielen auch die vorher in § 6 Nr. 1 HWiG a.F. geregelten Ausnahmen vom persönlichen Anwendungsbereich. Die Änderung der Begrifflichkeiten in „Verbraucher" und „Unternehmer" führten jedoch auch zu Unstimmigkeiten bei der Anwendung.

aa) BGB-Gesellschaft

So stellte sich bezüglich der Außengesellschaft bürgerlichen Rechts die Frage, ob natürliche Personen als Mitglieder einer BGB-Gesellschaft ihre Verbrauchereigenschaft verloren, nachdem der BGH in seinem Urteil vom 29.01.2001 der BGB-Gesellschaft die Rechtsfähigkeit anerkannt hatte.[252]

(1) Die Auffassung zur Unanwendbarkeit des HWiG

Einer Ansicht zufolge, verloren die Mitglieder ihre Verbrauchereigenschaft, da eine direkte Anwendung des § 13 BGB auf die BGB- Gesellschaft am Wortlaut der Norm scheitere.[253] Begründet wurde diese Ansicht damit, dass die BGB- Gesellschaft als rechtsfähiger Zusammenschluss mehrerer natürlicher Personen gerade keine natürliche Person darstelle.[254] Vielmehr falle die rechtsfähige Personengesellschaft unter die Definition des Unternehmens aus § 14 I BGB, so dass sie nicht zugleich natürliche Person sein könne.[255] Außerdem sei der Handelnde als natürliche Person nicht per se Verbraucher, sondern es komme ihm diese Qualität nach Maß der Zweckbestimmung des in Rede stehenden Rechtsgeschäfts nur im Hinblick auf dieses konkrete Geschäft zu, während Gesellschaften diese Alternativität

250 S. *BT-Drucks. 14/3195; 14/2658.*
251 S. Staudinger/ *Habermann*, 14. Auflage, § 14 Rn. 32.
252 S. *BGHZ 146*, 341= NJW 2001, 1056; *BGH,* NJW 2002, 1207.
253 Vgl. MünchKomm/ *Micklitz*, 5. Auflage, § 13 Rn. 18; Jauernig/ *Jauernig*, § 13 Rn. 2; *Elßner/Schirmbacher*, VuR 2003, 247, (248 f.); *Mülbert,* WM 2004, 905 (910 f.); *Fehrenbacher/ Herr*, BB 2002, 1006 (1010); *Krebs*, DB 2002, 517 (518).
254 S. MünchKomm/ *Micklitz*, 5. Auflage, § 13 Rn. 18.
255 S. *Krebs*, DB 2002, 517 (518).

des Handelns versagt sei, da sie im Rahmen des § 14 BGB per se Unternehmen seien.[256] Aber auch eine analoge Anwendung des § 13 BGB auf eine BGB-Gesellschaft komme nicht in Betracht, weil dies entweder zu einem Wertungswiderspruch innerhalb der Rechtsordnung oder zu einer unzulässigen Rechtsfortbildung contra legem führe.[257] Ferner fehle es schon bereits an einer Regelungslücke, da §§ 13, 14 BGB zeitgleich neu eingeführt worden seien und im Gegensatz zu § 13 BGB der § 14 BGB eine ausdrückliche Regelung für rechtsfähige Personengesellschaften enthalte, so dass der Gesetzgeber das Problem nicht übersehen haben könne.[258]

(2) Ansicht des BGH

Demgegenüber verlieren nach der Ansicht des *BGH* natürliche Personen als Mitglieder einer BGB-Gesellschaft ihre Verbrauchereigenschaft nicht dadurch, dass sie mit anderen zusammen handeln.[259] Der *BGH* begründete seine Auffassung damit, dass die BGB-Gesellschaft auch nach der Anerkennung ihrer Rechtsfähigkeit nicht eine als solche rechtsfähige juristische Person, sondern nur eine Gruppe ihrer gesamthänderisch verbundenen Mitglieder sei.[260] Außerdem mache die Anerkennung der Rechtsfähigkeit die BGB- Gesellschaft nicht sofort zu einer juristischen Person, da ihr Handeln und das der Gesellschafter ein Handeln natürlicher Personen bleibe.[261] Der Vergleich zur OHG und KG könne ebenfalls nicht gezogen werden, da diese den Betrieb eines Handelsgewerbes voraussetze und deshalb aus dem Anwendungsbereich des § 13 BGB fielen, was für eine GbR nicht notwendig zutreffe, da sie nicht Unternehmensträgerin sein müsse.[262] Des Weiteren sei die Schutzbedürftigkeit des privat Handelnden nicht geringer einzuschätzen, nur weil er mit anderen natürlichen Personen gemeinsam den Vertrag abschließe.[263]

256 Vgl. *Mülbert,* WM 2004, 905 (911).
257 S. *Mülbert*, WM 2004, 905, (912 f.).
258 S. *Elßner/Schirmbacher*, VuR 2003, 247, (252).
259 Vgl. *BGHZ 149*, 80= NJW 2002, 368; Bamberger/ Roth/ *Schmidt- Räntsch*, § 13 Rn. 6; Soergel/ *Pfeiffer*, § 13 Rn. 48; Palandt/ *Heinrichs/ Ellenberger*, 67. Auflage, § 13 Rn. 2; *Larenz/ Wolf*, § 42 Rn. 37; Erman/ *Saenger*, § 13 Rn. 6; Staudinger/ *Weick*, 14. Auflage, § 13 Rn. 35.
260 *BGHZ 148*, 80= NJW 2002, 368 (369).
261 Bamberger/ Roth/ *Schmidt- Räntsch*, § 13 Rn. 6.
262 S. Staudinger/ *Weick*, 14. Auflage, § 13 Rn. 35.
263 Vgl. *Antz*, JZ 2002, 457 (458).

(3) Stellungnahme

Auch wenn der ersten Ansicht bezüglich der Verneinung einer analogen Anwendung des § 13 BGB auf eine GbR zuzustimmen ist, sind dennoch die Verbrauchervorschriften direkt auf sie anwendbar. Hierfür spricht bereits die Tatsache, dass die Gesellschafter einer BGB-Gesellschaft trotz ihrer Rechtsfähigkeit nach wie vor unbeschränkt mit ihrem gesamten Vermögen haften und daher schutzwürdig sind. Dies gilt um so mehr, wenn es sich dabei um eine Gesellschaft handelt, die einem ideellen Zweck dient. Nachdem der BGH auch die Wohnungseigentümergemeinschaft für teilrechtsfähig erklärt hat,[264] müssten sich ansonsten auch die Wohnungseigentümer vor einem Verlust des Verbraucherschutzes in Acht nehmen, was kaum vorstellbar erscheint.[265] Daher sind auf natürliche Personen als Mitglieder einer BGB-Gesellschaft sehr wohl die Verbrauchervorschriften anzuwenden und nicht von vornherein ausgeschlossen, sofern es sich bei dem jeweiligen Geschäft um eines mit privaten und nicht gewerblichen oder selbständig beruflichen Zweck handelt, denn ansonsten fehlt es von vornherein an einem Verbrauchervertrag.

bb) Mischgeschäfte

Bei Mischgeschäften, sogenannten dual-use-Geschäften, handelt die am Vertrag beteiligte natürliche Person sowohl mit privatem als auch beruflichem Interesse, so dass sich auch hier die Frage stellt, ob ein Verbrauchervertrag vorliegt. Dies wird in der Rechtsprechung und Literatur bisweilen kontrovers gesehen.

(1) Verhältnis von gewerblichem und privatem Zweck

Nach einer Meinung kommt es für die Bejahung eines Verbrauchervertrages darauf an, dass der gewerbliche oder selbständig berufliche Zweck nicht den privaten Zweck überwiegt.[266] Die Abgrenzung danach, ob eine im wesentlichen private Nutzung vorliegt, entspreche der zum Parallelproblem bei Art. 5 EVÜ in den Materialien zugrunde gelegten Ansicht, so dass sie das Argument der europäischen Authentizität auf ihrer Seite habe.[267] Außerdem ergebe sich diese Abgrenzung zwischen privatem und gewerblichem oder selbständig beruflichem Zweck aus

264 S. *BGH*, NJW 2005, 2061.
265 Vgl. *Schmidt*, JuS 2006, 1 (5).
266 Vgl. *OLG Celle*, NJW-RR 2004, 1645; *LG Essen*, WM 1997, 814 (816); Staudinger/ *Thüsing*, 15. Auflage, § 312 Rn. 11; Palandt/ *Heinrichs/ Ellenberger*, 67. Auflage, § 13 Rn. 4; Soergel/ *Pfeiffer*, § 13 Rn. 38; Erman/ *Saenger*, § 13 Rn. 17; *Martis*, 1. Teil, S. 9.
267 S. *Pfeiffer*, NJW 1999, 169 (173).

dem Sinn und Zweck der Regelungen zum Verbraucherschutz, der eine Umsetzung des EU-Rechts darstelle.[268] Zwar seien in den Verbraucherrechts-Richtlinien der EU diesbezüglich keine konkreten Vorgaben vorhanden, dennoch würden verschiedene Richtlinien danach differenzieren, ob Ziel- und Zwecksetzung des abgeschlossenen Vertrages eindeutig und ausschließlich der gewerblichen oder der anderweitigen selbstständigen beruflichen Tätigkeit des Vertragsschließenden zuzurechen seien (Art. 2 EWG- Richtlinien 93/13/EWG; Art. 9 Produkthaftrichtlinie 85/374/EWG).[269]

(2) Mischgeschäfte stets privates Handeln

Einer anderen Meinung zufolge ist in solchen Fällen stets privates Handeln anzunehmen.[270] Begründet wird diese Meinung damit, dass sich bei einer hohen Anzahl von Selbständigen Beruf und Privatleben kaum trennen ließen, so dass die geschlossenen Verträge auch immer dem beruflichen Bereich zugerechnet werden könnten und somit die Selbständigen vom Schutzbereich verbraucherschützender Regelungen stets ausgeschlossen seien, so dass der effektive Verbraucherschutz nur zu erreichen sei, wenn man Mischverträgen stets als Verbraucherverträge qualifiziere.[271]

(3) Ansicht des EuGH

Demgegenüber scheidet nach der Ansicht des *EuGH* die Anwendung der Verbrauchervorschriften vollständig aus, sofern nicht der beruflich-gewerbliche Zweck eine völlig untergeordnete Rolle spielt.[272] Angesichts der gewerblichen oder selbständigen beruflichen Tätigkeit der natürlichen Person entfalle ihre Schutzbedürftigkeit als Verbraucher, da die vorhandene geschäftliche Erfahrung sich auf den privaten Verwendungszweck erstrecke.[273] Außerdem mache eine Doppelverwendung einen nicht schutzbedürftigen Freiberufler nicht zum total schutzbedürftigen Privatmann.[274] Ein Geschäftsmann bringe seine besonderen Erfahrungen und Fä-

268 S. *OLG Celle*, NJW-RR 2004, 1645 (1646).
269 S. *OLG Celle*, NJW-RR 2004, 1645 (1646).
270 Vgl. *Schwerdtfeger*, DStR 1997, 499 (500); *Graf v. Westphalen*, BB 1996, 2101 zum AGB-Recht; *OLG Oldenburg*, WM 1997, 813 (814) zum VerbrKrG.
271 S. *Schwerdtfeger*, DStR 1997, 499 (500).
272 Vgl. *EuGH,* NJW 2005, 653; MünchKomm/ Masuch, 5. Auflage, § 355 Rn. 15; Bamberger/ Roth/ *Schmidt- Räntsch*, § 13 Rn. 12; Jauernig/ *Jauernig*, § 13 Rn. 3; *Gottschalk*, RIW 2006, 576 (577 f.).
273 S. *Larenz/ Wolf*, § 42 Rn. 49.
274 S. Jauernig/ *Jauernig*, § 13 Rn. 3.

higkeiten auch ein, wenn das Geschäft nur teilweise seinen geschäftlichen Zwecken diene.[275] Letztlich widerspreche dies auch dem Schutzgedanken, dass das EuGVÜ für den Verbraucher vorsehe.[276]

(4) Stellungnahme

Für die letztgenannte Ansicht spricht, dass nach § 343 HGB bereits dann ein Handelsgeschäft vorliegt, wenn ein Gegenstand sowohl für den Geschäfts- als auch für den Privatbereich angeschafft wird.[277] Dann ist es aber widersprüchlich, in ein und demselben Rechtsgeschäft sowohl einen Verbrauchervertrag als auch ein Handelsgeschäft zu sehen.[278] Außerdem wären dann die Verbrauchervorschriften ausgeschlossen, wenn bei einem dual-use-Geschäft der Unternehmer als Verbraucher angesehen würde und einen Gegenstand an einen Verbraucher veräußere, da sich zwei Verbraucher gegenüber stünden und somit der persönliche Anwendungsbereich nicht vorliege. Dementsprechend würde eine weite Auslegung des Verbraucherbegriffs den Verbraucherschutz unnötig weit einschränken. Schließlich sollen die Verbrauchervorschriften denjenigen Verbraucher schützen, der kein Gewerbe und keine selbständige berufliche Tätigkeit ausübt und nicht auch denjenigen, der als Unternehmer privat handelt, da dieser des Schutzes nicht bedarf. Somit scheidet die Anwendung der Verbrauchervorschriften bei dual-use-Geschäften vollständig aus, sofern der beruflich-gewerbliche Zweck nicht eine völlig untergeordnete Rolle spielt.

b) Sachlicher Anwendungsbereich

Zentrale Norm des Widerrufsrechts war § 361 a BGB a.F. Danach war der Verbraucher, dem durch Gesetz ein Widerrufsrecht nach dieser Vorschrift eingeräumt wurde, an seine auf den Abschluss eines Vertrages mit einem Unternehmer gerichtete Willenserklärung nicht mehr gebunden, wenn er sie fristgerecht widerrufen hatte. Dementsprechend war § 361 a BGB a.F. immer dann anwendbar, soweit „ein Gesetz“ dies ausdrücklich bestimmte.[279] Zu diesen Gesetzen zählte auch § 1 HWiG n.F. Ansonsten ergaben sich im sachlichen Anwendungsbereich keine Änderungen. Dies galt vor allem für die Ausnahmen vom Widerrufsrecht in § 1 II HWiG a.F., die so übernommen wurden (allerdings lag die Grenze bei Bagatellgeschäften

275 S. *Gottschalk*, RIW 2006, 576 (577).
276 S. *EuGH*. NJW 2005, 653 (654).
277 Vgl. Baumbach/ Hopt/ *Hopt*, § 343 Rn. 3.
278 Vgl. *Gottschalk*, RIW 2006, 576 (577 f.).
279 S. *Meßling*, S. 206.

nicht mehr bei 80 DM, sondern bei 40 Euro),[280] und den Ausschluss von Versicherungsverträgen gemäß § 6 HWiG n.F., ehemals § 6 Nr. 2 HWiG a.F. Da jedoch § 361 a BGB a.F. zur zentralen Norm wurde und nunmehr Voraussetzungen, Durchführung und Folgen des Widerrufsrechts regelte, wurden einige Vorschriften des HWiG a.F. überflüssig. Daher wurden die Vorschriften über die Widerrufsbelehrung und die Fristen in § 2 HWiG a.F., über die Rechtsfolgen in § 3 HWiG a.F. und über die Zug-um-Zug-Verpflichtung in § 4 HWiG a.F. vollständig gestrichen. Demgegenüber wurde die Möglichkeit, dem Verbraucher anstelle des Widerrufsrechts ein Rückgaberecht einzuräumen, in § 1 I 2 HWiG n.F. neu aufgenommen.

c) Widerrufsbelehrung

Die Widerrufsbelehrung musste gemäß § 361 a I 3 BGB a.F. dem Verbraucher auf einem dauerhaften Datenträger zur Verfügung gestellt und deutlich gestaltet werden und dem Verbraucher entsprechend den Erfordernissen des eingesetzten Kommunikationsmittels seine Rechte verdeutlichen. Außerdem war die Angabe des Namens und der ladungsfähigen Anschrift des Widerrufsempfängers erforderlich. Des Weiteren musste die Belehrung Hinweise auf den Fristbeginn, den Hinweis, dass der Widerruf keine Begründung enthalten musste, dass er schriftlich, auf einem dauerhaften Datenträger oder durch Rücksendung der Sache innerhalb von zwei Wochen erfolgen konnte und dass zur Fristwahrung die rechtzeitige Absendung genügte, enthalten. Auch musste die Widerrufsbelehrung bei anderen als notariellen Verträgen vom Verbraucher gesondert unterschrieben oder mit einer qualifizierten elektronischen Signatur versehen werden (§ 361 a I 4 BGB a.F.).

Mit der einheitlichen Widerrufsfrist des § 361 a I 2 BGB a.F. wurde die alte Frist des § 1 I HWiG a.F. von einer Woche auf zwei Wochen ab ordnungsgemäßer Belehrung verdoppelt. Begründet wurde diese Verlängerung neben dem Vorteil einer Vereinheitlichung der Widerrufsfristen vor allem mit dem Umstand, dass in der damals noch ausstehenden Richtlinie über den Fernabsatz von Finanzdienstleistungen mit der Festsetzung einer Frist von 14 Tagen zu rechnen war.[281] In der Literatur wurde diese Verdoppelung der Widerrufsfrist als seit langem erstmals substanzielle Verbesserung des legislativen Verbraucherschutzes bezeichnet.[282]

280 Durch das Gesetz über Fernabsatzverträge und andere Fragen des Verbraucherrechts sowie zur Umstellung von Vorschriften auf Euro, wurden die DM-Beträge auf Euro umgestellt. Vgl. *BGBl. I* S. 897.
281 S. MünchKomm/ *Ulmer*, 4. Auflage, § 361 a Rn. 37.
282 Vgl. *Tonner*, BB 2000, 1413 (1415).

Obwohl die Möglichkeit der Nachbelehrung nach der Haustürgeschäfterichtlinie nicht ausdrücklich bestand, übernahm der Gesetzgeber diese Möglichkeit auch bei § 361 a BGB a.F.[283]

Bezüglich einer fehlenden Belehrung war § 361 a BGB a.F. nichts zu entnehmen. Angesichts der in allen Sondergesetzen anzutreffenden Erlöschensregelungen für diesen Fall wurde davon ausgegangen, dass der Gesetzgeber es bei der unveränderten Fortgeltung der jeweiligen Sonderregelung belassen wollte.[284] Es wurde angenommen, dass der Gesetzgeber die Heterogenität der einzelnen Regelungsmaterien insoweit als Hindernis für eine einheitliche Regelung angesehen hätte.[285] Somit erlosch auch hier das Widerrufsrecht spätestens einen Monat nach beiderseits vollständiger Erbringung der Leistung gemäß § 2 HWiG n.F. Dass hierdurch dem Verbraucher keinen hinreichenden Schutz gewährt wurde, wie es die Richtlinie 85/577/EWG verlangt, wurde bereits erläutert.[286]

Schließlich wurde die von der herrschenden Meinung vertretene Auffassung, bei der Belehrung handele es sich lediglich um eine Obliegenheit,[287] nicht mehr vertreten. Somit ergab sich auf Grund der veränderten Konzeption des Widerrufsrechts von schwebender Unwirksamkeit auf schwebende Wirksamkeit für den Verbraucher ein Rechtsanspruch auf Erteilung einer ordnungsgemäßen Belehrung.[288]

d) Widerrufsfolgen

Zunächst hatte der Verbraucher gemäß § 1 I 1 HWiG n.F. ein Widerrufsrecht nach § 361 a BGB a.F. Für die Rückgewähr erbrachter Leistungen verwies § 361 a II 1 BGB a.F. auf die Rücktrittsvorschriften, korrigierte diese aber teilweise in § 361 a II 2-6 BGB a.F., um den Verbraucher nicht durch ihn benachteiligende, unangemessene Rechtsfolgen von der Ausübung des Widerrufsrechts abzuhalten.[289] § 361 a II BGB a.F. knüpfte damit an den Regelungsgehalt des § 3 HWiG a.F. an. Der Gesetzgeber wollte insbesondere keine Schlechterstellung des Verbrauchers gegenüber der vorherigen Rechtslage herbeiführen.[290] Dennoch kam es in § 361 a II BGB a.F. zu einigen Modifikationen gegenüber § 3 HWiG a.F., die zum Teil zu

283 Auf dieses Problem wird näher in Kapitel 10 eingegangen.
284 Vgl. *Liedtke*, S. 206.
285 S. MünchKomm/ *Ulmer*, 4. Auflage, § 361 a Rn. 51.
286 S. oben unter II) 2) d).
287 Vgl. *Fischer/ Machunsky*, § 2, Rn. 54; *Rott*, S. 18.
288 Vgl. *Liedtke*, S. 206; Palandt/ *Grünberg*, 67. Auflage, § 355 Rn. 13; MünchKomm/ *Masuch*, 5. Auflage, § 355 Rn. 44; *OLG Bremen*, WM 2006, 758 (763); *Habersack*, JZ 2006, 91 (93).
289 S. Staudinger/ *Kaiser*, 14. Auflage, § 361 a Rn. 48.
290 S. *BT-Drucks. 14/2658*, 47.

einer Verschlechterung der Verbraucherposition führten. Während der Verbraucher gemäß § 3 IV HWiG a.F. noch einen uneingeschränkten Anspruch auf Ersatz notwendiger Verwendungen hatte, bewirkte die Verweisung in § 361 a II 1 BGB a.F. auf § 347 S. 2 i. V. mit §§ 994 II, 683 f. BGB eine Verschlechterung. Tendenziell hatte sich die Stellung des Verbrauchers im Übrigen aber verbessert. So haftete der Verbraucher bei fehlerhafter Belehrung für Untergang oder Verschlechterung des herauszugebenden Vermögensgegenstandes nur für Vorsatz und grobe Fahrlässigkeit und nicht mehr für die Sorgfalt in eigenen Angelegenheiten im Sinne des § 277 BGB. Außerdem hatte sich die Verbraucherstellung dadurch verbessert, dass § 361 a II 1 BGB a.F. auf die Verzinsungspflicht des Unternehmers nach § 347 S. 3 BGB für das empfangene Entgelt verwies, während dies nach dem HWiG a.F. noch umstritten war.[291]

Darüber hinaus konnte dem Verbraucher gemäß § 1 I 2 HWiG n.F. ein Rückgaberecht nach § 361 b BGB a.F. eingeräumt werden. § 361 b BGB a.F. regelte also, wann der Unternehmer die Wahl zwischen dem gesetzlich geregelten Widerrufsrecht und der vertraglichen Einräumung eines Rückgaberechts hatte.[292] Dieses Rückgaberecht hatte in der Praxis jedoch nur wenig Bedeutung, da zum einen eine Vertragsanbahnung aufgrund eines Verkaufsprospekts bei Haustürgeschäften nur in den Fällen in Betracht kam, in denen Versandhäuser sogenannte „Sammelbesteller“ einschalteten, die im Bekannten- und Verwandtenkreis oder von Tür zu Tür gehend Bestellungen aufgrund des vorher versandten Verkaufsprospektes einholten und an das Versandhaus weiterleiteten. Zum anderen war, wie auch nach § 5 III 2 HWiG a.F., weitere Voraussetzung, dass zwischen Unternehmer und Verbraucher im Zusammenhang mit dem gegenwärtigen und einem späteren Geschäft eine ständige Verbindung aufrechterhalten werden sollte, was kaum praktisch war. Sofern die Voraussetzung für ein Rückgaberecht vorlagen, verwies § 361 b II 2 BGB a.F. für das Rückgewährschuldverhältnis auf § 361 a II 1 BGB a.F. und damit auf die Rücktrittsvorschriften unter Einbeziehung der Korrekturen in § 361 a II 2-6 BGB a.F. Daher kann auf das soeben Gesagte verwiesen werden.

IV) Das Haustürwiderrufsrecht vom 01.01. und 01.08. 2002

1) Geschichtlicher Hintergrund

Durch das Schuldrechtsmodernisierungsgesetz, das zum 01.01.2002 in Kraft trat, wurde im 2. Buch, Abschnitt 3, Titel 1, Untertitel 2 für besondere Vertriebsformen das durch Art. 6 Nr. 5 SMG gleichzeitig aufgehobene HWiG als §§ 312, 312 a in

291 S. MünchKomm/ *Ulmer*, 4. Auflage, § 361 a Rn. 61 m. w. N.
292 S. MünchKomm/ *Ulmer*, 4. Auflage, § 361 b Rn. 11.

das BGB integriert. Die Intention des Gesetzgebers bestand darin, durch die Integration der Verbrauchervorschriften, also nicht nur die über den Widerruf von Haustürgeschäften, die Rechtszersplitterung der verbraucherrelevanten Schutzvorschriften zu beseitigen und dem Verbraucher einen unkomplizierten Zugriff zu Vertragsschluss, Informationspflichten und Widerrufsrechten „aus einer Hand", dem BGB, zu ermöglichen.[293] Damit verband sich eine erneute Reform der vereinheitlichten Vorschriften betreffend das Widerrufs- und Rückgaberecht, verbunden mit ihrer Umgliederung von §§ 361 a, 361 b in die neuen Vorschriften der §§ 355 bis 357 BGB.[294]

Die letzte wesentliche Änderung war die Reform des § 312 a BGB im Wege des OLG-Vertretungsänderungsgesetzes vom 01.08.2002. Veranlasst wurde diese Reform durch die „Heininger"- Entscheidung des EuGH vom 13.12.2001[295] und die daraufhin ergangene Entscheidung des BGH vom 09.04.2002[296]. Der EuGH hatte festgestellt, dass das deutsche Haustürwiderrufsrecht in Bezug auf die Subsidiaritätsregelung und der Befristung des Widerrufsrechts bei fehlender Belehrung mit der Haustürgeschäfterichtlinie 85/577/EWG unvereinbar war.[297] Daher wurde mit der Reform des § 312 a BGB klargestellt, dass das Widerrufs- oder Rücktrittsrecht des § 312 BGB nur zurücktritt, wenn und soweit dem Verbraucher aus einem anderen Rechtsgrund ein entsprechendes Widerrufs- oder Rücktrittsrecht zusteht. Gleichzeitig wurde § 355 III 3 BGB eingeführt, wonach das Widerrufsrecht nicht erlischt, wenn der Verbraucher nicht ordnungsgemäß über sein Widerrufsrecht belehrt worden ist. Aus der Übergangsvorschrift des Art. 229 § 8 EGBGB folgt, dass § 355 in der Fassung vom 01.08.2002 auf alle nach dem 01.08.2002 abgeschlossenen Haustürgeschäfte anwendbar ist, allein der neu eingefügte § 355 III 3 BGB findet auf alle seit dem 01.01.2002 abgeschlossenen Haustürgeschäfte Anwendung. Wird die erforderliche Widerrufs- und Rückgabebelehrung allerdings nach Vertragsschluss und nach dem 01.08.2002 erteilt, gilt § 355 II BGB uneingeschränkt auch für davor, frühestens am 01.01.2002 abgeschlossene Verträge.[298] Nach Art. 229 § 5 S. 2 EGBGB ist § 355 BGB in der Fassung des OLG-Vertretungsänderungsgesetzes seit dem 01.01.2003 auf alle in diesem Zeitpunkt bestehenden Dauerschuldverhältnisse anwendbar.

293 S. *BT-Drucks. 14/6040*, 166.
294 S. MünchKomm/ *Masuch*, 5. Auflage, § 312 Rn. 4.
295 S. *Slg. 2001, I-9945,* NJW 2002, 281= ZIP 2002, 31= ZfIR 2002, 15.
296 S. *BGHZ 150*, 248= NJW 2002, 1881= ZIP 2002, 1075= ZfIR 2002, 434= ZBB 2002, 194.
297 Zu den Einzelheiten der Entscheidung des EuGH wird auf die Ausführungen im 11. Kapitel verwiesen.
298 S. *Staudinger*/ Kaiser, § 355 Rn. 14.

2) *Wesentliche Änderungen*

a) *Schuldrechtsmodernisierungsgesetz, 01.01.2002*

§ 312 BGB entspricht weitestgehend der früheren Regelung des § 1 HWiG n.F., wobei lediglich der Eingangssatz präzisiert und um eine Legaldefinition der Haustürgeschäfte ergänzt worden ist. Eine Änderung hat sich nur im Bezug auf die Terminologie in § 312 I 1 Nr. 2 BGB vollzogen, zum einen, indem der Begriff „andere Vertragspartei" durch den des „Unternehmers" ersetzt wurde, um die Regelungen für die Verbraucherverträge einheitlicher zu gestalten, und zum anderen durch die Verweisung in § 312 I 1 und 2 BGB auf die §§ 355, 356 BGB anstelle der bisherigen §§ 361 a, 361 b BGB a.F.

Weiterhin ist im Wege des SMG die Regelung des § 2 HWiG n.F., wonach das Widerrufsrecht bei unterbliebener Widerrufsbelehrung erst einen Monat nach vollständiger Erbringung der Leistung erlosch, ersatzlos entfallen. Begründet wurde dies mit der Vereinheitlichung der Verbrauchervorschriften. Daher wurde in § 355 III 1 BGB für entsprechende Fälle eine einheitliche Höchstfrist von sechs Monaten nach Vertragsschluss eingeführt.

§ 312 a BGB a.F. entsprach inhaltlich dem bisherigen § 5 II, III HWiG n.F., regelte also die Subsidiarität von Haustürgeschäften zu Verbraucherdarlehensverträgen, Finanzierungshilfen, Teilzeitwohnrechten, den §§ 11, 15 h AuslInvG, § 22 KAGG und § 4 FernUSG. Der Text wurde jedoch insoweit geändert, als einige der in § 5 HWiG n.F. angesprochene Vorschriften ebenfalls ins BGB integriert worden waren.

Die Vorschrift zum Verbot der Abweichung und Umgehung zum Nachteil des Verbrauchers aus § 5 I, IV HWiG n.F. ist in § 312 f BGB aufgegangen, welcher auch für Fernabsatzverträge gilt. Die Norm über die Nichtanwendbarkeit bei Versicherungsverträgen, § 6 HWiG n.F., ist in § 312 III BGB übernommen und die Gerichtsstandvorschrift des § 7 HWiG n.F. wurde in § 29 c ZPO eingeordnet. Die Übergangsvorschrift in § 9 HWiG n.F. wurde durch die weitere Überleitungsvorschrift zum SMG in Art. 229 § 5 ergänzt. Wie die zuvor gemachten Ausführungen zeigen, waren die Änderungen aufgrund des Schuldrechtsmodernisierungsgesetzes im wesentlichen nicht substantieller, sondern eher standartbezogener Art gewesen.[299]

299 Vgl. *Meßling*, S. 208 m. w. N.

b) *OLG-Vertretungsänderungsgesetz, 01.08.2002*

Wie soeben erwähnt, kam es durch das OLG-Vertretungsänderungsgesetz noch einmal zu einer wesentlichen Änderung bezüglich der Subsidiaritätsregelung und der Befristung des Widerrufsrechts bei fehlender Belehrung. § 312 a BGB wurde insoweit geändert, dass er keine abschließende Aufzählung der vorrangigen Spezialregelungen mehr enthält, sondern nur noch explizit die Norm des § 126 InvG aufführt und ansonsten darauf abstellt, ob dem Verbraucher „nach Maßgabe anderer Vorschriften ein Widerrufs- oder Rückgaberecht nach § 355 oder § 356 BGB" zusteht. Des Weiteren war bezüglich der Ausschlussklausel des § 312 a BGB vor dem „Heininger"- Urteil umstritten, ob eine Ausnahme vom spezialgesetzlich geregelten Widerrufs- oder Rückgaberecht den Rückgriff auf § 312 BGB eröffne, sofern dessen Voraussetzungen vorlagen. Dieser Streit, auf den im 9. Kapitel näher eingegangen wird, ist seit dem 01.08.2002 hinfällig geworden, da § 312 a BGB so zu verstehen ist, dass er nur Anwendung findet, wenn dem Verbraucher tatsächlich nach anderen Vorschriften ein Widerrufsrecht nach § 355 BGB oder § 126 InvG zusteht.[300]

Des Weiteren ist durch das OLG-Vertretungsänderungsgesetz § 355 II 2 BGB aufgehoben worden. Somit ist eine Unterzeichnung der Widerrufsbelehrung keine Voraussetzung mehr für deren Wirksamkeit. Dadurch ist auch der Meinungsstreit entfallen, welches Exemplar zu unterzeichnen ist.[301]

Mit der Einführung des § 355 III 3 BGB, wonach das Widerrufsrecht nicht erlischt, wenn der Verbraucher nicht ordnungsgemäß belehrt wurde, ist der einheitliche Erlöschenstatbestand von sechs Monaten gemäß § 355 III 1 BGB erheblich eingeschränkt worden. Er gilt nur noch für Fälle außerhalb des Rechts der Haustürgeschäfte, etwa bei Nichterfüllung von Informationspflichten nach § 312 c BGB, der Pflichten aus § 312 e I BGB oder der aus § 482 II BGB.

V) Zusammenfassung

Das Haustürwiderrufsrecht in seiner ursprünglichen Fassung von 1986 stimmte mit der Haustürgeschäfterichtlinie 85/577/EWG in wesentlichen Teilen überein. Vor allem im Bezug auf den Anwendungsbereich ist dies der Fall, was beachtlich ist, bedenkt man dabei, dass das HWiG a.F. bereits vor Erlass der Richtlinie verabschiedet wurde.

Leider gilt dies nicht für die Ausnahmen in § 1 II HWiG a.F. Während die Richtlinie nur Immobiliengeschäfte ausschloss, waren nach § 1 II HWiG a.F. sämt-

300 Vgl. MünchKomm/ *Masuch*, 5. Auflage, § 312 a Rn. 11.
301 Vgl. *BGHZ 137*, 115.

liche Verträge, die von einem Notar beurkundet wurden, von der Anwendung ausgeschlossen. Dieser Schlechterstellung des Verbrauchers konnte auch nicht dadurch Rechnung getragen werden, indem § 1 II Nr. 3 HWiG a.F. richtlinienkonform so ausgelegt wurde, dass dieser nur auf notariell beurkundete Immobiliengeschäfte anzuwenden sei. Vielmehr musste hierin ein eindeutiger Verstoß gegen den Schutzzweck der Richtlinie gesehen werden. Dieser Verstoß besteht leider auch noch im geltenden Recht in § 312 III Nr. 3 BGB und wurde trotz der damaligen Kritik nicht behoben. Mittlerweile wird jedoch die Berufung des Unternehmers auf § 312 III Nr. 3 BGB zum Teil aus Gründen des nationalen Rechts vor dem Hintergrund des Umgehungsverbotes des § 312 f S. 2 BGB versagt.[302] Warum jedoch dieser Umweg über § 312 f S. 2 BGB gewählt wurde, anstatt den § 312 III Nr. 3 BGB zu modifizieren ist nicht nachvollziehbar. Insbesondere auch im Bezug auf die Ausnahme der Versicherungsverträge vom Haustürwiderrufsrecht ist dem nationalen Gesetzgeber vorzuhalten, dass dies dem bezweckten Schutz des Verbrauchers widerspricht. Art. 3 II der Haustürwiderrufsrichtlinie nimmt zwar auch Versicherungsverträge vom Anwendungsbereich aus. Dies hätte den nationalen Gesetzgeber aufgrund der Mindestklausel in Art. 8 aber nicht daran gehindert, Versicherungsverträge trotzdem mit einzubeziehen. Ein solches Widerrufsrecht wurde dem Versicherungsnehmer erst 1990 mit dem Gesetz zur Änderung versicherungsrechtlicher Vorschriften eingeräumt.[303]

Eindeutig nicht gelungen war die Widerrufsbelehrung im HWiG a.F. Zunächst ergab sich aus dem HWiG a.F. keine eindeutige Pflicht zur Belehrung. Das hatte zur Folge, dass die andere Vertragspartei lediglich eine Obliegenheit zur Widerrufsbelehrung traf und keine Rechtspflicht, wie sich aus Art. 4 und 5 der Richtlinie ergibt, so dass dies kaum miteinander zu vereinbaren war. Außerdem bestand nach nationalem Recht die Möglichkeit der Nachbelehrung, was in der Haustürgeschäfterichtlinie nicht ausdrücklich geregelt ist. Und schließlich ist bisweilen nicht endgültig geklärt, ob in § 2 I 4 HWiG a.F. eine geeignete Maßnahme zum Schutz des Verbrauchers zu sehen ist, wenn die vorgesehene (Widerrufs-) Belehrung nicht erfolgt ist, wie dies Art. 4 III ausdrücklich verlangt.

Mit der Einführung der §§ 361 a, 361 b BGB a.F. und der Neufassung des HWiG hatte sich bis auf eine allgemeine Regelung bezüglich des Widerrufsrechts innerhalb des BGB a.F. und vereinzelte Änderungen der Terminologie relativ wenig geändert. Insbesondere was die Belehrung angeht, wurden nicht sämtliche Zweifel, die bei dem HWiG a.F. bestanden hatten, ausgeräumt. So verwundert es, dass die Möglichkeit der Nachbelehrung und die Monatsfrist des § 2 I 4 HWiG a.F., der sich nun in § 2 HWiG befand, beibehalten wurden, obwohl es in der Literatur einige

302 Vgl. MünchKomm/ *Masuch,* 5. Auflage, § 312 Rn. 109.
303 S. 3. Kapitel, II, 5; 8. Kapitel, III.

Gegenstimmen gab.[304] Immerhin ergab sich auf Grund der veränderten Konzeption des Widerrufsrechts von schwebender Unwirksamkeit auf schwebende Wirksamkeit für den Verbraucher einen Rechtsanspruch auf Erteilung einer ordnungsgemäßen Belehrung, so dass hierin keine Obliegenheit mehr zu sehen war. Und die Widerrufsfrist wurde um eine Woche auf zwei Wochen verlängert, was als wesentliche Verbesserung gesehen werden muss.

Im Wege des SMG, mit dem das HWiG abgeschafft und die §§ 312, 312 a, 355ff. BGB eingeführt wurden, wurde der § 2 HWiG n.F. gestrichen und stattdessen eine Sechsmonatsfrist in § 355 III 1 BGB eingeführt. Andere essentielle Veränderungen gab es nicht. Diese kamen erst mit dem OLG-Vertretungsänderungsgesetz ein halbes Jahr später. Die Subsidiaritätsregelung wurde überarbeitet, auch wurde eine neue Widerrufsfrist mit § 355 III 3 BGB geschaffen. Diese Widerrufsfrist, die bei unterbliebener Widerrufsbelehrung nicht erlischt, ist auf den ersten Blick ein Meilenstein des Verbraucherschutzes. Ob dies jedoch auch tatsächlich der Fall ist, wird im 12. Kapitel eingehender untersucht.

Auf die einzelnen Probleme, die sich durch die mit dem OLG-Vertretungsänderungsgesetz neu eingeführte BGB-InfoV und der damit einhergehenden Ausgliederung der Informationspflichten ergaben, und sich auch in den Verordnungen zur Änderung der BGB-InfoV fortgesetzt haben, wird im folgenden Kapitel näher eingegangen. Die Änderungen aufgrund des Umsetzungsgesetzes vom 02.07.2009 werden im 7.Kapitel näher erörtert.

304 Vgl. die Ausführungen oben unter II, 3.

Fünftes Kapitel
Das Widerrufsrecht bei Fernabsatzverträgen

Bei Fernabsatzverträgen handelt es sich um Verträge, bei denen die gleichzeitige physische Präsenz von Verkäufer und Käufer fehlt.[305] Der Verkäufer bedient sich in aller Regel eines Mittels zur bildlichen oder beschreibenden Darstellung, um mit seinem Angebot zu werben. Hierin liegen jedoch auch die großen Gefahren von Fernabsatzverträgen. Dadurch riskiert der Käufer aufgrund einfacher Bilder oder Beschreibungen, etwas zu erhalten, das nicht seinen Erwartungen entspricht. Außerdem kann der Käufer der Ware nicht überprüfen, ob sie auch die tatsächlich versprochenen Eigenschaften aufweist. Schließlich kann sich der Kunde in der Regel auch nicht über die Person des Verkäufers und damit über dessen Zuverlässigkeit, Seriosität und Bonität informieren. Dementsprechend ist die Rückabwicklung gerade bei grenzüberschreitenden Fernabsatzkäufen und der damit verbundenen Unsicherheit hinsichtlich der Rechtsanwendung nicht unproblematisch.[306]

Um den Schutz des Kunden bei Fernabsatzverträgen zu verbessern, wurde im Mai 1997 die Richtlinie über den Verbraucherschutz bei Vertragsabschlüssen im Fernabsatz (FARL) verkündet. Sie wurde durch das „Gesetz über Fernabsatzverträge und andere Fragen des Verbraucherrechts sowie zur Umstellung von Vorschriften auf Euro“ (FernAbsG) am 27.06.2000 in das deutsche Recht umgesetzt[307] und ein zentrales „Widerrufsrecht bei Verbraucherverträgen“ als § 361 a BGB a.F. in das BGB eingefügt. Zwei Jahre später wurde das FernAbsG mit dem SMG vom 01.01.2002 in das BGB integriert. Der Inhalt des FernAbsG wurde dabei, mit wenigen Änderungen, in die §§ 312b-f BGB übernommen. Lediglich die Informationspflichten des Unternehmers wurden aus dem BGB ausgegliedert und fanden sich nunmehr in der „Verordnung über Informationspflichten nach Bürgerlichem Recht“ (BGB-InfoV) wieder. Auch das OLG- Vertretungsänderungsgesetz hatte aufgrund der Änderung des § 355 III BGB unmittelbare Bedeutung für die §§ 312b-f BGB, da § 312 d I 1 BGB auf das Widerrufsrecht nach § 355 BGB verwies. Eine weitere Änderung haben die §§ 312 b ff. BGB durch die Umsetzung der Richtlinie über den Fernabsatz von Finanzdienstleistungen (FinFARL) erfah-

305 Vgl. allgemein zu Fernabsatzverträgen und ihren Tücken unter Einbeziehung des Urteils des *EuGH* (NJW 2008, 1433 – Quelle AG) *Derleder*, NJW 2008, 1643ff.

306 Vgl. Staudinger/ *Thüsing*, 15. Auflage, Vorbem zu §§ 312b-f Rn. 7.

307 S. *BGBl 2000 I,* 897.

ren,[308] bevor sie ebenfalls durch das Umsetzungsgesetz vom 02.07.2009 und den Veränderungen im allgemeinen Schuldrecht erneut überarbeitet wurden.[309]

Da das Fernabsatzrecht in seiner bisher relativ kurzen Existenz schon mehrfach geändert und umstrukturiert wurde, beschäftigt sich dieses Kapitel mit der Fernabsatzrichtlinie als Grundlage des Fernabsatzrechts und ihrer Umsetzung ins deutsche Recht, nebst den einzelnen Veränderungen.

I) Fernabsatzrichtlinie 97/7/EG

1) Geschichtlicher Hintergrund

Bereits in den 80ern war der EG die steigende Bedeutung des Versandhandels bekannt. 1986 wurde sodann in einer Mitteilung der Kommission an den Rat mit dem Titel „Neuer Impuls für die Politik zum Schutz der Verbraucher"[310] angekündigt, Vorschläge zur Verwendung neuerer Informationstechnologien zu unterbreiten, die es dem Verbraucher ermöglichen sollten, Bestellungen von zu Hause aus zu tätigen. Dies wurde vom Rat ausdrücklich gebilligt,[311] und die Kommission wurde aufgefordert, Vorschläge zur Umsetzung der Mitteilung in Rechtsakte zu unterbreiten. 1989 legte die Kommission nach Aufforderung des Rates[312] einen Dreijahresplan für die Verbraucherpolitik in der Europäischen Wirtschaftsgemeinschaft vor,[313] in dem die Verabschiedung einer Fernabsatzrichtlinie vorgeschlagen wurde. 1992 legte die Kommission eine Empfehlung vor, nach der Verhaltenskodizes durch die Unternehmerverbände abgeschlossen werden sollten.[314] Und kurz darauf legte die Kommission einen Vorschlag für eine verbraucherschützende Richtlinie im Fernabsatz vor.[315]

Nachdem der Wirtschafts- und Sozialausschuss in einer Stellungnahme den Vorschlag einer Fernabsatzrichtlinie begrüßt, jedoch auf dem Gebiet der finanziellen Sicherheit und dem Schutz der Privatsphäre noch Verbesserungsvorschläge gemacht hatte, wurde der Vorschlag durch die Kommission 1993 verbessert.[316] Insbesondere wurde der Schutz des Verbrauchers weiter präzisiert. Allerdings fielen auch nach dem neuen Vorschlag Finanzdienstleistungen weiterhin in den Anwendungsbereich der Richtlinie. Dadurch kam es zu weiteren Beratungen des Rates

308 S. *FinFARL 2002/65/EG* vom 23.09.2002.
309 Vgl. die Ausführungen im 7. Kapitel.
310 S. *KOM (85) 314* endg. vom 23.07.1985.
311 S. *ABl. EG Nr. C 167/01* vom 23.06.1986.
312 S. *ABl. EG Nr. C 294/01* vom 22.11.1989.
313 S. *KOM (90) 98* vom 03.05.1990.
314 S. *ABl. EG Nr. C 156/21* vom 10.06.1992.
315 S. *ABl. EG Nr. C 156/14* vom 23.06.1992.
316 S. *ABl. EG Nr. C 308/18* vom 15.11.1993.

und Parlaments, bevor 1995 der Rat einen Kompromiss verkündete, wonach Finanzdienstleistungen vollständig aus dem Anwendungsbereich der Richtlinie entfernt werden sollten.[317] 1996 änderte das Parlament den gemeinsamen Standpunkt und erließ seinen zweiten modifizierten Vorschlag.[318] Nachdem der Rat nicht bereit war, diesen Änderungsvorschlag anzunehmen, präsentierte er 1997 einen erneuten Kompromissentwurf, der vom Parlament in dritter Lesung am 16.01.1997 angenommen wurde. Im Mai 1997 wurde sodann die Richtlinie über den Verbraucherschutz bei Vertragsabschlüssen im Fernabsatz verkündet.

Die FARL wurde durch Art. 18 der FinFARL 2002/65/EG erstmalig geändert.[319] Die Änderung zielte auf die europaweite Angleichung der Rechtsvorschriften für den Vertrieb von Finanzdienstleistungen an Verbraucher insbesondere per Telefon, Fax oder Internet ab. Deshalb wurde Art. 3 der FARL neu formuliert, der gerade den Bereich des Fernabsatzes von Finanzdienstleistungen ausgenommen hatte. Außerdem wurde in diesem Zusammenhang der Anhang II der FARL ersatzlos gestrichen, der eine Aufzählung der Finanzdienstleistungen nach Art. 3 I FARL enthielt. Die Kommission hatte nämlich in dem Grünbuch „Finanzdienstleistungen: Wahrung der Verbraucherinteressen“[320] festgestellt, dass der Fernverkauf von Finanzdienstleistungen rasch zunehme und der Verbraucherschutzaspekt angesichts der wachsenden Komplexität und Diversität des europäischen Finanzsektors besondere Aufmerksamkeit verdiene.[321] Auch wurde das Widerrufsrecht aus Art. 6 FARL durch den neuen Art. 6 der FinFARL erheblich geändert. So wurden unter Anderem die Widerrufsfrist von sieben Kalendertagen auf 14 erweitert, der Fristbeginn neu geregelt und die Höchstfrist von drei Monaten komplett gestrichen.

Die Richtlinie 2007/64/EG vom 13.11.2007 über Zahlungsdienste im Binnenmarkt wurde erlassen, um einen einheitlichen europäischen Zahlungsverkehrraum und neue paneuropäische Zahlungsprodukte zu schaffen. Aus diesem Grund bestimmt Art. 89 der Richtlinie 2007/64/EG, dass Art. 8 der FARL (Zahlung mittels Karte) gestrichen wird.

317 S. Gemeinsamer Standpunkt *Nr. 19/95* vom Rat festgelegt am 29.06.1995.

318 *KOM (96) 36.*

319 Richtlinie 2002/65/EG des Europäischen Parlaments und des Rates vom 23.09.2002 über den Fernabsatz von Finanzdienstleistungen an Verbraucher und der Änderung der Richtlinie 90/619/EWG des Rates und der Richtlinien 97/7/EG und 98/27/EG, *ABl. EG Nr. L 271,* S. 16.

320 S. *KOM (96) 209.*

321 S. Staudinger/ *Thüsing*, Vorbem zu §§ 312b-f Rn. 14.

2) *Die Bestimmungen der Richtlinie 97/7/EG*

Wie bereits bei der Haustürgeschäfterichtlinie gehören zu den Bestimmungen der Fernabsatzrichtlinie die Regelungen über den persönlichen, den sachlichen und den situativen Anwendungsbereich. Jedoch weist die Fernabsatzrichtlinie eine „modernere" Regelungstechnik auf als die Haustürgeschäfterichtlinie, indem die verwendeten Begriffe zunächst in Art. 2 definiert werden, wobei die Definitionen durch beispielhafte Listen im Anhang ergänzt sind.[322] Ebenfalls sieht die Fernabsatzrichtlinie als Rechtsfolge ein Widerrufsrecht vor, wobei der Widerruf ohne Angaben von Gründen und ohne Strafzahlung möglich ist, vgl. Art. 6 I. Weiterhin bestehen noch Informationspflichten des Unternehmers gegenüber dem Verbraucher und Vorgaben zur Erfüllung des Vertrages.

a) Anwendungsbereich

Gemäß Art. 1 FARL betrifft die Richtlinie nur Vertragsschlüsse im Fernabsatz zwischen Verbrauchern und Lieferern. Der Verbraucherbegriff findet sich in Art. 2 Nr. 2 FARL und ist mit dem Verbraucherbegriff aus Art. 2 Spiegelstrich 1 der Haustürgeschäfterichtlinie nahezu identisch.[323] Unter den Verbraucherbegriff fällt jedoch nur der private Endverbraucher, und somit sind weder Kleingewerbetreibende noch Privatpersonen, die Rechtsgeschäfte zur Begründung einer Erwerbstätigkeit unternehmen, als Verbraucher zu qualifizieren.[324] Das Gleiche gilt für juristische Personen, unabhängig davon, ob sie gewerblichen oder privaten Zwecken nachgehen.[325] Demgegenüber wird der Lieferer in Art. 2 Nr. 3 FARL als jede natürliche oder juristische Person definiert, die beim Abschluss von Verträgen im Fernabsatz im Rahmen ihrer gewerblichen oder beruflichen Tätigkeit handelt. Auch diese Definition entspricht weitgehend der des Gewerbetreibenden in der Haustürgeschäfterichtlinie. Und schließlich handelt es sich bei jeder natürlichen oder juristischen Person des öffentlichen oder privaten Rechts, deren gewerbliche oder berufliche Tätigkeit darin besteht, den Lieferern eine oder mehrere Fernkommunikationstechniken zur Verfügung zu stellen, um einen Betreiber einer Kommunikationstechnik gemäß Art. 2 Nr. 5 FARL.

Ein Vertragsschluss im Fernabsatz liegt gemäß Art. 2 Nr. 1 FARL bei jedem zwischen einem Lieferer und einem Verbraucher geschlossenen, eine Ware oder eine Dienstleistung betreffenden Vertrag vor, der im Rahmen eines für den Fern-

322 S. *Liedtke*, S. 56.
323 Vgl. 4. Kapitel, I 2 a.
324 S. *EuGH, Slg. 1991 I-1189*, 1211
325 S. *EuGH, Slg. 2001, I-9049.*

absatz organisierten Vertriebs- bzw. Dienstleistungssystems geschlossen wird, wobei der Verbraucher für den Vertrag bis zu dessen Abschluss einschließlich des Vertragsabschlusses selbst ausschließlich eine oder mehrere Fernkommunikationstechniken verwendet. Dabei wird der Begriff der Fernkommunikationstechnik in Art. 2 Nr. 4 FARL als jedes Kommunikationsmittel definiert, das zum Abschluss eines Vertrages zwischen einem Verbraucher und einem Lieferer ohne gleichzeitige körperliche Anwesenheit der Vertragsparteien eingesetzt werden kann. Ergänzt wird diese Definition durch die Liste in Anhang I.

Nach europäischem Verständnis fallen unter den Warenbegriff alle beweglichen Güter, die einen Geldwert haben und Gegenstand von Handelsgeschäften sein können.[326] Somit fallen hierunter auch Wasser, Gas und Strom, was eine große Rolle auf dem europäischen Strommarkt spielt, da dort der Stromlieferungsvertrag zwischen Unternehmer und Verbraucher häufig über das Internet geschlossen wird, so dass hier die Schutzvorschriften des Fernabsatzrechts gelten. Demgegenüber ist der Dienstleistungsbegriff nicht klar definiert, sondern wird durch Abgrenzung zu den anderen Freiheitsrechten des Gemeinschaftsrechts umrissen. Daher werden Dienstleistungen als alle entgeltlichen Leistungen bezeichnet, die nicht unter die anderen Freiheiten des Gemeinschaftsrechts fallen.[327]

In Art. 3 I findet sich eine Reihe von Ausnahmen für die Anwendung der FARL. Danach gilt die Richtlinie nicht für Verträge, die

- in Anhang II auszugsweise angeführte Finanzdienstleistungen betreffen;
- mit Betreibern von Kommunikationsmitteln aufgrund der Benutzung von öffentlichen Fernsprechern geschlossen werden;
- für den Bau und den Verkauf von Immobilien geschlossen werden oder die sonstige Rechte an Immobilien mit Ausnahme der Vermietung betreffen;
- bei einer Versteigerung geschlossen werden.

Wie bereits eingangs erläutert, ist der erste Spiegelstrich durch Art. 18 der Richtlinie 2002/65/EG in der Form geändert worden, dass nunmehr Verträge über Finanzdienstleistungen, die unter die vorgenannte Richtlinie fallen, vom Anwendungsbereich ausgenommen sind. Außerdem wurde der Anhang II gestrichen.

Des Weiteren findet sich in Art. 3 II ein Katalog von Verträgen, nach denen die Art. 4, 5 und 6 sowie Art. 7 I nicht gelten. Diese wären:

- Verträge über Gegenstände des täglichen Bedarfs, die von Händlern im Rahmen häufiger und regelmäßiger Fahrten geliefert werden (Lebensmittel, Getränke usw.)
- Verträge über die Erbringung von Dienstleistungen in den Bereichen Unterbringung, Beförderung, Lieferung von Lebensmitteln sowie Freizeitgestaltung,

326 S. *Bodenstedt*, S. 28.
327 Vgl. *Bodenstedt*, S. 30 m.w.N.

sofern sie zu einem bestimmten Zeitpunkt durch den Lieferer zu erbringen sind. Bei Freizeitveranstaltungen unter freiem Himmel kann sich der Lieferer das Recht vorbehalten, Art. 7 II unter besonderen Umständen nicht anzuwenden.

Darüber hinaus finden sich noch in Art. 6 III Ausnahmen für die Ausübung des Widerrufsrechts bei:

- Verträgen zur Erbringung von Dienstleistungen, deren Ausführung mit Zustimmung des Verbrauchers vor Ende der Frist von sieben Werktagen gemäß Abs. 1 begonnen hat;
- Verträgen zur Lieferung von Waren oder Erbringung von Dienstleistungen, bei denen der Preis von der Entwicklung der Finanzmärkte abhängt;
- Verträgen zur Lieferung kundenspezifischer Waren, die auf die persönlichen Bedürfnisse zugeschnitten und daher nicht für eine Rücksendung geeignet sind oder schnell verderben oder deren Verfallsdatum überschritten wurde;
- Verträgen zur Lieferung von Audio- oder Videoaufzeichnungen oder Software, die vom Verbraucher entsiegelt wurde;
- Verträgen zur Lieferung von Zeitungen, Zeitschriften und Illustrierten;
- Verträgen zur Erbringung von Wett- und Lotterie-Dienstleistungen.

b) Widerrufsrecht

Die FARL gewährt dem Verbraucher die Möglichkeit, sich innerhalb von mindestens sieben Werktagen (abhängig von der Anzahl der Feiertage etwa neun bis vierzehn Kalendertage) vom Vertrag zu lösen, ohne dafür Strafzahlungen leisten zu müssen (Art. 6).[328] Unterbleibt die Belehrung, so beträgt die Frist gemäß Art. 6 I 4 drei Monate. Holt der Lieferer innerhalb dieser Dreimonatsfrist die Übermittlung der Informationen aus Art. 5 nach, so beginnt mit diesem Tag eine neue Frist von sieben Werktagen, so das die Frist maximal drei Monate und sieben Werktage beträgt. Die Widerrufsfrist beginnt bei Verträgen über die Lieferung von Waren erst dann zu laufen, wenn dem Verbraucher die Ware auch tatsächlich vorliegt und die Informationspflichten aus Art. 5 FARL erfüllt sind. Demgegenüber beginnt bei Dienstleistungen die Frist bereits mit dem Tag des Vertragsabschlusses, sofern die Informationen aus Art. 5 FARL vorliegen.

Gemäß Art. 6 II hat der Lieferer im Falle des Widerrufs die vom Verbraucher geleisteten Zahlungen kostenlos innerhalb von 30 Tagen zu erstatten. Des Weiteren ist nach Art. 6 IV ein Kredit, der vom Lieferer oder aufgrund seiner Vermittlung

328 Für die Änderungen aufgrund der FinFARL s.o. I, 1.

von einem Dritten gewährt wird, entschädigungsfrei aufzulösen.[329] Gemäß Art. 5 I 2 der Haustürwiderrufsrichtlinie genügt zur Fristwahrung die Absendung der Anzeige, dass der Verbraucher von den eingegangenen Verpflichtungen zurücktritt. Wann dies der Fall ist, ist in der Richtlinie selbst nicht geregelt, so dass die Lösung aus der Haustürwiderrufsrichtlinie hierfür heranzuziehen ist, zumal beide Richtlinien einen ähnlichen Schutzzweck verfolgen.[330]

c) Informationspflichten

Art. 4 und 5 der FARL enthalten die Informationspflichten des Lieferers gegenüber dem Verbraucher. Sinn dieser Informationspflichten ist zum einen, dass sich der Verbraucher einen Überblick über seinen Vertragspartner und der angebotenen Ware bzw. Dienstleistung schon im Vorfeld des Vertragsschlusses verschaffen kann, und zum anderen, dass dem Verbraucher dadurch die Durchsetzung seiner Rechte, insbesondere der Widerruf, vereinfacht wird. Daher unterscheidet die FARL zwischen vorvertraglichen (Art. 4) und nachvertraglichen (Art. 5) Informationspflichten. Somit gewährt die Richtlinie dem Verbraucher ein subjektives Recht auf Information, das bereits mit der Kontaktaufnahme durch Fernkommunikationsmittel im Zeitraum der Vertragsanbahnung entsteht.[331]

aa) Informationspflichten vor Vertragsschluss gem. Art. 4 FARL

Vor Abschluss des Vertrages im Fernabsatz sind dem Verbraucher folgende Informationen zu geben:

a) Identität des Lieferers und bei Vorauszahlung zusätzlich seine Anschrift;
b) wesentliche Eigenschaften der Ware oder der Dienstleistung;
c) Preis der Ware einschließlich aller Steuern;
d) Lieferkosten, sofern welche bestehen;
e) Einzelheiten hinsichtlich der Zahlung und der Lieferung oder Erfüllung;
f) Bestehen eines Widerrufsrechts, abgesehen von den Fällen in Art. 6 III
g) Kosten für den Einsatz der Fernkommunikationstechnik, sofern nicht nach dem Grundtarif berechnet;
h) Gültigkeitsdauer des Angebotes oder des Preises;
i) gegebenenfalls Mindestlaufzeit von Dauerschuldverhältnissen.

329 Eine ähnliche Regelung befindet sich in Art. 11 II 1 a)-e) der Verbraucherkreditrichtlinie, auf die im 6. Kapitel näher eingegangen wird.
330 Vgl. *Bodenstedt*, S. 61.
331 Vgl. *Micklitz*, ZEuP 1999, 875 (880).

Diese Informationen sind dem Verbraucher gemäß Art. 4 II FARL in einer eindeutigen und verständlichen Weise mitzuteilen, deren kommerzieller Zweck eindeutig erkennbar sein und auf jedwede der verwendeten Fernkommunikationstechnik angepassten Weise mitgeteilt werden muss. Darüber hinaus ist der Verbraucher bei einem Telefonat gleich zu Beginn des Gesprächs über die Identität des Lieferers und den kommerziellen Zweck aufzuklären.

Aus der Formulierung in Art. 4 I FARL, der Verbraucher müsse rechtzeitig vor Abschluss eines Vertrages im Fernabsatz über die Informationen verfügen, geht nicht eindeutig hervor, zu welchem genauen Zeitpunkt dies der Fall ist. Mit dem Erlass der FinFARL wurde ein Anhaltspunkt geschaffen, wann die vorvertragliche Informationspflicht erfüllt sein muss. So heißt es in Art. 3 I FinFARL, dass dem Verbraucher rechtzeitig, bevor er durch einen Fernabsatzvertrag oder durch ein Angebot gebunden ist, die Informationen zur Verfügung gestellt werden müssen.

bb) Informationspflichten nach Vertragsschluss, Art. 5 FARL

Der Lieferer muss dem Verbraucher sämtliche Informationen aus Art. 4 I lit. a bis f FARL rechtzeitig vor Erfüllung des Vertrages und bei nicht zur Lieferung an Dritte bestimmten Waren spätestens zum Zeitpunkt der Lieferung schriftlich oder auf einem anderen für ihn verfügbaren dauerhaften Datenträger zukommen lassen. Darüber hinaus muss der Lieferer die in Art. 5 I 2 FARL genannten Informationen dem Verbraucher übermitteln. Diese Informationen gehen über die in Art. 4 I hinaus, sollen dem Verbraucher aber die Lösung vom Vertrag oder die Durchsetzung etwa bestehender Gewährleistungsansprüche erleichtern. Hierzu gehören:

- schriftliche Informationen über die Bedingungen und Einzelheiten der Ausübung des Widerrufsrechts einschließlich der Ausnahmen;
- die geographische Anschrift der Niederlassung des Lieferers, bei der der Verbraucher seine Beanstandungen vorbringen kann;
- Informationen über Kundendienst und geltende Garantiebedingungen;
- die Kündigungsbedingungen bei unbestimmter Vertragsdauer bzw. einer mehr als einjährigen Vertragsdauer.

Der Begriff des dauerhaften Datenträgers ist nicht definiert. Jedoch liegt ein haltbares Medium vor, wenn der Verbraucher die Informationen aufbewahren kann, ohne sie selbst erst speichern zu müssen.[332] Die auf dem Computer des Verbrauchers gespeicherte E-Mail entspricht genau dieser Definition.[333]

332 S. *Liedtke*, S. 61.
333 Wie zuvor.

d) *Vorgaben zur Vertragserfüllung*

Die FARL etabliert in Art. 7 und 8 dispositive Vertragsrechtsvorschriften, wobei Art. 7 die Erfüllung des Vertrages regelt und Art. 8 Vorgaben über die Zahlungsmodalitäten gibt.

Nach Art. 7 I FARL hat der Lieferer die Bestellung innerhalb von 30 Tagen nach dem Tag auszuführen, der auf den Tag folgt, an dem der Verbraucher dem Lieferer seine Bestellung übermittelt hat, sofern nicht bei Bestellung etwas anderes vereinbart wurde. Der Lieferer hat die Bestellung ausgeführt, wenn er das Nötige unternommen hat, damit die Ware den Verbraucher erreicht. Des Weiteren sind in Art. 7 II und III Maßnahmen für den Fall vorgesehen, dass die bestellte Ware oder Dienstleistung nicht verfügbar ist.

Art. 8 FARL gewährleistet demgegenüber, dass der Verbraucher bei Zahlungen mittels Zahlungskarte hinreichend geschützt wird. Daher enthält Art. 8 FARL die Forderung an die Staaten, darüber zu wachen,

- dass der Verbraucher im Fall einer betrügerischen Verwendung seiner Zahlungskarte im Rahmen des Fernabsatzgeschäfts die Stornierung der Zahlung verlangen kann;
- dass dem Verbraucher im Falle einer solchen betrügerischen Verwendung die Zahlungen gutgeschrieben oder erstattet werden.

Durch die Richtlinie über Zahlungsdienste im Binnenmarkt 2007/64/EG wurde Art. 8 FARL gestrichen, da nunmehr dort die Transparenz der Vertragsbedingungen und die Informationspflichten für Zahlungsdienste sowie die jeweiligen Rechte und Pflichten von Zahlungsdienstnutzern und Zahlungsdienstleistern bei der hauptberuflichen oder gewerblichen Erbringung von Zahlungsdiensten geregelt sind.

e) *Schutz des Verbrauchers, Art. 9 und 10 FARL*

Den Schutz des Verbrauchers vor Belästigung durch gewisse aufdringliche Kommunikationstechniken, sollen die lauterkeitsrechtlichen Vorgaben der FARL in Art. 9 und 10 bewirken.

So haben die Mitgliedstaaten gemäß Art. 9 erforderliche Maßnahmen zu treffen, um

- zu untersagen, dass einem Verbraucher ohne vorherige Bestellung Waren geliefert oder Dienstleistungen erbracht werden, wenn mit der Warenlieferung oder Dienstleistung eine Zahlungsaufforderung verbunden ist;

- den Verbraucher von jedweder Gegenleistung für den Fall zu befreien, dass unbestellte Waren geliefert oder unbestellte Dienstleistungen erbracht wurden, wobei das Ausbleiben einer Reaktion nicht als Zustimmung gilt.

Die Regelung dieses Artikels besteht darin, dass der Verbraucher nichts tun muss, um einen Vertragsschluss zu verhindern und dass sein Schweigen auch nicht als Annahmeerklärung zu werten ist, wenn ihm unbestellte Waren geliefert oder Dienstleistungen erbracht werden.[334]

Darüber hinaus bedarf gemäß Art. 10 I die Verwendung folgender Techniken durch den Lieferer der vorherigen Zustimmung des Verbrauchers:

- Kommunikation mit Automaten als Gesprächspartner (Voice-Mail-System);
- Fernkopie (Telefax).

Bezüglich anderer Fernkommunikationsmittel tragen die Mitgliedstaaten gemäß Art. 10 II dafür Sorge, dass diese, sofern sie individuelle Kommunikation erlauben, nur dann verwendet werden dürfen, wenn der Verbraucher ihre Verwendung nicht offenkundig abgelehnt hat. Hierunter fallen neben Telefongesprächen auch Postwurfsendungen. Aufgrund des Interesses an einem umfassenden Verbraucherschutz sind an die Offenkundigkeit keine allzu hohen Anforderungen zu stellen, so dass es bereits ausreichend ist, wenn der Verbraucher an seinen Briefkasten einen Aufkleber mit der Aufschrift „keine Werbung“ anbringt.[335]

II) Das Fernabsatzgesetz von 2000

1) Geschichtlicher Hintergrund

Bis zum Erlass des FernAbsG am 27.06.2000 gab es für den Verbraucher keinerlei nationale Schutzvorschriften bei Fernabsatzgeschäften. So gab es keine Regelungen über die Informationspflichten des Lieferers, die mit denen in der FARL vergleichbar wären. Aufklärungspflichten ergaben sich vor Vertragsschluss lediglich aus der Generalklausel des § 242 BGB, sofern der Lieferer aufgrund von informationeller Überlegenheit nach Treu und Glauben zur Aufklärung und Information verpflichtet war.[336] Des Weiteren konnten sich aus dem Deliktsrecht noch gewisse Warn- und Hinweispflichten ergeben.[337] Gerade im Bereich der Verbraucherkredite und der Anlagegeschäfte wurden dem Unternehmer durch die Rechtsprechung aber bestimmte Informations- und Aufklärungspflichten auferlegt.[338] Außerdem

334 Vgl. *Liedtke*, S. 64.
335 S. *Bodenstedt,* S. 70.
336 S. *BGH*, NJW 1989, 764 (765).
337 Vgl. *Tonner/ Brieske*, BB 1996, 913.
338 S. *Brandner*, ZHR 1989, 147 (153).

muss beachtet werden, dass der Unternehmer gerade im Bereich des Kataloghandels auch aus eigenem Interesse den Verbraucher umfassend informiert, um seine Ware besser präsentieren zu können. Dabei war der Umfang der Information jedoch keinesfalls mit den Informationspflichten in der FARL zu vergleichen, so dass die Anschrift des Lieferers oftmals lediglich ein Schließfach war, was in den Fällen der Rechtsverfolgung zu erheblichen Schwierigkeiten für den Verbraucher führte.

Darüber hinaus gab es auch keine gesetzliche Regelung, die einem Verbraucher ein Widerrufsrecht für Verträge einräumte, die im Fernabsatz geschlossen wurden. Bei der Einführung des HWiG wurde zwar darüber diskutiert, das Widerrufsrecht bei Haustürgeschäften auf neuere Kommunikationsmittel auszudehnen,[339] jedoch wurde der Vorschlag mit der Begründung abgelehnt, das der Verbraucher, der Verträge im Fernabsatz abschließe, nicht im selben Maße schutzbedürftig sei wie bei Haustürgeschäften.[340] Außerdem könne sich der Verbraucher den Verkaufsbemühungen jederzeit wieder ohne größere Schwierigkeiten entziehen.[341] Etwas anderes galt nur, wenn Verbraucherkredite, Teilzeit-Wohnrechte oder Fernunterricht im Fernabsatz vertrieben wurden, denn dann gab es Widerrufsrechte und Informationspflichten aus den jeweiligen Spezialgesetzen.

Das sodann aufgrund der FARL umgesetzte Gesetz über Fernabsatzverträge und andere Fragen des Verbraucherrechts sowie zur Umstellung von Vorschriften auf Euro trat am 30.06.2000 in Kraft. Wie bereits erwähnt,[342] sah ein erster Referentenentwurf vom 31.05.1999 noch ein eigenes Widerrufsrecht im FernAbsG vor. Der Kritik an diesem Entwurf, insbesondere zur schwebenden Unwirksamkeit des Vertrages bis zum Ablauf der Widerrufsfrist[343] und zur Widerrufsfrist von sieben Tagen,[344] wurde dann in dem Regierungsentwurf vom 07. Februar 2000 weitgehend Rechnung getragen. So sah dieser ein einheitliches Widerrufsrecht in den §§ 361 a, 361 b BGB a.F. vor und neben der verlängerten Widerrufsfrist, die nunmehr 14 Tage betrug, war der Vertrag nun für die Dauer der Widerrufsfrist schwebend wirksam.[345] Im darauf folgenden Gesetzgebungsverfahren erfolgten nur noch geringe Änderungen aufgrund von Vorschlägen durch den Bundesrat[346] und den Bundestag.[347] Insbesondere wurde der Verbraucher von der Kostentragung bei der Rücksendung von Waren nach Ausübung seines Widerrufsrechts befreit, und Versteigerungen wurden in den Anwendungsbereich des FernAbsG mit einbezogen.

339 S. *BT-Drucks. 10/584*, 5.
340 S. *BT-Drucks. 10/2876*, 11.
341 Vgl. *Fischer/ Machunsky,* § 1 Rn. 81.
342 S. 4. Kapitel, III, 1.
343 Vgl. *Lütcke*, Einleitung, Rn. 22.
344 S. *Härting*, Einl., Rn. 38.
345 Vgl. die Ausführungen im 4. Kapitel, III, 2.
346 S. *BT-Drucks. 14/2920.*
347 S. *BT-Drucks. 14/3195.*

2) Anwendungsbereich

Wie bereits erläutert, kam es aufgrund des FernAbsG zu wesentlichen Änderungen innerhalb des BGB, so dass bezüglich der §§ 13, 14, 361 a und 361 b BGB a.F. und ihrer Voraussetzungen und Rechtsfolgen auf die dort gemachten Ausführungen verwiesen wird, um Wiederholungen zu vermeiden.[348] Denn wie ebenfalls schon erwähnt, gab § 361 a BGB a.F. dem Verbraucher, dem aufgrund einfacher gesetzlicher Bestimmungen ein Widerrufsrecht nach dieser Vorschrift eingeräumt wurde, das Recht, seine auf den Abschluss eines Vertrages mit einem Unternehmer gerichtete Willenserklärung zu annullieren, wenn er sie fristgerecht widerrufen hatte

Daher wird hier nur das FernAbsG in seiner vom 30. Juni 2000 geltenden Fassung mit seinen Voraussetzungen behandelt. Denn obwohl die zentralen Begriffe in das BGB integriert wurden, bestand jedoch der Kern der Richtlinienumsetzung nach Tradition früherer Verbraucherschutzbestimmungen in der Schaffung eines weiteren Sondergesetzes.[349]

a) Persönlicher Anwendungsbereich

Das FernAbsG galt gemäß § 1 I FernAbsG für Verbraucher und Unternehmer. Die Definitionen hierzu befanden sich in §§ 13, 14 BGB. Dabei ging das FernAbsG über den Verbraucherbegriff in Art. 2 Nr. 2 FARL hinaus, wonach derjenige, der in irgendeiner Form beruflich tätig geworden ist, nicht als Verbraucher behandelt wird. Nach § 13 BGB kann sich aber der abhängig beruflich Handelnde durchaus auf die Schutzbestimmungen der Verbrauchergesetze berufen.

b) Sachlicher Anwendungsbereich

Gemäß der Legaldefinition in § 1 I FernAbsG galt das Gesetz für Verträge über die Lieferung von Waren oder über die Erbringung von Dienstleistungen, sofern die Verträge unter ausschließlicher Verwendung von Fernkommunikationsmitteln abgeschlossen wurden.[350] Der Begriff des Fernkommunikationsmittels war demgegenüber in § 1 II FernAbsG legaldefiniert. Danach unterfielen allein und ausschließlich die auf den Einsatz entsprechender Fernkommunikationsmittel gestützten Vertriebstechniken dem Fernabsatz und somit auch dem Fernabsatzgesetz. Als Regelbeispiele zählte der Gesetzgeber neben den traditionellen Fernkommunika-

348 S. 4. Kapitel, III.
349 Vgl. *Liedtke*, S. 217.
350 S. *Härting*, § 1 Rn. 41.

tionsmitteln wie Briefen, Katalogen und Telefonaten auch moderne Techniken wie Telekopien, E-Mails, Rundfunk, Tele- und Mediendienste auf.[351] Dies entsprach verkürzt, aber ohne faktischen Unterschied dem Anhang I der FARL. Andere Vertriebstechniken, so zum Beispiel Vertreterbesuche oder eine Vermittlung durch Dritte, waren folglich vom Anwendungsbereich ausgeschlossen.[352] Somit galt, dass jeder persönliche Kontakt zwischen Verbraucher und Unternehmer von der Vertragsanbahnung bis zu dessen Abschluss die Anwendbarkeit des Fernabsatzrechts ausschloss.

Außerdem musste der Vertrag im Rahmen eines für den Fernabsatz organisierten Vertriebs- und Dienstleistungssystems geschlossen werden. Um Abgrenzungsprobleme diesbezüglich zu vermeiden, wurde hiervon dann ausgegangen, wenn der Vertrag unter ausschließlicher Verwendung eines Fernkommunikationsmittels geschlossen wurde.[353] Die Darlegungs- und Beweislast trug insofern der Unternehmer.[354] Die FARL regelt zwar die Beweislastverteilung nicht ausdrücklich, dennoch ergibt sich aus ihrem Gesamtzusammenhang, dass der Verbraucher die Beweislast zu tragen hat.[355] Begründet wurde diese Beweislastumverteilung damit, dass dadurch die Praxis erleichtert werde.[356] Auch wenn der Gesetzgeber deshalb in der Literatur kritisiert wurde,[357] muss ihm zugestimmt werden, da der Verbraucher kaum in der Lage sein wird, den Beweis für das Vorliegen eines für den Fernabsatz organisierten Vertriebs- bzw. Dienstleistungssystems zu erbringen.

c) Ausnahmen gem. § 1 III, IV FernAbsG

Der Gesetzgeber hat bei Umsetzung des Art. 3 FARL die dort geregelten Ausnahmen[358] weitestgehend wörtlich in § 1 III FernAbsG übernommen, jedoch auf Vertragstypen erweitert, für die bereits im nationalen Recht Verbraucherschutzbestimmungen bestanden, die dem FernAbsG entsprachen. Somit fand das FernAbsG gem. § 1 III FernAbsG keine Anwendung auf Verträge:

1. über Fernunterricht (§ 1 FernUSG),
2. über die Teilnutzung von Wohngebäuden (§ 1 TzWRG),
3. über Finanzgeschäfte, insbesondere Bankgeschäfte, Finanz- und Wertpapierdienstleistungen und Versicherungen sowie deren Vermittlung,

351 S. *Liedtke*, S. 218.
352 Vgl. *Ring*, § 1 Rn. 7.
353 Vgl. *Lorenz*, JuS 2000, 833 (838).
354 S. *Härting*, § 1 Rn. 42.
355 Vgl. *Bodenstedt*, S. 152.
356 S. RegE FernAbsG, *BT-Drucks. 14/2658*, S. 31.
357 S. *Meents*, CR 2000, 610 (611).
358 S. 5. Kapitel, I, 2, a.

4. über die Veräußerung von Grundstücken und grundstücksgleichen Rechten, die Begründung, Veräußerung und Aufhebung von dinglichen Rechten an Grundstücken und grundstücksgleichen Rechten sowie über die Errichtung von Bauwerken,
5. über die Lieferung von Lebensmitteln, Getränken oder sonstigen Haushaltsgegenständen des täglichen Bedarfs, die am Wohnsitz, am Aufenthaltsort oder am Arbeitsplatz eines Verbrauchers von Unternehmern im Rahmen häufiger und regelmäßiger Fahrten geliefert werden,
6. über die Erbringung von Dienstleistungen in den Bereichen Unterbringung, Beförderung, Lieferung von Speisen und Getränken sowie Freizeitgestaltung, wenn sich der Unternehmer bei Vertragsabschluss verpflichtet, die Dienstleistungen zu einem bestimmten Zeitpunkt oder innerhalb eines genau angegebenen Zeitraums zu erbringen,
7. die geschlossen werden
   a) unter Verwendung von Warenautomaten oder automatisierten Geschäftsräumen oder
   b) mit Betreibern von Telekommunikationsmitteln auf Grund der Benutzung von öffentlichen Fernsprechern, soweit sie deren Benutzung zum Gegenstand haben.

Besonders stark umstritten war die Ausnahme für Finanzgeschäfte (Nr. 3). Nach dem Wortlaut der Nr. 3 zählten hierzu hauptsächlich Bankgeschäfte, Finanz- und Wertpapierdienstleistungen und Versicherungen sowie deren Vermittlung, so dass dadurch insbesondere Banken und Versicherungen von der Einhaltung der Bestimmungen des FernAbsG befreit waren. Während jedoch in der FARL der Begriff der Finanzdienstleistungen gewählt wurde, entschied sich der deutsche Gesetzgeber für den Begriff Finanzgeschäft, da der Begriff de Finanzdienstleistungen bereits in § 1 I a des Gesetzes über das Kreditwesen i.d.F. vom 22. Januar 1996 (KWG) belegt war.[359] Dabei orientierte sich die Aufzählung an der Liste im Anhang II der FARL und war ebenfalls nicht erschöpfend. Begründet wurde die Herausnahme der Finanzdienstleistungen auf europäischer Ebene damit, dass sie Gegenstand einer eigenen Richtlinie werden sollten.[360] Auf dieses Vorhaben berief sich der deutsche Gesetzgeber und entzog sich dadurch einer Debatte darüber, warum er nicht unter Rückgriff auf das Mindeststandardprinzip auf die Bereichsausnahme verzichtete.[361]

Neben den Ausnahmen in § 1 III FernAbsG sah § 1 IV FernAbsG noch eine Ausnahme für den Fall vor, dass andere Vorschriften für den Verbraucher günsti-

359 S. *Ring*, § 1 Rn. 41.
360 Vgl. Richtlinienvorschlag der Kommission; *KOM 1998*, 468.
361 S. *Tonner*, BB 2000, 1413 (1416).

gere Regelungen enthielten. Das war der sogenannte Günstigkeitsvorbehalt. Dabei diente der Abs. 4 anders als die Ausnahmen im Abs. 3 nicht der Bestimmung des Anwendungsbereiches, sondern setzte die Anwendbarkeit des FernAbsG voraus und erklärte die Vorschriften des FernAbsG nur insoweit für subsidiär, als konkurrierende Vorschriften aus anderen Gesetzen den Verbraucher günstiger stellten.[362] Bedeutung hatte dies jedoch weitestgehend nur bei der Verordnung über Informationspflichten des Reiseveranstalters, aus dem Teledienstgesetz und der Preisangabenverordnung, also bei weitergehenden Informationspflichten des Unternehmers.[363]

3) Widerrufsrecht

Wie bereits an anderer Stelle erläutert, gewährte § 361 a BGB a.F. dem Verbraucher ein Widerrufsrecht, wenn ein solches spezialgesetzlich vorgesehen war.[364] § 3 I 1 FernAbsG regelte ein Widerrufsrecht nach § 361 a BGB a.F., so dass der Verbraucher seine auf Abschluss eines Vertrages im Fernabsatz abgegebene Willenserklärung innerhalb von zwei Wochen widerrufen konnte. Damit erweiterte der nationale Gesetzgeber die Fristvorgabe der FARL von sieben Werktagen, so dass hier von einer „überschießenden Umsetzung“ gesprochen wird.[365] Begründet wurde diese großzügige Frist mit der erhöhten Schwierigkeit der Berechnung und den Divergenzen zwischen den einzelnen Bundesländern im Bezug auf die gesetzlichen Feiertage.[366]

Entgegen der Bestimmung in § 361 a I 3 BGB a.F. enthielt § 3 I 2, 1. Hs. FernAbsG eine spezielle Regelung zum Beginn der Widerrufsfrist. Demnach begann die Frist nicht schon mit dem Zeitpunkt, zu dem dem Verbraucher eine deutlich gestaltete Widerrufsbelehrung zur Verfügung gestellt wurde,[367] sondern allgemein nicht vor Erfüllung der Informationspflichten, bei der Lieferung von Waren nicht vor dem Tag ihres Eingangs beim Empfänger, bei der wiederkehrenden Lieferung gleichartiger Waren nicht vor dem Tag des Eingangs der ersten Teillieferung und bei Dienstleistungen nicht vor dem Tag des Vertragsabschlusses.

Das bedeutete aber nicht, dass der Verbraucher den Fernabsatzvertrag zeitlich unbegrenzt widerrufen konnte. Hierfür bestimmte § 3 I 3 FernAbsG, dass das Widerrufsrecht spätestens vier Monate nach dem in § 3 I 2, 1 Hs. FernAbsG geregelten Zeitpunkt erlosch. Dabei ging das FernAbsG ebenfalls über die FARL hinaus,

362 S. *Härting*, § 1 Rn. 173.
363 Vgl. *Liedtke,* S: 221.
364 S. 4. Kapitel, III, 2, b.
365 Vgl. MünchKomm/ *Wendehorst*, 4. Auflage, § 3 FernAbsG Rn. 9.
366 S. RegE, *BT-Drucks. 14/2658*, S. 42.
367 S. 4. Kapitel, III, 2, c.

welche in Art. 6 nur eine Frist von höchstens drei Monaten und sieben Werktagen vorsieht.[368] Die Fristverlängerung wurde eingeführt, um auch bei nachgereichten Informationen erst kurz vor Ablauf der Dreimonatsfrist eine volle Grundfrist für den Widerruf zu gewährleisten.[369]

Ansonsten wurden die Vorgaben aus Art. 6 FARL weitestgehend wortwörtlich übernommen. Insbesondere was die Bereichsausnahmen aus Art. 6 III FARL angeht, waren diese fast vollständig in § 3 II FernAbsG aufgeführt, so dass diesbezüglich auf die Ausführungen zur FARL verwiesen wird.[370] Lediglich die Ausnahme aus Art. 6 III, erster Spiegelstrich FARL wurde nicht in § 3 II FernAbsG übernommen, da diese schon bereits in § 3 I 3 Nr. 2 lit. b FernAbsG umgesetzt wurde. Und die Ausnahme aus Art. 6 III, zweiter Spiegelstrich FARL wurde nicht übernommen, da Verträge über Finanzdienstleistungen ohnehin vom Anwendungsbereich des Fernabsatzrechts ausgeschlossen waren, wie sich aus Art. 1 I, erster Spiegelstrich FARL bzw. der Umsetzungsvorschrift § 1 III Nr. 3 FernAbsG ergab. Deshalb hatte die Bereichsausnahme in Art. 6 III, zweiter Spiegelstrich FARL keine selbständige Bedeutung und wurde auch nicht ins deutsche Recht übernommen.[371]

Darüber hinaus konnte im Fernabsatz anstelle des Widerrufsrechts auch ein Rückgaberecht gem. § 361 b BGB a.F. eingeräumt werden, vgl. § 3 III FernAbsG. Die Regelungen über den Widerruf von verbundenen Geschäften aus Art. 6 II und IV FARL wurden in einer eigenen Vorschrift umgesetzt (§ 4 FernAbsG). Begründet wurde dieser Schritt mit „der besseren Lesbarkeit“.[372]

4) Informationspflichten

Die Informationspflichten aus Art. 4 und 5 FARL wurden in § 2 FernAbsG umgesetzt. Dabei war bereits im Referentenentwurf klar, dass sich der nationale Gesetzgeber bei der Umsetzung ziemlich genau an die FARL halten würde.[373]

Einen gravierenden Unterschied gab es dann jedoch doch noch. So machte der Gesetzgeber in § 2 II Nr. 1 FernAbsG das Erfordernis der Angabe der Anschrift nicht von einer Vorauszahlung abhängig, wie es Art. 4 der FARL bestimmt.[374] Welche Angaben jedoch genau gemacht werden mussten, ergab sich nicht aus dem

368 S. oben, I, 2, b.
369 S. *BT-Drucks. 14/3195*, S. 31.
370 S. I, 2, a.
371 S. RegE, *BT-Drucks 14/2658,* S. 44.
372 S. RegE, *BT-Drucks 14/2658,* S. 44.
373 S. *Bodenstedt*, S. 156; *Bülow*, ZIP 1999, 1293; *Härting*, CR 1999, 507.
374 S. oben, I, 2, c, aa.

Gesetz.[375] Nach Ansicht der Literatur genügte bereits die Angabe des Namens und der Rechtsform des Unternehmens, um die genaue Identität festzustellen.[376] Diesbezüglich war jedoch umstritten, ob die Angabe einer ladungsfähigen Anschrift erforderlich war oder eine Postanschrift genügen sollte.[377] Begründet wurde die Ansicht, dass eine Postanschrift genüge, mit einem Vergleich des § 2 II Nr. 1 FernAbsG mit § 2 III 2 Nr. 2 und § 2 I 1 FernAbsG, da dort ausdrücklich die Angabe einer ladungsfähigen Anschrift des Unternehmers verlangt werde, so dass der Gesetzgeber § 2 II Nr. 1 FernAbsG gleichlautend verfasst hätte, wenn es ihm auf eine ladungsfähige Anschrift angekommen wäre.[378]

In Anlehnung an Art. 4 II FARL mussten die Informationen in einer dem Fernkommunikationsmittel entsprechenden Weise klar und verständlich vor Vertragsschluss mitgeteilt werden. Dabei war es unerheblich, ob es auch zu einem Vertragsschluss kam, denn schon die bloße Kontaktaufnahme zwischen Verbraucher und Unternehmer löste die Informationspflichten aus.[379] Ebenso war es unerheblich, von wem aus die Kontaktaufnahme erfolgte.[380]

Außerdem wurde die Unterteilung in vorvertragliche und vertragliche Pflichten aus der FARL übernommen. So sah § 2 III FernAbsG ebenfalls wie Art. 5 FARL vor, dass der Unternehmer die Informationen aus § 2 II Nr. 1-8 FernAbsG alsbald, spätestens bis zur vollständigen Erfüllung des Vertrages, bei Waren spätestens bei Lieferung an den Verbraucher auf einem dauerhaften Datenträger zur Verfügung zu stellen hatte. Dabei ist jedoch zu beachten, dass darauf verzichtet wurde, die Voraussetzung „schriftlich oder auf einem für den Verbraucher verfügbaren dauerhaften Datenträger“ zu übernehmen.[381] Denn wie soeben erläutert, verpflichtete § 2 III FernAbsG den Unternehmer lediglich dazu, die Information auf einem dauerhaften Datenträger zur Verfügung zu stellen. Da dieser Begriff jedoch in § 361 a BGB a.F. legaldefiniert wurde, nämlich als Urkunde oder andere auf Dauer lesbare Form, schloss das die Übergabe eines Schriftstückes ein, so dass keine inhaltliche Abweichung von der Richtlinie vorlag.[382]

Ausgenommen von der Pflicht nach § 2 III FernAbsG, die Information auf einem dauerhaften Datenträger zur Verfügung zu stellen, waren Dienstleistungsverträge, die unmittelbar unter Einsatz von Fernkommunikationsmitteln erbracht wurden,

375 S. *Liedtke*, S. 222.

376 Vgl. MünchKomm/ *Wendehorst*, 4. Auflage, § 2 FernAbsG Rn. 46; Palandt/ *Heinrichs*, 61. Auflage, § 2 FernAbsG Rn. 2.

377 Für eine ladungsfähige Anschrift, MünchKomm/ *Wendehorst*, 4. Auflage, § 2 FernAbsG Rn. 47; *Ring*, § 2 Rn. 133; *Härting*, CR 1999, 507 (508); für eine Postanschrift: *BGH*, NJW 2002, 2391; *Härting*, § 2 Rn. 77 f.

378 S. *Härting*, § 2 Rn. 77.

379 Vgl. MünchKomm/ *Wendehorst*, 4. Auflage, § 2 FernAbsG Rn. 32; *Härting*, § 2 Rn. 55.

380 S. *Ring*, § 2 Rn. 131.

381 S. *Bodenstedt*, S. 156.

382 Vgl. *Bodenstedt*, S. 156 m. w. N. zum Begriff des „dauerhaften Datenträgers“.

nur einmal erfolgten und über den Betreiber der Fernkommunikationstechnik abgerechnet wurden (§ 2 III 3 FernAbsG). Als Paradebeispiel waren hier die Telefonauskünfte zu nennen, die zusammen mit den üblichen Telefonkosten des Verbrauchers in einer Rechnung zusammengefasst wurden.[383]

5) Vertragserfüllung

Der deutsche Gesetzgeber sah in Bezug auf die in Art. 7 FARL vorgesehenen Vorschriften über die Vertragsdurchführung keinen Umsetzungsbedarf. Er war der Auffassung, dass das deutsche Recht durch § 271 I BGB bereits *de lege lata* strenger sei.[384] Darüber hinaus schütze § 10 Nr. 1 AGBG den Verbraucher vor der Vereinbarung einer unangemessenen langen Leistungszeit.[385]

Bezüglich der Vertragsverletzung aus Art. 7 II FARL war der Gesetzgeber der Auffassung, dass diese der Verbraucher ohne weitere Hinweise erkennen könne und ihm dann sowieso die §§ 320ff. BGB a.F. Rücktrittsmöglichkeiten und Schadensersatzansprüche gewährten.[386] Dem ist jedoch entgegenzuhalten, dass, wenn die Lieferzeit nicht vertraglich vereinbart wurde, sich die Leistungszeit nach § 271 I BGB richtet, so dass der Verbraucher häufig nicht erkennen kann, ob die Frist zur Lieferung bereits abgelaufen ist oder nach andauert.[387] Bezüglich der Informationspflichten aus Art. 7 III FARL kam der deutsche Gesetzgeber seiner Umsetzungspflicht in § 2 II Nr. 4 FernAbsG nach.

6) Zahlungsmodalitäten

Bereits vor der Umsetzung des Art. 8 FARL hatte der deutsche Gesetzgeber 1999 mit der Einführung des § 676 h BGB eine Vorschrift in das BGB übernommen, wonach ein Kreditinstitut und ein Kartenaussteller vom Inhaber einer Karte nur dann Aufwendungsersatz verlangen konnten, wenn diese nicht von einem Dritten missbräuchlich verwendet wurde. Dabei oblag dem Kreditinstitut bzw. dem Kartenaussteller die Beweislast bezüglich der missbräuchlichen Verwendung. Da die Vorschrift im BGB und nicht im FernAbsG ihren Niederschlag fand, war der Anwendungsbereich der Vorschrift auch unabhängig vom Vorliegen eines Fernabsatzgeschäftes gegeben.[388] Obwohl die gefestigte Rechtsprechung des BGH einen

383 S. MünchKomm/ *Wendehorst,* 4. Auflage, § 2 FernAbsG Rn. 115 f.
384 S. RegE, *BT-Drucks. 14/2658*, 18.
385 Vgl. *Lorenz,* JuS 2000, 833 (840).
386 S. RegE, *BT-Drucks. 14/2658*, 19.
387 Vgl. *Bodenstedt*, S. 162.
388 Vgl. *Tonner,* BB 2000, 1413 (1418).

Aufwendungsersatzanspruch der Bank nach § 670 BGB gegen den Karteninhaber verneinte,[389] wenn die Karte von einem Dritten missbräuchlich verwendet worden war und die Bank daraufhin Geld an einen anderen gezahlt hatte, war eine Umsetzung erforderlich, da der richtlinienkonforme Rechtszustand eindeutig und bestimmt sein musste, selbst wenn die Art und Weise der Umsetzung einer Richtlinie im Ermessen eines Mitgliedstaates steht.[390]

7) Schutz des Verbrauchers

Bis zur Umsetzung des Art. 9 FARL war zwar die Zusendung unbestellter Waren nach § 1 UWG unzulässig, jedoch war eine zivilrechtliche Haftung für Vorsatz und grobe Fahrlässigkeit nicht ausgeschlossen,[391] so dass diesbezüglich ein Umsetzungsbedarf bestand. Diese Umsetzung erfolgte aber ebenfalls nicht im FernAbsG, sondern im BGB. Dort wurde § 241 a BGB eingeführt, wonach die Zusendung unbestellter Waren einen Anspruch gegen einen Verbraucher nicht begründet (Abs. 1), es sei denn, die Zusendung erfolgte irrtümlich und der Verbraucher konnte dies erkennen (Abs. 2). Des Weiteren greift § 241 a I BGB nicht, wenn der Verbraucher statt der bestellten Ware eine andere gleichwertige angeboten bekommt und er darauf hingewiesen wird, dass er die Ware nicht annehmen und zurücksenden muss (Abs. 3).[392]

III) Das Fernabsatzrecht 2002

1) Geschichtlicher Hintergrund

Wie auch das Haustürwiderrufsrecht[393] wurden die Vorschriften des FernAbsG durch das SMG vom 26.11.2001 in das 2. Buch des BGB, Abschnitt 3, Titel 1, Untertitel 2 über besondere Vertriebsformen nach den Bestimmungen über das Haustürgeschäft als §§ 312b-d BGB a.F. aufgenommen, um dadurch die Rechtszersplitterung der verbraucherrelevanten Schutzvorschriften zu beseitigen. Dies hatte zur Folge, dass auf Schuldverhältnisse, die vor dem 01.01.2002 entstanden, noch das „alte" Fern-AbsG Anwendung findet und für Schuldverhältnisse die nach dem 31.12.2001 geschlossen wurden, nur noch die §§ 312b-d BGB a.F. gelten. Für

389 S. *BGHZ 91*, 221; *114*, 238.
390 Vgl. *Bodenstedt*, S. 163; *Lorenz*, JuS 2000, 833 (843).
391 S. *BT-Drucks. 14/2658*, 22ff.
392 Siehe hierzu ausführlich *Berger,* JuS 2001, 649; *Deckers*, NJW 2001, 1474.
393 S. 4. Kapitel, IV, 1.

Dauerschuldverhältnisse gilt jedoch, dass ab dem 01.01.2003 generell das neue Recht anzuwenden ist.

Gleichzeitig wurde mit dem SMG die Verordnung über Informationspflichten von Reiseveranstaltern[394] durch die Aufnahme von Regelungen über Informationspflichten bei Verbraucherverträgen zur Verordnung über Informationspflichten nach bürgerlichem Recht (BGB-InfoV) erweitert.[395] Die BGB-InfoV wurde aufgrund der Ermächtigung des Art. 240 EGBGB, auf den § 312 c I BGB a.F. verwies, erlassen und sollte durch die Auslagerung das BGB entlasten und der besseren Lesbarkeit des Gesetzes dienen.[396] Aus diesem Grunde wird in der BGB-InfoV auch nur der Inhalt der jeweils vorgeschriebenen Informationspflichten geregelt. Mit der zweiten Verordnung zur Änderung der BGB-InfoV wurden nur ein halbes Jahr später am 01.08.2002 Formulare für die Widerrufs- und Rückgabebelehrung eingeführt.

Mit der Eingliederung in die §§ 312b-d BGB a.F. fanden natürlich auch die §§ 355ff. BGB auf Fernabsatzgeschäfte Anwendung. Dies hatte zur Folge, dass die Einfügung des § 355 III 3 BGB durch das OLG-Vertretungsänderungsgesetz auch unmittelbare Wirkung auf die Fernabsatzgeschäfte hatte, da der Gesetzgeber an seiner einheitlichen Fristenregelung für alle Widerrufsrechte festhalten wollte.[397] Außerdem wurde § 312 d V BGB a.F. eingefügt.

2) Wesentliche Änderungen

§ 1 FernAbsG wurde im Wesentlichen in § 312 b BGB a.F. übernommen, welcher den sachlichen Anwendungsbereich definiert. Es trifft jedoch nicht zu, dass bloß eine redaktionelle Änderung der Einleitung des ersten Satzes erfolgt ist.[398] Denn gemäß § 312 b III Nr. 3 BGB a.F. finden die Vorschriften über Fernabsatzverträge nunmehr auch auf Darlehensvermittlungsverträge gem. §§ 655 a ff. BGB Anwendung.[399] Außerdem wurde das Günstigkeitsprinzip aus § 1 IV FernAbsG, wonach das Gesetz keine Anwendung findet, wenn andere Vorschriften günstigere Regelungen für den Verbraucher enthalten, ganz gestrichen. Auf die Prüfbitte des Bundesrates[400] hatte die Bundesregierung festgestellt, dass § 1 IV FernAbsG überflüs-

394 *BGBl. I,* S. 3436.
395 *BGBl. I,* S. 3177; Neufassung *BGBl. I,* S. 3002.
396 S. *BT-Drucks. 14/6040,* 168.
397 Zu den näheren Ausführungen siehe 4. Kapitel, IV, 2, b.
398 Vgl. Anwaltskommentar/ *Ring*, § 312 b Rn. 1.
399 *BT-Drucks. 14/7052,* 191.
400 *BR-Drucks. 338/01.*

sig sei, da das Günstigkeitsprinzip bereits durch § 312 c IV BGB a.F. abgesichert sei.[401]

§ 312 c BGB a.F. ersetzte § 2 FernAbsG in redaktioneller Neufassung, ohne dabei den Inhalt zu ändern. So wurden die zuvor in § 2 II, III FernAbsG normierten Informationspflichten des Unternehmers in die BGB-InfoV, dort in § 1 I, II, ausgelagert. Begründet wurde dieser Schritt außer mit der besseren Lesbarkeit vor allem damit, dass dadurch die Informationspflichten schneller geändert werden könnten, um den sich rasch ändernden technischen Rahmenbedingungen Rechnung zu tragen.[402] § 312 c I BGB a.F. fasste die ehemaligen Absätze 1 und 2 des § 2 FernAbsG zusammen und entsprach den Vorgaben in Art. 4 FARL. § 312 c II BGB regelte den ehemaligen § 2 III FernAbsG, wobei sich die Informationspflichten wiederum in der BGB-InfoV befinden, auf die § 312 c II BGB a.F. verwies. Dadurch wurde der Inhalt des Art. 5 FARL umgesetzt. Somit fasste die Regelung die Vorgaben der Art. 4 und 5 FARL in einer Vorschrift zusammen. Die Vorschriften über weitergehende Einschränkungen aus § 1 I 3 FernAbsG und weitergehende Informationspflichten aus § 1 IV FernAbsG wurden in § 312 c IV BGB a.F. zusammengefasst.

Der das Widerrufsrecht regelnde § 3 FernAbsG wurde, ebenfalls ohne inhaltliche Änderung, durch § 312 d a.F. ersetzt. Es wurden lediglich einige kleinere redaktionelle Änderungen vorgenommen.[403] So wurden die Verweisungen angepasst und die bisher in § 3 I 3 FernAbsG enthaltenen Sonderregelungen über das Erlöschen des Widerrufsrechts im Fall unterbliebener Belehrung konnten auf Grund der Vereinheitlichung in § 355 III BGB weitestgehend entfallen. In § 312 d IV BGB a.F., welcher dem früheren § 3 II FernAbsG entsprach, wurde nur die Formulierung „mangels anderer Vereinbarung und unbeschadet anderer gesetzlicher Bestimmungen“ durch „soweit nicht ein anderes bestimmt ist“ ersetzt, um den Sprachgebrauch des BGB zu übernehmen.[404] Durch das OLG-Vertretungsänderungsgesetz wurde dann § 312 d V BGB a.F. eingefügt. Auf Grund des „Heininger“-Urteils[405] wurden auch die §§ 312b-d BGB a.F. auf ihr Verhältnis zu den §§ 499 ff. BGB überprüft, und der Gesetzgeber entschied sich dafür, dass auch im Fernabsatz geschlossene Verträge nach Maßgabe der allgemeinen Vorschriften für widerruflich zu erklären sind.[406] Weil aber das fernabsatzrechtliche Widerrufs- oder Rückgaberecht für den Verbraucher günstiger war, da die Widerrufsfrist nach § 312 d II BGB a.F. später zu laufen begann, ordnet § 312 d V 2 BGB a.F. die entsprechende

401 *BT-Drucks. 14/6857,* 54 f.
402 *BT-Drucks. 14/6040*, 274.
403 S. Staudinger/ *Thüsing*, § 312 d Rn. 8.
404 S. *Liedtke*, S. 242.
405 S. 4. Kapitel, IV, 1.
406 *BT-Drucks. 14/9266,* 45.

Geltung dieser Regelung auf das Widerrufsrecht nach §§ 495, 499ff. BGB an.[407] Dadurch wurde natürlich dem Vorrang nicht mehr allzu viel Bedeutung beigemessen.

Lange Zeit war unklar, ob bei Online-Auktionen ebenfalls ein Widerrufsrecht nach § 312 d I 1 BGB a.F. bestand, da nach § 312 d IV Nr. 5 BGB a.F. auf Versteigerungen die Vorschriften über Fernabsatzverträge keine Anwendung fanden. Der *BGH* hat diese Frage im November 2004 entschieden und die Anwendbarkeit der Ausnahmevorschrift auf Online-Auktionen verneint.[408] Dabei äußerte sich der *BGH* jedoch nicht zur Länge der Widerrufsfrist. Nach § 355 I 2 BGB beträgt diese zwar grundsätzlich zwei Wochen, wird aber gem. § 355 II 2 BGB auf einen Monat verlängert, wenn sie nach Vertragsschluss mitgeteilt wird. Gerade bei Onlineauktionen ist jedoch zu berücksichtigen, dass der Anbieter mit dem Kunden vor Vertragsschluss regelmäßig nicht in Kontakt tritt und somit nicht die Möglichkeit besitzt, die notwendigen Informationen und die Widerrufsbelehrung vorab in Textform zu übermitteln.[409] Vielmehr geschieht dies immer nur aufgrund der AGB. Da dies aber nicht dem Formerfordernis des § 126 b BGB entspricht, ist die obergerichtliche Rechtsprechung der Ansicht, dass für Fernabsatzverträge, die über eine Online-Auktion geschlossen werden, die Monatsfrist nach § 355 II 2 BGB einschlägig ist.[410] Das hat dann jedoch zur Folge, dass, wenn in der Widerrufsbelehrung der Hinweis auf die Monatsfrist fehlt und nur die Zweiwochenfrist angegeben wurde, die Widerrufsbelehrung fehlerhaft ist und somit das Widerrufsrecht nicht gem. § 355 III 3 BGB erlischt.[411]

Der bisherige § 4 FernAbsG ist in § 358 BGB n.F., der die Fälle der verbundenen Verbrauchergeschäfte einheitlich regelt, aufgegangen.

3) Zweite Verordnung zur Änderung der BGB-InfoV

Zum 01.08.2002 wurde die Zweite Verordnung zur Änderung der BGB-InfoV erlassen, bei der unter anderem Muster für eine ordnungsgemäße Widerrufs- bzw. Rückgabebelehrung verabschiedet wurden.[412] Gestützt auf Art. 245 EGBGB waren die Muster als Anlage 2 bzw. 3 in § 14 BGB-InfoV integriert worden. Diese Musterwiderrufsbelehrung galt als „wahrer Rettungsanker“ für den Unternehmer, da

407 S. MünchKomm/ *Wendehorst*, § 312 d Rn. 16.
408 S. *BGH*, BB 2005, 235.
409 Vgl. diesbezüglich auch die Ausführungen zum RegE vom 05.11.2008, 7. Kapitel, II, 2.
410 S. *OLG Hamm*, ZIP 2007, 824; *OLG Naumburg*, WM 2008, 326; *OLG Köln*, 03.08.2007 – 6 U 60/07.
411 S. *OLG Hamburg*, NJW 2007, 1893; vgl. insoweit auch die Ausführungen im 7. Kapitel, II. 2, c.
412 *BGBl. I, 2958.*

§ 1 BGB-InfoV dieses Muster zur Erfüllung der Informationspflichten aus § 312 c II BGB anbot, also zur Erfüllung der nachvertraglichen Pflicht zur Information „über Bedingungen, Einzelheiten der Ausübung und Rechtsfolgen des Widerrufs- oder Rückgaberechts" sowie über dessen Ausschluss.[413] Dabei sprach § 14 I BGB-InfoV ausdrücklich davon, dass die Belehrung über das Widerrufsrecht den Anforderungen des § 355 II BGB genügen sollte, wenn das Muster in Textform verwendet wurde. Das Muster enthielt jedoch nur eine Belehrung über das Widerrufsrecht und Hinweise zur Ausübung und Darlegung der Widerrufsfolgen, jedoch keinen Vordruck für den Verbraucher zur Erklärung seines Widerrufes. Darüber hinaus war zweifelhaft, ob der Laie überhaupt die Rechtsfolgen aus der Belehrung verstand.[414] Das Muster war zwar nicht vorgeschrieben (vgl. § 14 IV BGB-InfoV), allerdings gab die Regelung einen starken Anreiz, es dennoch zu verwenden.[415]

Ziel der Änderung der BGB-InfoV war, die entstandene Rechtsunsicherheit zu beseitigen, die durch die Einführung des § 355 III 3 BGB gegeben war, da seitdem ein zeitlich unbegrenztes Widerrufsrecht des Verbrauchers drohte, wenn dieser nicht ordnungsgemäß über sein Widerrufsrecht belehrt wurde.[416]

Das Ziel, Rechtssicherheit zu schaffen, wurde durch die Zweite Verordnung zur Änderung der BGB-InfoV jedoch nicht erreicht. So war die Formulierung „frühestens mit dem Erhalt der Belehrung" unglücklich gewählt. Dies konnte nämlich dazu führen, dass der tatsächliche Fristbeginn später lag als der früheste, was wiederum zu einer gesetzeswidrigen Fristverkürzung führen würde.[417] Außerdem wurde durch die Formulierung „frühestens mit dem Erhalt der Belehrung" der Verbraucher darüber in Unkenntnis gelassen, an welche sonstigen Voraussetzungen der Beginn der Widerrufsfrist, etwa bei Fernabsatzverträgen (§ 312 d II BGB), insbesondere Verträgen im elektronischen Geschäftsverkehr (§ 312 e III 2 BGB) oder bei Verbraucherdarlehensverträgen (§ 355 II 3 i.V. mit § 492 BGB) geknüpft war.[418] Ferner muss die Widerrufsbelehrung nicht immer Hinweise zu den Folgen eines Widerrufes enthalten, was so jedoch in der Musterwiderrufsbelehrung vorgesehen war. Dies sah nämlich nur § 312 BGB bei Haustürgeschäften vor. Zwar beziehen sich bei Fernabsatzverträgen und bei Teilzeit-Wohnrechteverträgen die besonderen Informationspflichten nach § 312 c I BGB i.V. mit § 1 BGB-InfoV bzw. § 482 II BGB i.V. mit § 2 BGB-InfoV ebenfalls auf die Widerrufsfolgen, waren jedoch von der Widerrufsbelehrung streng zu unterscheiden. Da die Höchstfrist von sechs Monaten nach § 355 III 1 BGB gem. § 355 III 3 BGB bei einer fehlenden oder fehlerhaften Widerrufsbelehrung nicht griff, galt sie, soweit der Unternehmer

413 S. *Marx/Bäuml*, WRP 2004, 162 (164).
414 S. *Liedtke,* S. 255.
415 Wie zuvor.
416 Vgl. hierzu die Ausführungen im 12. Kapitel.
417 Vgl. *Marx/Bäuml*, WRP 2004, 162 (164).
418 Vgl. *Masuch*, BB 2005, 344 (345).

nur gegen sonstige Informationspflichten verstoßen hatte.[419] All diese Mängel der Belehrung führten dazu, dass die Widerrufsbelehrung nicht ordnungsgemäß erteilt wurde und dadurch die Widerrufsfrist gemäß § 355 III 3 BGB nicht zu laufen begann, so dass man dadurch dem Ziel, Rechtssicherheit zu schaffen, keinen Schritt näher gekommen ist.

Dies erkannten auch mehrere unterinstanzliche Gerichte, die § 14 I BGB-InfoV und seine Anlage 2 als unwirksam bezeichnet hatten, da er aus den soeben genannten Gründen zum Nachteil des Verbrauchers nicht mit den gesetzlichen Regelungen übereinstimme und deshalb den Rahmen der Verordnungsermächtigung in Art. 245 EGBGB überschreite.[420]

IV) Gesetz zur Änderung von Vorschriften über Fernabsatzverträge bei Finanzdienstleistungen

1) Geschichtlicher Hintergrund

Bevor am 08.12.2004 das Gesetz zur Änderung der Vorschriften über Fernabsatzverträge bei Finanzdienstleistungen in Kraft getreten ist, fanden die Vorschriften über Fernabsatzverträge keine Anwendung auf Verträge über Finanzdienstleistungen (§ 312 b III 3 BGB a.F.). Begründet wurde diese Ausnahme - wie erwähnt - damit, dass die EU für den Fernabsatz von Finanzdienstleistungen eine umfangreiche spezielle Regelung vorbereite und der Verbraucher nach geltendem Recht bereits durch §§ 491ff. BGB, § 8 VVG und § 11 AuslInvG geschützt sei.[421] Informationspflichten ergaben sich jedoch lediglich aus dem öffentlichen Recht, und ein Widerrufsrecht kannte nur das VVG, so dass erheblicher Umsetzungsbedarf bestand.[422] Zur nationalen Umsetzung der FinFARL 2002/65/EG ist dann Anfang Dezember 2004 das Gesetz zur Änderung der Vorschriften über Fernabsatzverträge bei Finanzdienstleistungen in Kraft getreten.[423] Dabei wurden die bisherigen Fernabsatzregelungen, die nach § 312 b III Nr. 3 BGB a.F. nicht auf Finanzgeschäfte anwendbar waren, auf Fernabsatzverträge über Finanzdienstleistungen ausgeweitet. Kernelemente waren umfangreiche Informationspflichten des Unternehmers (§ 312 c II Nr. 1 BGB i.V. mit § 1 I und II BGB-InfoV) sowie die Einführung des

419 S. *Masuch*, NJW 2002, 2931 (2932).
420 S. *LG Halle*, BB 2006, 1817 (1818); *LG Koblenz*, BB 2007, 239; *LG Siegen*, NJW 2007, 1826; *AG Bremen*, Urt. v. 28.09.2007, Az: 9 C 314/07.
421 Vgl. Palandt/ *Heinrichs*, 62. Auflage, § 312 b Rn. 13.
422 S. *Rott*, BB 2005, 53.
423 S. *BGBl. I 2004*, 3102.

Verbraucherwiderrufsrechts (§ 312 d BGB) bei Fernabsatzverträgen über Finanzdienstleistungen.[424]

2) *Wesentliche Änderungen*

Zunächst gab es durch das Gesetz zur Änderung von Vorschriften über Fernabsatzverträge bei Finanzdienstleistungen einige wesentliche Veränderungen im BGB. So stellt zunächst § 312 b I 1 BGB n.F. klar, dass sein Anwendungsbereich auf Finanzdienstleistungen ausgedehnt wurde. Dementsprechend wurde auch § 312 b III Nr. 3 BGB n.F. in der Weise geändert, dass fortan nur noch Versicherungsverträge sowie deren Vermittlung vom Anwendungsbereich ausgeschlossen sind und nicht mehr auch Verträge über Finanzdienstleistungen. Darüber hinaus regelt der § 312 b IV BGB n.F., dass die Vorschriften über Fernabsatzverträge bei Dauerschuldverhältnissen nur für die Erstvereinbarung gelten. Anderenfalls würde bei längerfristigen Geschäftsbeziehungen ein erheblicher Aufwand verursacht, wenn die relevanten Informationen bei jedem einzelnen Vorgang im Rahmen der Geschäftsbeziehung erteilt werden müssten.[425] Außerdem wurde mit der Einführung des Abs. 5 in § 312 b BGB n.F. der alte § 1 IV FernAbsG, der im Wege des SMG zunächst gestrichen wurde, wieder aufgenommen. Das danach geltende Günstigkeitsprinzip[426] wurde als notwendig erachtet,[427] da neben den Vorschriften zum Fernabsatz auch besondere Vorschriften zum Schutz der Verbraucher zur Anwendung kommen können, wie zum Beispiel beim Verbraucherdarlehensvertrag (§ 491 BGB) und im Anlegerschutzrecht.

Die größte Veränderung ergab sich jedoch im § 312 c BGB. So wurde § 312 c I 1 BGB n.F. insgesamt neu formuliert, da die Informationen nicht mehr vor Vertragsschluss, sondern vor Abgabe der Willenserklärung des Verbrauchers zur Verfügung zu stellen sind. Dabei soll der Verbraucher in die Lage versetzt werden, die Informationen bei seiner Entscheidung über den Vertragsschluss zu berücksichtigen.[428] Hinzu kommt, dass der Unternehmer gem. § 312 c I 2 BGB n.F. bei von ihm veranlassten Telefongesprächen seine Identität und den geschäftlichen Zweck des Kontakts sofort zu Beginn des Gesprächs offen legen muss. § 312 c II BGB n.F. regelt die Verpflichtung des Unternehmers, dem Verbraucher die dort aufgeführten Bestimmungen in Textform mitzuteilen. Dabei differenziert die Vorschrift entsprechend den unterschiedlichen Richtlinienvorgaben zwischen dem allgemei-

424 S. *Domke*, BB 2005, 228 (228 f.).
425 S. *Rott*, BB 2005, 53 (54).
426 S. *BR-Drucks.84/04*, 36.
427 S. *BT-Drucks. 15/2946,* 19 f.
428 S. *BT-Drucks. 15/2946,* 20.

nen Fernabsatz und dem von Finanzdienstleistungen.[429] Somit müssen dem Verbraucher gem. § 312 c II Nr. 2 BGB n.F. die Informationspflichten beim Fernabsatz von Dienstleistungen und Waren alsbald, aber spätestens bis zur vollständigen Erfüllung des Vertrages (bei Dienstleistungen) bzw. Lieferung (bei Waren) mitgeteilt werden.[430] Bei Finanzdienstleistungen hingegen müssen die Informationspflichten in Textform in jedem Fall bereits vor Abgabe der Willenserklärung des Verbrauchers erfolgen (§ 312 c II Nr. 1 BGB n.F.). Außerdem räumt § 312 c III BGB n.F. dem Verbraucher beim Fernabsatz von Finanzdienstleistungen das Recht ein, während der Laufzeit jederzeit vom Unternehmer die Vertragsbestimmungen einschließlich der AGB in einer Urkunde zu verlangen.

§ 312 d III BGB n.F. wurde in der Weise ergänzt, dass das Widerrufsrecht auch bei Finanzdienstleistungen erlischt. Dabei wurde in Nr. 2 der ehemalige § 312 d BGB a.F. übernommen, so dass bei Fernabsatzverträgen über allgemeine Dienstleistungen das Widerrufsrecht dann erlischt, wenn der Unternehmer mit Zustimmung des Verbrauchers die Ausführung vor Ende der Widerrufsfrist beginnt oder der Verbraucher die Ausführung selbst veranlasst. Bei der neu eingeführten Nr. 1 erlischt das Widerrufsrecht des Verbrauchers bei Finanzdienstleistungen demgegenüber nur dann, wenn der Vertrag auf ausdrücklichen Wunsch des Verbrauchers beiderseits bereits vollständig erfüllt ist. In § 312 d IV BGB n.F. wurde mit der Einführung der Nr. 6 ein Ausnahmetatbestand für Verträge über Warenlieferungen oder Finanzdienstleistungen geschaffen, deren Preis auf dem Finanzmarkt Schwankungen unterliegt, auf die der Anbieter keinen Einfluss hat. Der Verbraucher soll nämlich nicht auf Kosten des Anbieters mit solchen Finanzdienstleistungen spekulieren können. Da das Widerrufsrecht des Verbrauchers für Fernabsatzverträge gem. § 312 d BGB n.F. u.a. auf Verbraucherdarlehensverträge erstreckt wurde, musste auch die Konkurrenzregelung des § 312 d V BGB n.F. in der Weise erweitert werden, dass die speziellen Widerrufs- und Rückgaberechte bei Verbraucherdarlehensverträgen und ähnlichen Geschäften vorrangig sind. Dabei beginnt die Widerrufsfrist jedoch erst mit Erfüllung der Informationspflichten des § 312 c II BGB n.F., s. Abs. 5 Satz 2. Schließlich bestimmt § 312 d VI BGB n.F. noch die Wertersatzpflicht des Verbrauchers im Falle des Widerrufs. Diese wird bei Finanzdienstleistungen aber in der Weise eingeschränkt, dass sie nur besteht, wenn der Verbraucher vor Abgabe seiner Vertragserklärung darauf hingewiesen wurde und sich dennoch ausdrücklich mit dem vorzeitigen Beginn der Erbringung der Dienstleistung einverstanden erklärt.

Geändert wurde auch § 357 I 2 BGB a.F. in der Weise, dass die Fristen zur Rückerstattung des Unternehmers und zur Erstattung von Beträgen, die der Ver-

429 S. *Liedtke*, S. 259.

430 Bzgl. der Europarechtskonformität der Nr. 2 in Bezug auf Dienstleistungen siehe die Ausführungen bei MünchKomm/ *Wendehorst*, 5. Auflage, § 312 c Rn. 9.

braucher erhalten hat, erst mit der Widerrufs- oder Rückgabeerklärung des Verbrauchers zu laufen beginnen. In diesem Zusammenhang wurde auch ein neuer Satz 3 eingefügt, der klarstellt, dass es für die Rückerstattungspflicht des Unternehmers auf den Zugang der Erklärung des Verbrauchers ankommt, während für die Rückerstattungspflicht des Verbrauchers der Zeitpunkt der Abgabe der Widerrufs- oder Rücktrittserklärung maßgeblich ist.[431] Außerdem dürfen dem Verbraucher die Kosten der Rücksendung gem. § 357 II 3 BGB n.F. auch dann auferlegt werden, wenn der Preis der zurückzusendenden Sache 40 € übersteigt, soweit der Verbraucher die Gegenleistung oder eine Teilleistung noch nicht erbracht hat und die gelieferte Ware der bestellten entspricht.

Es kam durch das Gesetz zur Änderung von Vorschriften über Fernabsatzverträge bei Finanzdienstleistungen jedoch nicht nur zu einer Veränderung innerhalb des BGB, sondern auch innerhalb der BGB-InfoV. So wurde zunächst die Liste des § 1 I BGB-InfoV gemäß den Vorgaben der FinFARL erheblich erweitert. Dies geschah zwar gegen den Willen des Bundesrates,[432] wurde von der Bundesregierung aber damit begründet, dass dadurch ein Mehr an Verbraucherschutz erreicht werde, das den Aufwand auf Seiten des Unternehmers deutlich überwiege. Darüber hinaus wurde in § 1 II BGB-InfoV ein spezieller Katalog für Informationspflichten bei Fernabsatzverträgen von Finanzdienstleistungen eingeführt. Die Regelung des § 1 III BGB-InfoV a.F. fand sich nunmehr in § 1 IV BGB-InfoV und wurde insofern erweitert, als der Unternehmer nicht mehr nur die in § 1 III BGB-InfoV a.F. aufgeführten Informationen, sondern gem. Nr. 1 sämtliche Informationen aus Abs. 1 und gegebenenfalls gem. Nr. 2 und 3 einige mehr in Textform zu übermitteln hatte.[433]

Das größte Aufsehen bei dem Gesetz zur Änderung der Vorschriften über Fernabsatzverträge bei Finanzdienstleistungen hat jedoch der Umstand erregt, dass die BGB-InfoV Gesetzesrang erhalten sollte, und dadurch § 14 BGB-InfoV mit den Regelungen innerhalb des BGB auf einer Stufe stehe.[434] Dies hat vor allem Bedeutung, wenn man sich die soeben gemachten Ausführungen zur Vereinbarkeit der Musterwiderrufsbelehrung aus § 14 I BGB-InfoV mit den gesetzlichen Vorgaben anschaut.[435] Dann könne einem Unternehmer, der sich einer Musterwiderrufsbelehrung bediene, nicht mehr vorgeworfen werden, dass er gegen gesetzliche

431 S. *Rott*, BB 2005, 53 (61).

432 S. *BT-Drucks. 15/2946*, 33 f.

433 So muss der Unternehmer bei Finanzdienstleistungen auch die Informationen aus § 1 II BGB-InfoV mitteilen (Nr. 2), bei der Lieferung von Waren und sonstigen Dienstleistungen ferner die in § 1 II Nr. 3 BGB-InfoV genannten Informationen bei Verträgen, die ein Dauerschuldverhältnis betreffen und für eine längere Zeit als ein Jahr oder unbestimmte Zeit geschlossen sind (Nr. 3 a) sowie Informationen über Kundendienst und geltende Gewährleistungs- und Garantiebedingungen (Nr. 3 b).

434 Vgl. *Masuch*, BB 2005, 344 (347).

435 S. 5. Kapitel, III, 3.

Vorgaben verstoße, hieß es zur Begründung.[436] Diese Auffassung zum Gesetzesrang der BGB-InfoV überzeugt jedoch nicht. Der Gesetzgeber hat in Art. 8 des Änderungsgesetzes unter der Überschrift „Rückkehr zum einheitlichen Verordnungsrang“ ausdrücklich festgestellt, dass die durch das Gesetz geänderten Teile vom Verordnungsgeber angepasst werden können, so dass dadurch die BGB-InfoV weiterhin Verordnungsrang hat.[437] Außerdem steht seit der Entscheidung des *BVerfG* zur Wirkung gesetzlicher Änderungen von Verordnungen[438] fest, dass die Neufassung gerade keinen Gesetzesrang genießt; § 14 BGB-InfoV nebst dem Muster stand keineswegs mit § 355 II BGB und den ergänzenden Vorschriften normenhierarchisch auf einer Ebene, so dass mit Hilfe des Musters selbst dann nicht ordnungsgemäß belehrt werden konnte, wenn dieses nicht den Anforderungen des BGB entsprach.[439]

Somit konnte man einem Unternehmer nur davon abraten, sich einer Musterwiderrufsbelehrung zu bedienen und auf deren Ordnungsmäßigkeit zu vertrauen, bis höchstrichterlich entschieden wurde, ob die Musterwiderrufsbelehrung wirksam oder unwirksam war oder eine Nachbesserung der Mängel der Musterwiderrufsbelehrung erfolgte.

V) Musterwiderrufsbelehrung vom 01.04.2008

Die Dritte Verordnung zur Änderung der BGB-InfoV ist am 01.04.2008 in Kraft getreten. Bereits am 23.10.2007 wurde vom Bundesjustizministerium ein Diskussionsentwurf für eine korrigierte Belehrung vorgelegt. Hier wurden bereits zahlreiche Kritikpunkte an der alten Musterwiderrufsbelehrung ausgeräumt, so z.B. die Aufnahme von Hinweisen auf den Erhalt der Ware und der Belehrung in Textform als Voraussetzung für den Fristbeginn sowie die Anpassung der Wertersatzklausel an die gesetzlichen Vorgaben. Jedoch gab es noch bei diesem Entwurf Schwierigkeiten bei der umfassenden Belehrung des Verbrauchers über den Beginn der Widerrufsfrist. Außerdem wurde kritisiert, dass die Musterwiderrufsbelehrung nur in der BGB-InfoV privilegiert werden sollte.[440]

436 S. *Masuch*, BB 2005, 344 (347).
437 Vgl. *Faustmann*, VuR 2006, 384 (387).
438 S. *BVerfG*, NVwZ 2006, 191.
439 Vgl. *Witt*, NJW 2007, 3759 (3760); *Faustmann*, VuR 2006, 384 (386 f.).
440 S. *Föhlisch*, MMR 2008, 205.

1) Wirksame Passagen innerhalb der Musterwiderrufsbelehrung

Im geänderten Entwurf vom 03.05.2008 hat das Bundesjustizministerium die Kritikpunkte am Diskussionsentwurf berücksichtigt, indem angekündigt wurde, das Muster in ein formelles Gesetz zu überführen und die Widerrufsfrist laut Musterwiderrufsbelehrung erst nach Erhalt der Belehrung beginnen zu lassen. Bzgl. des ersten Abschnittes über das Widerrufsrecht ist dies auch gelungen. So wurde der unklare Zusatz „frühestens“ mit Erhalt der Belehrung gestrichen und durch den neu eingeführten Gestaltungshinweis Nr. 3 müssen nunmehr bei Vorliegen eines der dort erfassten Sonderfälle auch die zusätzlichen Angaben zum Beginn der Widerrufsfrist gemacht werden. Zwar hat der Verordnungsgeber nicht den Kritikpunkt aufgegriffen, dass die Widerrufsfrist erst einen Tag nach Erhalt der Belehrung in Textform bzw. der weiteren erforderlichen Umstände beginnt, wie es § 187 I BGB vorsieht, dennoch kann hierin kein solch starker Verstoß gesehen werden, der die Wirksamkeit der Widerrufsbelehrung in Frage stellt.[441] Daher reicht es aus, wenn die Belehrung zutreffend das Ereignis benennt, das den Lauf der Frist auslöst, ohne dabei zusätzlich auf die §§ 187 I, 188 II BGB zu verweisen.[442] Auch wenn hierdurch dem Verbraucher im Zweifel die Möglichkeit genommen wird, auch noch den letzten Tag der Frist zu nutzen, da er unter Umständen nicht weiß, dass die Frist erst einen Tag nach Erhalt der Belehrung zu laufen beginnt, wird man von ihm als durchschnittlich informiertem, aufmerksamem und verständigem Durchschnittsverbraucher[443] verlangen können, dass er davon Kenntnis hat oder sich gegebenenfalls darüber informiert. Außerdem kann dies auch deshalb nicht zur Unwirksamkeit der Belehrung führen, da selbst die Regelung in § 355 II 1 BGB nicht genauer ist.[444]

Darüber hinaus wurde die Musterwiderrufsbelehrung aber auch bei den Widerrufsfolgen teilweise erfolgreich überarbeitet. So entspricht der Gestaltungshinweis Nr. 5 nunmehr den gesetzlichen Anforderungen, indem klargestellt wurde, dass bei einem Widerrufsrecht nach § 485 I BGB nur die von dem Unternehmer gezogenen Nutzungen, wie z.B. Zinsen, herauszugeben sind. Dies war bei der alten Widerrufsbelehrung nämlich noch nicht der Fall, da dort der zweite Halbsatz über die gezogenen Nutzungen bei Teilzeit-Wohnrechteverträgen vollständig entfiel, was wiederum dazu führen konnte, dass der Verbraucher nicht darüber belehrt wurde, dass er gezogene Nutzungen zurückverlangen konnte. Somit wurde der Verbraucher nach der alten Musterwiderrufsbelehrung im Falle des Widerrufs nach § 485 I BGB nicht ordnungsgemäß über sein Widerrufsrecht aufgeklärt. Des Weiteren

441 Vgl. *Masuch*, NJW 2008, 1700 (1702).
442 *BGH*, NJW 1994, 1800 (1801).
443 S. 2. Kapitel, II.
444 So auch *Masuch*, NJW 2008, 1700 (1702).

stimmt der Hinweis, dass gegebenenfalls Wertersatz zu leisten ist, wenn die empfangene Leistung nicht oder nicht ganz oder nur in verschlechtertem Zustand zurückgewährt werden kann, mit höherrangigem Recht (§ 346 II BGB) überein, so dass dieser Hinweis nicht zur Unwirksamkeit der Musterwiderrufsbelehrung führt. Dasselbe gilt für den darauf folgenden Satz, wonach bei der Überlassung von Sachen kein Wertersatz zu leisten ist, wenn die Verschlechterung der Sache ausschließlich auf deren Prüfung, wie sie etwa in einem Geschäft möglich gewesen wäre, zurückzuführen ist. Dies ergibt sich nämlich aus § 357 III 2 BGB. Auch ist die Musterwiderrufsbelehrung wirksam, was die Kosten der Rücksendung betrifft, sofern der Gestaltungshinweis Nr. 8 aufgenommen wurde, der auf § 357 II 3 BGB verweist und den Zusatz verlangt, dass der Verbraucher die Kosten der Rücksendung nur zu tragen hat, wenn die gelieferte Ware der bestellten entspricht und der Preis der Rücksendung 40 € nicht übersteigt oder bei einem höheren Preis der Verbraucher die Gegenleistung oder eine Teilzahlung zum Zeitpunkt des Widerrufs noch nicht erbracht hat. Auch wenn dieser Zusatz auf dem ersten Blick sehr technisch und kompliziert wirkt, kann vom Verbraucher, welcher durchschnittlich informiert, aufmerksam und verständig ist, dennoch erwartet werden, dass er erkennt, wann er die Versandkosten zu tragen hat und wann die Rücksendung für ihn kostenfrei ist. Außerdem kommt noch hinzu, dass sofern der Zusatz unterbleibt oder die Voraussetzungen der Regelung nicht vorliegen, der Unternehmer gem. § 357 II 2 BGB die Kosten der Rücksendung zu tragen hat.

2) Unwirksame Passagen innerhalb der Musterwiderrufsbelehrung

Dennoch sind auch an der neuen Musterwiderrufsbelehrung erhebliche Mängel in Bezug auf ihre Vereinbarkeit mit den Regelungen des BGB und dem Europarecht festzustellen, die zu ihrer Unwirksamkeit aufgrund Verstoßes gegen höherrangiges Recht führen. So ist bereits der vorletzte Satz über die Widerrufsfolgen missverständlich. Danach müssen Verpflichtungen zur Erstattung von Zahlungen innerhalb von 30 Tagen erfüllt werden, wobei sich der Beginn der Frist nach der Absendung der Widerrufserklärung bzw. nach deren Empfang richtet. Hier wird dem Verbraucher aber nicht deutlich gemacht, dass es sich insofern um eine Fälligkeitsfrist handelt, mit der Folge, dass wenn der Verbraucher seinen Zahlungsverpflichtungen nicht innerhalb von 30 Tagen nachkommt, Verzug gem. § 357 I 2 i. V. mit § 286 III BGB eintritt. Dies hat jedoch weitreichende Bedeutung. So wird dem Verbraucher nicht erläutert, dass ein Verzug gem. § 286 III BGB zur Folge hat, dass der Unternehmer nicht nur Verzugszinsen gem. § 288 I BGB verlangen kann, sondern außerdem auch Ersatz des Verzögerungsschadens gem. §§ 280 I, II, 286 BGB. Außerdem darf auch die Haftungserweiterung gem. § 287 S. 1 BGB nicht aus den Augen gelassen werden, wonach der Schuldner während des Verzugs jede Fahrlässigkeit, also selbst wenn ihm aufgrund besonderer Vorschriften keine Haftung für leichte Fahrlässigkeit trifft,[445] zu vertreten hat. Genauso verhält es sich mit § 287 S. 2 BGB, wonach der Schuldner auch für Zufall haftet, es sich insofern also um eine Erfolgshaftung handelt, bei der es nicht auf den adäquaten Kausalzusammenhang ankommt.[446] Somit wird der Verbraucher nicht über die Reichweite des Verzuges und schon gar nicht ihre Rechtsfolgen informiert, so dass dies nicht den Anforderungen an eine ordnungsgemäße Widerrufsbelehrung entspricht. Natürlich würde es den Rahmen der Musterwiderrufsbelehrung sprengen und kontraproduktiv sein, die genaue Bedeutung des Verzugs mit in die Belehrung aufzunehmen, nur um dadurch sicher zu sein, dass der Verbraucher die Folgen seines Handelns genau beurteilen kann. Dennoch muss man verlangen, dass zumindest ein Hinweis auf den Verzug gem. § 286 BGB erfolgt, so dass der Verbraucher dann wenigstens weiß, welche Norm im Falle der Nichterfüllung der Zahlungsverpflichtungen einschlägig ist und sich dementsprechend informieren kann. Vielleicht wäre es sogar ausreichend, immerhin den Begriff des „Verzugs" zu nennen, da der durchschnittlich informierte, aufmerksame und verständige Durchschnittsverbraucher dann meistens deren weiteren Bedeutung kennt. Solange aber weder die Norm noch der Begriff des Verzugs in der Musterwiderrufsbelehrung auftaucht, ist sie diesbezüglich fehlerhaft.

Des Weiteren verweist auch die neue Musterwiderrufsbelehrung nicht auf die Ausnahme aus § 312 d IV Nr. 2 BGB, sondern weiterhin (Gestaltungshinweis Nr. 9) nur auf § 312 d III BGB.[447] Dies kann dazu führen, dass das Widerrufsrecht des Verbrauchers erlischt, wenn er die Versiegelung von einem Datenträger (CD, DVD usw.) vor Ablauf der Widerrufsfrist entfernt, er hiervon jedoch keine Kenntnis hatte, weil er auf diese Form des Erlöschens des Widerrufsrechts nicht hingewiesen wurde. Dem Verbraucher wird insofern also ein Widerrufsrecht fingiert, das unter Umständen aber aufgrund seiner Handlung gar nicht mehr besteht. Hierauf den Verbraucher bei Käufen von Audio- oder Videoaufzeichnungen oder Software hinzuweisen, wäre aber für den Unternehmer ohne großen Aufwand möglich, so dass nicht nachvollzogen werden kann, warum dieser Kritikpunkt bei der neuen Musterwiderrufsbelehrung unberücksichtigt geblieben ist.

Schließlich stellt auch die neue Musterwiderrufsbelehrung nicht eindeutig klar, wer Inhaber des Widerrufsrechts ist. Vielmehr wird durch die Widerrufsbelehrung offengelassen, wem die Möglichkeit eines Widerrufes zusteht, mit der Folge, dass der Verbraucher selbst subsumieren muss, ob es sich bei ihm um einen Verbraucher

445 Vgl. §§ 521, 599, 680, 968 BGB.
446 S. MünchKomm/ *Ernst*, 5. Auflage, § 287 Rn. 3.
447 Vgl. *Masuch*, NJW 2008, 1700 (1702), der jedoch hierin keinen derartig starken Verstoß sieht, der an der Ordnungsmäßigkeit der Belehrung zweifeln lässt und diesen Mangel daher lediglich als „misslich" betrachtet.

und somit persönlich zuständigen Adressaten handelt.[448] Außerdem wurde dem Adressaten des Widerrufes nicht zwingend abverlangt seine Telefaxnummer, E-Mail-Adresse und Internetadresse anzugeben. Auch hier hat *Buchmann* richtigerweise erkannt, dass dies nicht konsequent ist und nicht den gesetzlichen Anforderungen genügt.[449] So ist insbesondere bei Fernabsatzgeschäften die E-Mail-Adresse und Internetadresse von besonderer Bedeutung, schließt der Verbraucher doch gerade auch über dieses Medium den Vertrag ab. Wenn dann aber der Eindruck entsteht, der Verbraucher könne seine Erklärung nicht per E-Mail widerrufen, weil der Unternehmer sie nicht mit bei der Widerrufsbelehrung angegeben hat, widerspricht dies der Textform des § 126 b BGB, der auch die elektronische Nachricht mitumfasst.[450] Somit wird durch diese Formulierung die Möglichkeit ausgeklammert, auch in elektronischer Textform den geschlossenen Vertrag zu widerrufen, so dass der Verbraucher in seinen Rechten beschnitten wird, wenn der Unternehmer die weiteren Angaben unterlässt.

Bereits diese rechtsdogmatischen Bedenken führen zu einem Verstoß gegen die Regelungen aus dem BGB, die zu einer Unwirksamkeit der gesamten Musterwiderrufsbelehrung führen, mit der Folge des § 355 III 3 BGB.[451]

Daneben bestehen aber auch aus rechtspolitischer Sicht erhebliche Bedenken an der neuen Musterwiderrufsbelehrung. Diese ergeben sich zum Beispiel aus dem Gestaltungshinweis Nr. 7, wenn es um die Wertersatzpflicht für die *bestimmungsgemäße Ingebrauchnahme* gem. § 357 III BGB geht,[452] sofern diese nicht ausnahmsweise ausgenommen ist.[453] Dem Verbraucher wird nämlich nicht explizit erläutert, wann von einer bestimmungsgemäßen Ingebrauchnahme die Rede ist, so dass er Schwierigkeiten bei der Unterscheidung zwischen allgemeiner Wertersatzpflicht und der Wertersatzpflicht für die bestimmungsgemäße Ingebrauchnahme haben wird.[454] Hierbei geht es nämlich insbesondere um die Fälle, bei denen allein durch den Gebrauch der Sache bereits mit einer erheblichen Wertminderung zurechnen ist. Dies ist vor allem bei Pkw und Kleidung der Fall, wo z.B. die Erstzulassung des Pkw bereits eine Wertminderung von bis zu 20% zur Folge hat.[455] Begründet wird diese Wertersatzpflicht damit, dass das Widerrufsrecht des Verbrauchers nicht von einer Vertragsverletzung des Unternehmers abhänge, sondern ihm kraft Gesetzes in jedem Fall zustehe, so dass der Unternehmer nicht vermeiden

448 Vgl. *Buchmann*, K&R 2008, 12 (14).
449 S. *Buchmann*, MMR 2007, 347 (352).
450 Vgl. *Buchmann*, K&R 2008, 12 (15).
451 Vgl. die Ausführungen im 10. Kapitel.
452 Bzgl. der Rechtmäßigkeit dieser Norm vgl. die Ausführungen im 10. Kapitel, II.
453 Dies ist der Fall, wenn der Verbraucher nicht spätestens bei Vertragsschluss in Textform über die Wertersatzpflicht und eine Möglichkeit diese zu vermeiden hingewiesen wird, § 357 III 1, 2. Hs. BGB.
454 S. *Buchmann*, K&R 2008, 12 (15).
455 S. Palandt/ *Grüneberg*, 67. Auflage, § 357 Rn. 9.

könne, die Sache gebraucht zurücknehmen zu müssen, obwohl er vertragsgemäß geliefert habe.[456] Trotz dieser Argumentation wäre es dem Unternehmer dennoch durchaus möglich, dem Verbraucher den ungefähren Umfang der Wertersatzpflicht mitzuteilen,[457] und zumindest in die Musterwiderrufsbelehrung die Beispiele von Pkw und Kleidung mit einzubringen. Dadurch würde dem Verbraucher auf einfachste Weise verdeutlicht, was unter dem Begriff bestimmungsgemäßer Ingebrauchnahme zu verstehen ist. Allein der Hinweis, dass der Verbraucher der Wertersatzpflicht entgehen kann, wenn er die Sache nicht wie sein Eigentum in Gebrauch nimmt und auch alles unterlässt, was den Wert beeinträchtigen könnte, reicht dabei nämlich gerade nicht aus. Wenn der Verbraucher die Sache nicht wie sein Eigentum in Gebrauch nehmen kann, kann er sie ggf. auch nicht auf etwaige Mängel untersuchen oder schauen, ob sie seinen Erwartungen entspricht und seine Anforderungen erfüllt, die ja durchaus subjektiv von jedem anders aufgenommen werden. Dann ist aber auch das bestehende Widerrufsrecht für den Verbraucher nutzlos.

Leider wurde auch nicht das Subsumtionsrisiko bei verbundenen Geschäften auf den Unternehmer übertragen, obwohl dieser nach § 358 V BGB eigentlich das Risiko zu tragen hat,[458] sondern verbleibt weiterhin bei dem Verbraucher, wenn der Unternehmer den Gestaltungshinweis Nr. 10 grundsätzlich immer in die Musterwiderrufsbelehrung aufnimmt, ohne zu unterscheiden, ob überhaupt ein verbundenes Geschäft vorliegt oder nicht.[459] Da dies nach der Ministerbegründung auch möglich ist,[460] wird der Unternehmer davon auch stets Gebrauch machen, um zu vermeiden, dass seine Musterwiderrufsbelehrung ansonsten ungenügend sein könnte und somit für den Verbraucher ein ewiges Widerrufsrecht gem. § 355 III 3 BGB bestehen würde. Dadurch, dass der Verbraucher anhand des Belehrungstextes selbst entscheiden muss, ob ein verbundenes Geschäft vorliegt oder nicht, werden ihm seine Rechte aber nicht deutlich gemacht, so dass die Musterwiderrufsbelehrung bezüglich seines Gestaltungshinweises Nr. 10 nicht mit höherrangigem Recht vereinbar ist.[461] Des Weiteren liegt hierin auch ein Verstoß gegen die Richtlinie 93/13/EWG.[462] Nach dieser Richtlinie müssen die Mitgliedstaaten nämlich dafür Sorge tragen, dass Verträge, die mit Verbrauchern geschlossen werden, keine missbräuchlichen Klauseln enthalten. Weiter heißt es in Art. 3 I der Richtlinie

456 S. *BT-Drucks. 14/6040*, S. 199; zur Rechtmäßigkeit des § 357 III BGB siehe die Ausführungen im 10. Kapitel, I, 3.
457 S. Palandt/ *Grüneberg*, 67. Auflage, § 357 Rn. 10; a.A. MünchKomm/ *Masuch*, 5. Auflage, § 357 Rn. 38.
458 S. MünchKomm/ *Habersack*, 5. Auflage, § 358 Rn. 71.
459 Vgl. *Masuch,* NJW 2008, 1700 (1702).
460 S. *BAnz Nr. 42* v. 14.03.2008, S. 957ff.
461 S. *Masuch,* NJW 2008, 1700 (1703), der wiederum auf eine Entscheidung des Kammergerichts verweist; *KG*, WM 2008, 401 (404).
462 S. ABl. EG Nr. L 95 v. 21.4.1993, S. 29ff.

93/13/EWG, dass Vertragsklauseln insbesondere dann als missbräuchlich anzusehen sind, wenn sie entgegen dem Gebot von Treu und Glauben zum Nachteil des Verbrauchers ein erhebliches und ungerechtfertigtes Missverhältnis der vertraglichen Rechte und Pflichten der Vertragspartner verursachen. Dies ist bei dem Gestaltungshinweis 10 durchaus der Fall, wie sich aus den soeben gemachten Ausführungen ergeben hat. Von einem Verbraucher zu verlangen, selbst zu subsumieren, ob ein verbundener Vertrag vorliegt und dementsprechend die Ausführungen zum Widerruf unter der Überschrift „Finanzierte Geschäfte" Anwendung finden oder nicht, führt zu einem erheblichen Missverhältnis. Aus diesem Grund muss der Gestaltungshinweis Nr. 10 auch entgegen der Auffassung der Ministerbegründung europarechtskonform in der Weise ausgelegt werden, dass die Ausführungen zum finanzierten Geschäft nur dann in die Musterwiderrufsbelehrung aufgenommen werden dürfen, wenn auch tatsächlich ein verbundenes Geschäft vorliegt. Dadurch würde das Subsumtionsrisiko, wie es auch schon § 358 V BGB verlangt, auf den Unternehmer übertragen, um das bestehende Missverhältnis zu unterbinden und somit mir höherrangigem Recht vereinbar zu sein. Dies kann auch nur die einzige Lösung sein, zumal Art. 7 I der Richtlinie 93/13/EWG bestimmt, dass die Mitgliedstaaten angemessene und wirksame Mittel zu treffen haben, um der Verwendung missbräuchlicher Klauseln durch einen Gewerbetreibenden in den Verträgen, die er mit Verbrauchern schließt, ein Ende zu setzen.

Aber auch das fehlende Transparenzgebot führt zu erheblichen rechtspolitischen Bedenken. So verlangt z.B. § 312 c I 1 BGB, dass die Informationen klar und verständlich sein müssen, was das Druckbild, den Aufbau und vor allem auch den Umfang der Informationen angeht.[463] Bezüglich dieser Voraussetzungen wird man sich wohl an die Anforderungen aus dem AGB-rechtlichen Transparenzgebot orientieren können.[464] Es geht jedoch zu weit, hieraus zuschließen, dass den Informationspflichten Genüge getan ist, wenn sie in umfangreiche AGB einbezogen werden, wenn dadurch die Klarheit und Verständlichkeit der Informationen darunter leidet, weil sie dann eventuell leicht überlesen werden können.[465] Der Unternehmer sollte daher die Informationen, wenn er sie denn in den AGB unterbringen will, dies an gesonderter Stelle tun oder aber sie auf anderer Weise (insoweit wird häufig auf drucktechnische Maßnahmen zurückgegriffen) besonders hervorheben.[466] Somit lässt sich schon einmal festhalten, dass an das Transparenzgebot hohe Anforderungen zu stellen sind, um einen umfassenden Verbraucherschutz bzgl. Art und Umfang der mitzuteilenden Informationen zu gewähren.[467] Die Mus-

463 S. MünchKomm/ *Wendehorst*, 5. Auflage, § 312 c Rn. 85.
464 Vgl. Palandt/ *Grüneberg*, 67. Auflage, § 312 c Rn. 8.
465 S. Erman/ *Saenger*, § 312 c Rn. 31.
466 Vgl. Staudinger/ *Thüsing*, 15. Auflage, § 312 c Rn. 32.
467 Vgl. zu den Anforderungen auch die umfassenden Ausführungen in MünchKomm/ *Kieninger*, 5. Auflage, § 307 Rn. 51ff. m.w.N.

terwiderrufsbelehrung entspricht diesen Anforderungen nicht. So ist sie schon allein vom Text zu umfangreich, wenn auch noch zusätzlich zu der Belehrung Teile des BGB und der BGB-InfoV abgedruckt werden müssen und dadurch der Verbraucher allein durch die Länge vom Lesen abgeschreckt wird.[468] Dies gilt insbesondere für die Belehrung über die Widerrufsfolgen, die, abhängig von der Form des Vertrages, durch die unterschiedlichen Gestaltungshinweise ausgefüllt wird. So haben die Ausführungen über die Wertersatzpflicht bereits gezeigt, dass durch die umständlichen Formulierungen der Verbraucher nicht erkennen kann, wann er Wertersatz zu leisten hat oder die Rücksendekosten übernehmen muss und wann dies nicht der Fall ist, so dass auch dadurch das Transparenzgebot verletzt wird. Dasselbe gilt für den Gestaltungshinweis Nr. 10, sofern er nicht in der soeben angesprochenen Weise europarechtskonform ausgelegt wird. Dadurch, dass die Ministerbegründung es ausdrücklich erlaubt hat, den Hinweis auch dann in die Musterwiderrufsbelehrung aufzunehmen, wenn gar kein verbundenes Geschäft vorliegt,[469] ist darin eindeutig ein Verstoß gegen das Transparenzgebot zu sehen, da diese Angaben für den Verbraucher weder klar noch verständlich sind, um erkennbar zu machen, ob im Einzelfall ein verbundenes Geschäft vorliegt oder gerade nicht und dementsprechend der Hinweis eigentlich weggelassen werden könnte. Selbiges gilt für den Satz über die Erstattung von Zahlungsverpflichtungen innerhalb von 30 Tagen, solange ein Hinweis auf § 286 BGB unterbleibt oder zumindest der Begriff des „Verzugs“ aufgenommen wird, da der Verbraucher hierdurch nicht ordnungsgemäß über die Rechtsfolgen informiert wird, die ein Verstreichen der Frist zur Folge hat. Ähnlich verhält es sich mit dem Gestaltungshinweis Nr. 3. Danach muss der Unternehmer, abhängig von der Art des Geschäftes, verschiedene Angaben zum Beginn der Widerrufsfrist machen. Des Weiteren heißt es dort am Ende, dass die zutreffenden Ergänzungen zu kombinieren sind, wenn ein Vertrag unter mehrere Sonderfälle fällt. Dies kann jedoch dazu führen, dass ein Unternehmer, der verschiedene Vertriebsformen verwendet, eine einheitliche Musterwiderrufsbelehrung verwendet, in der sämtliche für ihn einschlägige Fristzeitpunkte angegeben werden. Dies würde zum einen wieder dazu führen, dass dem Verbraucher das Subsumtionsrisiko auferlegt wird und er sich selbst den Sonderfall raussuchen muss, der auf sein Geschäft zugeschnitten ist,[470] und zum anderen dazu, dass das Muster auch bzgl. des Widerrufsrechts derart umfassend gestaltet wird, dass der Verbraucher leicht den Überblick verlieren kann und dementsprechend Abstand vom gewissenhaften Durcharbeiten der Widerrufsbelehrung nehmen wird. Somit

468 Vgl. *Buchmann*, K&R 2008, 12 (14).
469 S. *BAnz Nr. 42* v. 14.03.2008, S. 957ff.
470 m. E. wäre hierin aber zumindest kein Verstoß gegen die Richtlinie 93/13/EWG zu sehen, da dadurch noch kein Missverhältnis begründet wird.

zeigt sich, dass die Musterwiderrufsbelehrung an verschiedenen Stellen gegen das Transparenzgebot verstößt.

Nur bei der Widerrufsfrist wurden die Kriterien weitestgehend aufgegriffen und auch umgesetzt, so dass diesbezüglich die Musterwiderrufsbelehrung nunmehr mit höherrangigem Recht vereinbar ist. Dass allerdings nur lediglich insoweit die Kritik beherzigt und weitestgehend ausgeräumt wurde, reicht jedoch insgesamt nicht aus, um die neue Belehrung als wirklich gelungen zu bezeichnen, zumal sie noch an verschiedenen Stellen gegen nationales und vor allem auch europäisches Recht verstößt. Die Unternehmer daher zu ermutigen, diese dennoch zu verwenden, führt weiterhin dazu, dass dem Verbraucher eine endlose Widerrufsmöglichkeit zusteht. Somit hat sich diesbezüglich die Situation für den Unternehmer nicht wesentlich verbessert. Obwohl auch dem Bundesministerium der Justiz die Kritiken und die bestehende Rechtsunsicherheit bekannt waren, trat das „Gesetz zur Umsetzung der Verbraucherkreditrichtlinie, des zivilrechtlichen Teils der Zahlungsdiensterichtlinie sowie zur Neuordnung der Vorschriften über das Widerrufs- und Rückgaberecht" am 31.10.2009 in Kraft, welches die Überführung der Vorschriften über die Musterwiderrufsbelehrung und der Informationspflichten in das EGBGB vorsah.[471] Dass dadurch jedoch das zugrundeliegende Problem nicht gelöst wird, ist bereits jetzt schon offensichtlich. Dass die Vorschriften des BGB zu komplex seien und deshalb überarbeitet werden müssten, um die Rechtslage vereinfacht darzustellen,[472] überzeugt allerdings genauso wenig. Insgesamt werden die Informationspflichten durch die mit Inkompetenz verbundene Überbürdung von Subsumtionspflichten auf den Verbraucher entwertet. Überzeugend ist somit allein die Ansicht von *Föhlisch* und *Buchmann*, dass für die verschiedenen Geschäfte jeweils auch eine eigene Musterwiderrufsbelehrung zu entwerfen ist.[473]

VI) Zusammenfassung

Die im Mai 1997 verkündete FARL musste gem. Art. 15 I innerhalb von drei Jahren nach ihrem Inkrafttreten in nationales Gesetz umgesetzt werden. Dieser Aufforderung kam der nationale Gesetzgeber einen Monat zu spät nach, indem er am 27.06.2000 das FernAbsG erließ, welches am 30.06.2000 in Kraft trat. Insofern liegt die Vermutung nahe, dass die Verabschiedung in letzter Minute erfolgte. Daher verwundert es auch nicht, dass das FernAbsG in weiten Teilen mit der FARL fast wortwörtlich übereinstimmte.

471 S. die Ausführungen des Bundesministeriums der Justiz auf dessen Homepage unter: www.bmj.bund.de/enid/7e44364496e6a2bfac4ba4898f76a16 c,0/Schuldrecht/Umsetzung_Verbraucherkredit-_und_Zahlungsdiensterichtlinie_1hc.html; und das 7. Kapitel, II.

472 Vgl. *Buchmann*, K&R 2008, 12 (17) im Ansatz auch *Föhlisch*, MMR 2008, 205 (206).

473 S. *Föhlisch*, MMR 2007, 139 (142); *Buchmann*, MMR 2007, 347 (350).

Wesentlich war aber, das aufgrund des FernAbsG ein einheitliches Widerrufsrecht in §§ 361 a, b BGB a.F. geschaffen wurde, auch wenn trotzdem spezialgesetzliche Nebenbestimmungen weiterhin erhalten blieben. Dennoch war dies der erste Schritt in Richtung einer übersichtlichen Verbraucherschutzregelung.

Mit dem SMG nur zwei Jahre später wurde sodann das FernAbsG wieder abgeschafft und sein Inhalt in die §§ 312b-d BGB integriert. Dies hatte zur Folge, dass sich auch das Widerrufsrecht bei Fernabsatzgeschäften nunmehr aus §§ 355ff. BGB ergibt. Wesentlich war hierbei, dass gem. § 312 b III Nr. 3 BGB a.F. die Vorschriften über Fernabsatzverträge nunmehr auch auf Darlehensvermittlungsverträge gem. §§ 655 a ff. BGB Anwendung fanden und das Günstigkeitsprinzip aus § 1 IV FernAbsG ganz gestrichen wurde, da dieses nunmehr durch § 312 c IV BGB a.F. abgesichert war.

Noch viel wesentlicher war aber, dass gleichzeitig mit dem SMG die BGB-InfoV eingeführt wurde, um durch die Auslagerung das BGB zu entlasten und der besseren Lesbarkeit der mitteilungspflichtigen Informationen zu dienen. Während in der ursprünglichen BGB-InfoV noch kein Formular für eine Musterwiderrufsrecht bestand, wurde dieses nur ein halbes Jahr später, am 01.08.2002, eingeführt. Grund hierfür war das zeitlich unbegrenzte Widerrufsrecht aus § 355 III 3 BGB für den Fall, dass nicht ordnungsgemäß belehrt wurde. Der dadurch entstandenen Rechtsunsicherheit sollte nämlich mit der Musterwiderrufsbelehrung Rechnung getragen werden. Dies gelang dem Gesetzgeber jedoch nicht. So entsprach das Muster in vielerlei Hinsicht nicht den Anforderungen aus dem Gesetz, mit der Folge, dass Unternehmer, die sich der Musterwiderrufsbelehrung bedienten, trotz deren Verwendung fehlerhaft belehrten.

Mit dem Gesetz zur Änderung der Vorschriften über Fernabsatzverträge bei Finanzdienstleistungen, welches am 08.12.2004 in Kraft trat, wurde zunächst das Fernabsatzrecht auf Finanzdienstleistungen ausgedehnt. Außerdem wurde § 312 c I 1 BGB insgesamt neu formuliert, um dem Verbraucherschutz noch mehr Rechnung zu tragen. Aus diesem Grunde wurde auch die BGB-InfoV überarbeitet. Dies hatte jedoch keinen wesentlichen Erfolg, da auch die Neufassung keine Rechtsklarheit schaffte, insbesondere da die Widerrufsfrist „frühestens mit dem Erhalt der Belehrung" zu laufen beginnen sollte. Selbiges gilt für die dritte Verordnung zur Änderung der BGB-InfoV vom 01.04.2008, da auch die neue Musterwiderrufsbelehrung in erheblichen Teilen gegen nationales und europäisches Recht verstößt. Durch das Umsetzungsgesetz vom 02.07.2009 wird zwar der Musterwiderrufsbelehrung Gesetzesrang eingeräumt, eine Belehrung, die dem Verbraucher jedoch sämtliche Subsumtionsrisiken auferlegt, ist auch weiterhin unwirksam. Es genügt nur eine für das jeweilige Geschäft spezifische Musterwiderrufsbelehrung. Insoweit wird auch auf die im 7. Kapitel, II gemachten Ausführungen verwiesen, die

die Änderungen im Fernabsatz und in Bezug auf die neue Musterwiderrufsbelehrung noch einmal umfassend darstellen.

Sechstes Kapitel
Das Widerrufsrecht bei Verbraucherkreditverträgen

Wie bereits erwähnt, haben die Verbraucherkreditverträge ihren Ursprung bereits Ende des 19. Jahrhunderts mit der Einführung des AbzG, auch wenn dort ein Widerrufsrecht erst durch die zweite Novelle 1974 eingefügt wurde.[474] Durch das SMG wurde ebenfalls das Widerrufsrecht bei einem Verbraucherkreditvertrag in das BGB, und dort in die §§ 491ff. BGB, integriert. Sodann gab es noch einmal eine Änderung aufgrund des OLG-Vertretungsänderungsgesetzes vom 01.08.2002,[475] in der die partielle Ausnahme für Immobiliendarlehensverträge (Realkreditverträge) aus § 491 III Nr. 1 BGB a.F. gestrichen und durch eine Reihe von Folgeänderungen ersetzt wurde. Wie auch bei der Reform des § 312 a BGB im Wege des OLG-Vertretungsänderungsgesetzes war auch hier das „Heininger"- Urteil des EuGH[476] ausschlaggebend für die Änderung.[477]

Den Anlass, ein Verbraucherkreditgesetz nebst Widerrufsrecht zu erlassen, waren neben der europäischen Rechtsvereinheitlichung durch die VerbrKr-RL vor allem die Gefahren und Missstände, die in verschiedenen Bereichen des Verbraucherkredits seit den 1960er Jahren zu beobachten waren und in zunehmender Verschuldung eines Teils der Verbraucher zum Ausdruck kamen.[478] Auch wenn der Gesetzgeber bereits für einen Teilbereich, die „Abzahlungsgeschäfte", durch Verschärfung des AbzG aus dem Jahr 1894 in den Novellen 1969 und 1974 Vorsorge getroffen hatte, war insbesondere der Personalkredit nicht zum Gegenstand eines besonderen gesetzlichen Verbraucherschutzes gemacht worden.[479] Als dann am 01.01.1991 das VerbrKrG in Kraft trat, knüpfte es an den bis dahin durch die Rechtsprechung erreichten Rechtszustand an, in dem mit beschränktem Erfolg versucht worden war, durch Ausdehnung des AbzG auf den finanzierten Kauf oder die Anwendung des § 138 I BGB auf Darlehensverträge mit überhöhten Zinsen oder sonstigen übermäßigen Bindungen des Verbrauchers einen gewissen Mindestschutz zu gewährleisten.

Wie auch bei den vorangegangenen Kapiteln wird zur einfacheren Übersicht und zum besseren Verständnis zunächst die einschlägige VerbrKr-RL 87/102/ EWG vorgestellt, bevor dann auf die nationale Regelung, erst auf das VerbrKrG

474 S. 3 Kapitel, II, 1.
475 S. Art. 25 Nr. 10 des OLG-Vertretungsänderungsgesetztes (*BGBl. 2002 I*, 2850).
476 S. *Slg. 2001, I-9945,* NJW 2002, 281= ZIP 2002, 31= ZfIR 2002, 15.
477 Vgl. 4. Kapitel, IV, 2, b.
478 S. MünchKomm/ *Schürnbrand*, 5. Auflage, Vor § 491 Rn. 1.
479 Vgl. *Ulmer/Habersack*, Vorb. VerbrKrG Rn. 1.

und sodann mit der Einführung in das BGB auf die §§ 491ff. BGB, eingegangen wird.[480]

I) Verbraucherkreditrichtlinie 87/102/EWG

1) Geschichtlicher Hintergrund

Die VerbrKr-RL wurde am 22.12.1986 auf der Grundlage der allgemeinen Rechtsangleichungskompetenz nach Art. 100 EGV (Art. 94 EG-Vertrag) erlassen. Nach der Planung in Gestalt eines Ersten Programms für eine Politik zum Schutz und zur Unterrichtung der Verbraucher vom 14.04.1975[481] und nach anderen umfassenden, vor allem rechtsvergleichenden Vorarbeiten[482] hatte die Europäische Kommission am 27.03.1979 den „Vorschlag einer Richtlinie zur Angleichung der Rechts- und Verwaltungsvorschriften der Mitgliedstaaten über den Verbraucherkredit" unterbreitet.[483] Ziele des ersten Vorschlags für eine VerbrKr-RL waren primär die Rechtsangleichung und die Verbesserung des Verbraucherschutzes. Erstere sollte gewährleisten, dass der Wettbewerb nicht verfälscht würde und ein grenzüberschreitender Markt entstünde, letztere den Verbraucherschutz vor allem durch Informationspflichten forcieren.[484] Dieser zweite Zweck entspricht dabei dem eigentlichen zentralen Zweck der Regelung.[485] Insoweit knüpfte die Richtlinie auch an die Programme der EG für eine Politik zum Schutz und zur Unterrichtung der Verbraucher an.[486]

Dieser Vorschlag wurde bis Juni 1984 diskutiert,[487] bevor durch die Kommission ein überarbeiteter Vorschlag vorgelegt wurde.[488] Diesem überarbeiteten zweiten Entwurf wurde der Vorwurf gemacht, er trage die Handschrift der Industrie und der Bankenverbände, da zahlreiche Regelungen abgeschwächt oder gestrichen wurden, wie z.B. die Festlegung von betragsmäßigen Ober- und Untergrenzen für die Anwendung der Richtlinie oder die engere Formulierung bezüglich der verbundenen Geschäfte.[489] Auch wenn gleichzeitig die Informationspflichten ausgeweitet wurden, sahen Kritiker hierin keinen Fortschritt des Verbraucherschutzes,

480 Für die neue Verbraucherkreditrichtlinie 2008/48/EG wird auf die Ausführungen im 7. Kapitel, I. verwiesen.
481 *ABl. EG C 92*, S. 1.
482 *Hüttebräucker*, S. 15ff.
483 *ABl. EG C 80*, S. 4.
484 *ABl. EG C 80*, S. 4ff.
485 S. *Ulmer/Habersack*, Vorb. VerbrKrG Rn. 11.
486 *ABl. EG C 92*, 1 und *ABl. EG C 133*, 1.
487 *ABl. EG C 242*, 10; *ABl. EG C113*, 22.
488 *ABl. EG C 183*, 4.
489 S. *Hoffmann*, S. 22.

da die Transparenz und die Vergleichbarkeit aufgrund der umfassenden Informationspflichten nicht mehr gewährleistet werden könne.[490] In den folgenden Beratungen erwies sich erneut der Anwendungsbereich der Richtlinie als problematisch, ebenso die Berechnung des effektiven Jahreszinses.[491] Da es hierüber nicht zur Einigung kam, wurde die VerbrKr-RL schließlich am 22.12.1986 ohne eine Berechnungsformel vom Ministerrat verabschiedet.[492]

Zur weiteren Verbesserung der Verbraucherinformationen und zur Transparenz der Kreditbedingungen wurden in den Jahren 1990 und 1998 noch zwei sog. Änderungsrichtlinien beschlossen. Dabei betraf die Richtlinie 90/88/EWG vom 22.02.1990 (1. Änderungs-RL) neben der Erweiterung der Pflichtangaben im Darlehensvertrag unter anderem auch eine einheitliche Methode für die Berechnung des effektiven Jahreszinses[493] Dafür wurde extra eine EG-einheitliche Berechnungsmethode in Art. 1 a I und II und im Anhang II der 1. Änderungs-RL festgelegt.[494] Es wurde den Mitgliedstaaten jedoch weiterhin gestattet, ihre am 01.03.1990 geltenden Berechnungsvorschriften beizubehalten (Art. 1 a III und V der 1. Änderungs-RL). Diese Übergangszeit wurde sodann aber durch die Richtlinie 98/7/EG vom 16.02.1998 (2. Änderungs-RL) beendet.[495] Dort hieß es nämlich, dass die Mitgliedstaaten innerhalb von zwei Jahren eine einheitliche, auf dem Grundsatz taggenauer Berechnung beruhende mathematische Formel für den effektiven Jahreszins festzulegen haben. Der deutsche Gesetzgeber ist diesen Änderungen durch die Verordnung zur Änderung der Preisangabenverordnung vom 03.04.1992[496] und durch die Verordnung zur Änderung der Preisangaben- und der Fertigpackungsverordnung vom 28.07.2000[497] nachgekommen.

Der Rat der EU für Verkehr, Telekommunikation und Energie hat am 7. 4. 2008 die neue Verbraucherkredit-Richtlinie 2008/48/EG gebilligt, die vom Europäischen Parlament am 16.01.2008 verabschiedet wurde.[498] Sie soll vor allem eine größere Transparenz und Effizienz des Marktes für Kredite zwischen 200 Euro und 75.000 Euro schaffen und dadurch die Rechtssicherheit beim Abschluss grenzüberschreitender Kreditverträge für Verbraucher verbessern. Sie wurde im Amtsblatt der Europäischen Union am 22.05.2008 veröffentlicht[499] und ist bis zum 12.05.2010 von den Mitgliedstaaten umzusetzen. Das hierzu ergangene Umsetzungsgesetz wurde am 02.07.2009 vom Deutschen Bundestag beschlossen und tritt

490 S. Hörmann/ *Steppeler*, S. 596.
491 S. *Hoffmann*, S. 23.
492 Vgl. *Bülow/Artz*, Einführung Rn. 1.
493 *ABl. EG L 61*, 14.
494 MünchKomm/ *Schürnbrand*, Vor § 491 Rn. 18.
495 *ABl. EG L 101,* 17.
496 *BGBl. I 846.*
497 *BGBl. I 1238.*
498 Vgl. die Ausführungen im 7. Kapitel.
499 *ABl EU L 133,* 66; *Rott,* WM 2008, 1104.

in Bezug auf das Verbraucherkreditrecht mit Änderungen des allgemeinen Schuldrechts am 11.06.2010 in Kraft.[500]

Zur Verdeutlichung der Rechtsentwicklung wird jedoch zunächst die Richtlinie 87/102/EWG erörtert.

2) Inhalt der Richtlinie 87/102/EWG

Neben dem Anwendungsbereich, für den wie bei der Haustürgeschäfterichtlinie und der Fernabsatzrichtlinie zwischen dem persönlichen und dem sachlichen Bereich zu differenzieren ist,[501] enthält die Richtlinie ebenfalls Informationspflichten und Vorschriften zur Vertragsdurchführung.

a) Anwendungsbereich

Wie schon in der FARL wurden in der VerbrKr-RL zunächst die relevanten Begriffe definiert und der Sachbereich benannt, bevor eine Liste von Ausnahmen folgte. Daher ergab sich der konkrete Sachverhalt aus dem Zusammenwirken von Definition und Sachbereich auf der einen und Ausnahmen auf der anderen Seite.

Dass die Richtlinie in persönlicher Hinsicht nur auf Verträge zwischen bestimmten Personen Anwendung fand, ergab sich aus den Definitionen in Art. 1 II VerbrKr-RL. So stand in Art. 1 II lit. a VerbrKr-RL, dass ein „Verbraucher eine natürliche Person ist, die bei den von dieser Richtlinie erfassten Geschäften zu einem Zweck handelt, der nicht ihrer beruflichen oder gewerblichen Tätigkeit zugerechnet werden kann.“ In Bezug auf die Mischgeschäfte oder auch dual- use-Geschäfte wird in diesem Zusammenhang auf die Ansicht des *EuGH* verwiesen, auf die bereits im 4. Kapitel eingegangen wurde.[502] Aus diesem Grund fand Art. 1 II lit. a VerbrKr-RL keine Anwendung, sobald nicht ausschließlich private Interessen verfolgt wurden.[503] Dem soeben beschriebenen Verbraucher musste aber auch noch ein Kreditgeber gegenüberstehen. Das war der Fall, wenn „eine natürliche oder juristische Person, die in Ausübung ihrer gewerblichen oder beruflichen Tätigkeit einen Kredit gewährt“, handelte (Art. 1 II lit. b VerbrKr-RL). Darüber

500 Vgl. hierzu bereits die Ausführungen im 5. Kapitel, V, 2; und ausführlich das 7. Kapitel, welches sich mit dem Umsetzungsgesetz und der Verbraucherkreditrichtlinie 2008/48/EG befasst.

501 Vgl. Art. 1 der Richtlinie 85/577/EWG im 4. Kapitel, I, 2, a; Art. 1 der Richtlinie 97/7/EG im 5. Kapitel, I, 2, a.

502 S. 4. Kapitel, III, 2, a, bb.

503 Vgl. hierzu auch *Hoffmann*, S. 39.

hinaus konnte der Kreditgeber auch aus einer Gruppe von Personen bestehen, also etwa einer Personengesellschaft.

In sachlicher Hinsicht fand die Richtlinie allgemein auf Kreditverträge Anwendung (Art. 1 I VerbrKr-RL). Eine nähere Umschreibung fand sich sodann in Art. 1 II lit. c VerbrKr-RL. Danach war unter Kreditvertrag ein Vertrag zu verstehen, „bei dem ein Kreditgeber einem Verbraucher einen Kredit in Form eines Zahlungsaufschubs, eines Darlehens oder einer sonstigen ähnlichen Finanzierungshilfe gewährt oder zu gewähren verspricht.“ Art. 14 I VerbrKr-RL verpflichtete dabei die Mitgliedstaaten sicherzustellen, dass keine Umgehung der Richtlinienvorschriften erfolgte, um möglichst alle Formen des Verbraucherkredits von der Richtlinie zu erfassen.[504] Art. 1 II lit. c S. 2 VerbrKr-RL nannte Ausnahmen vom Anwendungsbereich der Kreditverträge, nach denen „Verträge über die kontinuierliche Erbringung von Dienstleistungen oder Leistungen von Versorgungsbetrieben, bei denen der Verbraucher berechtigt ist, für die Dauer der Erbringung Teilzahlungen zu leisten,“ nicht als Kreditverträge im Sinne der Richtlinie galten. Hiermit war vor allem die Versorgung mit Elektrizität, Gas, Wasser, aber auch die ratenweise Zahlung von Schulgebühren und die periodische Zahlung von Versicherungsprämien gemeint.[505]

In Art. 2 VerbrKr-RL fand sich eine Liste von Kreditarten, auf die die Richtlinie keine Anwendung fand. So waren zunächst gem. Art. 2 I lit. a VerbrKr-RL Kreditverträge oder Kreditversprechen ausgeschlossen, die

- hauptsächlich zum Erwerb oder zur Beibehaltung von Eigentumsrechten an einem Grundstück oder einem vorhandenen oder noch zu errichtenden Gebäude, oder
- zur Renovierung oder Verbesserung eines Gebäudes bestimmt sind.

Für andere grundpfandrechtlich gesicherte Kreditverträge und Kreditversprechen ordnete Art. 2 III VerbrKr-RL an, dass die Bestimmungen des Art. 4 und der Art. 6 bis 12 keine Anwendung fanden, wenn diese durch Grundpfandrechte gesichert waren und nicht bereits schon durch Art. 2 I lit. a VerbrKr-RL ausgeschlossen waren. Somit waren bei grundpfandrechtlich gesicherten Kreditverträgen und Kreditversprechen wesentliche verbraucherschützende Kernbestimmungen nicht anwendbar. Anwendbar blieben vielmehr lediglich Art. 3 über die Werbung und die Schlussvorschriften der Art. 13 bis 18. Auch wenn sich für die Ausnahme keine Begründung fand, wurde angenommen, dass die Richtlinie ihren Regelungsbereich eingeschränkt hatte, da das Immobiliarsachenrecht der einzelnen Mitgliedstaaten sehr unterschiedlich ausgeprägt gewesen sei und deshalb als eigenständiger Spe-

504 Vgl. *Hüttebräuker*, S. 109.
505 Wie zuvor.

zialbereich aufgefasst werden musste[506] oder dass andere Schutzinstrumente eingreifen würden.[507] Dass Kredite zum Erwerb von Grundstücken und grundpfandrechtlich gesicherte Kredite vom Anwendungsbereich der VerbrKr-RL ausgenommen wurden, gehörte zu den größten Kritikpunkten an der Richtlinie. So wurde von Anfang an die Auffassung vertreten, dass der Erwerb eines Grundstücks und die Errichtung eines Eigenheims bzw. der Kauf eines solchen die wichtigsten Geschäfte seien, für die der Verbraucher einen Kredit aufnehme.[508] Die Europäische Gemeinschaft hatte bei der Änderungsrichtlinie die Möglichkeit, Kredite zum Grunderwerb und grundpfandrechtlich gesicherte Kredite in den Anwendungsbereich mit einzubeziehen, hatte hiervon jedoch keinen Gebrauch gemacht.[509]

Darüber hinaus sah Art. 2 I lit. b VerbrKr-RL eine Ausnahme für Mietverträge vor, deren Eigentum nicht letzten Endes doch noch auf den Mieter überging. Begründet wurde die Ausnahme damit, dass Mietverträge nicht wirklich ein Kreditelement enthalten würden und deshalb in einer gesonderten Richtlinie zu behandeln seien.[510]

Des Weiteren gab es mehrere Ausnahmen, aus denen deutlich wurde, dass es dem Gesetzgeber offensichtlich nicht primär darum ging, die Geschäfte von der Richtlinie frei zu stellen, bei denen sich der Verbraucher verschuldete oder bei denen er eine Verpflichtung über einen längeren Zeitraum einging, sondern dass vielmehr die Entgeltlichkeit in Verbindung mit weiteren Elementen entscheidend war.[511] Zu nennen wären da die Ausnahmen nach Art. 2 I lit. c-g, also für

c) Kredite, die zins- und gebührenfrei gewährt oder zur Verfügung gestellt werden;
d) Kreditverträge, nach denen keine Zinsen in Rechnung gestellt werden, sofern der Verbraucher sich bereit erklärt, den Kredit auf einmal zurückzuzahlen;
e) Verträge, aufgrund deren Kredite durch ein Kredit- oder Geldinstitut in Form von Überziehungskrediten auf laufenden Konten gewährt werden, mit Ausnahme der Kreditkartenkonten. Jedoch ist auf solche Kredite Artikel 6 anwendbar;
g) Kreditverträge, aufgrund deren der Verbraucher den Kredit
– entweder innerhalb eines Zeitraums von höchstens drei Monaten
– oder innerhalb eines Zeitraums von höchstens zwölf Monaten in nicht mehr als vier Raten zurückzuzahlen hat.

506 Vgl. *Hüttebräuker*, S. 115.
507 Vgl. *Grundmann*, 4.10 Rn. 21.
508 Vgl. die Ausführungen in *Hüttebräuker*, S. 116.
509 S. *ABl. EG L 61,* 14.
510 *KOM XI/268/74-D*, 6.
511 S. *Hoffmann*, S. 47.

Hieraus ergab sich, dass der Gemeinschaftsgesetzgeber diejenigen Verträge als schutzwürdig einstufte, bei denen mehrere Faktoren zusammenkamen. Zu nennen wären hier beispielhaft neben der bereits genannten Entgeltlichkeit vor allem die Dauer und die vertragstypologische Besonderheit des Kreditgeschäfts, also die Ratenzahlung.[512]

Weiterhin bestimmte Art. 2 I lit. f VerbrKr-RL einen Rahmen, in dem die Richtlinienbestimmungen anwendbar waren. Demnach fanden auf Kredite, die über weniger als 200 Euro oder mehr als 20.000 Euro abgeschlossen wurden, die Verbraucherkreditrichtlinie keine Anwendung. Dieser Ausnahme lag der Gedanke zugrunde, dass Kreditverträge mit niedrigen Beträgen den verwaltungsmäßigen Aufwand nicht rechtfertigten und sehr hohe Beträge oft von den üblichen Verbraucherkreditgeschäften abwichen.

Und letztlich bestimmte Art. 2 II VerbrKr-RL noch, dass den Mitgliedstaaten die Option eingeräumt wurde, in Einvernehmen mit der Kommission Kredite vom Anwendungsbereich ihrer Umsetzungsakte auszunehmen, die zu Zinssätzen gewährt wurden, die unter den marktüblichen Sätzen lagen, und die im allgemeinen nicht öffentlich angeboten wurden. Hierbei ging es zum Beispiel um Kredite, die der Staat gewährte oder ein Arbeitgeber seinem Arbeitnehmer.[513]

b) Informationspflichten

In den Art. 3 – 6 VerbrKr-RL fanden sich bestimmte Mindestangabepflichten zum Verbraucherkredit. Hierbei handelte es sich um das Kernstück der Richtlinie, den Verbraucher mit den notwendigen Informationen über die Kosten des Kreditvertrages auszustatten. Hintergrund war dabei, dass die Informationsasymmetrie zwischen Unternehmer und Verbraucher marktschädigend ist.[514]

So ordnete der durch die 2. Änderungsrichtlinie neu gefasste Art. 3 VerbrKr-RL zwingend die Angabe des effektiven Jahreszinses – und zwar notfalls anhand von repräsentativen Beispielen – bei der Werbung für Verbraucherkredite an, die eine Angabe über den Zinssatz oder eine andere Darstellung der Kreditkosten enthielt. Dabei verwies die Norm noch auf die Richtlinie über irreführende Werbung,[515] wobei mittlerweile im Verhältnis zwischen Verbraucher und Unternehmer die Richtlinie über unlautere Geschäftpraktiken maßgeblich war.[516] Dadurch sollte der Verbraucher bereits in frühester Phase vor irreführenden Angeboten geschützt werden.

512 Vgl. *Hoffmann*, S. 48.
513 Vgl. *Hüttebräuker*, S. 121.
514 S. die Ausführungen im 2. Kapitel und *Grundmann*, JZ 2000, 1133 (1137).
515 Richtlinie 84/450/EWG, *ABl. EG L 250*, 17.
516 Richtlinie 2005/29/EG, *ABl. EG L 149,* 22.

Des Weiteren war in Art. 4 I VerbrKr-RL das Schriftformerfordernis geregelt und vorgesehen, dass der Verbraucher eine Ausfertigung des schriftlichen Vertrages erhielt. Darüber hinaus waren in Art. 4 II VerbrKr-RL die Mindestangaben für den Verbraucherkreditvertrag geregelt. Danach war in der Vertragsurkunde folgendes anzugeben:

a) der effektive Jahreszins;
b) die Bedingungen, unter denen der effektive Jahreszins geändert werden kann. Falls die Angabe des effektiven Jahreszinses nicht möglich ist, sind dem Verbraucher in der Vertragsurkunde angemessene Informationen zu geben. Diese Angaben müssen mindestens die in Art. 6 I zweiter Gedankenstrich vorgesehenen Informationen umfassen.

Außerdem sollte die Vertragsurkunde gem. Art. 4 III VerbrKr-RL auch die übrigen wesentlichen Vertragsbestimmungen enthalten. Im Anhang zur Richtlinie fand sich eine beispielhafte Auflistung solcher nach der Art des Kreditvertrages differenzierter Angaben, die von den nationalen Gesetzgebern als wesentliche Vertragsinhalte vorgeschrieben werden konnten. Eine herausragende Stellung im Rahmen der Informationspflichten nahm die Angabe des effektiven Jahreszinses ein; er gab nicht nur Auskunft über die Kreditkosten, sondern ermöglichte auch einen exakten Kostenvergleich.[517] Hier sah Art. 1 II lit. e VerbrKr-RL ursprünglich vor, dass damit die Gesamtkosten des Kredits als Prozentsatz ausgedrückt und entsprechend den nationalen Vorschriften zu berechnen sind. Die Lücke, die durch die unterschiedliche Berechnung des effektiven Jahreszinses innerhalb der einzelnen Mitgliedstaaten entstand, wurde durch die 1. Änderungs-RL geschlossen. So wurde Art. 1 a VerbrKr-RL eingeführt, in dem sowohl eine Berechnungsformel vorgegeben als auch die Frage entschieden wurde, welche Kosten in die Berechnung einzubeziehen waren. Außerdem wurden zwei neue Anhänge geschaffen, die durch die 2. Änderungs-RL noch modifiziert wurden, auf die Art. 1 a VerbrKr-RL verwies. Gem. Art. 1 II lit. d VerbrKr-RL zählten sämtliche Kosten des Kredits einschließlich der Zinsen und sonstigen mit dem Kreditvertrag unmittelbar verbundenen Kosten zu den Gesamtkosten des Kredits für den Verbraucher. Hiervon waren nach Art. 1 a VerbrKr-RL folgende Ausnahmen zu machen:

- Kosten, die vom Verbraucher bei Nichterfüllung seiner Verpflichtungen aus dem Kreditvertrag zu tragen sind;
- Kosten mit Ausnahme des Kaufpreises, die vom Verbraucher beim Erwerb von Waren oder Dienstleistungen unabhängig davon zu tragen sind, ob es sich um ein Bar- oder ein Kreditgeschäft handelt;
- Überweisungskosten sowie die Kosten für die Führung eines Kontos, das für die Tilgungszahlung im Rahmen der Rückzahlung des Kredits sowie für die

517 S. *EuGH*, EuZW 2004, 287 (288).

Zahlung von Zinsen und sonstigen Unkosten dienen soll, es sei denn, der Verbraucher hat hierbei keine angemessene Wahlfreiheit und diese Kosten sind ungewöhnlich hoch; diese Bestimmung gilt jedoch nicht für die Inkassokosten dieser Rückzahlungen oder Zahlungen, unabhängig davon, ob sie in bar oder auf eine andere Weise erhoben werden;
- Mitgliedsbeiträge für Vereine oder Gruppen, die sich aus anderen Vereinbarungen als dem Kreditvertrag ergeben, obwohl sie sich auf die Kreditbedingungen auswirken;
- Kosten für Versicherungen oder Sicherheiten; es werden jedoch die Kosten einbezogen, die die Rückzahlung an den Darlehensgeber bei Tod, Invalidität, Krankheit oder Arbeitslosigkeit des Verbrauchers zum Ziel haben, jedoch maximal nur in Höhe des Gesamtbetrages des Kredits, einschließlich Zinsen und sonstige Kosten, und die der Darlehensgeber zwingend als Bedingung für die Gewährung des Kredits vorschreibt.

Neben der Einfügung des Art. 1 a VerbrKr-RL wurden durch die 1. Änderungs-RL die Mindestangaben aus Art. 4 II VerbrKr-RL noch erweitert, indem die Buchstaben c und d eingeführt wurden.[518] Danach war in der Vertragsurkunde noch Folgendes anzugeben:

c) eine Aufstellung des Betrags, der Anzahl und der zeitlichen Abstände oder des Zeitpunkts der Zahlungen, die der Verbraucher zur Tilgung des Kredits und Entrichtung der Zinsen und sonstigen Kosten vornehmen muss; ferner der Gesamtbetrag dieser Zahlungen, wenn dies möglich ist;
d) eine Aufstellung der in Artikel 1 a Absatz 2 enthaltenen Kostenelemente - ausgenommen die bei Nichterfüllung der vertraglichen Verpflichtungen entstehenden Kosten – die nicht in die Berechnung des effektiven Jahreszinses einbezogen worden sind, jedoch vom Verbraucher unter bestimmten Umständen getragen werden müssen; ferner eine Aufstellung, in der diese Umstände spezifiziert werden. Ist der genaue Betrag dieser Kostenelemente bekannt, so wird er angegeben; anderenfalls ist entweder eine Berechnungsmethode oder eine möglichst realistische Schätzung vorzulegen, soweit dies möglich ist.

Dabei sollte die Auflistung des Art. 4 II lit. d dem Verbraucher vor allem vor Augen führen, dass auch diese Kosten unter Umständen von ihm zu tragen waren.

Der ursprüngliche Art. 5 VerbrKr-RL, wonach „in Abweichung von den Art. 3 und 4 II bis zu einem Beschluss über die Einführung einer Methode oder von Methoden der Gemeinschaft für die Berechnung des effektiven Jahreszinses in den Mitgliedstaaten, in denen bei Bekanntgabe der vorliegenden Richtlinie die Angabe des effektiven Jahreszinses nicht erforderlich ist, oder in denen es keine feststehende Methode für dessen Berechnung gibt, zumindest die Gesamtkosten des Kre-

518 *ABl. EG L 61*, 14.

dits für den Verbraucher angegeben werden müssen", wurde durch die 1. Änderungs-RL aufgehoben, da er durch die einheitliche Berechnungsformel des effektiven Jahreszinses in Art. 1 a VerbrKr-RL, und die Formel in Anhang II, auf die Art. 1 a VerbrKr-RL verwies, hinfällig geworden war.

Bei einem Überziehungskredit galten gem. Art. 6 I 1 VerbrKr-RL nur geringe Anforderungen an die Informationspflichten.[519] So mussten vor oder zum Zeitpunkt des Vertragsschlusses die etwaige Höchstgrenze des Überziehungskredites, der Jahreszins und die bei Abschluss des Vertrages in Rechnung gestellten Kosten sowie die Modalitäten zur Änderung dieser Kosten und zur Beendigung des Kreditverhältnisses angegeben werden. Diese Informationen waren schriftlich zu bestätigen (Art. 6 I 2 VerbrKr-RL). Darüber hinaus verpflichtete Art. 6 II 1 VerbrKr-RL dazu, den Verbraucher während der Laufzeit des Vertrages über jede Änderung des Jahreszinses und der in Rechnung gestellten Kosten im Augenblick ihres Eintretens zu unterrichten. Für die Form reichte dabei die Mitteilung auf einem Kontoauszug oder in anderer vergleichbarer Weise aus. Bei stillschweigenden Überziehungen mussten die Informationspflichten erst dann erfüllt werden, wenn das Konto länger als drei Monate überzogen wurde (Art. 6 III VerbrKr-RL).

c) Die Vertragsdurchführung

Neben den Informationspflichten, die den Verbraucher mit den nötigen Informationen über die Kosten des Kreditvertrages versorgen sollten, enthielt die Richtlinie noch Vorschriften über bestimmte Vertragspflichten und Rechte der Vertragsparteien. Hierbei handelte es sich jedoch nur um grundlegende Maßstäbe, deren nähere Ausgestaltung den Mitgliedstaaten oblag.[520]

So befanden sich in den Art. 7-11 VerbrKr-RL verschiedene Vorschriften über die Vertragsdurchführung. Hierbei ging es um

- die Rücknahme von Waren, wenn hierfür ein Kreditvertrag geschlossen wurde (Art. 7)
- die vorzeitige Beendigung des Kreditvertrages (Art. 8)
- den Erhalt der Rechte des Verbrauchers im Falle einer Abtretung der Rechte des Kreditgebers an Dritte (Art. 9)
- den Schutz des Verbrauchers bei der Hingabe von Wechseln und Schecks (Art. 10)
- Verbundene Geschäfte (Art. 11).

519 Vgl. *Hoffmann*, S. 55 m.w.N.
520 Vgl. *Hüttebräuker*, S. 135.

Von besonderer Bedeutung war hierbei insbesondere Art. 11 VerbrKr-RL über verbundene Geschäfte, da er zu einer Mithaftung des Kreditgebers für Fehler aus dem Erwerbsgeschäft führen konnte. Aus diesem Grund war die Regelung im Gesetzgebungsverfahren auch bis zum Ende äußerst umstritten, so dass sie in ihrer letzten Formulierung das Ergebnis eines Kompromisses darstellte.[521] Welche Rechte jedoch genau der Verbraucher gegenüber dem Kreditgeber nach den in Art. 11 II VerbrKr-RL aufgestellten Voraussetzungen geltend machen konnte, war den einzelnen Mitgliedstaaten überlassen, so dass auf die verbundenen Geschäfte noch einmal bei der Umsetzung der Richtlinie ins deutsche Recht vertieft eingegangen wird.

Wie bereits im *3. Kapitel* erwähnt,[522] sah die VerbrKr-RL keine Möglichkeit des Widerrufes vor, obwohl es sich hierbei um eine etablierte Möglichkeit handelt, um dem Verbraucher die Möglichkeit zu geben, von einer unüberlegt eingegangenen Verpflichtung zurückzutreten.[523] Dies ist umso mehr beachtlich, als man bedenkt, dass nur ein Jahr zuvor die Haustürwiderrufsrichtlinie erlassen wurde, die ebenfalls den Bereich des Schutzes der wirtschaftlichen Interessen des Verbrauchers betrifft, aber bereits ein siebentägiges Rücktrittsrecht des Verbrauchers vorgesehen hat.[524] Da aber Art. 15 VerbrKr-RL die Mitgliedstaaten nicht daran hinderte, weitergehende Vorschriften zum Schutz des Verbrauchers aufrechtzuerhalten oder zu erlassen (Mindestharmonisierung), fanden sich dennoch in den nationalen Vorschriften Widerrufsrechte für Verbraucher.

II) Das Verbraucherkreditgesetz von 1991

1) Geschichtlicher Hintergrund

Zur Umsetzung der VerbrKr-RL legte der Bundesminister der Justiz erstmals im Juni 1988 einen Referentenentwurf für ein neues VerbrKrG vor.[525] Aufgrund verschiedener Stellungnahmen der dazu angehörigen Verbände wurde der Entwurf wiederholt überarbeitet, bevor im August 1989 ein Regierungsentwurf verabschiedet wurde.[526] Da sich die geplanten Regelungen jedoch als äußerst kontrovers erwiesen, beriet der Rechtsausschuss in einer 66. und 67. Sitzung am 17. und 24. 01.1990 den Gesetzesentwurf und führte erst in der 86. Sitzung am 01.06.1990 eine

521 S. *Hoffmann*, S. 56.
522 S. 3. Kapitel, II, 1.
523 S. *Dok.KOM (95) 117 endg.*, Rn. 263, S 90.; Vgl. zur Verbraucherkreditrichtlinie 2008/48/EG die Ausführungen im 7. Kapitel, I, 1, e.
524 S. 4. Kapitel, I, 2, b.
525 S. ZIP 1988, 1215.
526 *BT-Drucks. 11/5462.*

öffentliche Anhörung durch, in der Sachverständige aus dem Bankenbereich, aus der Rechtswissenschaft und von Verbraucher- und Schuldnerberatungsstellen gegensätzliche Positionen einnahmen. Aber bereits im Vorfeld dieser Anhörung war den Vertretern ein 31 Punkte umfassender Fragenkatalog übermittelt worden, der ein breites Spektrum verbraucherpolitischer Forderungen (Kündigungsausschluss bei unverschuldeter Notlage eines Kreditnehmers, Einführung eines sachgerechten Restschuldbefreiungsverfahrens, Verbot der Mithaftung naher Angehöriger für Kreditverbindlichkeiten, Einführung einer gesetzlichen Wuchergrenze usw.)[527] abdeckte.[528] Daraufhin wurde der Gesetzesentwurf in der 95., 97. und 98. Sitzung des Rechtsausschusses am 19.09., 10.10. und 24.10.1990 beraten. Am 30.10.1990 passierte sodann das Verbraucherkreditgesetz, in teilweiser abgeänderten Form durch die Änderungsvorschläge des Bundesrates[529] und durch die Einbeziehung der Vorgaben der EG-Änderungsrichtlinie, in 2. und 3. Lesung den Bundestag. Dem stimmte der Bundesrat in seiner Sitzung am 14.12.1990 zu, so dass das VerbrKrG am 17.12.1990 verkündet wurde[530] und am 01.01.1991 mit genau einem Jahr zeitlicher Verzögerung im Bezug auf die Umsetzungsfrist des Art. 16 der VerbrKr-RL, in Kraft trat.

Mit dem VerbrKrG wurde der bereits seit langem bestehenden und unbestrittenen Reformbedürftigkeit Rechnung getragen, so dass die VerbrKr-RL hierfür nicht allein ursächlich war, sondern lediglich den letzten Anstoß gab. Vor allem ging es dem deutschen Gesetzgeber von Anfang an dabei um die Verbesserung des Verbraucherschutzes, zum einen, um die steigende Verschuldung und Überschuldung in den Griff zu bekommen, und zum anderen, um neue Praktiken, beispielsweise die Zunahme von kombinierten Kreditprodukten oder das vermehrte Auftreten von Direktmarketing, rechtlich zu regeln.[531]

2) Anwendungsbereich

Der Anwendungsbereich war zeitlich, persönlich und sachlich eingeschränkt. So ergab sich aus Art. 9 I des Gesetzes über Verbraucherkredite, zur Änderung der Zivilprozessordnung und anderer Gesetze, dass das Gesetz in zeitlicher Hinsicht auf alle Kreditverträge Anwendung fand, die nach dem Inkrafttreten abgeschlossen wurden. Daraus ergab sich im Umkehrschluss, dass frühere Verträge weiterhin nach altem Recht abzuwickeln waren. Eine Ausnahme ergab sich aus Abs. 2, wonach auf Darlehen, die der Schuldner noch vor dem Inkrafttreten des VerbrKrG

527 *BT-Drucks. 11/8274*, S. 19.
528 S. *Bruchner/ Ott/ Wagner-Wieduwilt*, S. 24.
529 *BT-Drucks. 11/8274*, S. 22.
530 *BGBl. 1990 I* S. 2840.
531 *Hoffmann*, S. 66; *Schmelz/ Klute*, ZIP 1989, 1509 (1509 f.).

gekündigt hatte, § 609 a BGB a.F. in seiner bisherigen Fassung anzuwenden war. Dieser zweite Absatz entsprach eigentlich dem Grundsatz aus Abs. 1, so dass er als überflüssig erscheint; daher musste Abs. 2 als Beschränkung gesehen werden, so dass nur für auf vor Inkrafttreten ausgesprochene Kündigungen § 609 a BGB a.F. weiterhin gelten sollte.[532]

a) Persönlicher Anwendungsbereich

Der persönliche Anwendungsbereich ergab sich aus § 1 I VerbrKrG. So wurde zum einen die Person des Kreditgebers bzw. des Kreditmittlers in Ausübung seiner gewerblichen oder beruflichen Tätigkeit und zum anderen die des Verbrauchers vom persönlichen Anwendungsbereich umfasst. Nach der Legaldefinition in § 1 I VerbrKrG war ein Verbraucher jede natürliche Person, es sei denn, dass der Kredit nach dem Inhalt des Vertrags für ihre bereits ausgeübte gewerbliche oder selbständige berufliche Tätigkeit bestimmt war. Dabei musste es sich jedoch nicht um einen Einzelkreditnehmer handeln, sondern auch eine Mehrheit von Kreditnehmern war möglich, so dass Kredite an eine BGB-Gesellschaft oder an eine Erbengemeinschaft ebenfalls von § 1 I VerbrKrG erfasst waren.[533] Durch den Zusatz in Bezug auf eine „bereits ausgeübte" Tätigkeit, der über die Richtlinie hinausging, sollten die Existenzgründerdarlehen von Verbrauchern vom Anwendungsbereich mit umfasst werden, also Darlehen, die zunächst noch von einem Verbraucher aufgenommen werden, der erst damit die gewerbliche oder selbständige berufliche Tätigkeit begründete. Eine Beschränkung für die Existenzgründerdarlehen ergab sich jedoch aus der Ausnahme in § 3 I Nr. 2 VerbrKrG, wonach der Nettokreditbetrag oder Barzahlungspreis 100.000 DM nicht übersteigen durfte.

Demgegenüber war Kreditgeber jede natürliche oder juristische Person, die einen Kredit gewährte und eine gewerbliche oder selbständige berufliche Tätigkeit ausübte. Daher kam es nicht entscheidend darauf an, ob der Gewerbetreibende spezifische Fachkenntnisse in bezug auf die Vergabe von Krediten besaß oder zu dem Personenkreis gehörte, der berufs- oder gewerbsmäßig Kredite gewährte. Vielmehr war es ausreichend, dass die Kreditvergabe Teil oder Ausfluss der gewerblichen oder beruflichen Tätigkeit des Kreditgebers war.[534] Ziel dieser weitgefassten Legaldefinition war die Einbeziehung aller Kredite, abgesehen von sol-

532 Vgl. *Steppeler*, Teil A, 1.

533 Vgl. Bruchner/ Ott/ Wagner-Wieduwilt/ *Wagner- Wieduwilt*, § 1 Rn. 23.

534 S. Graf von Westphalen/ Emmerich/ von Rottenburg/ *Graf von Westphalen,* § 1 Rn. 2; Bruchner/ Ott/ Wagner-Wieduwilt/ *Wagner- Wieduwilt*, § 1 Rn. 14; a.A. *OLG Düsseldorf*, WM 1995, 1142 (1143).

chen Krediten, die auf der Seite des Kreditgebers ein privates Geschäft darstellten.[535]

b) *Sachlicher Anwendungsbereich*

Das VerbrKrG galt für Kreditverträge und für Kreditvermittlungsverträge. Dabei definierte § 1 II VerbrKrG den sachlichen Anwendungsbereich in Bezug auf den Kreditvertrag, so dass hierunter nur entgeltliche Verträge fielen, die in Form eines Darlehens, eines Zahlungsaufschubes oder einer sonstigen Finanzierungshilfe gewährt oder zu gewähren versprochen wurden. Daher waren zinslose Darlehen und unentgeltliche Zahlungsaufschübe nicht vom Anwendungsbereich umfasst.[536] Unter den Begriff des Darlehens fielen „alle herkömmlichen Kreditformen wie Ratengeldkredite und Kredite, die in einem Betrag zurückzuzahlen sind."[537] Daher war das Darlehen in § 1 II VerbrKrG nicht gleichbedeutend mit dem Darlehen aus §§ 607ff. BGB a.F., da zum Darlehen nicht auch die Überlassung der Nutzungsmöglichkeiten an anderen vertretbaren Sachen i.S. des § 91 BGB gezählt werden konnte.[538] Demgegenüber handelte es sich um einen Zahlungsaufschub, wenn die Fälligkeit oder Durchsetzbarkeit der Geldforderung aufgrund einer entgeltlichen Vereinbarung zwischen Gläubiger und Schuldner auf einen späteren Zeitpunkt hinausgeschoben wurde, als sich aus den allgemeinen Regeln ergab.[539] Dieser Begriff des Zahlungsaufschubes, der von Art. 1 II lit. c VerbrKr-RL übernommen wurde und bis dato im deutschen Zivilrecht unbekannt war, wurde gewählt, um den Anwendungsbereich des VerbrKrG möglichst weit zu fassen.[540] Und schließlich fielen nach der Gesetzesbegründung unter den Begriff der sonstigen Finanzierungshilfen vor allem „die Leasingverträge, bei denen die Leasingsache ihrer Substanz nach endgültig auf den Verbraucher übergehen soll."[541] In der Literatur wurde jedoch die Ansicht vertreten, dass hierunter nicht nur Leasingverträge fallen, sondern hiervon alle, insbesondere noch unbekannte kreditorische Geschäfte erfasst werden sollten, welche auf Innovationen des Finanzmarktes beruhten und nicht in etablierte „Schablonen" passten.[542] Bedenkt man hierbei die Intention des Gesetzgebers, einen möglichst weiten Anwendungsbereich zu schaffen, war diese Ansicht

535 *BT-Drucks. 11/5462*, S. 17.
536 S. Bruchner/ Ott/ Wagner-Wieduwilt/ *Wagner- Wieduwilt*, § 1 Rn. 38.
537 S. *BT-Drucks. 11/5462*, S. 17.
538 Vgl. Bruchner/ Ott/ Wagner-Wieduwilt/ *Wagner- Wieduwilt*, § 1 Rn. 40; a.A. Graf von Westphalen/ Emmerich/ von Rottenburg/ *Graf von Westphalen,* § 1 Rn. 89 f.; *Martis*, S. 18.
539 Vgl. *Martis*, S. 20.
540 S. Graf von Westphalen/ Emmerich/ von Rottenburg/ *Graf von Westphalen,* § 1 Rn. 150.
541 S. *BT-Drucks. 11/5462*, S. 17.
542 S. Graf von Westphalen/ Emmerich/ von Rottenburg/ *Graf von Westphalen,* § 1 Rn. 175.

überzeugend und vorzugswürdig, um einen lückenlosen Verbraucherschutz im Bereich des Verbraucherkredites zu schaffen.

Der Kreditvermittlungsvertrag wurde in § 1 III VerbrKrG definiert als eine Vereinbarung zwischen einem Verbraucher und einem Kreditvermittler, wonach der Kreditvermittler in Ausübung seiner gewerblichen oder beruflichen Tätigkeit es unternimmt, einem Verbraucher gegen Entgelt einen Kredit zu vermitteln oder ihm die Gelegenheit zum Abschluss eines Kredites nachzuweisen. Hierzu ergänzend wurden sodann in den §§ 15 – 17 VerbrKrG das Schriftformerfordernis des Kreditvermittlungsvertrages (§ 15), die Vergütungspflicht des Verbrauchers im Falle der Leistung des Darlehens infolge der Vermittlung durch den Kreditvermittler (§ 16) und das Verbot des Nebenentgeltes des Vermittlers (§ 17) geregelt.

c) Ausnahmen gem. § 3 VerbrKrG

Die Ausnahmen vom Anwendungsbereich in § 3 VerbrKrG wurden unterteilt in generelle Ausnahmen hinsichtlich einzelner Kredite (Abs. 1) und in die eingeschränkte Anwendbarkeit für einzelne Kreditarten (Abs. 2).

Bei der gänzlichen Unanwendbarkeit des VerbrKrG in den in § 3 I VerbrKrG geregelten Fällen fehlte es nach der Auffassung der Gesetzesverfasser an der Schutzbedürftigkeit des Verbrauchers als Kreditnehmer, so dass ihm insbesondere die fehlende Möglichkeit des Widerrufs und die Formfreiheit des Vertrages zuzumuten gewesen sei[543]. Hierzu zählten:

- Kredite, bei denen der Nettokreditbetrag/Barzahlungspreis 400 DM nicht übersteigen (Nr. 1),
- Kredite, die für die Aufnahme einer gewerblichen oder selbständigen beruflichen Tätigkeit bestimmt sind und der Nettokreditbetrag/Barzahlungspreis 100.000 DM übersteigt (Nr. 2),
- Kredite, durch die dem Verbraucher ein Zahlungsaufschub von nicht mehr als drei Monaten eingeräumt wird (Nr. 3) und
- Kredite, die ein Arbeitgeber mit seinem Arbeitnehmer zu Zinsen abschließt, die unter den marktüblichen Sätzen liegen (Nr. 4).

Zu § 3 I Nr. 3 VerbrKrG durfte jedoch nicht angenommen werden, hierunter falle auch die Prolongation eines Darlehens.[544] Vielmehr hatte § 3 I Nr. 3 VerbrKrG den Zweck, Kreditkartengeschäfte, bei denen die Kreditkarte nur als bargeldloses Zahlungsmittel fungierte, aus dem Anwendungsbereich des VerbrKrG auszugren-

543 *BT-Drucks. 11/5462*, S. 18 f.

544 Vgl. *Martis*, S. 36; MünchKomm/ *Ulmer*, 3. Auflage, § 3 Rn. 13 VerbrKrG ; a.A. Graf von Westphalen/ Emmerich/ von Rottenburg/ *Graf von Westphalen,* § 3 Rn. 37

zen.[545] Somit bezog sich der Zahlungsaufschub auf einen Unterfall des Kreditvertrages i.S. des § 1 II VerbrKrG und war deshalb auch auf Darlehen oder sonstigen Finanzierungshilfen nicht anwendbar.

Demgegenüber waren in einigen Sonderfällen von Kreditverträgen nur bestimmte Normen vom Anwendungsbereich ausgeschlossen. So sah § 3 II Nr. 1 VerbrKrG eine Ausnahme von den §§ 4 I 2 und 3, 6, 13 III und 14 VerbrKrG für Finanzierungsleasingverträge vor. Der Grund dieser Ausnahmen war die Befürchtung des Gesetzgebers, den Leasinggeber mit der Pflicht zur Angabe der in § 4 I 2 und 3 VerbrKrG vorgeschriebenen Informationen, der Rücktrittsfiktion gem. § 13 III VerbrKrG und des Rechts auf Zinsnachlass bei vorzeitiger Zahlung gem. § 14 VerbrKrG zu überfordern, da diese nicht auf den Leasingvertrag passen würden.[546] Hierbei war jedoch zu beachten, dass nach Art. 2 I lit. b VerbrKr-RL das Verbraucherkreditrecht auf Mietverträge mit Kreditfunktion uneingeschränkte Anwendung fand, wenn die Verträge bestimmten, dass das Eigentum letzten Endes auf den Mieter übergehen sollte.[547] Eine solche Ausnahme war in § 3 II Nr. 1 VerbrKrG nicht beachtet worden, obwohl eine zusätzliche Abrede, wonach die Leasingsache endgültig auf den Leasingnehmer übergehen soll, auch bei Leasingverträgen durchaus möglich ist.[548] Daher musste bei richtlinienkonformer Auslegung für Verträge, bei denen die Substanz der Leasingsache auf den Leasingnehmer übergehen sollte, der Anwendungsbereich der Nr. 1 in der Weise reduziert werden, dass an der uneingeschränkten Geltung des VerbrKrG festgehalten wurde.[549]

Darüber hinaus sah § 3 II Nr. 2 eine Ausnahme hinsichtlich der §§ 7, 9 und 11 bis 13 VerbrKrG bei grundpfandrechtlich gesicherten Krediten vor. Wie auch bei Finanzierungsleasingverträgen, war der Gesetzgeber der Auffassung, dass die meisten Vorschriften des VerbrKrG nicht auf grundpfandrechtlich gesicherte Darlehen passen würden, sofern sie zu für Realkredite üblichen Bedingungen gewährt wurden.[550] Aus diesem Grund sah der Entwurf der Bundesregierung zunächst auch eine vollständige Herausnahme der Realkredite vom Anwendungsbereich des Gesetzes vor.[551] Dem widersprach aber der Bundesrat zu Recht und betonte, dass die Informationen des Verbrauchers, etwa über die Zinsbelastung, nach dem Schutzgedanken des Gesetzes gerade bei Realkrediten besonders wichtig seien,[552] so dass es nur zu den partiellen Ausnahmen kam. So waren insbesondere auch die Vorschriften der §§ 4, 6 VerbrKrG über die im Kreditvertrag geforderten Angaben und

545 S. Bruchner/ Ott/ Wagner-Wieduwilt/ *Wagner- Wieduwilt/ Bruchner*, § 3 Rn. 19.
546 S. *BT-Drucks. 11/8274,* S. 21.
547 S. 6. Kapitel, I, 2, a.
548 Vgl. *Ulmer/Habersack*, § 3 VerbrKrG Rn. 22.
549 Vgl. *Zahn*, DB 1991, 2171ff.
550 S. *BT-Drucks. 11/5462*, S. 18.
551 Wie zuvor.
552 *BT-Drucks. 11/5462,* S. 35.

über die Sanktionen bei deren Unvollständigkeit uneingeschränkt anwendbar, auch vollkommen zu Recht, da das Informationsbedürfnis des einen langfristigen Immobilienkredit aufnehmenden Verbrauchers mindestens so groß ist wie bei sonstigen, nach Umfang und Laufzeit meist dahinter zurückbleibenden Kreditverträgen.[553]

Und letztlich sah § 3 II Nr. 3 VerbrKrG eine Ausnahme hinsichtlich der §§ 4 bis 7 und 9 II VerbrKrG bei gerichtlich protokollierten oder notariell beurkundeten Krediten vor. Die Ausnahme beruhte auf der Ausnahmevorschrift des Art. 2 IV VerbrKr-RL, hatte diese jedoch nur teilweise übernommen, so dass die Ausnahmen einerseits auf die Art der erforderlichen Angaben zur Verbraucherinformation einschließlich der Mangelfolgen (§§ 4 bis 6 VerbrKrG) und andererseits auf das Widerrufsrecht (§§ 7, 9 II VerbrKrG) beschränkt waren. Hier war der Gesetzgeber der Auffassung, dass die erwähnten Kreditverträge vor allem Vergleiche seien, die zur Beendigung von Zivilprozessen gerichtlich protokolliert würden, so dass der erforderliche Verbraucherschutz durch die gerichtliche Mitwirkung bei Protokollierung und Titulierung gewährleistet sei.[554] Außerdem ergab sich hinsichtlich der Schriftform trotz der Nichtanwendung des § 4 I 1 VerbrKrG keine Abweichung von den allgemeinen Anforderungen des VerbrKrG, weil sowohl die gerichtliche Protokollierung als auch die notarielle Beurkundung gem. §§ 127 a, 126 III BGB die gesetzliche Schriftform ersetzen.[555]

3) Das Informationsmodell

Ein Kreditvertrag bedurfte gem. § 4 I 1 VerbrKrG der schriftlichen Form. Da das Schriftformerfordernis aber uneingeschränkt ins Gesetz aufgenommen wurde, musste auf die allgemeine Regelung des § 126 BGB und die in diesem Zusammenhang stehenden Grundsätze abgestellt werden. Daher war auch die eigenhändige Unterzeichnung der Urkunde durch beide Vertragsparteien erforderlich. Ansonsten differierte das VerbrKrG nur insoweit von der VerbrKr-RL,[556] als einerseits bezüglich des in dem Vertrag aufzuführenden Inhalts zwischen Kreditverträgen im allgemeinen (§ 4 I 2 Nr. 1 VerbrKrG) und Teilzahlungskreditverträgen (§ 4 I 2 Nr. 2 VerbrKrG) differenziert wurde und andererseits bei Nichtbeachtung der Form- und Inhaltsvorschriften in § 6 VerbrKrG für die „Grundform" des Kreditvertrags die Sanktion der Nichtigkeit bzw. die Heilung dieser Form- und Inhaltsmängel bei Auszahlung des Kredits vorgesehen waren.[557]

553 S. *Ulmer/ Habersack*, § 3 VerbrKrG Rn. 23; *Seibert*, WM 1991, 1445 (1447).
554 *BT-Drucks. 11/5462*, S. 18.
555 S. *Ulmer/ Habersack*, § 3 VerbrKrG Rn. 28.
556 S. 6. Kapitel, I, 2, b.
557 S. *Ritz*, S. 46.

In Übereinstimmung mit Art. 6 der Richtlinie sah § 5 VerbrKrG für Überziehungskredite besondere Informationspflichten vor.[558] So musste der Verbraucher vor Inanspruchnahme des Kredites über die Höchstgrenze des Kredits, den zum Zeitpunkt der Unterrichtung geltenden Jahreszins, die Bedingungen, unter denen der Zinssatz geändert werden darf, und die Regelung der Vertragsbedingungen informiert werden (§ 5 VerbrKrG). Die einzige Abweichung von Art. 6 VerbrKr-RL ergab sich aus dem Umstand, dass der Verbraucher nicht im Voraus auch über die beim Vertragsschluss in Rechnung gestellten Kosten zu informieren war. Jedoch ergab sich aus § 5 VerbrKrG, dass in den Fällen, in denen über die Kreditzinsen hinaus weitere Kosten entstehen, die Schriftform und die Inhaltserfordernisse des § 4 VerbrKrG zu beachten waren, so dass durch diese Abweichung keinerlei Abweichungen von der Richtlinie entstanden.[559]

Abschließend sah § 8 VerbrKrG noch eine Ausnahme von den Formvorschriften aus § 4 VerbrKrG bei Verträgen im Versandhandel vor. Begründet wurde die Ausnahme damit, dass der Versandhandel aufrecht erhalten werden müsse, das Rückgaberecht aus § 8 II VerbrKrG dem Interesse des Verbrauchers entgegen komme, da der Verbraucher in der Lage sei, über die Wirksamkeit des Vertrages nach Prüfung der gelieferten Ware zu entscheiden, der Verzicht auf Schriftform und Widerrufsrecht eine beträchtliche Vereinfachung darstelle und dadurch der Verkauf von Waren gefördert werde, was letztendlich auch dem Verbraucher zugute kommt.[560]

4) Die Vertragsabwicklung

Neben den ausführlichen Informationsregelungen enthielt das deutsche Verbraucherkreditrecht zahlreiche Vorschriften zur Vertragsdurchführung, die teils erheblich über die Vorgaben der Verbraucherkredit-Richtlinie hinausgingen.[561] So entsprach das Widerrufsrecht aus § 7 VerbrKrG keiner ausdrücklichen Regelung der VerbrKr-RL, fand seine Grundlage aber in Art. 15 VerbrKr-RL, der es den Mitgliedstaaten gestattet, weitergehende, dem Verbraucherschutz dienende Bestimmungen zu erlassen. Da aber bereits das Abzahlungsgesetz in seinem § 1 b ein einwöchiges Widerrufsrecht vorsah,[562] war es nur konsequent, dieses auch in das neu geschaffene VerbrKG einzuführen.[563] Dabei wurde der Anwendungsbereich

558 S. 6. Kapitel, I, 2, b.
559 So auch *Ulmer/ Habersack*, § 5 VerbrKrG Rn. 16ff.
560 Vgl. Graf von Westphalen/ Emmerich/ von Rottenburg/ *Graf von Westphalen,* § 8 Rn. 1 f.
561 S. *Hoffmann*, S. 81.
562 S. 3. Kapitel, II, 1.
563 Näheres zum Vergleich von § 1 b AbzG und § 6 des Entwurfes zum VerbrKG bei *Schmelz/ Klute*, ZIP 1989, 1509 (1517 f.).

des Widerrufsrechts aber auf alle Formen von Kreditverträgen ausgedehnt. Zweck des Widerrufsrechts war aber im Unterschied zum HWiG der Schutz des Verbrauchers nicht vor Überrumpelung,[564] sondern vor Übereilung in Verbindung mit der ihm dadurch eingeräumten Möglichkeit, während der Widerrufsfrist nach günstigeren Kreditangeboten Ausschau zu halten.[565] Der Beginn der Widerrufsfrist hing gem. § 7 II VerbrKrG von der ordnungsgemäßen Belehrung des Verbrauchers ab. Dementsprechend musste dem Verbraucher eine drucktechnisch deutlich gestaltete und vom ihm gesondert unterschriebene Belehrung ausgehändigt worden sein. Fehlte es an einer solchen Belehrung, erlosch das Widerrufsrecht spätestens ein Jahr nach Abgabe der auf den Abschluss des Kreditvertrags gerichteten Willenserklärung des Verbrauchers oder vorher, wenn die Leistung beiderseits bereits vollständig erbracht wurde. Des weiteren regelte § 7 VerbrKrG noch, dass, sofern ein Darlehen bereits ausgezahlt wurde, dieses innerhalb von zwei Wochen an den Kreditgeber zurückzuzahlen war (Abs. 3), und dass das Widerrufsrecht nicht für Überziehungskredite i.S. des § 5 I VerbrKrG galt. Die Rechtsfolgen des Widerrufs waren in § 7 IV VerbrKrG geregelt, der auf § 3 HWiG verwies.[566]

Die Vorgaben aus Art. 11 II VerbrKr-RL[567] wurden in § 9 VerbrKrG umgesetzt. So lag gem. Abs. 1 ein verbundenes Geschäft vor, wenn der Kredit der Finanzierung des Kaufpreises diente und beide Verträge als wirtschaftliche Einheit anzusehen waren. Für den Begriff der wirtschaftlichen Einheit entwickelte der *BGH* bereits beim finanzierten Abzahlungskauf die Formel, dass von einer wirtschaftlichen Einheit dann ausgegangen werden könne, wenn Kauf- und Darlehensvertrag eine so enge Verbindung aufweisen, dass sich beide als Teilstücke einer rechtlichen oder zumindest wirtschaftlich-tatsächlichen Einheit ergänzen.[568] Waren diese Voraussetzungen für ein verbundenes Geschäft erfüllt, was insbesondere dann der Fall war, wenn über ein Zweck-Mittel-Verhältnis hinaus die beiden Geschäfte miteinander derart verbunden waren, dass keines ohne das andere geschlossen worden wäre oder jeder der Verträge seinen Sinn erst durch den anderen erhielt,[569] so sah Abs. 2 eine Erstreckung der Rechtsfolgen, die mit der Widerruflichkeit sowie dem Widerruf der auf den Kreditvertrag bezogenen Willenserklärung des Verbrauchers verbunden waren, auch auf den Kaufvertrag vor (pars pro toto). Begründet wurde diese Ausweitung des Widerrufs damit, dass die isolierte Aufrechterhaltung des Kaufvertrages den durch § 7 VerbrKrG bezweckten Schutz der Vertragsentschließungsfreiheit vereiteln würde, da der Verbraucher infolge der fortbestehenden Verpflichtung zur sofortigen Zahlung des Kaufpreises auf die Inanspruchnah-

564 S. 4. Kapitel, I, 1.
565 S. *Ulmer/ Habersack*, § 7 VerbrKrG Rn. 2.
566 S. 4. Kapitel, II, 4.
567 S. 6. Kapitel, I, 2, c.
568 S. *BGH*, NJW 1980, 938 f.
569 S. *BGH*, NJW 1954, 185 (187); NJW 1967, 1036; NJW 1984, 1755.

me des Kredits angewiesen wäre und die Ausübung des Widerrufsrechts somit für ihn regelmäßig nicht in Betracht käme.[570] Zum Anderen gewährte § 9 III 1 und 3 VerbrKrG dem Verbraucher einen Einwendungsdurchgriff, wonach der Verbraucher die Rückzahlung des Kredites verweigern konnte, wenn ihn Einwendungen aus dem mit dem Kreditvertrag verbundenen Geschäft zur Verweigerung der Leistung gegenüber dem Verkäufer berechtigen würden. Eine Ausnahme vom Einwendungsdurchgriff sah § 9 III 2 VerbrKrG vor, wenn der finanzierte Kaufpreis 400 DM nicht überschritt oder auf Einwendungen beruhte, die auf einer zwischen dem Verkäufer und dem Verbraucher nach Abschluss des Kreditvertrages vereinbarten Vertragsänderung beruhten. Gerade in Bezug auf den Einwendungsdurchgriff lag eine überschießende Umsetzung der VerbrKr-RL vor. So setzte § 9 III VerbrKrG weder voraus, dass der Kreditgeber der ausschließliche Finanzier des Kreditnehmers war, da es sich bei dem drittfinanzierten Geschäft lediglich um ein wirtschaftlich einheitliches Geschäft handeln musste, noch dass der Kreditnehmer vor Geltendmachung seines Leistungsverweigerungsrechts den Verkäufer erfolglos in Anspruch genommen hatte.[571]

In § 10 VerbrKrG wurde geregelt, dass einerseits eine Vereinbarung verboten war, mittels derer der Verbraucher auf das Recht verzichtete, Einreden, die ihm gegenüber dem Kreditgeber und bisherigen Gläubiger zustanden, im Falle der Abtretung auch dem Zessionar entgegenzuhalten (Abs. 1), und es andererseits untersagt war, den Verbraucher zur Ausstellung eines Wechsels zu veranlassen, damit dieser damit seine Verbindlichkeiten aus dem Kreditvertrag begleichen konnte. Diese Vorschrift sollte den Verbraucher vor allem vor dem Verlust seiner Einwendungen aus dem Kreditvertrag und den spezifischen Gefahren schützen, die dem Verbraucher aus der Begebung eines Wechsels oder Schecks für seine Verbindlichkeiten aus dem Kreditvertrag drohten.[572]

§ 11 VerbrKrG enthielt eine von den Regelungen des BGB abweichende, dem Schutz des Verbrauchers dienende Verzugszinsregelung (Abs. 1 und 2) sowie Bestimmungen betreffend die Anrechnung von durch den Kreditnehmer erbrachten Leistungen (Abs. 3). Dabei regelte § 11 VerbrKrG die zulässige Höhe der Verzugszinsen und sah vor, dass diese nicht in ein Kontokorrent mit den übrigen, dem Kreditgeber geschuldeten Beträgen eingestellt werden durften. Grund der Einführung dieser Norm, die in der VerbrKr-RL keine entsprechende Grundlage hatte, war der Versuch, einen Ausgleich der widerstreitenden Interessen der Parteien zu schaffen und somit einen Beitrag zur Lösung der sog. *Schuldturmproblematik*[573]

570 S. *Ulmer/ Habersack*, § 9 VerbrKrG Rn. 2.
571 S. *Ritz*, S. 51.
572 S. *Ulmer/ Habersack*, § 10 VerbrKrG Rn. 1 f.
573 Näheres zur Schuldturmproblematik, s. *Bülow*, WM 1992, 1009ff.

zu leisten.[574] Außerdem sollte die Rechtsunsicherheit beseitigt werden, die sich in den Jahren davor bei der Berechnung der Verzugszinsen ergeben hatte.[575]

Einen über die Richtlinie hinausgehenden Verbraucherschutz gewährte auch die in § 12 VerbrKrG enthaltene Regelung, die dem Kreditgeber bei Zahlungsverzug des Verbrauchers das Recht einräumte, den Teilzahlungskreditvertrag unter bestimmten Voraussetzungen zu kündigen und somit den gesamten Kreditbetrag fällig zu stellen.[576] Da hierdurch aber der Verbraucherschutz verbessert wurde, indem höhere Anforderungen an die Kündigung des Kreditvertrages durch den Kreditgeber im Gegensatz zu den allgemeinen Vorschriften gestellt wurden, ergab sich die Befugnis zum Erlass dieser Norm aus Art. 15 VerbrKr-RL.

In Parallele zu § 12 VerbrKrG regelte § 13 VerbrKrG für die sogenannten echten Abzahlungsgeschäfte den Rücktritt des Kreditgebers wegen Zahlungsverzugs des Verbrauchers. Dabei entsprach die Norm zumindest teilweise Art. 7 VerbrKr-RL, da sie festlegte, dass die Rücknahme der Ware als Ausübung des Rücktrittsrechts galt und dabei Vorkehrungen traf, um eine ungerechtfertigte Bereicherung auf beiden Seiten zu verhindern.[577] Außerdem verdrängte § 13 I VerbrKrG für den Bereich der Teilzahlungskäufe die Regelung des § 455 BGB a.F., wonach jeder Verzug des Käufers den Verkäufer zur Geltendmachung des Eigentumsvorbehalts berechtigte. Somit konnte der Eigentumsvorbehalt nur durchgesetzt werden, wenn die qualifizierten Voraussetzungen des § 12 I VerbrKrG vorlagen, was wiederum für den Verbraucher von großem Vorteil war, um seine Eigentümerstellung zu sichern und beizubehalten.

Und schließlich gewährte § 14 VerbrKrG dem Verbraucher bei Sachkrediten i.S. des § 4 I 2 Nr. 2 lit. b VerbrKrG im Falle vorzeitiger Rückzahlung des gewährten Teilzahlungskredites ein Recht auf Ermäßigung des Teilzahlungspreises. Durch diese Vorschrift sollte dem Verbraucher die Möglichkeit eröffnet werden, eine anderweitige Kreditgestaltung zu gestatten und dadurch Umschuldungsmaßnahmen zu erleichtern. Für reine Geldkredite i.S. des § 4 I 2 Nr. 1 VerbrKrG bedurfte es keiner eigenständigen Regelung, da sich dort ein Recht zur Kündigung bereits aus § 609 a I Nr. 2 BGB a.F. ergab. Somit genügten § 14 VerbrKrG und § 609 a I Nr. 2 BGB a.F. hinsichtlich der für den Verbraucher geschaffenen Möglichkeit der vorzeitigen Rückzahlung den Vorgaben aus Art. 8 VerbrKr-RL. Etwas anderes galt jedoch für § 14 S. 3 VerbrKrG, da dieser vorsah, dass sowohl bei Geld- als auch Nicht-Geldkrediten der Verbraucher zur Entrichtung von Zinsen und sonstigen laufzeitabhängigen Kosten für die ersten neun Monate der Vertragszeit verpflichtet sein sollte, und zwar selbst dann, wenn der Verbraucher seine Verbindlichkeiten

574 Vgl. Graf von Westphalen/ Emmerich/ von Rottenburg/ *Emmerich*, § 11 Rn. 1.
575 *BT-Drucks. 11/ 5462*, S. 25ff.
576 S. *Ritz*, S. 49.
577 Vgl. *Ritz*, S. 50.

vor Ablauf dieses Zeitraums erfüllte. Hier wurde die Auffassung vertreten, S. 3 sei nicht mit Art. 8 S. 2 VerbrKr-RL vereinbar, da die Richtlinie dem Verbraucher das Recht auf Ermäßigung der Gesamtkosten des Kreditvertrages bei jeglicher Art von Kreditverträgen immer dann einräume, wenn dieser den Kreditbetrag vorzeitig zurückbezahle, eine Vergütungspflicht für eine bestimmte Vertragslaufzeit hingegen nicht vorgesehen sei.[578] Der Vorwurf der Richtlinienwidrigkeit treffe neben dem § 14 S. 3 VerbrKrG auch den § 609 a I 2 BGB a.F., der eine Kündigung erst nach Ablauf von sechs Monaten nach dem vollständigen Empfang der Valuta und zudem lediglich mit einer Frist von drei Monaten erlaubte.[579]

Dem ist nur teilweise zuzustimmen. So verstieß § 14 S. 3 VerbrKrG gegen die Vorschrift des Art. 8 S. 2 VerbrKr-RL, da dort die generelle Ausnahme von kurzfristigen Teilzahlungsfinanzierungen nicht geregelt war. Außerdem wurde der Unternehmer dadurch in die Lage versetzt, das vorzeitig vom Verbraucher zurückerlangte Geld anderweitig anzulegen, so dass er im Ergebnis doppelt Zinsen erhielt. Diese Besserstellung war jedoch nicht gerechtfertigt und es wird auch bezweifelt, dass sie seinerzeit gewollt war. Hinzu kommt, dass es doch auch im Interesse des Unternehmers sein musste, wenn er sein Geld vorzeitig zurückbekam und es anderweitig wieder einsetzen konnte. Aufgrund des § 14 S. 3 VerbrKrG konnte man dem Verbraucher aber nur davon abraten, den Kredit vorzeitig zu bedienen, sondern das Geld lieber seinerseits gewinnbringend anzulegen und erst nach den ersten neun Monaten zurückzuzahlen.

Demgegenüber überzeugt die Ansicht, dass auch § 609 a I 2 BGB a.F. gegen die VerbrKr-RL verstoßen habe, nicht. Im Gegensatz zu § 14 S. 3 VerbrKrG, wo es um Abzahlungsgeschäfte ging, deren Primärzweck die Lieferung der Ware und Zahlung des Kaufpreises ist, ging es bei § 609 a I 2 BGB a.F. gerade primär um die Gewährung eines Darlehens und seiner Verzinsung.[580] Dementsprechend rechnete der Kreditgeber für die Vertragslaufzeit auch mit dem Erhalt der vereinbarten Zinsen, so dass bei einer vorzeitigen Rückzahlung die Berechnung für den vereinbarten Zinssatz empfindlich gestört war. Daher rechtfertigte sich hier der frühestmögliche Kündigungszeitpunkt von sechs Monaten mit dem Hinblick auf das Kreditinteresse des Kreditgebers. Außerdem war hierin kein Verstoß gegen die VerbrKr-RL zu sehen, da Art. 8 S. 2 nicht eine Verminderung sämtlicher Kosten verlangte, sondern nur eine *angemessene* Ermäßigung der Gesamtkosten. Wie soeben aufgezeigt, sind aber für die Berechnung der angemessenen Ermäßigung bei Kreditverträgen aufgrund des Vertragszweckes andere Maßstäbe zu setzen als bei einfachen Abzah-

578 S. *Ritz*, S. 50; so auch *Ulmer/Habersack*, § 14 VerbrKrG Rn. 15; *Schmelz/Klute*, ZIP 1989, 1509 (1512 f.).
579 wie zuvor.
580 So auch *Bülow*, § 14 Rn. 23.

lungsgeschäften. Somit war zwar die Vorschrift des § 14 S. 3 VerbrKrG europarechtswidrig, nicht jedoch die Regelung des § 609 a I 2 BGB a.F.

III) Die Neuregelung des VerbrKrG durch die Novelle 1993

1) Geschichtlicher Hintergrund

Nahezu einhellig wurde an dem VerbrKrG vom 01.01.1991 kritisiert, dass es in zahlreichen Punkten unklar und unpraktikabel war. Grund dieser Unklarheiten bei der Anwendung des VerbrKrG war vor allem die Überstürztheit bei der Umsetzung der VerbrKr-RL, um das Gesetz noch am Schluss der Legislaturperiode zu verabschieden.[581] Mit dem Gesetz zur Änderung des Bürgerlichen Gesetzbuches (Bauhandwerkersicherung) und anderer Gesetze[582] hatte der Gesetzgeber aus der Kritik erste Konsequenzen gezogen und das VerbrKrG mit Wirkung zum 01.05.1993 in Art. 2 des Bauhandwerkersicherungsgesetzes gleich mit geändert.[583] Diese „technische Novelle" des VerbrKrG beschränkte sich dabei ausschließlich auf die Änderungen des Anwendungsbereiches und von Formfragen, ohne dabei materielle Änderungen herbeizuführen. Der alleinige Grund der Novellierung bestand nämlich in der Ausräumung von Formulierungsunschärfen, durch die die Praxis der Kreditvergabe vor gravierenden Umsetzungsproblemen gestellt wurde, verbunden mit dem Risiko zum Teil erheblicher wirtschaftlicher Verschlechterungen.

2) Wesentliche Änderungen

Die generellen Ausnahmen aus § 3 I VerbrKrG wurden um eine Nr. 5 erweitert, wonach Darlehen, „die im Rahmen der Förderung des Wohnungswesens und des Städtebaus aufgrund öffentlich-rechtlicher Bewilligungsbescheide oder aufgrund von Zuwendungen aus öffentlichen Haushalten unmittelbar zwischen der die Fördermittel vergebenden öffentlich-rechtlichen Anstalt und dem Verbraucher zu Zinssätzen abgeschlossen werden, die unter den marktüblichen Sätzen liegen", ebenfalls vom Anwendungsbereich des VerbrKrG ausgenommen waren. Die Änderung erfasste somit nur bestimmte Wohnungsdarlehen, die öffentlich-rechtliche Kreditanstalten unmittelbar als Kreditgeber gewährten, und sollte klarstellende Funktion haben, da dies einer bereits vorher vertretenen Auffassung in der Literatur

581 Vgl. *Bülow*, NJW 1993, 1617.
582 S. *BGBl. 1993 I* S. 509.
583 S. *Scholz*, BB 1993, 1161.

entsprach.[584] Begründet wurde diese Ausnahme mit der fehlenden Gewinnerzielungsabsicht bei der Vergabe solcher Kredite und dem hohen Beratungs- und Prüfungsaufwand der zuständigen Behörden, die für einen ausreichenden Verbraucherschutz zu sorgen sowie dem Interesse an Rechtssicherheit und Normenklarheit zu dienen hatten.[585]

Des Weiteren wurde auf Vorschlag des Bundesrates die erleichternde Sonderregelung für Realkredite aus § 3 II Nr. 2 VerbrKrG auch auf die Zwischenfinanzierung ausgedehnt.[586] Auch hierbei handelte es sich lediglich um eine Klarstellung der bisherigen Rechtslage, die zu Auslegungszweifeln und Unsicherheiten führte, die die praktische Abwicklung der Finanzierung von Baumaßnahmen zu Lasten aller Beteiligten (Kreditgeber, Bauherren, Bauträgergesellschaften und Notare) beeinträchtigte.[587]

Außerdem wurde § 3 II Nr. 2 VerbrKrG in der Weise erweitert, dass die Ausnahme auch auf den neugefassten § 4 I 4 Nr. 1 lit. b Anwendung fand und somit bei Realkrediten und deren Zwischenfinanzierung kein Gesamtbetrag mehr angegeben werden musste. Begründet wurde dieser Schritt damit, dass die Berechnung des Gesamtbetrages bei Grundstückskrediten, die in der Regel auf 20 Jahre und mehr angelegt sind, nur unter Zugrundelegung mehrerer Fiktionen möglich sei, so dass die hypothetische Hochrechnung mit der Realität in den meisten Fällen bei weitem nicht übereinstimme und somit ein trügerisches Bild für den Verbraucher ergebe.[588]

In § 3 II VerbrKrG wurde auch noch die Nr. 4 eingefügt, wonach § 9 VerbrKrG keine Anwendung auf Kreditverträge fand, die der Finanzierung des Erwerbs von Wertpapieren, Devisen oder Edelmetallen dienen. Bevor § 3 II Nr. 4 VerbrKrG eingefügt wurde, sah das Gesetz bei Verbundenheit dieser sog. „Spekulationsgeschäfte" mit dem Darlehensvertrag gem. § 9 VerbrKrG vor, dass der Widerruf des Darlehensvertrages gem. § 9 II VerbrKrG zugleich die Unwirksamkeit des zugrundeliegenden Geschäfts zur Folge hatte. Dies führte zu dem Ergebnis, dass der Verbraucher auf Risiko der Bank spekulieren konnte.[589] Hierin war deshalb keine Verkürzung des Verbraucherrechts zu sehen, da sich der Verbraucher durch das Widerrufsrecht aus § 7 VerbrKrG aus dem Kreditvertrag lösen und sich außerdem jederzeit zum aktuellen Tageskurs von den gekauften Wertpapieren, Devisen oder Edelmetallen trennen konnte.[590]

584 Vgl. Graf von Westphalen/ Emmerich/ von Rottenburg/ *Keßler,* § 1 Rn. 13; *Bülow*, NJW 1993, 1617; *Drescher*, WM 1993, 1445; a.A. MünchKomm/ *Ulmer*, 3. Auflage, § 3 VerbrKrG Rn. 17.

585 S. *Drescher*, WM 1993, 1445.

586 S. *BT-Drucks. 12/1836*, S. 14.

587 wie zuvor.

588 S. *BT-Drucks. 12/4526*, S. 17.

589 Vgl. *Bülow*, NJW 1993, 1617 (1618).

590 Vgl. die Begründung des Rechtsausschusses, *BT-Drucks. 12/4526*, S. 13.

An der in § 4 I 1 VerbrKrG vorgeschriebenen Schriftform wurde zwar grundsätzlich festgehalten, jedoch durch eine Neufassung der Sätze 1 – 3 und 4, 1. Hs. eine wesentliche praktische Erleichterung dergestalt zugelassen, dass der Schriftform genügt war, wenn Antrag und Annahme durch die Vertragsparteien jeweils getrennt schriftlich erklärt wurden.[591] Wie bereits schon eben erwähnt, wurde auch § 4 I 4 Nr. 1 lit. b VerbrKrG geändert. Dieses geschah in der Weise, dass ein Gesamtbetrag nur dann aufzunehmen war, wenn dieser von Anfang an errechnet werden konnte. Bei Ratenkrediten mit variablen Konditionen musste jedoch ein fiktiver Gesamtbetrag auf der Grundlage derjenigen Bedingungen angegeben werden, die bei Vertragsschluss galten, um dem Verbraucher eine Vergleichsmöglichkeit hinsichtlich der insgesamt zurückzuzahlenden Gesamtsumme zu gewähren. Was die anderen Kosten anging, schrieb § 4 I 4 Nr. 1 lit. d VerbrKrG vor, dass diese nur anzugeben waren, wenn ihre Höhe bekannt war. Dementsprechend waren Kosten, deren Höhe bei Vertragsschluss nicht bekannt war, nur dem Grunde nach anzugeben.[592]

IV) Das Verbraucherkreditrecht von 2000

Wie bereits erwähnt,[593] brachte das Gesetz über Fernabsatzverträge und andere Fragen des Verbraucherrechts sowie zur Umstellung von Vorschriften auf Euro[594] wesentliche Änderungen innerhalb des BGB und eine Angleichung der Verbraucherschutzgesetze mit sich. Dies führte dazu, dass auf Kreditverträge die nach dem 01.10.2000 abgeschlossen wurden, sich das Widerrufsrecht nicht mehr aus § 7 I 1 VerbrKrG ergab, sondern aus § 361 a BGB a.F. Es konnte bei der Lieferung einer Sache oder der Erbringung einer anderen Leistung gem. § 7 I 2 VerbrKrG i. V. mit § 361 b BGB durch ein Rückgaberecht des Verbrauchers ersetzt werden. Wie auch bei den anderen Verbraucherschutzbestimmungen wurden in § 1 VerbrKrG n.F. die Begriffe Verbraucher und Unternehmer aufgenommen, deren Definitionen sich in den §§ 13, 14 BGB befinden. Bezüglich der einzelnen Probleme, die sich im Zusammenhang mit der Ausgliederung einzelner Bestimmungen in das BGB ergaben, wird auf die Ausführungen im *4. Kapitel* verwiesen.[595]

Ansonsten beruhten die Änderungen eher auf der Tatsache, dass ein allgemeines Widerrufsrecht in das BGB aufgenommen wurde (§ 7 IV VerbrKrG a.F. ist in diesem Zusammenhang weggefallen, so dass § 2 I VerbrKrG n.F. nur noch auf § 7 I, II VerbrKrG n.F. verwies), dass die Vorschriften auf Euro umgestellt wurden (in

591 S. *Scholz*, BB 1993, 1161 (1162).
592 S. Begründung des Rechtsausschusses, *BT-Drucks. 12/4526*, S. 14.
593 S. 4. Kapitel, III, 1; 5. Kapitel, II, 2.
594 *BGBl. 2000 I 897.*
595 S. 4. Kapitel, III.

§ 3 I 1 Nr. 1 und 2 VerbrKrG n.F. wurden dementsprechend die Grenzen auf Euro umgerechnet), dass aufgrund der Einführung des Fernabsatzgesetzes[596] auch § 8 VerbrKrG n.F. eingeführt wurde (§ 8 VerbrKrG n.F. regelte das Konkurrenzverhältnis von VerbrKrG und FernAbsG), dass die Wirkung der Verbundenheit von Kauf- und Darlehensvertrag nun endgültig ins VerbrKrG aufgenommen wurde (§ 9 II VerbrKrG n.F. regelte, dass sich der Widerruf des Darlehensvertrages auf den Kauf- bzw. Leistungsvertrag oder den kreditähnlichen Vertrag i.S.v. § 2 VerbrKrG n.F. erstreckte, der ohne die wirtschaftliche Einheit im Sinne von Abs. 1 endgültig bindend wäre)[597] und dass eine Übergangsregelung gefunden werde musste (§ 19 VerbrKrG n.F. regelte, dass bei Verträgen, die vor dem 01.10.2000 abgeschlossen wurden, das VerbrKrG in der bis dahin geltenden Fassung anzuwenden war).

V) Das Verbraucherkreditrecht seit 2002

1) Geschichtlicher Hintergrund

Wie auch bei den anderen Verbraucherschutzgesetzen,[598] führte das SMG zur Integration des VerbrKrG in das BGB und somit zum Ende dessen elfjähriger Geltungsdauer. Die Kodifikation gemeinsamer Grundsätze für alle verbraucherprivatrechtlichen Bereiche wurden durch das SMG fortgeführt, indem das System der verbundenen Geschäfte nebst Einwendungsdurchgriff, welches seinen traditionellen Standort im Verbraucherkreditrecht hatte (ehemals § 9 II VerbrKrG n.F.), in das Allgemeine Schuldrecht in §§ 358, 359 BGB übernommen wurde.[599] Dabei war es nicht das Anliegen des Gesetzgebers, das Verbraucherkreditrecht im Zuge der Integration in das BGB neu zu bestimmen. Vielmehr sollte es in der Fassung seit dem Gesetz über Fernabsatzverträge und andere Fragen des Verbraucherrechts sowie zur Umstellung von Vorschriften auf Euro verbleiben, was aber gewisse geringfügige Änderungen nicht ausschloss. Bei der Integration des Verbraucherkreditgesetzes ist der einheitliche Begriff des Kreditvertrages i.S. des § 1 II VerbrKrG mit seinen Unterformen des Darlehensvertrages, des Zahlungsaufschubs und der sonstigen Finanzierungshilfen aufgegeben worden.[600] Stattdessen entstand im Besonderen Schuldrecht des BGB der Titel 3 mit den verschiedenen Untertiteln (§§ 488-507 BGB), deren Untertitel 1 sowohl allgemeines Darlehensrecht wie Verbraucherdarlehensrecht enthält (§§ 491-498 BGB). Untertitel 2 behandelte in

596 S. 5. Kapitel, II.
597 S. *Bülow*, 4. Auflage, § 9 VerbrKrG Rn. 59.
598 S. 4. Kapitel, IV, 1; 5. Kapitel, III, 1.
599 S. *Bülow/ Artz,* Einführung Rn. 9.
600 Vgl. Staudinger/ *Kessal-Wulf*, 15. Auflage, Einl. zu §§ 491ff. Rn. 23.

den §§ 499-504 BGB die Finanzierungshilfen zwischen einem Verbraucher und einem Unternehmer, und im Untertitel 3 wurde der Ratenlieferungsvertrag behandelt (§ 505 BGB). Im Untertitel 4 waren schließlich noch die allgemein für das Verbraucherkreditrecht geltenden Bestimmungen über die Unabdingbarkeit und das Umgehungsverbot sowie über die Ausdehnung des Verbraucherbegriffs auf die Existenzgründer enthalten (§§ 506, 507 BGB). Während aufgrund des SMG nur punktuelle Veränderungen vorgenommen wurden, hat der Gesetzgeber durch Art. 25 des OLG-Vertretungsänderungsgesetzes vom 23.07.2002[601] bereits ein gutes halbes Jahr später eine Reihe von Änderungen bei den Vorschriften der §§ 491ff. BGB bezüglich Verbraucherkreditverträgen vorgenommen. Wie auch bei dem Widerrufsrecht in einer Haustürsituation,[602] wurde der Änderungsbedarf durch die „Heininger"- Entscheidung des EuGH vom 13.12.2001[603] ausgelöst, da die Neuerungen vor allem einer Vereinheitlichung von Haustürgeschäfterecht und Verbraucherkreditrecht dienen sollte.

2) Wesentliche Änderungen

Wie bereits soeben erwähnt, wurden die Vorschriften des Verbraucherkreditgesetzes durch das SMG im Wesentlichen in den §§ 491ff. BGB übernommen, ergänzt durch die Vorschriften über das Widerrufs- bzw. Rückgaberecht nach §§ 355ff. BGB und über den verbundenen Vertrag in den §§ 358 f. BGB. So fasste § 491 BGB die bisherigen §§ 1 I, 3 VerbrKrG unverändert zusammen, mit der Ausnahme, dass der bisher in § 3 I Nr. 2 VerbrKrG geregelte Ausnahmetatbestand für die Existenzgründerfälle in § 507 BGB aufgenommen wurde. Die Formvorschriften und die Folgen von Mängeln aus §§ 4, 5 und 6 VerbrKrG wurden ebenfalls ohne inhaltliche Änderung in §§ 492-494 BGB übernommen. Durch die Neufassung wurde jedoch die umstrittene Frage entschieden, ob die Formerfordernisse einschließlich derer Folgen auch auf die Vollmacht zum Abschluss eines Verbraucherdarlehensvertrages Anwendung findet. Während die höchstrichterliche Rechtsprechung dies in ständiger Rechtsprechung noch verneinte,[604] bejaht § 492 IV 1 BGB dies, jedoch mit Ausnahme bei der Prozessvollmacht und der notariell beurkundeten Vollmacht (§ 492 IV 2 BGB). Auch das Widerrufsrecht aus § 7 VerbrKrG wurde im wesentlichen unverändert in § 495 BGB durch Verweisung auf § 355 übernommen. Lediglich neu war die sechsmonatige Ausschlussfrist ab Vertragsschluss bei Belehrungsfehlern durch die Vereinheitlichung in § 355 III BGB. Die

601 *BGBl. 2002 I* S. 2850.
602 S. 4. Kapitel, IV, 1.
603 S. *Slg. 2001, I-9945,* NJW 2002, 281= ZIP 2002, 31= ZfIR 2002, 15.
604 *BGH*, ZIP 2001, 911 (913).

Regelungen über verbundene Verträge und dem Einwendungsdurchgriff finden sich nunmehr in den §§ 358, 359 BGB.

Die Änderungen in Bezug auf § 355 III BGB, die sich durch das OLG-Vertretungsänderungsgesetz ergeben haben, wurden bereits an anderer Stelle erläutert, so dass auf die dort gemachten Ausführungen verwiesen wird.[605] Außerdem wurde in diesem Zusammenhang ein Muster für den Inhalt und die Gestaltung einer Widerrufsbelehrung in die BGB-InfoV aufgenommen, das unter anderem auch für Verbraucherdarlehensverträge gilt.[606] Im Wege des OLG-Vertretungsänderungsgesetzes, das in Bezug auf das Verbraucherdarlehensrecht auch „Reparaturnovelle" genannt wird, wurde als wesentlichste Änderung § 491 III Nr. 1 BGB, der sich auf grundpfandrechtlich abgesicherte Kreditverträge bezog, vollständig gestrichen.[607] Dadurch wurden Realkreditverträge, die nunmehr durch § 492 I a 2 BGB als Immobiliardarlehensverträge bezeichnet werden, ebenso wie andere Verbraucherkreditverträge widerruflich. Außerdem sind seitdem auch Immobiliardarlehensverträge im Falle eines verbundenen Geschäfts widerruflich, sofern die besonderen Voraussetzungen aus § 358 III 3 BGB erfüllt sind. Weiterhin schuldet der Verbraucher nach §§ 357 I, 346 II 2, 2. Hs. BGB statt des Vertragszinses nunmehr den Marktzins, sofern er nachweist, dass der Wert der Gebrauchsvorteile niedriger war. Das ist zum Beispiel dann der Fall, wenn der vereinbarte Zins über dem marktüblichen Zinssatz liegt. Auf dieser Weise sollte verhindert werden, dass ein Widerruf für den Verbraucher marktmäßig nicht gerechtfertigte Nachteile zeitigte.[608] In Bezug auf die neue Verbraucherkreditrichtlinie 2008/48/EG und deren Auswirkung auf die nationalen Verbrauchervorschriften durch das Umsetzungsgesetz vom 02.07.2009 wird auf die Ausführungen im 7. Kapitel verwiesen.

VI) Zusammenfassung

Ähnlich wie beim HWiG, welches bereits vor Erlass der Haustürgeschäfterichtlinie 85/577/EWG verabschiedet wurde, war auch die VerbrKr-RL 87/102/EWG nicht allein ursächlich für den Erlass des VerbrKrG in seiner ursprünglichen Fassung. Vielmehr gab die Richtlinie nur den letzten noch fehlenden Anstoß zur Normierung des Gesetzes, da seit langem diskutiert wurde, wie man die sog. *Schuldturmproblematik* zum Schutz der Verbraucher bewältigen könne. Daher verwundert es um sehr mehr, dass der deutsche Gesetzgeber, obwohl er sich seit langem mit dem Problem beschäftigte, nicht in der Lage war, die Umsetzungsfrist des Art. 16 der

605 S. 4. Kapitel, IV, 2, b.
606 Zu den näheren Ausführungen zur BGB-InfoV s. 5. Kapitel, III, IV, V.
607 Vgl. Staudinger/ *Kessal-Wulf*, 15. Auflage, Einl. zu §§ 491ff. Rn. 24.
608 S. *Schmidt-Räntsch*, ZIP 2002, 1100 (1103).

VerbrKr-RL einzuhalten und das VerbrKrG erst ein Jahr nach Ablauf der Frist am 01.01.1991 in Kraft trat. Dennoch muss dem deutschen Gesetzgeber zugute gehalten werden, dass er ein in weiten Teilen durchaus durchdachtes Gesetz erlassen hatte, das auch in der Literatur zu positiver Resonanz führte. So wurden entgegen der Vorgaben aus der VerbrKr-RL auch Existenzgründerdarlehen vom persönlichen Anwendungsbereich des VerbrKrG mit umfasst und der Begriff des Darlehensgebers besonders weit gefasst, um möglichst viele Kredite in den Anwendungsbereich einzubeziehen. Diese Intention hat der Gesetzgeber in Bezug auf den sachlichen Anwendungsbereich jedoch nicht stringent durchgehalten. So fielen nach der Gesetzesbegründung unter den Begriff der sonstigen Finanzierungshilfen aus § 1 II VerbrKrG vor allem Leasingverträge. Hier war jedoch ein Teil der Literatur zu Recht der Auffassung, dass diese Auslegung zu eng sei und vielmehr alle Geschäfte erfasst werden sollten, welche auf Innovationen des Finanzmarktes Bezug nahmen.[609] Hinsichtlich der Ausnahmen in § 3 VerbrKrG gab es im wesentlichen kaum Unterschiede zur Richtlinie, so dass es diesbezüglich auch kaum zu Problemen kam. In Bezug auf § 3 II Nr. 1 VerbrKrG hielt sich der Gesetzgeber jedoch nicht vollumfänglich an die Vorgaben der Richtlinie, so dass dieser in der Weise richtlinienkonform ausgelegt werden musste, dass bei Verträgen, bei denen die Substanz der Leasingsache auf den Leasingnehmer übergehen sollte, der Anwendungsbereich der Nr. 1 in der Weise reduziert werden musste, dass an der uneingeschränkten Geltung des VerbrKrG festgehalten wurde. Des Weiteren hielt sich der Gesetzgeber auch in Bezug auf das Informationsmodell aus § 4 VerbrKrG weitestgehend an die Vorgaben der VerbrKr-RL. Wesentlich war nur, dass der deutsche Gesetzgeber in § 7 VerbrKrG ein Widerrufsrecht schuf, das in der Richtlinie keine Grundlage hatte. Jedoch bestand schon im Vorgänger des VerbrKrG, dem AbzG, ein Widerrufsrecht, so dass sich hierin wieder zeigt, dass die Richtlinie durchaus nicht allein für das VerbrKrG maßgeblich war, sondern im nationalen Recht schon länger eine verbraucherkreditfreundlichere Linie verfolgt wurde. Die Überschuldungsproblematik, die die Rechtsprechung unter Heranziehung des § 138 BGB zu lösen hatte, wurde dagegen im VerbrKrG ausgeklammert.

Den häufigsten Kritikpunkten an dem VerbrKrG, nämlich der Unklarheit und Unpraktikabilität, wurde durch die Novelle mit Wirkung zum 01.05.1993 entgegengetreten. So wurden die Ausnahmen aus § 3 I VerbrKrG um eine Nr. 5 erweitert und die Sonderregelung für Realkredite aus § 3 II Nr. 2 VerbrKrG auch auf die Zwischenfinanzierung und den neugefassten § 4 I 4 Nr. 1 lit. b VerbrKrG ausgedehnt. Außerdem wurde in § 3 II VerbrKrG auch noch die Nr. 4 eingefügt, um „Spekulationsgeschäfte" vom Anwendungsbereich des § 9 VerbrKrG auszunehmen. Im Jahre 2000 wurden mit dem Gesetz über Fernabsatzverträge und andere

609 S. Graf von Westphalen/ Emmerich/ von Rottenburg/ *Graf von Westphalen*, § 1 Rn. 175.

Fragen des Verbraucherrechts sowie zur Umstellung von Vorschriften auf Euro, außer einem einheitlichen Widerrufsrecht in § 361 a BGB a.F. und den Verweisungen hierauf im VerbrKrG n.F. keinerlei grundliegende Veränderungen vorgenommen.

Das Gleiche gilt insofern auch für das SMG, wo die Vorschriften des Verbraucherkreditgesetzes in den §§ 491ff. BGB und die Regelungen über verbundene Verträge und den Einwendungsdurchgriff in den §§ 358, 359 BGB übernommen wurden, ohne diese grundlegenden Änderungen auszusetzen. Neu war allerdings die sechsmonatige Ausschlussfrist ab Vertragsschluss bei Belehrungsfehlern gemäß § 355 III BGB, die durch das OLG-Vertretungsänderungsgesetz allerdings wieder eingeschränkt wurde. Die einzige wesentliche Änderung in der ganzen Zeit seit Inkrafttreten des VerbrKrG war die Streichung des § 491 III Nr. 1 BGB, der sich auf grundpfandrechtlich abgesicherte Kreditverträge bezog. Dies hatte zur Folge, dass nun zum ersten Mal nach elfeinhalb Jahren auch Immobiliardarlehensverträge widerrufen werden konnten, was gerade in der Praxis von großer Bedeutung für viele Darlehensnehmer ist.

Es hat sich gezeigt, dass der Sache nach das VerbrKrG in seiner ursprünglichen Fassung mit nur einigen wesentlichen Änderungen in den §§ 491ff. BGB Bestand hatte. Was sich durch das neue Verbraucherkreditgesetz durch das Umsetzungsgesetz geändert hat, behandelt das 7. Kapitel, II. In jedem Fall ist die Umsetzung der VerbrKr-RL 87/102/EWG im VerbrKrG besser gelungen als die Umsetzung der Haustürgeschäfterichtlinie im HWiG.

Siebtes Kapitel
Die Änderungen durch das Gesetz zur Umsetzung der Verbraucherkreditrichtlinie, des zivilrechtlichen Teils der Zahlungsdiensterichtlinie sowie zur Neuordnung der Vorschriften über das Widerrufs- und Rückgaberecht

Aufgrund der neuen Verbraucherkreditrichtlinie 2008/48/EG, die am 22.05.2008 im Amtsblatt der EU veröffentlicht wurde[610] und bis zum 12.05.2010 von den Mitgliedstaaten umzusetzen war, hat der Deutsche Bundestag am 02.07.2009 ein Gesetz beschlossen, welches neben der Richtlinie 2008/48/EG auch die Richtlinie 2007/64/EG über Zahlungsdienste im Binnenmarkt[611] umsetzt und gleichzeitig die Vorschriften über das Widerrufs- und Rückgaberecht novelliert. Das Gesetz passierte am 10.07.2009 den Bundesrat und tritt in Bezug auf die Umsetzung der Zahlungsdiensterichtlinie zum 31.10.2009 und in Bezug auf das Verbraucherkreditrecht mit Änderungen des allgemeinen Schuldrechts zum 11.06.2010 in Kraft. Das neue Gesetz will in diesem Zusammenhang auch die nach wie vor bestehende Rechtsunsicherheit bei Verwendung der Musterwiderrufsbelehrung[612] durch eine formell-gesetzliche Regelung beseitigen und die Verbraucherstellung bei Abschlüssen von Darlehensverträgen mit einhergehenden Restschuldversicherung(verbessern.

Dieses Kapitel befasst sich mit dem Umsetzungsgesetz und stellt einen kritischen Vergleich mit den geltenden Vorschriften dar. Zunächst werden aber die wichtigsten Veränderungen aufgrund der neuen Verbraucherkreditrichtlinie vorgestellt und bewertet, da die Widerrufsregelungen nur dann in ihrer systematischen Bedeutung zu erkennen sind.

I) Verbraucherkreditrichtlinie 2008/48/EG

Wie sich aus Art. 1 der Richtlinie 2008/48/EG ergibt, soll sie das Gemeinschaftsprivatrecht bezüglich der Verbraucherkreditverträge in weiten Teilen harmonisieren. Hierfür bedient sich die Richtlinie einer Mischung aus Vollharmonisierung, Mindestharmonisierung, partieller Harmonisierung und Optionsklauseln.[613] Hin-

610 S. *ABl. EU L 133,* 66.
611 S. *ABl. EU L 319,* 1.
612 Vgl. 5. Kapitel, V.
613 S. *Riehm/ Schreindorfer*, GPR 2008, 244.

tergrund dieser Harmonisierung ist der Wille, den Verbraucherschutz europaweit durch mehr Transparenz zu verbessern und dadurch den Verbrauchern einen Angebotsvergleich über die nationalen Grenzen hinaus zu ermöglichen. Außerdem soll die Qualität der Produkte durch die größere Auswahl und den damit verbundenen Wettbewerb der Kreditgeber verbessert und gleichzeitig auch günstiger werden, was wiederum dem Verbraucher zugute kommen soll.[614] Dies wurde bereits seit Jahren auf europäischer Ebene diskutiert, mit der Folge, dass die Richtlinie ein langes Gesetzgebungsverfahren durchlaufen musste, in der der erste Entwurf vom 11.09.2002 aufgrund harscher Kritik im Parlament abgelehnt wurde. Erst nachdem sich das Parlament und der Rat über Jahre hinweg weiter angenähert hatten, konnte die neue Verbraucherkreditrichtlinie endlich am 11.06.2008 in Kraft treten.

1) Wesentlicher Inhalt der Richtlinie

Die neue Richtlinie befasst sich im Wesentlichen mit den Kerngebieten Werbung, vorvertragliche Pflichten, effektiver Jahreszins, Widerrufsrecht und Recht auf vorzeitige Rückzahlung.[615] Auch der Anwendungsbereich hat sich zum Teil beträchtlich verändert.

a) Anwendungsbereich

In Bezug auf den Anwendungsbereich hält sich die Richtlinie in persönlicher Hinsicht an den gemeinschaftsrechtlichen Verbraucher- und Unternehmerbegriff und definiert letzteren in Art. 3 lit. a und b, jedoch mit dem Unterschied, dass nicht vom Unternehmer, sondern vom Kreditgeber die Rede ist.[616] Demgegenüber wurde der sachliche Anwendungsbereich der neuen Verbraucherkreditrichtlinie im Vergleich zur alten erheblich eingeschränkt. Positiv umfasst die Richtlinie gem. Art. 2 I i. V. mit. Art. 3 lit. c 1. Hs. Kreditverträge, bei denen ein Kreditgeber einem Verbraucher einen Kredit in Form eines Zahlungsaufschubs, eines Darlehens oder einer sonstigen Finanzierungshilfe gewährt oder zu gewähren verspricht. Hiervon sind zunächst nach Art. 3 lit. c 2. Hs. Kreditverträge über die wiederkehrende Erbringung von Dienstleistungen oder über die Lieferung von Waren gleicher Art ausgenommen, bei denen der Verbraucher für die Dauer der Erbringung oder Lieferung Teilzahlungen für diese Dienstleistungen oder Waren leistet. Hierzu zählen nach dem Erwägungsgrund Nr. 12 auch Versicherungsverträge, sofern die Versicherungs-

614 Vgl. *Rott*, VuR 2008, 281.
615 S. Pressemitteilung des *BMJ* vom 08.04.2008, EuZW 2008, 262.
616 Vgl. insoweit bereits die Ausführungen zur alten VerbrKr-RL im 6. Kapitel, I, 2, a.

summe in monatlichen Teilzahlungen erbracht wird. Des Weiteren finden sich eine Reihe von Ausnahmen in Art. 2 II – VI, die im Gegensatz zur alten Verbraucherkreditrichtlinie beträchtlich erweitert wurden. So findet sich nunmehr in Art. 2 II lit. a eine Totalausnahme für grundpfandrechtlich gesicherte Kredite, für die nach der alten Richtlinie Sonderregelungen bestanden. Auch die Ausnahme für Kreditverträge, die Ergebnis eines Vergleichs vor einem Richter oder einer anderen gesetzlich befugten Stelle sind, ist ein Produkt der neuen Richtlinie. Demgegenüber ist die Ausnahme für Kredite zur Renovierung oder Verbesserung eines Gebäudes nicht mehr in die neue Richtlinie übernommen worden. Keine Totalausnahme, sondern nur eine Teilausnahme enthält Art. 2 III und IV, wonach für Überziehungskredite und Kontoüberschreitungen nur einzelne Vorschriften der Richtlinie Anwendung finden. Diese Vorschriften fallen nach Erwägungsgrund Nr. 11 unter die Vollharmonisierung, so dass auch nur die in Art. 2 III und IV genannten Vorschriften auf solche Verträge angewandt werden dürfen. Die fakultativen Ausnahmen gem. Art. 2 V und VI befassen sich schließlich mit den britischen Genossenschaftsbanken und mit Umschuldungsverträgen.[617]

b) Werbung

Wirbt der Kreditgeber unter Hinzunahme von Zahlenangaben, also z.B. Zinssätzen, so bestimmt Art. 4 I der neuen Verbraucherkreditrichtlinie, dass die Werbung zusätzlich die unter Art. 4 II enthaltenen Standardinformationen enthalten muss. Hintergrund dieser Vorschrift ist nach Erwägungsgrund Nr. 18 zum einen, dass der Verbraucher entsprechend der Richtlinie 2005/29/EG über unlautere Geschäftspraktiken vor derlei Gefahren geschützt werden soll, die durch Werbung und darin angegebene Zahlen bestehen, und zum anderen, damit der Verbraucher die einzelnen Kreditangebote besser miteinander vergleichen kann. Schließlich muss der Kreditgeber gem. Art. 4 III auch auf eventuelle Nebenleistungen (z.B. Restschuldversicherungen) nebst dem effektiven Jahreszins hinweisen, wenn sie zwingende Voraussetzung für den Abschluss des Kreditvertrages sind.

c) Vorvertragliche Pflichten

Von besonderer Bedeutung in der neuen Verbraucherkreditrichtlinie 2008/48/EG sind die vorvertraglichen Pflichten des Kreditgebers nach den Art. 5, 6 und 8, die zwar nicht zentraler Gegenstand dieser Arbeit, aber dennoch im Kontext der Widerrufsregelungen schon von Bedeutung sind. Die Verbraucherkreditrichtlinie

617 Vgl. *Rott,* WM 2008, 1104 (1107).

sieht weiterführende Informationspflichten im vorvertraglichen Bereich vor, während die vertraglichen Informationspflichten aus Art. 10, wie schon in der alten Verbraucherkreditrichtlinie, die Mindestangaben in der Vertragsurkunde regeln.[618] So bestimmen die Art. 5, 6 und 8 beispielsweise, dass die Laufzeit des Kredites, der Gesamtkreditbetrag und die Kosten für den Abschluss des Vertrages und das bestehende Widerrufsrecht dem Verbraucher erläutert werden müssen.[619] Aber auch Beratungspflichten und die Pflicht zur Prüfung der Kreditwürdigkeit des Verbrauchers werden hier geregelt.

d) Effektiver Jahreszins

Ebenfalls wesentlich für die neue Verbraucherkreditrichtlinie ist, wie auch schon bei der 2. Änderungsrichtlinie,[620] die Berechnung des effektiven Jahreszinses, die sich aus Art. 19 i. V. mit der mathematischen Formel in Teil I des Anhangs I ergibt. Das Besondere hierbei ist, dass Art. 19 für die Berechnung mehr Positionen einbezieht als bisher und somit eine neue detailliertere Berechnungsweise vorschreibt.[621] Diese Vorgaben sollen Geschäftspraktiken unterbinden, durch die der Verbraucher über die wesentlichen Kosten bewusst nicht vollständig informiert wird, womit im Ergebnis die Kosten des Kredites doch höher sind als ursprünglich angegeben. Aus diesem Grund schreibt die Richtlinie auch vor, dass der Kreditgeber für die Berechnung die Gesamtkosten anzugeben hat, mit Ausnahme der Kosten, die bei einer Nichterfüllung der Vertragsverpflichtungen entstehen, und der Kosten, die unabhängig davon entstehen, ob es sich um Bar- oder Kreditgeschäft handelt. Dementsprechend zählen zu den Gesamtkosten nicht nur die Zinsen und die Kosten des Kredites, sondern auch Kontoführungsgebühren, Provisionen, sonstige Kosten für Zahlungsgeschäfte und Steuern. Von besonderer praktischer Bedeutung sind die Angaben zum Effektivzins für die Ausübung des Widerrufsrechts, da die Frist erst dann zu laufen beginnt, wenn der Verbraucher diese Angaben erhalten hat.

e) Widerrufsrecht

Auch wenn das Instrument des Widerrufsrechtes bei Verbraucherkrediten im deutschen Recht seit langem genutzt wird, fand sich hierzu in der alten VerbrKr-

618 Vgl. die Ausführungen im 6. Kapitel, I, 2, b.
619 Vgl. *Rott*, WM 2008, 1104 (1108 f.).
620 S. hierzu bereits 6. Kapitel, I, 2, b.
621 S. *Rott*, WM 2008, 1104 (1108).

RL keine explizite Regelung.[622] Dies ist in der neuen Verbraucherkreditrichtlinie anders, da Art. 14 ein vierzehntägiges Widerrufsrecht für den Verbraucher vorschreibt. Die Vorschrift ist in weiten Teilen mit Art. 6 der FinFARL in Übereinstimmung, dies auch zu Recht, soll die Verbraucherkreditrichtlinie doch dazu führen, dass die Verträge vermehrt im Fernabsatz geschlossen werden.[623] So stimmen nicht nur die Widerrufsfrist und die Voraussetzungen für den Fristbeginn überein, sondern Art. 14 VI überlässt den Mitgliedstaaten ebenfalls die Wahl, eine Ausnahme vom Widerrufsrecht vorzusehen, wenn der Vertrag unter Mitwirkung eines Notars geschlossen wurde, wie es bereits Art. 6 III lit. a der FinFARL bestimmte. Da Art. 14 ebenfalls keine Maximalfrist für das Widerrufsrecht vorschreibt, sind auch hierfür die Ausführungen des *EuGH* in Sachen „Heininger" einschlägig, so dass die Widerrufsfrist nicht zu laufen beginnt, wenn der Verbraucher nicht oder nicht ordnungsgemäß belehrt wurde.[624]

Was die Rechtsfolge des Widerrufes angeht, bestimmt Art. 14 III lit. b, dass der Verbraucher innerhalb von 30 Tagen nach Absendung der Widerrufserklärung das Darlehen nebst den aufgelaufenen Zinsen zurückzahlen muss und eventuelle Kosten, die der Kreditgeber an Behörden entrichten musste und nicht zurückverlangen kann, zu tragen hat. Darüber hinausgehende Ansprüche stehen dem Kreditgeber nicht zu. Weiter bestimmt Art. 14 IV noch, dass auch im Zusammenhang mit dem Kreditvertrag erbrachte Nebenleistungen vom Widerruf mit umfasst sind und daher der Verbraucher nicht mehr an die Vereinbarungen aus den Nebenleistungen gebunden ist, wenn er den Kreditvertrag fristgerecht widerrufen hat. Art. 14 V regelt schließlich die Konkurrenz des Widerrufsrechts zu den Widerrufsrechten aus der Haustürgeschäfterichtlinie und der FinFARL. Danach genießt das Widerrufsrecht aus der neuen Verbraucherkreditrichtlinie Vorrang gegenüber den anderen Widerrufsrechten. Dies gilt in Anbetracht der „Heininger"-Entscheidung natürlich nur, wenn dem Verbraucher auch wirklich ein Widerrufsrecht nach Art. 14 zusteht, und nicht auch bereits dann, wenn das Widerrufsrecht zwar grundsätzlich besteht, aber aufgrund des Art. 14 VI ausgeschlossen ist.[625]

f) Vorzeitige Rückzahlung

Wie eingangs erwähnt, zählt zu den Kernpunkten der neuen Verbraucherkreditrichtlinie auch die Regelung über die vorzeitige Rückzahlung gem. Art. 16. Wie bereits Art. 8 der Richtlinie 87/192/EWG sieht Art. 16 I die Möglichkeit vor, dass

622 Vgl. 6. Kapitel, II, 4.
623 So auch *Rott*, WM 2008, 1104 (1111).
624 Vgl. 11 Kapitel, I; und für die Möglichkeit einer Verwirkung die Ausführungen im 12. Kapitel.
625 So ist es nämlich bei den sog. „Schrottimmobilien" der Fall; vgl. 11. Kapitel, I.

der Verbraucher seine Verbindlichkeiten aus dem Kreditvertrag jederzeit ganz oder teilweise erfüllen kann, wenn nicht eine Frist vertraglich vereinbart wurde. In einem solchen Fall müssen sich dann die Gesamtkosten für den Kredit reduzieren. Des Weiteren wird in Art. 16 die Vorfälligkeitsentschädigung geregelt, die zwar grundsätzlich möglich, aber an gewisse Voraussetzungen geknüpft ist, wie sich aus den Absätzen 2 – 5 des Art. 16 ergibt.

2) Bewertung der Verbraucherkreditrichtlinie 2008/48/EG

Das Hauptziel der neuen Verbraucherkreditrichtlinie, das Gemeinschaftsprivatrecht in weiten Teilen zu harmonisieren und einen echten Binnenmarkt für Verbraucherkredite herzustellen, kann womöglich nicht erreicht werden. So führt allein die Umsetzung der Richtlinie aufgrund der bestehenden und zum Teil sehr unterschiedlichen Rechtssysteme innerhalb der einzelnen Mitgliedstaaten zu erheblichen praktischen Schwierigkeiten, welche durch die aufgeführten Abweichungsmöglichkeiten zwar geringfügig entschärft werden können, was aber wiederum zu Lasten der Vereinheitlichung geht.[626] Weiter führt *Siems* hierzu aus, dass durch die neue Richtlinie ein einheitlicher Binnenmarkt nicht wirklich gefördert werde, da für grenzüberschreitende Kredite andere Kriterien, sog. natürliche Marktbarrieren, ausschlaggebend seien.[627] So habe eine Untersuchung der *Oxera* ergeben, dass Reputationsnachteile, kulturelle Unterschiede und andere natürliche Grenzen, unterschiedliche Verteilungskanäle, Schwierigkeiten bei der Risikobewertung, Rechtsdurchsetzungsprobleme und Unterschiede bei den Regelungen zum Verbraucherkredit Gründe dafür seien, dass es kaum Kreditvergaben über die nationalen Grenzen hinaus gebe.[628] Gleiches wird aber wohl auch für die Verbraucherseite gelten. So steht der Verbraucher in der Regel in langjähriger Geschäftsbeziehung mit einem bestimmten Kreditinstitut, an das er sich auch im Falle einer Kreditaufnahme wenden wird. Denn gerade bei Krediten kommt es aus Verbrauchersicht in hohem Maße auf das Vertrauen zu dem Kreditinstitut an, welches normalerweise zur Hausbank besteht. Aus diesem Grund wendet sich der Verbraucher auch eher selten an ein anderes nationales Kreditinstitut und wahrscheinlich schon gar nicht an ein ausländisches, wo er insbesondere dessen Seriosität nicht einschätzen kann. Dementsprechend wird bezweifelt, dass die neue Verbraucherkreditrichtlinie für den Kreditgeber neue Märkte eröffnet und dass der Verbraucher von der neuen Möglichkeit der grenzüberschreitenden Kreditaufnahme auch Ge-

626 Vgl. *Riehm/ Schreindorfer*, GPR 2008, 244 (249).
627 S. *Siems*, EuZW 2008, 454 (457).
628 S. *Oxera (Oxford Econmic Research Association)*, What is the Impact of the Proposed Consumer Credit Directive?, April 2007, 33ff, abrufbar unter http://www.oxera.com/.

brauch machen wird. Darüber hinaus wurde bereits in einer Presseerklärung des *iff* vom 07.11.2007 befürchtet, dass durch eine Vollharmonisierung auf Missbräuche nicht mehr durch den Bundestag reagiert werden könne.[629] Daher sind mit einer Vollharmonisierung durchaus auch negative Folgen verbunden, die dem Verbraucherschutz gerade nicht förderlich sind. Weshalb an einer Vollharmonisierung dennoch festgehalten wurde, ist nicht ersichtlich.

Positiv hervorzuheben ist die neue Berechnung des effektiven Jahreszins und vor allem die Einführung eines europaweit geltenden Widerrufsrechts. Dies kommt dem Verbraucherschutz zugute und behebt seit langem bekannte Gefahren. Insbesondere in Bezug auf die Regelungen zum Widerrufsrecht ist es nunmehr endgültig gelungen, auch auf europäischer Ebene bei Verbraucherkreditverträgen ein effektives Instrument zu schaffen, nicht zuletzt deshalb, weil die Richtlinie für die Widerrufsfrist keine Maximalfrist verwendet, so dass die durch die Rechtsprechung herausgearbeiteten Grundsätze bestehen bleiben können. Nicht überzeugend ist in diesem Zusammenhang lediglich Art. 14 VI, der es den Mitgliedstaaten überlasst, eine Ausnahme vom Widerrufsrecht bei einem durch einen Notar geschlossenen Vertrag vorzusehen.[630]

3) Zwischenergebnis

Aus Verbrauchersicht ist die neue Verbraucherkreditrichtlinie im Gegensatz zur alten Richtlinie 87/102/EG erheblich erweitert worden, was den Verbrauchschutz angeht. Dennoch ist auch Kritik geboten. So wird das angestrebte Ziel, durch die neue Richtlinie den grenzüberschreitenden Kreditmarkt zu verbessern, nicht erreicht werden können, da hierfür andere Parameter ursächlich sind als die in der Richtlinie behandelten. Weiterhin ist der beschränkte sachliche Anwendungsbereich zu kritisieren, und es bleibt nur zu hoffen, dass für grundpfandrechtlich gesicherte Kredite alsbald eine Regelung getroffen wird, um den Verbraucher nicht vor neue Probleme bei dieser sehr verbreiteten Kreditform zu stellen. Außerdem sind die umfangreichen vorvertraglichen Informationspflichten des Kreditgebers kontraproduktiv, soweit ein Übermaß an Informationen zulasten der Aufnahme und des Verständnisses geht. Insgesamt wird also abzuwarten bleiben, welche Folgen und vor allem Nutzen die Verbraucherkreditrichtlinie 2008/48/EG nach ihrer Umsetzung in den Mitgliedstaaten haben wird.

629 S. Presseerklärung des *iff* (Institut für Finanzdienstleistungen e.V.) vom 07.11.2007, abrufbar unter http://www.veranwortliche-kreditvergabe.net/index.php?id=1976&view-id=40452.

630 Siehe hierzu bereits die Ausführungen im 4. Kapitel, II, 2, b, aa.

II) Das Umsetzungsgesetz vom 02.07.2009

Neben der Umsetzung der beiden Richtlinien, die insbesondere hinsichtlich der Informationspflichten zu einer erheblichen Ausdehnung der bestehenden Vorschriften führen, ist es Zweck des Gesetzes, das BGB zu entlasten, indem die Informationspflichten teilweise ins EGBGB ausgegliedert werden. Ob dieses Ziel durch das Umsetzungsgesetz erreicht wurde und wie insbesondere die modifizierten Widerrufsrechte zu bewerten sind, damit befassen sich die folgenden Ausführungen und verdeutlichen einige Probleme anhand von Beispielen. Dabei ist es wiederum unvermeidbar, den Rahmen der Neuregelung, auch über den Horizont des Widerrufsrechts hinaus zu umreißen.

1) Wesentliche Änderungen durch das Umsetzungsgesetz

a) § 360 BGB n.F. und die neue Musterwiderrufsbelehrung

Gänzlich neu eingeführt wurde § 360 BGB n.F., der die Widerrufs- und Rückgabebelehrung regelt und dadurch gleichzeitig die bestehenden Vorschriften über den Widerruf zusammenfasst und den Wortlaut vereinfachen soll. Dementsprechend regelt Abs. 1 S. 1, dass die Widerrufsbelehrung deutlich gestaltet sein muss und dem Verbraucher seine wesentlichen Rechte darlegt. In Abs. 1 S. 2 sind sodann die einzelnen Voraussetzungen an eine ordnungsgemäße Widerrufsbelehrung aufgeführt, die im Wesentlichen den bestehenden Anforderungen aus § 355 II 1 BGB a.F. und der hierzu ergangenen Rechtsprechung entsprechen. In Abs. 2 sind die Anforderungen an eine ordnungsgemäße Rückgabebelehrung geregelt, welche aber aufgrund der Verweisung auf § 360 I BGB n.F. im Wesentlichen dieselben sind. Abs. 3 entspricht dem § 14 BGB-InfoV und bestimmt somit, dass den Anforderungen an eine ordnungsgemäße Widerrufsbelehrung bei Fernabsatzverträgen Genüge getan ist, wenn die Musterwiderrufsbelehrung verwendet wird. Insoweit ist allerdings nur neu, dass sich die Musterwiderrufsbelehrung nicht mehr in der Anlage 2 zu § 14 BGB-InfoV befindet, sondern in der Anlage 1 zu Art. 246 § 2 III 1 EGBGB, um ihr nunmehr den Rang eines formellen Gesetzes einzuräumen und dadurch die bestehenden Probleme bei der Verwendung des Musters zu beseitigen.

Dabei entspricht die Musterwiderrufsbelehrung in der Anlage 1 in weiten Teilen der alten.[631] Änderungen finden sich aber z.B. insoweit, als es für die Umsetzung der neuen Verbraucherkreditrichtlinie und durch die Ausgliederung ins EGBGB nötig ist. So beträgt die Widerrufsfrist nicht mehr zwei Wochen, sondern 14 Tage

631 Vgl. insoweit die Ausführungen von *Schirmbacher*, BB 2009, 1088 (1092).

und verlängert sich nach dem Gestaltungshinweis Nr. 1 nicht bereits dann auf einen Monat, wenn der Vertrag im Fernabsatz geschlossen wurde, die Belehrung unverzüglich nach Vertragsschluss mitgeteilt wird und der Unternehmer den Verbraucher hiervon gem. Art. 246 § 1 Abs. 1 Nr. 10 EGBGB unterrichtet hat. Ebenfalls neu ist der Gestaltungshinweis Nr. 5, nach dem über die Widerrufsfolgen nicht unterrichtet werden muss, wenn die beiderseitigen Leistungen erst nach Ablauf der Widerrufsfrist erbracht werden oder eine Rückabwicklung z.B. aufgrund einer Bürgschaft nicht in Betracht kommt. Auch der Gestaltungshinweis über das Widerrufsrecht bei Teilzeit-Wohnrechteverträgen gem. § 485 I BGB wurde in der Weise geändert, dass eine Vergütung für geleistete Dienste sowie für die Überlassung der Nutzung von Wohngebäuden vom Verbraucher nicht gezahlt werden muss.

Weiterhin wurde der Gestaltungshinweis über die Wertersatzpflicht gem. § 357 III 1 BGB modifiziert, so dass bei Fernabsatzverträgen eine unverzüglich nach Vertragsschluss mitgeteilte Belehrung einer solchen bei Vertragsschluss gleichsteht, wenn der Unternehmer den Verbraucher zumindest über die Möglichkeit der Wertersatzpflicht und deren Vermeidung vor Vertragsschluss in Kenntnis gesetzt hat.[632] Und schließlich unterscheidet die neue Musterwiderrufsbelehrung bei einem verbundenen Vertrag nicht mehr, ob für das finanzierte Geschäft oder aber für den Darlehensvertrag belehrt werden soll. Vielmehr regelt der einschlägige Gestaltungshinweis nur noch den Fall des Widerrufs des finanzierten Geschäfts, da es für den Verbraucherkredit keine Musterwiderrufsbelehrung mehr gibt. Hier sind ab jetzt gem. § 495 II Nr. 1 BGB n.F. die Pflichtangaben nach Art. 247 § 6 II EGBGB einschlägig.

b) Die Widerrufsrechte nach §§ 312ff. BGB n.F

Nicht zuletzt aufgrund der neuen Verbraucherkreditrichtlinie und des § 360 BGB n.F. wurden auch die anderen Vorschriften über die Widerrufsrechte verändert. So wurden zunächst die §§ 312ff. BGB n.F. an die Vorschriften der Richtlinie 2008/48/EG und die neuen Regelungen des § 360 BGB n.F. und des Art. 246 §§ 1 – 3 EGBGB redaktionell angepasst. Aus diesem Grund wurde § 312 c auch erheblich gekürzt. Er bestimmt in Abs. 2 nur noch, dass der Unternehmer bei von ihm veranlassten Telefongesprächen seine Identität und den geschäftlichen Zweck des Kontakts bereits zu Beginn eines jeden Gesprächs ausdrücklich offenzulegen hat. Außerdem verweist § 312 d V 2 BGB n.F. bei Verträgen, nach denen dem Verbraucher ein Widerrufsrecht nach den §§ 495, 506-512 BGB n.F. (§§ 495, 499

632 S. *BR-Drucks. 848/08*, S. 109.

bis 507 BGB a.F.) zusteht, nicht mehr auf § 312 d II BGB, da Art. 14 I 2 der neuen Verbraucherkreditrichtlinie bestimmt, dass die Widerrufsfrist am Tag des Vertragsschlusses oder an dem Tag, an dem der Darlehensnehmer die Vertragsbedingungen und den Vertragsinhalt erhält, zu laufen beginnt und nicht bei im Fernabsatz geschlossenen Darlehensverträgen erst nach Erfüllung der vorvertraglichen Informationspflichten (vgl. § 312 d II BGB). Etwas anderes betrifft jedoch Ratenlieferungsverträge, da diese nicht von der Verbraucherdarlehensrichtlinie umfasst sind, so dass die Verweisung auf § 312 d II BGB ausdrücklich nur noch für solche Verträge gilt. Schließlich wird in § 312 II 3 BGB n.F. noch einmal verdeutlicht, dass der Unternehmer nicht auf die Widerrufsfolgen nach § 357 I und III BGB hinweisen muss, wenn diese nicht tatsächlich eintreten können.

c) Die Widerrufsfolgen gem. §§ 355ff. BGB n.F

Einige Änderungen ergeben sich ebenfalls in Bezug auf die Neustrukturierung der §§ 355ff. BGB. Während § 355 I 1 BGB n.F. weiterhin der bereits geltenden Fassung entspricht, wurde in Abs. 1 S. 2 die zweiwöchige Frist durch die Widerrufsfrist ersetzt. Die Einzelheiten über den Beginn der Widerrufsfrist und die Länge wurden sodann in den völlig neuen Abs. 2 – 4 geregelt. Danach beträgt die Widerrufsfrist grundsätzlich 14 Tage, sofern die Widerrufsbelehrung dem Verbraucher bei Vertragsschluss mitgeteilt wird und den Anforderungen des § 360 I BGB n.F. genügt (Abs. 2 S. 1), bei Fernabsatzverträgen aber auch, wenn unverzüglich nach Vertragsschluss der Unternehmer den Verbraucher gem. Art. 246 § 1 I Nr. 10 EGBGB informiert hat (Abs. 2 S. 2).[633] Wird die Belehrung danach mitgeteilt, verlängert sich die Widerrufsfrist gem. § 355 II 3 BGB n.F. auf einen Monat. Abs. 3 regelt den Beginn der Widerrufsfrist, die wie schon bei § 355 II BGB an den Erhalt der Widerrufsbelehrung geknüpft ist. Der Unterschied besteht nur darin, dass § 355 III BGB n.F. dabei auf die Belehrung nach § 360 I BGB n.F. verweist. Gleiches gilt für Abs. 4, der wie der geltende § 355 III BGB bestimmt, wann das Widerrufsrecht erlischt oder nicht erlischt. Allerdings wird für die Anforderungen an eine ordnungsgemäße Belehrung ebenfalls auf § 360 I BGB n.F. verwiesen und in Bezug auf die Mitteilungspflichten bei Fernabsatzverträgen auf Art. 246 § 2 I 1 Nr. 1 und S. 2 Nr. 1 – 3 EGBGB. So ist § 356 BGB durch das Umsetzungsgesetz geändert worden, und zwar in der Weise, dass nach Abs. 1 S. 2 Nr. 1 die Belehrung den Anforderungen des § 360 II BGB n.F. genügen muss und der alte Abs. 1 S. 2 Nr. 3, wonach dem Verbraucher das Rückgaberecht in Textform eingeräumt wird, gestrichen wurde. Außerdem ist Abs. 2 S .2, wonach § 355 I 2 BGB entsprechend

633 Vgl. *Schirmbacher*, BB 2009, 1088 (1091).

Anwendung findet, durch die Sätze ersetzt worden: „Im Übrigen sind die Vorschriften über das Widerrufsrecht entsprechend anzuwenden. An die Stelle von § 360 Abs. 1 tritt § 360 Abs. 2“. Somit wird auch die Streichung des Abs. 1 S. 2 Nr. 3 gerechtfertigt, da durch die Anwendbarkeit der Vorschriften über das Widerrufsrecht die Rückgabefrist erst zu laufen beginnt, wenn dem Verbraucher eine Belehrung nach § 360 II BGB n.F. in Textform mitgeteilt wurde. Schließlich wurde auch § 357 III BGB geändert.[634]

d) Verbundene Verträge

Auch die Vorschriften über den verbundenen Vertrag gem. § 358 f. BGB wurden durch das Umsetzungsgesetz geändert. So wurden in § 359 S. 2 BGB n.F. die Worte „wenn das finanzierte Entgelt 200 Euro nicht überschreitet, sowie“ gänzlich gestrichen, und in dem unter der Überschrift „Anwendungsbereich“ neu eingefügten § 359 a BGB n.F. in Abs. 4 geregelt, dass § 359 BGB nicht anzuwenden ist, wenn das finanzierte Entgelt weniger als 200 Euro beträgt. Diese Neuerung dient jedoch nur der Umsetzung der neuen Verbraucherkreditrichtlinie.[635] Nach Abs. 1 des neuen § 359 a BGB n.F. sind die Vorschriften des § 358 I und IV BGB auch dann entsprechend anzuwenden, wenn zwar die Voraussetzungen für ein verbundenes Geschäft nicht vorliegen, aber die Ware oder die Leistung des Unternehmers aus dem widerrufenen Vertrag in einem Verbraucherdarlehensvertrag genau angegeben ist. Ferner ist nach § 359 a II BGB n.F. bei Verträgen über Zusatzleistungen, die der Verbraucher in unmittelbarem Zusammenhang mit dem Verbraucherdarlehens-vertrag abgeschlossen hat, § 358 I und IV BGB entsprechend anzuwenden. Damit wurden Art. 15 I i. V. mit Art. 3 lit. n sowie Artikel 14 IV der neuen Verbraucherkreditrichtlinie umgesetzt. Hintergrund ist zum einen, dass der Sachverhalt mit dem eines verbundenen Vertrages vergleichbar ist, ohne dass jedoch die Voraussetzungen für einen verbundenen Vertrag vorliegen müssen, so dass dadurch die Verbraucherrechte ausgedehnt werden. Außerdem sieht Art. 14 IV der Richtlinie 2008/48/EG vor, dass eine Auflösung des Zusatzvertrags vorzusehen ist, wenn der Verbraucher den Darlehensvertrag widerruft, so dass § 359 a II BGB n.F.

634 Es wurde nach Abs. 3 S. 1 der Satz: „Bei Fernabsatzverträgen steht ein unverzüglich nach Vertragsschluss in Textform mitgeteilter Hinweis einem solchen bei Vertragsschluss gleich, wenn der Unternehmer den Verbraucher rechtzeitig vor Abgabe von dessen Vertragserklärung in einer dem eingesetzten Fernkommunikationsmittel entsprechenden Weise über die Wertersatzpflicht und eine Möglichkeit zu ihrer Vermeidung unterrichtet hat.“ eingefügt und in dem alten Abs. 3 S. 2 (Abs. 3 S. 3 n.F.) das Wort „dies“ durch „Satz 1“ ersetzt, da dies aufgrund des neuen S. 2 notwendig wurde.

635 Gem. Art. 2 II lit. c der Richtlinie 2008/48/EG gilt diese nicht, wenn der Gesamtkreditbetrag weniger als 200 Euro beträgt.

der Umsetzung der Richtlinie dient. Eine Definition des Begriffs „Zusatzleistung“ befindet sich in Art. 247 § 8 EGBGB n.F., der auch für das BGB gilt.[636]

Schließlich regelt § 359 a III BGB n.F., dass die §§ 358 II, IV und V, 359 BGB keine Anwendung auf Verbraucherdarlehensverträge finden, die der Finanzierung des Erwerbs von Finanzinstrumenten dienen. Grund hierfür ist, dass der Darlehensnehmer durch den Widerruf eines Darlehensvertrags, der dem Erwerb solcher Finanzinstrumente dient, nicht das Risiko der Kursschwankungen auf den Verkäufer soll abwälzen können, denen die Finanzinstrumente unterliegen und von deren Kursschwankungen der Darlehensnehmer weiß.[637] Für den Begriff der Finanzinstrumente wird dabei die gesetzliche Definition aus § 1 XI KWG herangezogen werden.[638]

e) Das neue Verbraucherdarlehensrecht

Eine wesentliche Änderung sieht das Umsetzungsgesetz für die Vorschriften der Verbraucherdarlehensverträge gem. §§ 491ff. BGB vor, um sie an die neue Verbraucherdarlehensrichtlinie anzupassen. So besteht nach § 491 II BGB n.F. neben den bereits geltenden Ausnahmen (§ 491 II Nr. 1 BGB wurde nur in der Weise geändert, dass das Darlehen weniger als 200 Euro betragen muss und die ehemaligen Nrn. 2 und 3 sind nunmehr in Nr. 4 und 5 unter redaktioneller Änderung, aber mit gleichem Regelungsgehalt normiert) eine weitere Ausnahme für Verträge, bei denen sich die Haftung des Darlehensnehmers auf eine dem Darlehensgeber zum Pfand übergebene Sache beschränkt (Nr. 2), und für Verträge vor, bei denen der Darlehensnehmer das Darlehen binnen drei Monaten zurückzuzahlen hat und nur geringe Kosten vereinbart sind (Nr. 3). Des Weiteren wurde ein neuer § 491 a BGB n.F. eingefügt, der die umfangreichen vorvertraglichen Informationspflichten regelt und somit der Umsetzung der Art. 5 und 6 der neuen Verbraucherkreditrichtlinie dient. Weiter wurde § 492 a BGB nach § 493 BGB-E verschoben, während die in § 493 BGB geregelten Überziehungskredite und die geduldete Überziehung in den §§ 504 f. BGB n.F. eigens geregelt wurden. Die Vorschrift des § 494 BGB wurde neu gegliedert, so dass dem Darlehensnehmer gem. § 494 VI 1 BGB n.F. ein jederzeitiges Kündigungsrecht zusteht, wenn im Vertrag Angaben zur Laufzeit oder zur Kündigungsmöglichkeit fehlen. Auch wurde der Wert aus § 494 II 6 BGB

636 Vgl. die Begründung zum Gesetzentwurf der Bundesregierung vom 05.11.2008, S. 111 f. Abrufbar unter http://www.bmj.bund.de/files/-/3370/RegE_Verbraucherkreditrichtlinie.pdf.

637 Vgl. *BT-Drucks. 12/4526*, S. 13.

638 Danach sind Finanzinstrumente Wertpapiere, Geldmarktinstrumente, Devisen oder Rechnungseinheiten sowie Derivate.

bei fehlenden Angaben über Sicherheiten von 50.000 € auf 75.000 € in § 494 VI 3 BGB n.F. erhöht.

Umfänglich geändert wurde § 495 BGB zur Umsetzung des Art. 14 der neuen Verbraucherkreditrichtlinie. Während Abs. 1 mangels Umsetzungsbedarfs in der geltenden Fassung verblieb, wurde Abs. 2 völlig neu geregelt, der für das Widerrufsrecht zwar die Regelungen der §§ 355 – 359 a BGB n.F. vorsieht, jedoch mit der Maßgabe, dass die Pflichtangaben nach Art. 247 § 6 II EGBGB n.F. erfüllt sein müssen (Nr. 1), die Widerrufsfrist nicht vor Vertragsschluss beginnt (Nr. 2) und der Darlehensnehmer die Aufwendungen des Darlehensgebers an öffentliche Stellen in Abweichung zu § 346 I BGB zu ersetzen hat, sofern der Darlehensgeber diese nicht zurückverlangen kann (Nr. 3). Zusätzlich wurde noch Abs. 3 eingefügt, der die Ausnahmen des Widerrufs regelt. Diese gelten für Darlehensverträge, die aufgrund Zahlungsverzugs durch eine Rückzahlungsvereinbarung ersetzt werden, wenn dadurch ein gerichtliches Verfahren vermieden wird und der Gesamtbetrag geringer ist als die ursprüngliche Restschuld (Nr. 1), wenn sie notariell beurkundet wurden und der Notar bestätigt, dass die Rechte aus §§ 491 a, 492 BGB n.F. eingehalten wurden (Nr. 2), oder wenn sie § 504 II oder § 505 BGB n.F. entsprechen (Nr. 3).

f) Die neuen Normen des EGBGB

Da einige Vorschriften in das EGBGB n.F. ausgelagert wurden, haben sich auch hier einige Änderungen ergeben. An Art. 229 wurde § 22 angefügt, der die Übergangsvorschriften regelt. Weiterhin wurden die bestehenden Vorschriften im EGBGB durch die Art. 246 – 248 ergänzt. So regelt Art. 246 EGBGB n.F. die umfangreichen Informationspflichten bei besonderen Vertriebsformen, also gem. §§ 1 und 2 bei Fernabsatzverträgen und gem. § 3 bei Verträgen im elektronischen Geschäftsverkehr. Dabei entspricht Art. 246 EGBGB n.F. weitestgehend den §§ 1 und 3 BGB-InfoV, wohingegen sich Art. 247 EGBGB n.F. im Wege der Umsetzung der Verbraucherkreditrichtlinie 2008/48/EG mit den Informationspflichten bei Darlehensverträgen und entgeltlichen Finanzierungshilfen befasst. Art. 248 EGBGB n.F. regelt schließlich die Informationspflichten bei der Erbringung von Zahlungsdiensten und dient der Umsetzung der Zahlungsdiensterichtlinie 2007/64/EG.

2) Stellungnahme zum Umsetzungsgesetz

Wie die vorangegangenen Ausführungen gezeigt haben, hat das Gesetz zur Umsetzung der neuen Verbraucherkreditrichtlinie, des zivilrechtlichen Teils der Zahlungsdiensterichtlinie sowie zur Neuordnung der Vorschriften über das Widerrufs- und Rückgaberecht zu zum Teil umfassenden Veränderungen innerhalb des BGB, des EGBGB und anderer Vorschriften geführt. Von besonderer Bedeutung ist dabei die Regelung des neuen § 360 BGB n.F. und der damit verbundenen Musterwiderrufsbelehrung in Anlage 1 zum EGBGB n.F. Die Einführung des § 360 BGB n.F. ist in diesem Zusammenhang sehr zu begrüßen, da sie die Anforderungen an eine ordnungsgemäße Widerrufs- und Rückgabebelehrung zusammenfasst und dadurch dem besseren Verständnis des Rechtsanwenders dient. Dass die Belehrung dabei den Verbraucher über seine „wesentlichen Rechte“ informieren soll, entspricht der Rechtsprechung des *BGH*[639] und stellt somit noch einmal deutlich klar, dass dem Verbraucher nicht nur seine Pflichten, sondern auch seine Rechte aufgezeigt werden müssen.

Die neue Musterwiderrufsbelehrung in Anlage 1 überzeugt demgegenüber nicht. So wurde keiner der aus Literatur bekannten Kritikpunkte an der bestehenden Widerrufsbelehrung behoben.[640] Gleiches gilt für die Passagen, die bereits an anderer Stelle beanstandet wurden.[641] Auch trägt der Verbraucher weiterhin das Subsumtionsrisiko, wenn der Unternehmer eine allumfassende Widerrufsbelehrung erteilt, wie es das Muster auch künftig vorsieht. Dass die Belehrung dadurch aber unwirksam ist und von den Unternehmern gefordert werden muss, für das jeweilige Geschäft eine spezifische Belehrung zu erteilen, wurde bereits an der alten Musterwiderrufsbelehrung kritisiert.[642] Ebenfalls bedenklich ist der neue Gestaltungshinweis Nr. 5, der dazu führen könnte, dass der Unternehmer stets darauf drängen wird, die beiderseitigen Leistungen erst nach Ablauf der Widerrufsfrist zu erbringen, um dadurch nicht über die Widerrufsfolgen belehren zu müssen. Diese können aber für die Entscheidung des Verbrauchers durchaus entscheidend sein, wenn die Belehrung fehlerhaft ist und deshalb das Widerrufsrecht bei Erbringung der Leistungen eben noch nicht erloschen ist. Außerdem besteht gerade bei der Belehrung über die Widerrufsfolgen aufgrund ihrer Komplexität die Gefahr der fehlerhaften Belehrung, so dass der Unternehmer durch den Gestaltungshinweis Nr. 5 diese Gefahren umgehen kann. Lediglich positiv hervorzuheben ist in diesem Zusammenhang die Regelwiderrufsfrist von 14 Tagen, wenn im Fernabsatz dem Verbraucher die Widerrufsbelehrung unverzüglich nach Vertragsschluss in Textform

639 S. *BGH*, VersR 2007, 1089ff.
640 Vgl. die Kritiken von *Masuch*, NJW 2008, 1700; *Buchmann*, K&R 2008, 12.
641 S. 5. Kapitel, V, 2.
642 S. 5. Kapitel, VI.

mitgeteilt wurde und ihn der Unternehmer hiervon nach Art. 246 § 1 I Nr. 10 EGBGB n.F. unterrichtet hat.[643] Diese Regelung der bislang durch die Rechtsprechung anders entschiedenen Sachverhalte[644] trägt dem Umstand Rechnung, dass der Unternehmer gerade bei Onlineauktionen, da sich erst durch Zeitablauf der Auktion der Vertragspartner des Unternehmers ergibt. Dementsprechend ist der Unternehmer vorher gar nicht in der Lage, den Verbraucher vor Vertragsschluss ordnungsgemäß zu belehren seinen Vertragspartner ordnungsgemäß zu belehren. Dadurch wird aber der Unternehmer, der sich einer Internetauktionsplattform bedient, schlechter gestellt als ein Unternehmer, der im „normalen" Onlinegeschäft tätig ist, obwohl bis auf den Vertragsschluss keinerlei Unterschiede in der Sache bestehen.[645] Außerdem kommt diese Regelung auch dem Verbraucher zugute, da eine nach Vertragsschluss erfolgte Belehrung, ab der sodann die Widerrufsfrist zu laufen beginnt, dem Verbraucher seine Rechte noch einmal nachträglich vor Augen führt, so dass ihm seine Rechte dann auch noch bis zum Ablauf der Widerrufsfrist präsent sind.[646] Dass die Musterwiderrufsbelehrung nunmehr in Anlage 1 zum EGBGB n.F. geregelt werden soll und ihr dadurch der Rang eines formellen Gesetzes eingeräumt wird, mag zwar aus Unternehmersicht ein befriedigendes Ergebnis sein, da bei Verwendung des Musters nunmehr mangels Verstoßes gegen höherrangiges Recht kein ewiges Widerrufsrecht droht, führt für den Verbraucher aber zu nicht hinnehmbaren Einschränkungen seiner Rechte.[647] Insoweit muss dem nationalen Gesetzgeber vorgeworfen werden, sehenden Auges das Verbraucherrecht zu konterkarieren.

Ebenfalls zu kritisieren ist die Regelung des neu angefügten § 312 II 3 BGB n.F., da wie beim Gestaltungshinweis Nr. 5 der Musterwiderrufsbelehrung dem Unternehmer die Wahl überlassen wird zu entscheiden, ob die Widerrufsfolgen tatsächlich noch eintreten können oder nicht und ob er dementsprechend über die Widerrufsfolgen informieren muss. Dies kann der Unternehmer aber nicht immer vorhersehen. Insbesondere wenn die Belehrung fehlerhaft ist und dadurch das Widerrufsrecht nicht erlischt (§ 355 IV 3 BGB n.F.), müsste der Unternehmer eigentlich über die Rechtsfolgen belehren, da diese weiterhin eintreten können. Der Unternehmer weiß aber im Zweifel nichts von der Fehlerhaftigkeit, sondern geht von der

643 Probleme könnte insofern nur der Begriff „unverzüglich" bereiten, der nach der Rechtsprechung des *BGH* als „ohne schuldhaftes Zögern" definiert wird, s. *BGH*, NJW 2005, 1869. Was dies jedoch für die Mitteilungspflicht bedeutet, könnte zu Auslegungsschwierigkeiten innerhalb der Rechtsprechung und somit zu Unsicherheiten für die Praxis führen. Die Rechtsfolge bei schuldhaftem Zögern wäre nämlich wiederum das ewig bestehende Widerrufsrecht aus § 355 IV 3 BGB n.F., wenn der Unternehmer fälschlich von der 14-tägigen Widerrufsfrist ausgeht.

644 S. *OLG Naumburg*, WM 2008, 326; *KG*, MMR 2007, 185 (186); *OLG Hamm*, ZIP 2007, 824 (825).

645 S. *Föhlisch*, MMR 2008, XXIV (XXV).

646 S. *Schinkels*, ZGS 2008, 337 (340).

647 Vgl. insoweit auch die Ausführungen im 5. Kapitel, V, 2.

Wirksamkeit der Belehrung aus, so dass er gar nicht erkennen kann, ob die Rechtsfolgen noch eintreten können oder nicht. Dies würde dann aber dazu führen, dass die Widerrufsbelehrung auch bezüglich der Widerrufsfolgen fehlerhaft ist. Dementsprechend hätte der Verbraucher das Subsumtionsrisiko des Unternehmers zu tragen, da er unter Umständen nicht ordnungsgemäß auf sein Widerrufsrecht und deren Folgen hingewiesen wurde. Die Intention des Gesetzgebers, den Verbraucher nicht unnötig mit Informationen zu belasten, die ihn nicht betreffen, ist zu begrüßen. Die Gefahr, dass der Verbraucher nicht ordnungsgemäß belehrt wird, weil der Unternehmer die Reichweite der Widerrufsfolgen und die Anforderungen an eine ordnungsgemäße Widerrufsbelehrung nicht überblicken kann, sollte er jedoch nicht zu tragen haben. Somit kann den Unternehmern nur geraten werden, sich nicht an § 312 II 3 BGB n.F. zu halten, sondern bei der Widerrufsbelehrung stets auch auf die Widerrufsfolgen zu verweisen.

Die Neustrukturierung des § 355 BGB n.F., wonach Abs. 1 die Ausübung des Widerrufsrechts, Abs. 2 die Länge der Widerrufsfrist, Abs. 3 den Beginn der Widerrufsfrist und Abs. 4 das Erlöschen des Widerrufsrechts regelt, ist gelungen, da sie die Norm, wie vom Gesetzgeber auch beabsichtigt, übersichtlicher macht. Dass die Norm dabei auf die Vorschrift des § 360 BGB n.F. verweist, die nunmehr also auch immer mit beachtet werden muss, ändert an der Übersichtlichkeit nichts, da auch diese Vorschrift sehr gut überschaubar ist, und wie bereits erwähnt, für den Rechtsanwender aufgrund der klaren Struktur eine Erleichterung darstellt. Wie bereits oben bei der Musterwiderrufsbelehrung in Anlage 1 zu Art. 246 § 2 III 1 EGBGB angesprochen, ist der Gestaltungshinweis Nr. 1, wonach bei Fernabsatzverträgen auch dann die 14-tägige Widerrufsfrist gilt, wenn die Belehrung unverzüglich nach Vertragsschluss in Textform mitgeteilt wurde und der Unternehmer den Verbraucher nach Art. 246 § 1 I Nr. 10 EGBGB n.F. hiervon unterrichtet hat, zu begrüßen. Eine solche Regelung findet sich nunmehr auch in §§ 355 II 2, 357 III 2 BGB n.F., so dass Wertersatz auch dann zu leisten ist, wenn der Verkäufer den Verbraucher rechtzeitig vor Abgabe der Willenserklärung unterrichtet hat und unverzüglich nach Vertragsschluss den Hinweis auch in Textform mitteilt. Dadurch sollen Hinweise bzgl. des Wertersatzes auf der Internetseite genügen, was vorher nicht unumstritten war.[648]

In Bezug auf den Beginn der Widerrufsfrist und die Pflicht zum Wertersatz können jedoch nicht dieselben Argumente angeführt werden. Während eine später erteilte Widerrufsbelehrung für den Verbraucher auch durchaus von Vorteil sein kann, ist dies bei der Wertersatzpflicht gerade nicht der Fall. Vielmehr wird es dadurch dem Unternehmer erleichtert, vom Verbraucher Wertersatz zu verlangen, was aber nicht die Regel, sondern vielmehr die an strenge Voraussetzungen ge-

648 Vgl. *OLG Hamburg*, MMR 2006, 675 (676); *OLG Köln*, CR 2008, 44 (45); *LG Heilbronn*, CR 2008, 129.

bundene Ausnahme darstellen soll. Dies ist aber der Hinweis auf einer Internetseite, und selbst wenn er durch einen Mausklick bestätigt werden muss, eben nicht, da davon auszugehen ist, dass ein Verbraucher eine solche Mitteilung nicht mit der gleichen Gewissenhaftigkeit durcharbeiten wird, wie wenn er eine schriftliche Belehrung bereits spätestens bei Vertragsschluss erhält. Daher ist der neu eingefügte § 357 III 2 BGB n.F. abzulehnen, zumal die Regelung des § 357 III 1 BGB bereits für sich genommen zumindest einer europarechtskonformen Auslegung bedarf.[649] § 355 II 4 BGB n.F. stellt nunmehr klar, dass die Monatsfrist, die auch nach geltendem Recht besteht, wenn der Verbraucher erst nach Vertragsschluss belehrt wurde, auch dann gilt, wenn das Gesetz die Information auch nach Vertragsschluss zulässt. Dies wurde bisher in der Rechtsprechung in Bezug auf § 312 c II 1 Nr. 2 BGB anders entschieden, mit der Folge, dass auch in den Fällen, in denen die Belehrung gem. § 312 c II 1 Nr. 2 BGB nach Vertragsschluss erfolgte, dennoch die Zweiwochenfrist galt, da es sich insoweit um eine Spezialbestimmung des Fernabsatzrechts handelt.[650] Da diese Regelung somit den Verbraucherschutz stärkt, ist auch sie positiv hervorzuheben.

Der neu eingefügte § 359 a BGB n.F. ist aus Verbrauchersicht sehr zu begrüßen. So finden dadurch die Vorschriften des § 358 I und IV BGB auch dann Anwendung, wenn zwar die Voraussetzungen eines verbundenen Vertrages nicht vorliegen, die Ware oder Leistung des Unternehmers im Verbraucherdarlehensvertrag aber genau bezeichnet ist. Dementsprechend wird der Anwendungsbereich bestimmter Vorschriften über den verbundenen Vertrag erweitert, so dass sich der Verbraucher im Falle des Widerrufs dennoch von beiden Verträgen lösen kann, ohne diese einzeln widerrufen zu müssen. Vor allem werden durch diese Vorschrift Geschäftspraktiken von Unternehmern unterbunden, die ihre Verträge so gestalten, dass es an einer wirtschaftlichen Einheit gänzlich fehlt, oder sie so ausarbeiten, dass der Verbraucher diese in einem Prozess schwerlich nachweisen kann. Somit bleibt der Verbraucher in einem solchen Fall, vorausgesetzt er kann den anderen Vertrag nicht mehr widerrufen, nicht an die Verpflichtungen aus den beiden Verträgen gebunden, bei denen es zwar an der wirtschaftlichen Einheit oder einer anderen Voraussetzung für einen verbundenen Vertrag fehlt, aufgrund der Vertragsgestaltung aber der Wille des Verbrauchers ersichtlich ist, dass das Darlehen der Finanzierung des anderen Geschäftes dient. Daher wird durch den neuen § 359 a BGB n.F. der Verbraucherschutz erheblich erweitert. Aufgrund der Einschränkungen in § 359 a BGB n.F. führt dies auch nicht zu einem unberechenbaren Risiko für den Unternehmer, da der finanzierte Gegenstand entweder konkret bezeichnet sein muss, so dass der Darlehensgeber um den Grund der Darlehensaufnahme weiß, oder aber Zusatz-

649 S. 10. Kapitel, II, 4.
650 S. *OLG Hamburg*, MMR 2008, 44.

leistungen betroffen sind, die ebenfalls im Zusammenhang mit dem Darlehen stehen.

Schließlich bleibt noch festzuhalten, dass es dem Gesetzgeber nicht gelungen ist, die Vorschriften übersichtlicher und einfacher zu gestalten, indem unter anderem die Informationspflichten bei Fernabsatzgeschäften und Verbraucherdarlehensverträgen in das EGBGB ausgegliedert wurden.[651] Auf den ersten Blick werden zwar dadurch die Vorschriften innerhalb des BGB wesentlich verkürzt, durch die ständige Verweisung auf die Vorschriften des EGBGB aber dennoch nicht übersichtlicher. So werden vor allem die Regelungen nicht dadurch vereinfacht, dass sowohl der Unternehmer als auch der Verbraucher nunmehr ständig mit unterschiedlichen Gesetzen arbeiten müssen. Der Gesetzgeber hat es somit geschafft, durch zahlreiche Verweisungen des BGB auf das EGBGB, innerhalb der einzelnen Vorschriften im EGBGB und nicht zuletzt auf die Anlagen zum EGBGB, ein Netz zu spinnen, dessen Anwendung den vor allem mit dem Gesetz nicht so versierten Verbraucher und einen Großteil der Unternehmer vor eine ohne Rechtsbeistand kaum zu überwindende Aufgabe stellt. Insofern ist nicht nachvollziehbar, warum der Gesetzgeber vor allem bzgl. der Informationspflichten nicht einfach einen eigenen Abschnitt ins BGB eingefügt hat, wie er es bereits mit § 360 BGB tat. Dadurch würden die Vorschriften über Fernabsatzverträge und Verbraucherdarlehensverträge ebenfalls erheblich verkürzt und insofern übersichtlicher, als der Verwender nicht ständig mit zwei Gesetzen arbeiten müsste. Die Begründung, dass das EGBGB einfacher und schneller bei Änderungen aufgrund neuer Richtlinien geändert werden könne, überzeugt bereits insofern nicht, als formelle Gesetze (EGBGB genauso wie BGB) stets in einem förmlichen Gesetzgebungsverfahren geändert werden müssen,[652] so dass hier keinerlei Unterschiede bestehen.[653] Außerdem ist dem Argument, den einzelnen Artikeln des EGBGB ließen sich beliebig viele Paragraphen anhängen, so dass neue Informationspflichten leichter zu integrieren seien, entgegenzuhalten, dass man dem neuen § 360 BGB n.F. die Ziffern a – z anhängen könnte und zusätzlich den § 361 BGB (weggefallen) einfügen könnte, gegebenenfalls auch mit Buchstaben von a – z. Dementsprechend wäre eine genügende Anzahl (insgesamt bis zu 53) von Normen zur Umsetzung neuer Informationspflichten vorhanden.

651 So bereits der Deutsche Richterbund im August 2008 zum damaligen RefE, s. www.drb.de/cms/index.php?id=485.

652 Vgl. *Degenhart*, § 3 I 2 Rn. 126.

653 So auch *Bierekoven*, CR 2008, 785 (791).

3) *Die Bedeutung des Umsetzungsgesetzes anhand von Fallgruppen*

Die soeben herausgearbeiteten Veränderungen durch das Umsetzungsgesetz vom 02.07.2009 sollen anhand von Fallbeispielen teilweise vertieft werden, um sie besser und vor allem verständlicher darstellen zu können. Den Ausgangsfall bildet dabei die einfache Konstellation einer verspäteten Widerrufsbelehrung, während zum Schluss noch einmal auf die Problematik bei Restschuldversicherungen eingegangen werden soll.

a) *Verspätete/fehlende Widerrufsbelehrung*

> *Der Unternehmer U verkauft dem Verbraucher V einen Staubsauger bei einem nicht angekündigten Besuch in dessen Wohnung. Eine Widerrufsbelehrung unterbleibt. Erst drei Wochen später fällt dies dem U auf und er holt die Widerrufsbelehrung nach. Nach Erhalt der Widerrufsbelehrung widerruft V daraufhin drei Wochen später (also sechs Wochen nach Vertragsschluss) den Kaufvertrag und verlangt die Rückabwicklung.*
> Abwandlung: *Dem U fällt auch später nicht auf, dass er vergessen hat, eine Widerrufsbelehrung zu erteilen. Als V fünf Jahre später durch die Presse erfährt, dass bei Haustürgeschäften Widerrufsbelehrungen erteilt werden müssen, widerruft er den Kaufvertrag, da der Staubsauger von Anfang an nicht seinen Erwartungen entsprochen hat.*

Da im Ausgangsfall sowohl die personellen (Verbraucher und Unternehmer) als auch die sachlichen (Haustürsituation) Voraussetzungen des § 312 I BGB vorliegen, steht dem V generell ein Widerrufsrecht zu. Die Widerrufsfrist beträgt jedoch gemäß § 355 II 1 BGB n.F. grundsätzlich 14 Tage, so dass der Widerruf des V verspätet wäre. Allerdings ist vorliegend zu beachten, dass U dem V die Widerrufsbelehrung drei Wochen nach Vertragsschluss übermittelt hat. Dementsprechend verlängert sich die Widerrufsbelehrung nach § 355 II 3 BGB n.F. von 14 Tagen auf einen Monat ab Zugang der Widerrufsbelehrung, so dass V den Kaufvertrag wirksam widerrufen konnte und ihm dementsprechend ein Anspruch auf Rückabwicklung zusteht.[654]

Anders verhält es sich demgegenüber in der Abwandlung, in der die Widerrufsbelehrung gänzlich unterbleibt, V nur durch einen Zufall auf sein Widerrufsrecht aufmerksam wird und sodann den Vertrag widerruft. Hier finden auch die Monatsfrist des § 355 II 3 BGB n.F. oder die Sechsmonatsfrist des § 355 IV 1 BGB

654 Zu der Europarechtkonformität der Nachbelehrung vgl. die Ausführungen im 10. Kapitel, I.

n.F. keine Anwendung, so dass gemäß § 355 IV 3 BGB n.F. das Widerrufsrecht nicht erlischt. Dementsprechend ist es für V auch möglich, von seinem Widerrufsrecht fünf Jahre später noch Gebrauch zu machen und die Rückabwicklung zu verlangen. Ob eine solch lange Widerrufsfrist mit den Rechten des Unternehmers zu vereinbaren ist oder aber ob auch hier Höchstfristen oder andere Instrumente zur Begrenzung der Frist Anwendung finden müssten, damit befasst sich eingehend das 12. Kapitel. Festzuhalten bleibt, dass der Verbraucher bei fehlerhafter, verspäteter oder gar fehlender Widerrufsbelehrung auch weiterhin nicht an die Regelwiderrufsfrist von 14 Tagen gebunden ist und somit unter Umständen auch noch nach Jahren einen Vertrag widerrufen kann, wenn die weiteren Voraussetzungen hierfür vorliegen.

b) *Widerrufsbelehrung bei Onlineauktionen*

Der Verbraucher V bietet bei einer Onlineauktion für ein Buch und erhält nach Ablauf der festgesetzten Laufzeit auch den Zuschlag. Auf der Internetseite des Anbietenden ist eine Widerrufsbelehrung zu finden, die den Verbraucher ordnungsgemäß auf seine Rechte und Pflichten hinweist. Als V sodann das Buch unverzüglich zugesandt wird und dieses zwei Tage später bei ihm eintrifft, liegt dem Paket nochmals eine ordnungsgemäße Widerrufsbelehrung in Textform bei. Drei Wochen später widerruft V den Kaufvertrag und fordert sein Geld zurück.

Vor dem Inkrafttreten des Umsetzungsgesetz war man bei diesen Fallkonstellationen davon ausgegangen, dass § 355 II 2 BGB a.F. anzuwenden sei und dementsprechend die Monatsfrist gelte. Die Rechtsprechung[655] begründete dies damit, dass eine Widerrufsbelehrung auf der Internetseite nicht den Anforderungen des § 126 b BGB genüge und somit erst mit Erhalt der Widerrufsbelehrung in Textform nach Vertragsschluss die ordnungsgemäße Widerrufsbelehrung nachgeholt worden sei.[656] Dementsprechend wäre das Widerrufsrecht des V noch nicht erloschen und er hätte einen Anspruch auf Rückabwicklung des Vertrages. Wie bereits ausgeführt,[657] wurde nach dieser Rechtsprechungslinie jedoch derjenige Unternehmer schlechter gestellt, der seine Waren über Onlineauktionen vertreibt und nicht über einen einfachen Onlineshop. Daher bestimmt § 355 II 2 BGB n.F. nunmehr, dass auch in solchen Fällen die Regelwiderrufsfrist von 14 Tagen gilt, so dass V den Vertrag aufgrund des Zeitablaufes nicht mehr widerrufen kann. Anders würde der

655 S. *KG*, MMR 2007, 185 (186); NJW 2006, 3215 (3217); *OLG Hamm*, ZIP 2007, 824 (825).
656 S. die Begründung zum Gesetzentwurf der Bundesregierung vom 05.11.2008, S. 106. Abrufbar unter http://www.bmj.bund.de/files/-/3370/RegE_Verbraucherkreditrichtlinie.pdf.
657 S. 7. Kapitel, II, 2.

Fall nur liegen, wenn V nicht bereits auf der Internetseite des Anbietenden über sein Widerrufsrecht hingewiesen worden wäre. In einem solchen Fall findet weiterhin die Monatsfrist Anwendung, da der Verbraucher bei Vertragsschluss nichts von seinem Widerrufsrecht erfährt.

c) Darlehensverträge im Fernabsatz

Der Verbraucher V hat sich entschlossen, ein Darlehen in Höhe von 25.000 € bei der A-Bank aufzunehmen. Aus Bequemlichkeitsgründen schließt er den Vertrag online ab. Nachdem das Darlehen unmittelbar auf seinem Konto verbucht wird, erhält V einen Tag später den Darlehensvertrag nebst darin enthaltener Widerrufsbelehrung, die der Musterwiderrufsbelehrung der Anlage 1 zu Art. 246 § 2 III 1 EGBGB entspricht. Einige Jahre später möchte V sich vom Darlehensvertrag lösen und widerruft diesen, da er der Ansicht ist, der Effektivzinssatz sei von Anfang an zu hoch.

Bezüglich der Änderungen zur Widerrufsfrist bei im Fernabsatz geschlossenen Verträgen, kann auf die Ausführungen vom vorigen Fall verwiesen werden, so dass grundsätzlich die 14-tägige Regelwiderrufsfrist gilt. Auch kann V sich grundsätzlich nicht darauf berufen, dass die Widerrufsbelehrung fehlerhaft gewesen sei, mit der Folge, dass die Widerrufsfrist nach § 355 IV 3 BGB n.F. nicht zu laufen beginne. § 360 III 1 BGB bestimmt, dass bei Fernabsatzverträgen die Widerrufsbelehrung den gesetzlichen Anforderungen genügt, wenn (wie vorliegend) das Muster der Anlage 1 zu Art. 246 § 2 III 1 EGBGB verwendet wurde. Somit wäre in diesem Fall das Widerrufsrecht Jahre später grundsätzlich erloschen. Jedoch handelt es sich bei dem im Fernabsatz geschlossenen Darlehensvertrag um einen Verbraucherdarlehensvertrag, so dass die darin enthaltene Widerrufsbelehrung zusätzlich die Pflichtangaben des § 495 II Nr. 1 BGB n.F. i. V. mit Art. 247 § 6 II EGBGB enthalten muss. So ist im Vertrag ein Hinweis auf die Verpflichtung des Darlehensnehmers zur Darlehensrückzahlung und Vergütung der Zinsen zu erteilen. Außerdem ist der pro Tag zu zahlende Zinsbetrag anzugeben. Gerade dies ist jedoch durch die Verwendung der Musterwiderrufsbelehrung der Anlage 1 zu Art. 246 § 2 III 1 EGBGB nicht erfolgt, da sie solche Angaben in ihren Anmerkungen nicht vorsieht. Dementsprechend verstößt die Widerrufsbelehrung der A-Bank zwar nicht gegen die Vorschriften über das Widerrufsrecht im Fernabsatz, jedoch gegen § 495 II Nr. 1 BGB n.F. i. V. mit Art. 247 § 6 II EGBGB, so dass die erteilte Belehrung trotz Verwendung der Musterwiderrufsbelehrung fehlerhaft ist. Daher begann auch die Widerrufsfrist nach § 355 IV 3 BGB n.F. nicht zu laufen, so dass der Widerruf noch möglich war.

Dieses Beispiel verdeutlicht das Problem bei Verbraucherdarlehensverträgen. Eine eigene Musterwiderrufsbelehrung für Verbraucherdarlehensverträge wurde nicht geschaffen und das Muster der Anlage 1 zu Art. 246 § 2 III 1 EGBGB kann nicht gänzlich für Verbraucherdarlehensverträge übernommen werden, da dort zusätzliche Angaben erforderlich sind. Somit wird es für Darlehensgeber weiterhin an der Rechtssicherheit bei Verwendung von (Muster-)Widerrufsbelehrungen fehlen. Dieses Problem hat auch der *Bundesrat* erkannt und darauf hingewiesen, dass es der Rechtsklarheit diene, wenn eine auf die besonderen Anforderungen der Verbraucherkredite zugeschnittene Musterwiderrufsbelehrung ins Gesetz aufgenommen und ihre Verwendung durch den Kreditgeber als eine den Vorschriften des BGB entsprechende definiert werde.[658] Dennoch hat der Gesetzgeber hiervon keinen Gebrauch gemacht und zu seiner Begründung ausgeführt, dass die Verbraucherkreditrichtlinie dies so nicht vorsehe und wegen dem Prinzip der Vollharmonisierung dies auch nicht möglich sei.[659]

Diese Ausführungen können nicht überzeugen. Wenn sich der Gesetzgeber dafür entschieden hat, Pflichtangaben für eine ordnungsgemäße Belehrung in das nationale Gesetz aufzunehmen, dann muss es dem Gesetzgeber auch möglich sein, hierfür ein Muster zu erstellen, das der Rechtssicherheit dient. An dem Prinzip der Vollharmonisierung würde dies nichts ändern, da den Darlehensgeber lediglich ein Instrument zur wirksamen Anwendung der neuen Vorschriften an die Hand gegeben würde, ohne dabei die ordnungsgemäße Umsetzung der Verbraucherkreditrichtlinie zu gefährden. Dieses Defizit sollte der Gesetzgeber möglichst schnell beseitigen, damit die Gerichte in Zukunft nicht mit der Frage der Rechtmäßigkeit von verwendeten Widerrufsbelehrung bei Verbraucherdarlehensverträgen überschwemmt werden. Wie der Fall gezeigt hat, gilt dies umso mehr als es auch weiterhin dabei bleibt, dass bei einer fehlerhaften Widerrufsbelehrung die Frist nicht zu laufen beginnt, so dass die Darlehensnehmer auch Jahre später noch abgeschlossene Darlehensverträge widerrufen können.[660]

d) Verbundene Geschäfte gem. § 358 BGB

Der Verbraucher V möchte sich einen neuen Pkw kaufen. Da er aber nicht über das nötige Eigenkapital für den ausgesuchten Wagen verfügt, schlägt der Verkäufer eine Finanzierung des Pkw bei der B-Bank vor, mit der der Verkäufer zusammenarbeitet. Einen entsprechenden Darlehensvertrag hat der Verkäufer in seinem Büro auch vorliegen. Nachdem V die Verträge und sämtliche Infor-

658 S. *BR-Drucks. 848/08 (Beschluss)*, S. 5

659 S. *Gegenäußerung der Bundesregierung zu BR-Drucks. 848/08 (Beschluss)*, S. 5.

660 Vgl. insoweit die Möglichkeit einer Verwirkung im 12. Kapitel.

mationen nebst ordnungsgemäßer Widerrufsbelehrung durchgearbeitet hat, unterschreibt er die Verträge. Eine Woche, nachdem die Verträge abgeschlossen wurden und der Autoverkäufer sein Geld bekommen hat, widerruft V den Darlehensvertrag. Da ihm jedoch weiterhin das Geld zur Bezahlung des Pkws fehlt, will er auch den Kaufvertrag rückgängig machen.

V kann von seinem Widerrufsrecht Gebrauch machen, da es sich bei dem Darlehensvertrag um einen Verbraucherdarlehensvertrag im Sinne des § 491 I BGB n.F. handelt, bei dem ihm ein Widerrufsrecht nach § 495 BGB n.F. eingeräumt ist. Außerdem handelt es sich bei dem Verbraucherdarlehensvertrag und dem Kaufvertrag um einen verbundenen Vertrag im Sinne des § 358 III BGB (das Darlehen dient der Finanzierung des Kaufvertrages und beide Verträge bilden eine wirtschaftliche Einheit, da der Unternehmer und der Darlehensgeber wie eine Vertragspartei auftreten), so dass V gemäß § 358 II BGB auch nicht mehr an den Kaufvertrag gebunden ist. Dabei muss er jedoch keinen Rückgriff beim Autoverkäufer nehmen, sondern kann die Zins- und Tilgungsraten nach § 358 IV 3 i. V. mit § 357 i. V. mit § 346 BGB von der B-Bank zurückverlangen, da das Darlehen bereits an den Autoverkäufer ausgezahlt wurde.

Insoweit hat sich also durch das Umsetzungsgesetz nichts an der bisherigen Rechtslage geändert. Etwas anderes würde jedoch gelten, wenn der Verbraucher einen Nettodarlehensbetrag in Höhe von 200 € aufgenommen hätte. Nach § 491 II Nr. 1 BGB a.F. waren in einem solchen Fall die Vorschriften über den Verbraucherdarlehensvertrag nicht anwendbar, so dass dem Verbraucher kein Widerrufsrecht zustand. § 491 II Nr. 1 BGB a.F. regelte nämlich den Ausnahmefall für sogenannte Kleindarlehen, wenn der Nettodarlehensbetrag 200 € *nicht überstieg*. Demgegenüber regelt § 491 II Nr. 1 BGB n.F. nunmehr, dass ein Verbraucherdarlehensvertrag nicht vorliegt, wenn der Nettokreditbetrag *weniger als* 200 € beträgt, so dass ein Darlehen in Höhe von netto 200 € bereits zur Anwendung der §§ 491ff. BGB führt und dementsprechend dem Verbraucher ein Widerrufsrecht einräumt.

e) Der Anwendungsbereich des § 359 a BGB n.F

Einige Wochen später wird V an seinem Arbeitsplatz von einem anderen Autohändler zum Kauf eines Pkw veranlasst, da ihm das Angebot besonders günstig erscheint. Da er jedoch immer noch nicht in der Lage ist, den vollen Kaufpreis zu zahlen, schließt er diesmal bei seiner Hausbank einen Darlehensvertrag hierfür ab. Die Hausbank steht zwar nicht in Geschäftsbeziehungen zu dem Autoverkäufer, die Einzelheiten des bereits ausgesuchten Fahrzeuges sind im Darlehensvertrag jedoch genau angegeben. Als V eine Woche später feststellen muss, dass sich das angebliche Angebot als viel zu teuer herausstellt, widerruft er den Kaufvertrag. Da er nunmehr das Darlehen nicht mehr benötigt, möchte er auch hiervon Abstand nehmen.

Nach alter Rechtslage hätte V in einem solchen Fall den Darlehensvertrag getrennt widerrufen müssen, da die Voraussetzungen eines verbundenen Geschäfts nicht vorlagen. Das Darlehen dient zwar der Finanzierung des Kaufvertrages, es fehlt jedoch an einer wirtschaftlichen Einheit, da die Hausbank und der Autoverkäufer nicht als wirtschaftliche Einheit aufgetreten sind, sondern V die beiden Verträge getrennt voneinander geschlossen hat. Dies hat sich durch die Einführung des § 359 a BGB n.F. nunmehr geändert. Danach finden die Vorschriften über den verbundenen Vertrag bereits dann entsprechend Anwendung, wenn der Kaufgegenstand im Darlehensvertrag genau angegeben ist. Da dies vorliegend der Fall ist, ist V durch den Widerruf des Kaufvertrages auch nicht mehr an den Darlehensvertrag gebunden. Dementsprechend muss V zwar den Pkw an den Autoverkäufer herausgeben, kann aber bereits geleistete Zins- und Tilgungsraten von seiner Hausbank herausverlangen. Der Anwendungsbereich der verbundenen Verträge wird also durch den § 359 a BGB n.F. erheblich erweitert, so dass der Verbraucher noch mehr vor der Aufspaltung wirtschaftlich zusammenhängender Verträge geschützt wird.

f) Die Restschuldversicherung

V schließt bei seiner Hausbank einen Darlehensvertrag ab. Auf Anraten des zuständigen Bankberaters schließt V darüber hinaus eine Restschuldversicherung ab, was jedoch nicht in den Unterlagen explizit vermerkt wird. Die Mehrkosten für die Restschuldersicherung sind bei der Berechnung des effektiven Jahreszinssatzes nicht mit aufgenommen worden. Erst als V ein paar Tage später zuhause noch einmal die monatlich aufzubringenden Zinsen ausrechnet, fällt ihm auf, dass die Kosten für die Restschuldversicherung nicht mit einbezogen sind und dementsprechend der effektive Jahreszins höher ausfällt als angegeben. Daraufhin widerruft er den Darlehensvertrag und verlangt die Rückabwicklung.

Bei Restschuldversicherungen herrscht leit langem Streit über deren Einbeziehung in den effektiven Jahreszinssatz. So hat bereits *Geßner* anhand von Beispielen deutlich herausgearbeitet, dass Restschuldversicherungen einen Darlehensvertrag um gut 10 % verteuern können und auch innerhalb der Versicherungen eine derart große Anzahl von Unterschieden bzgl. der Preisgestaltung vorhanden ist, dass man daraus keinerlei Formel für deren Berechnung herleiten kann.[661] Allein diese Tatsachen zeigen bereits die Missstände und Gefahren für den Verbraucher bei Ab-

661 S. *Geßner*, VuR 2008, 84 (87ff.).

schluss einer Restschuldversicherung auf. Gleichwohl gilt grundsätzlich nach der Rechtsprechung des *BGH*, dass die Versicherungsprämien der Restschuldversicherung nicht in der Äquivalenzprüfung des Darlehensvertrages zu berücksichtigen seien, so dass es allein auf die Darlehensverzinsung ankomme.[662]

Darüber hinaus erhalten die Kreditinstitute regelmäßig *Kick-backs*, die bis zu 70 % der Versicherungsprämie ausmachen können, so dass hierdurch für die Banken ein durchaus lukratives Geschäft entstanden ist.[663] Somit ist die bei Restschuldversicherungen häufig fallende Aussage, diese komme sowohl dem Kreditgeber, also auch dem Kreditnehmer zu gleichen Teilen zugute, nicht richtig, muss doch der Darlehensnehmer nicht nur ein höheres Darlehen aufgrund der Restschuldversicherung aufnehmen, sondern diesen Mehrbetrag auch noch über die gesamte Laufzeit mit verzinsen.[664] Daher sah § 492 II 2 BGB a.F. i. V. mit § 6 III Nr. 5 PAngV auch vor, dass die Restschuldversicherung in den effektiven Jahreszinssatz mit aufgenommen werden musste, wenn sie Voraussetzung für den Abschluss des Kreditvertrages war, weil der Darlehensnehmer in der Regel den Abschluss eines Darlehensvertrages von dem effektiven Jahreszinssatz abhängig machte.

Dennoch kommt es bislang in der Praxis nur selten vor, dass die Restschuldversicherung auch tatsächlich mit in den effektiven Jahreszinssatz einbezogen wird. Dies liegt daran, dass die Kreditinstitute nicht offiziell angeben, dass der Abschluss des Darlehensvertrages von dem zusätzlichen Abschluss einer Restschuldversicherung abhängig gemacht wird, obwohl dies tatsächlich der Fall ist.[665] Da auf europäischer Ebene dieses Problem bekannt ist, versucht die neue Verbraucherkreditrichtlinie dem entgegenwirken. So heißt es nach Art. 19 II i. V. mit Art. 3 lit. g, dass für die Berechnung des effektiven Jahreszinses die Gesamtkosten des Kredites für den Verbraucher maßgebend sind, wobei unter Gesamtkosten sämtliche Kosten gemeint sind, die der Verbraucher in Zusammenhang mit dem Kreditvertrag zu zahlen hat und die dem Kreditgeber bekannt sind, nebst Kosten für Nebenleistungen, wenn der Abschluss des Vertrages über die Nebenkosten zusätzliche zwingende Voraussetzung dafür ist, dass der Kredit überhaupt oder nach den vorgesehenen Vertragsbedingungen gewährt wird. Diese Vorschriften versucht das nationale Gesetz umzusetzen. § 492 II BGB n.F. i. V. mit Art. 247 § 3 II 2 EGBGB und § 6 III Nr. 4 PAngV regelt nunmehr, dass solche Versicherungen und andere Zusatzleistungen nicht mit in den effektiven Jahreszinssatz einberechnet werden müssen, die keine Voraussetzung für die Kreditvergabe oder für die Kreditvergabe zu den vorgesehenen Vertragsbedingungen sind. Dies bedeutet vereinfacht darge-

662 S. *BGHZ 99*, 333 (336).
663 Vgl. *Knops*, VersR 2006, 1455 (1456).
664 Wie zuvor.
665 S. *Geßner*, VuR 2008, 84 (86 f.).

stellt, dass nur solche Versicherungen für die Berechnung des effektiven Jahreszinssatz maßgeblich sind und dementsprechend bei der Berechnung mit beachtet werden müssen, die für die Kreditvergabe selbst oder deren Konditionen ursächlich sind. Somit wird die jetzige Rechtslage insoweit geändert, dass die Restschuldversicherung auch bereits dann bei der Berechnung des effektiven Jahreszinssatzes beachtlich ist, wenn sie für die vereinbarten Konditionen ursächlich ist.

Außerdem führt die neue Formulierung zu einer Beweislastumkehr, so dass nunmehr die Kreditgeber im Falle eines Nichteinbezuges in den effektiven Jahreszinssatz beweisen müssen, dass die Restschuldversicherung nicht zwingende Voraussetzung für den Abschluss des Kreditvertrages ist. Auch wenn der Gesetzgeber den Wortlaut der Verbraucherkreditrichtlinie fast wörtlich übernimmt, wird er den Vorschriften der Richtlinie dennoch nicht voll gerecht. Wie sich aus den bereits gemachten Ausführungen ergeben hat, läuft schon die jetzige Regelung ins Leere, da die Kreditinstitute nicht öffentlich angeben, dass der Abschluss des Darlehensvertrages von der Restschuldversicherung abhängig ist, so dass sie nicht mit in den effektiven Jahreszinssatz aufgenommen wird. Ob insofern lediglich eine Beweislastumkehr zu einem anderen Ergebnis führen wird, muss bezweifelt werden. Die Pflicht zur Angabe bestand bereits vorher, so dass der Umstand, dass nunmehr der Kreditgeber die Beweislast trägt, diesen nicht davon abschrecken wird, von seiner bisherigen Praxis Abstand zu nehmen, zumal durch das Setzen eines Kreuzes innerhalb des Darlehensvertrages dieser Beweis bereits zugunsten des Darlehensgebers geführt werden könnte. Etwas anderes könnte nur gelten, wenn im Text zum Formularkästchen ausdrücklich klar gemacht wird, dass sich der Darlehensnehmer bei der ihm offengehaltenen Wahl zwischen einem Vertrag mit und einem ohne Restschuldversicherung für die erste Variante entschieden hat.[666] Dennoch ist allein die Möglichkeit, dass der Darlehensgeber die Restschuldversicherung zur Berechnung des effektiven Jahreszinssatzes mit aufnimmt, weil es ihm eventuell schwerer fallen wird zu beweisen, dass die Restschuldversicherung nicht ursächlich für die Konditionen des Kredites oder deren Vergabe war, nicht ausreichend, um die Voraussetzungen der Verbraucherdarlehensrichtlinie zu erfüllen. Danach *muss* der Darlehensgeber die Restschuldversicherung berücksichtigen, wenn sie ursächlich für die Vergabe des Kredites oder deren Vertragsbedingungen ist. Somit kann nicht eine Regelung geschaffen werden, die in der Praxis weiterhin leer zulaufen droht. Vielmehr hätte die Norm so konzipiert werden müssen, dass sobald eine Restschuldversicherung bei Vergabe eines Darlehens mit abgeschlossen wird, der Darlehensgeber diesbezüglich ein Rechenbeispiel zu geben hat, inwieweit sich dadurch der effektive Jahreszinssatz verändert. Dieses Rechenbeispiel müsste dem Darlehensnehmer als Nachweis sodann auch ausgehän-

666 S. *Derleder*, NJW 2009, 3195 (3202).

digt werden. Nur dadurch würde gewährleistet, dass der Darlehensnehmer die tatsächlichen Kosten überblicken kann und eine Vergleichsmöglichkeit mit den Konditionen anderer Darlehen hat. Eine andere Alternative sieht die neue Verbraucherkreditrichtlinie noch in ihrem Erwägungsgrund Nr. 22 vor, wonach die innerstaatlichen Vorschriften den Abschluss einer Nebenleistung auch durchaus gänzlich untersagen können. Dies mag zwar aus nationaler Sicht einen zu starken Einschnitt in die Privatautonomie darstellen, macht aber die Intention der Richtlinie deutlich, den Missstand in diesem Bereich unter allen Umständen zu unterbinden.

In Bezug auf den Ausgangsfall kann V grundsätzlich den Darlehensvertrag widerrufen, wenn die Voraussetzungen des § 495 BGB n.F. vorliegen, und zwar unabhängig davon, ob die Restschuldversicherung in die Berechnung des effektiven Jahreszinssatzes hätte mit aufgenommen werden müssen oder nicht. Liegen die Voraussetzungen jedoch nicht vor und möchte V Klage erheben, um seine Rechte durchzusetzen, so ist dies auch nach neuer Rechtslage nicht so einfach. Er trägt zwar nunmehr nicht mehr die Beweislast dafür, dass er ohne den Abschluss der Restschuldversicherung kein Darlehen erhalten hätte und dementsprechend der effektive Jahreszinssatz falsch berechnet wurde. Die Erfolgsaussichten halten sich dennoch in Grenzen, wie die soeben gemachten Ausführungen zeigen. Somit führt auch die neue Rechtslage nicht dazu, dass ein Verbraucher bei unterbliebener Einbeziehung der Restschuldversicherung in den effektiven Jahreszinssatz seine Rechte ohne großes Risiko gerichtlich durchsetzen kann.

III) Zusammenfassung

Sowohl das Ziel der neuen Verbraucherkreditrichtlinie, den grenzüberschreitenden Kreditverkehr zu erweitern, als auch das Ziel des Umsetzungsgesetzes, die Rechtslage übersichtlicher und einfacher zu gestalten, wurden nicht erreicht. In beiden Fällen liegt dies nicht zuletzt daran, dass die falschen Ansatzpunkte hierfür gewählt wurden, so dass sich sowohl auf europäischer als auch auf nationaler Ebene der Gesetzgeber letztendlich selbst im Wege stand, um diese durchaus zu begrüßenden Ziele zu erreichen. Dies gilt insbesondere auch für die Informationspflichten. Es wurde versucht, durch umfassende Informationen den Verbraucher bei den Vertragsverhandlungen besserzustellen und somit bestehende Defizite auszubessern. Dass eine solche Flut von Informationen aber auch durchaus negative Auswirkungen haben können, wurde dabei nicht bedacht.[667] Der sog. „Durchschnittsverbraucher“ hat zwar Interesse an Informationen und einer gewissen Verständlichkeit,

667 Vgl. insofern auch die Ausführungen von *Reifner*, VuR 2009, 3 (4).

dennoch darf dies im Ergebnis nicht dazu führen, dass er aufgrund des Arbeitsaufwandes von einer gewissenhaften Durcharbeitung Abstand nehmen wird.

In Bezug auf das Umsetzungsgesetz ist außerdem festzuhalten, dass nicht nur durch die umfangreichen Informationen, sondern auch durch die ständigen Verweisungen vom BGB auf das EGBGB und dessen Anlagen die Verwirrung noch weiter geschürt wird. Hinzu kommt, dass die Regelung der Musterwiderrufsbelehrung im Anhang zum EGBGB n.F., um ihr dadurch den Rang eines formellen Gesetzes einzuräumen, aus Verbrauchersicht nicht akzeptabel ist. Dadurch wird es dem Unternehmer ermöglicht, eine u.U. fehlerhafte Widerrufsbelehrung zu verwenden, ohne hierfür die Konsequenzen tragen zu müssen. Unverständlich ist insoweit auch, dass es der Gesetzgeber unterlassen hat, für den Verbraucherdarlehensvertrag eine eigene Musterwiderrufsbelehrung zu normieren. Weiterhin versucht das Umsetzungsgesetz den Anwendungsbereich des ohnehin europarechtlich bedenklichen § 357 III BGB noch zu erweitern, was keineswegs gelungen ist und den Verbraucher nur in noch stärkerem Maße benachteiligt. Positiv hervorzuheben sind letztendlich aber die Beseitigung der Problematik in Bezug auf die Regelwiderrufsfrist bei Onlineauktionen und die erweiterte Anwendung der Vorschriften über den verbundenen Vertrag durch die Einfügung des § 359 a BGB n.F.

Achtes Kapitel
Sonstige Widerrufsrechte außerhalb des BGB bezüglich deren Rechtsentwicklung

Wie die Widerrufsrechte innerhalb des BGB dienen auch die sonstigen Widerrufsrechte dem Schutz vor übereilten Vertragsabschlüssen durch Gewährung einer Überlegungsfrist.[668] Während dabei das Widerrufsrecht aus § 4 I FernUSG aber zumindest noch auf die Rechtsfolgen der §§ 355ff. BGB verweist und somit einen direkten Bezug zu den anderen Widerrufsrechten herstellt, finden sich in § 126 I InvG und in §§ 8, 9, 152 VVG eigene Vorschriften sowohl über ein Widerrufsrecht als auch dessen Folgen. Dennoch dürfen auch sie nicht gegen höherrangiges Recht verstoßen, so dass gegebenenfalls eine europarechtskonforme Auslegung geboten ist. Ob und in welchen Fällen dies notwendig ist, gehört neben der Rechtsentwicklung zu den Untersuchungen dieses Kapitels. Denn wie auch die anderen Widerrufsrechte blicken § 4 I FernUSG, § 126 I InvG und §§ 8, 9, 152 VVG teilweise auf eine lange Rechtsgeschichte zurück,[669] mit erheblichen Veränderungen vor allem in Bezug auf die Möglichkeit und der Ausgestaltung eines Widerrufsrechts.

I) § 126 I Investmentgesetz

1) Geschichtlicher Hintergrund

Wie bereits an anderer Stelle erörtert,[670] beruht das am 01.01.2004 in Kraft getretene Widerrufsrecht aus § 126 I InvG auf dem Widerrufsrecht aus § 23 KAGG und entspricht diesem auch weitestgehend. Grund eines solchen Widerrufsrechtes waren bereits im KAGG und im AuslInvG die negativen Erfahrungen mit Vertretern von Vertriebsgesellschaften, die Kunden ohne vorherige Bestellung zu Hause aufsuchten, obwohl die GewO in § 56 I Nr. 1 lit. h gerade den Vertrieb von Wertpapieren im Reisegewerbe untersagte. Neben einigen Änderungen im Laufe der

668 Vgl. *Larenz/ Wolf*, § 39 Rn. 3.
669 Vgl. die Ausführungen im 3. Kapitel.
670 S. 3. Kapitel, II, 2.

Zeit,[671] wurde das InvG letztmalig durch das am 27.12.2007 verkündete Investmentänderungsgesetz (InvÄndG) geändert,[672] welches vor allem Veränderungen zur Verbesserung der Standortattraktivität und des Schutzniveaus bei der Anlage in Publikumsfonds betraf. Dennoch wurde in diesem Zusammenhang auch § 126 InvG geändert.

2) Veränderungen durch das InvG und das InvÄndG

Zunächst wurde im neu geschaffenen InvG ein sog. vereinfachter Verkaufsprospekt durch § 42 I 1 InvG eingeführt (das ehemalige KAGG kannte nur einen Verkaufsprospekt, der in das InvG übernommen wurde und gem. § 42 I 3 InvG die Bezeichnung "ausführlicher Verkaufsprospekt" bekam), um die wichtigsten Informationen des Investmentfonds in klarer und für den Durchschnittsanleger leicht verständlicher Weise zu übermitteln und dadurch den Anlegerschutz zu verbessern.[673] Außerdem wurde das Widerrufsrecht in der Weise gestärkt, dass nach § 126 VI InvG das Widerrufsrecht nicht nur auf den Fall des Kaufes von Investmentanteilen durch den Anleger anwendbar war, wie dies noch § 23 KAGG bestimmte, sondern auch die Rücknahme von Investmentanteilen durch die Kapitalanlagegesellschaft, die in einer Haustürsituation vereinbart wird, mit umfasst wurde.[674] Bisher sahen § 23 II 2 KAGG und § 11 II 2 AuslInvG die Aushändigung des Verkaufsprospektes für das Ingangsetzen der Widerrufsfrist vor. Demgegenüber war nach § 126 II 2 InvG a.F. für den Beginn der Widerrufsfrist der Zeitpunkt des Angebotes des ausführlichen Verkaufsprospektes gem. § 121 I 1 InvG maßgeblich. Der vereinfachte Verkaufsprospekt war hierfür jedoch nach § 121 I 1 InvG nicht ausreichend, da nur der ausführliche Verkaufsprospekt eine Widerrufsbelehrung enthält. Da aber nach § 121 I 1, 1 Hs. InvG ohnehin sowohl der einfache als auch der ausführliche Verkaufsprospekt ausgehändigt werden musste, konnte man dieser Unsicherheit entgegenwirken, indem einfach beide Verkaufsprospekte gleichzeitig angeboten wurden und dadurch die Pflicht aus § 126 II 2 InvG a.F. erfüllt wurde.[675] Dadurch wurde dann auch in jedem Fall die Widerrufsfrist in Gang gesetzt, welche gem. § 126 I 1, 1. Hs. InvG zwei Wochen beträgt. Hierbei sei noch

671 Vgl. BGBl. I 2004, S. 3166 (Bilanzrechtsreformgesetz); BGBl. I 2005, S. 1698 (Prospektrichtlinie-Umsetzungsgesetz); BGBl. I 2005, S. 2676 (Gesetz zur Beschleunigung der Umsetzung von Öffentlich Privaten Partnerschaften und zur Verbesserung gesetzlicher Rahmenbedingungen für Öffentlich Private Partnerschaften); BGBl. 2006 I S. 2637 (Kapitaladäquanzrichtlinie-Umsetzungsgesetz); BGBl. I 2007, S. 10 (Transparenzrichtlinie-Umsetzungsgesetz); BGBl. I 2007, S. 1330 (Finanzmarktrichtlinie-Umsetzungsgesetz).

672 *BGBl. I 2007*, S. 3089.

673 S. *Nickel*, ZBB 2004, 197 (198).

674 S. 3. Kapitel, II, 2.

675 So auch *Nickel*, ZBB 2004, 197 (202).

erwähnt, dass im InvG vom 01.01.2004 die Verweisung des § 121 II InvG auf §§ 312b-312 d BGB a.F. bei Erwerb eines Investmentanteils durch ein Fernkommunikationsmittel gem. § 312 b ins Leere ging, da gem. § 312 b III Nr. 3 BGB a.F. Finanzgeschäfte und insbesondere Finanzdienstleistungen vom Anwendungsbereich der §§ 312b-312 d BGB a.F. ausgeschlossen waren.[676] Dieser Ausschluss wurde mit der Umsetzung der Zweiten Fernabsatzrichtlinie durch das Gesetz zur Änderung der Vorschriften über Fernabsatzverträge bei Finanzdienstleistungen schon bereits mit deren Inkrafttreten am 08.12.2004 behoben, indem § 312 b III Nr. 3 BGB n.F. nur noch Versicherungen sowie deren Vermittlung vom Anwendungsbereich der §§ 312b-312 d BGB n.F. ausschließt. Folglich waren nunmehr auch Finanzdienstleistungen vom Anwendungsbereich des § 312 b BGB n.F. mit umfasst, und die bestandene Verweisungslücke wurde geschlossen.[677]

Mit dem InvÄndG wurde in § 126 I InvG Satz 2 angefügt, wonach bei Fernabsatzgeschäften § 312 d IV Nr. 6 BGB entsprechend gilt.[678] Außerdem kommt es nach § 126 II 1 InvG nicht mehr auf die Absendung des Widerrufes, sondern auf die Absendung der Widerrufserklärung an. Der Widerruf ist dabei der Kapitalgesellschaft, der ausländischen Investmentgesellschaft oder einem Repräsentanten gemäß § 138 InvG gegenüber schriftlich zu erklären. Weiterhin wurde § 126 II 2 InvG gestrichen, wonach die Widerrufsfrist erst zu laufen begann, wenn der ausführliche Verkaufsprospekt dem Verkäufer angeboten wurde. Und schließlich wurden die Sätze 3 und 4 in der Weise ersetzt, dass die Widerrufsfrist erst zu laufen beginnt, wenn dem Käufer die Durchschrift des Antrags auf Vertragsabschluss oder eine Kaufabrechnung übersandt wurde und darin eine Widerrufsbelehrung enthalten ist, die den Anforderungen des § 355 II 1 BGB entspricht. Außerdem trifft die Beweislast für den Beginn der Widerrufsfrist nunmehr den Verkäufer. Der Ordnunghalber wird in diesem Zusammenhang auch darauf hingewiesen, dass es ebenfalls durch das InvÄndG zu einigen Änderungen innerhalb der Anlegerinformationen aus § 121 InvG kam. Für eine ordnungsgemäße Widerrufsbelehrung müssen die Anlegerinformationen aus § 121 I 7 InvG dem Erwerber ausgehändigt werden, um die zweiwöchige Widerrufsfrist in Gang zu setzen und dadurch einem endlosen Widerrufsrecht entgegenzuwirken, vgl. § 126 II 2 InvG i.V. mit § 355 II 1, III 3 BGB.[679] Als Rechtsfolge sieht § 126 IV InvG vor, dass, wenn der Käufer bereits Zahlungen geleistet hat, die Kapitalanlagegesellschaft oder die ausländische Investmentgesellschaft verpflichtet ist, dem Käufer, gegebenenfalls Zug um Zug gegen Rückübertragung der erworbenen Anteile, die bezahlten Kosten und einen Be-

676 S. 5. Kapitel, II, 2, c und sodann die Änderungen in III, 2.
677 S. 5. Kapitel, IV, 2.
678 Vgl. zu den Gründen der Einführung des § 312 d IV Nr. 6 BGB die Ausführungen im 5. Kapitel, IV, 2.
679 Siehe hierzu auch die Ausführungen im 12. Kapitel bzgl. der Möglichkeit einer Verwirkung.

trag auszuzahlen, der dem Wert der bezahlten Anteile am Tage nach dem Eingang der Widerrufserklärung entspricht.

II) § 4 I FernUSG

1) Geschichtlicher Hintergrund

Das im Jahre 1976 erlassene FernUSG[680] sollte den Missständen auf dem Gebiet des Unterrichtswesens, angefangen bei ungenügenden und irreführenden Informationen bis hin zu aggressiven Vorgehensweisen der Vermittlungsvertreter, entgegenwirken. Auch wenn vor Inkrafttreten des Gesetzes ein allgemeines Widerrufsrecht i.S.e. Reuerechts nach § 242 BGB nicht anerkannt war, wurde dennoch vereinzelt ein solches angenommen.[681] Als Argument für die Einführung eines Widerrufsrechtes in § 4 FernUSG a.F. wurde vor allem angeführt, dass der Grundsatz *pacta sunt servanda* im Bereich des Fernunterrichts nicht gelte, da der Teilnehmer sich seiner Entscheidung nicht wie ein Käufer bei stationären Einzelhandel überlegen könne, da er gerade keinen unmittelbaren Eindruck von der angebotenen Leistung erlange.[682] Zunächst wurde das Widerrufsrecht durch die Umsetzung der Fernabsatzrichtlinie 97/7/EG am 14.12.2000 geändert, indem in § 4 I FernUSG auf die Rechtsfolgen des § 361 a BGB a.F. verwiesen wurde,[683] bevor es im Wege des SMG an die §§ 355ff. BGB angepasst wurde.[684]

2) Inhalt und Änderungen des § 4 FernUSG und deren Bedeutung

Das FernUSG a.F. sah neben der Legaldefinition des Fernunterrichtsvertrages in § 1 FernUSG vor allem bestimmte Formvorschriften und den Inhalt des Fernunterrichtsvertrages in § 3 FernUSG vor, von dem dem Teilnehmer eine Abschrift auszuhändigen war. Hierbei musste die Widerrufsbelehrung gesondert unterschrieben werden, § 3 IV 2 FernUSG. An die Aushändigung der genannten Abschrift und den Eingang der ersten Lieferung des Fernlehrmaterials war der Beginn der zweiwöchigen Widerrufsfrist geknüpft, § 4 I, II 1 FernUSG. In § 4 III FernUSG war sodann das Erlöschen des Widerrufsrechts geregelt. Dementsprechend erlosch das Widerrufsrecht, wenn beide Parteien den Vertrag vollständig erfüllt hatten (1. Alt.), spätestens aber ein halbes Jahr nach Eingang der ersten Lieferung (2. Alt.). Die

680 Vgl. 3. Kapitel, II, 3.
681 Vgl. *LG Oldenburg*, MDR 1969, 392; *LG Frankfurt a.M.,* MDR 1970, 415.
682 S. *Faber/ Schade,* § 4 Rn. 2.
683 S. *BGBl. 2000 I*, S. 1670.
684 S. *BT-Drucks. 14/6040,* S. 284 f.

Rechtsfolgen waren in § 4 IV FernUSG geregelt und entsprachen weitestgehend § 1 d AbzG.[685] Somit musste der Veranstalter das bisher empfangene Entgelt zurückerstatten, während der Teilnehmer nur das Lehrmaterial und sonstige empfangene Sachen zurückgewähren musste und nicht auch noch die empfangenen Lehrleistungen in Form einer Vergütung. War die Rückerstattung der empfangenen Leistungen unmöglich geworden oder hatte sich die Sache verschlechtert, änderte dies zwar nichts an der Möglichkeit des Widerrufes des Vertrages durch den Teilnehmer, jedoch war er dann verpflichtet, Wertersatz zu leisten, sofern er die Unmöglichkeit oder Verschlechterung der Sache zu vertreten hatte.[686] Dabei umfasste der Wert nicht auch den entgangenen Gewinn, sondern nur den Einkaufspreis nebst Bereitstellungskosten, wie es auch § 1 d I 3 AbzG vorsah.[687] Ansonsten hätte dies im Falle eines Widerrufes zu einer Verbesserung der finanziellen Verhältnisse des Unternehmers geführt. Da aber die Gewinnspanne durch den Widerruf entfiel, konnte es nur auf den objektiven Wert der Sache ankommen.

Durch das Gesetz über Fernabsatzverträge und andere Fragen des Verbraucherrechts sowie zur Umstellung von Vorschriften auf Euro, welches am 30.06.2000 in Kraft trat, kam es innerhalb des Widerrufsrechts aus § 4 I FernUSG zu einer Verweisung auf § 361 a BGB a.F.[688] Die sich aus der Vereinheitlichung der Widerrufsrechte ergebenden Probleme, wurden bereits an anderer Stelle erläutert.[689] Des Weiteren fand sich nunmehr ein Verweis auf § 4 FernAbsG, sofern der Fernunterrichtsvertrag finanziert wurde. Somit war der Teilnehmer bei Widerruf des Fernunterrichtsvertrages auch nicht mehr an den Darlehensvertrag gebunden, sofern die weiteren Voraussetzungen des § 4 FernAbsG vorlagen.[690] Außerdem bestand der neue § 4 FernUSG nur noch aus drei Absätzen, da aufgrund des Verweises auf § 361 a BGB a.F. der alte Absatz IV vollständig entfiel und die anderen Absätze neu gegliedert wurden. Zu einer inhaltlichen Änderung kam es dadurch jedoch nicht.

Die Neufassung des § 4 FernUSG im Wege des SMG trug nur dem Umstand Rechnung, dass die widerrufsrechtlichen Regelungen gem. §§ 355ff. BGB a.F. vereinheitlicht wurden, wobei die Begrifflichkeiten und die Verweisungen weiter an das BGB angepasst wurden. Nach der amtlichen Begründung handelte es sich insoweit lediglich um *redaktionelle Anpassungen*, ohne dass der bisherige Rechts-

685 S. *Faber/ Schade*, § 4 Rn. 11.
686 Vgl. *Faber/ Schade*, § 4 Rn. 13.
687 Vgl. *Dörner*, BB 1977, 1739 (1743); für § 1 d I 3 AbzG s. Soergel/ *Hönn*, 12. Auflage, § 1 d AbzG Rn. 6; a.A. *Faber/Schade*, § 4 Rn. 14, der auch einen entgangenen Gewinn mit einberechnet.
688 S. *BGBl 2000 I,* S. 1670 (1672).
689 S. 4. Kapitel, III.
690 § 4 I 1 FernAbsG sah vor, dass der Verbraucher, der zur Finanzierung des Fernabsatzvertrages zusätzlich einen Kreditvertrag abschließt, bei wirksamer Ausübung seines Widerrufsrechts auch nicht mehr an den Kreditvertrag gebunden ist.

zustand inhaltlich geändert wurde.[691] Aus diesem Grunde waren in § 4 FernUSG auch einige Besonderheiten gegenüber der allgemeinen Vorschriften aus §§ 355ff. BGB geregelt.[692]

Die Änderungen im Wege des OLG-Vertretungsänderungsgesetzes[693] wurden jedoch beim FernUSG nicht berücksichtigt. Dies hat insoweit beachtliche Folgen, als durch die Subsidiaritätsklausel aus § 312 a BGB[694] das Widerrufsrecht gem. § 312 I BGB ausgeschlossen ist, wenn gleichzeitig ein Widerrufsrecht nach § 4 I FernUSG besteht. Das Widerrufsrecht aus § 4 I FernUSG ist jedoch im Gegensatz zu § 355 III 3 BGB nicht zeitlich unbefristet, wenn die Widerrufsbelehrung unterblieben oder fehlerhaft ist. Vielmehr sieht § 4 II FernUSG weiterhin vor, dass das Widerrufsrecht spätestens mit dem Ablauf des ersten Halbjahres nach Eingang der ersten Lieferung erlischt. Hierin ist ein Verstoß gegen die Haustürgeschäfterichtlinie 85/577/EWG zu sehen, wie es der *EuGH* bereits in Bezug auf die Subsidiaritätsregelung des § 312 a BGB a.F. und der Befristung des Widerrufsrechts aus § 312 III BGB a.F. festgestellt hatte.[695] § 4 II FernUSG hindert nämlich nicht das Zustandekommen des Widerrufsrechts, sondern führt nur zu dessen Erlöschen, mit der Folge, dass dadurch nicht das Widerrufsrecht nach § 312 I BGB wieder auflebt und es somit selbst bei dem neu formulierten § 312 a BGB bei der Subsidiaritätsklausel bleibt.[696] Aus diesem Grund muss § 4 II FernUSG in der Weise richtlinienkonform ausgelegt werden, dass die Erlöschensfrist des § 4 II FernUSG nicht gilt, wenn dem Lernenden als Verbraucher ein Widerrufsrecht nach der Haustürgeschäfterichtlinie zusteht.[697] Auch wenn in § 312 d III BGB eine andere Sonderregelung für das vorzeitige Erlöschen des Widerrufsrechts geregelt ist, stellt diese doch auf die Kenntnis des Verbrauchers von seinem Widerrufsrecht ab, was bei § 4 II FernUSG gerade nicht der Fall ist, so dass ein Vergleich der beiden Normen von vornherein ausscheidet.[698] Somit verbleibt es dabei, dass § 4 II FernUSG auch noch nach dem OLG-Vertretungsänderungsgesetz richtlinienkonform auszulegen ist.

691 S. *BT-Drucks. 14/6040*, S. 284 f.

692 So bestimmt § 4 I 2 FernUSG abweichend von § 355 II 1 BGB, dass die Widerrufsfrist nicht vor dem Zugang der ersten Lieferung des Fernunterrichtsmaterials zu laufen beginnt. Außerdem bestimmt sich das Erlöschen des Fernunterrichtsvertrages nach § 4 II FernUSG und nicht nach § 355 III BGB. Und schließlich ergeben sich auch in Bezug auf die Rechtsfolgen aus §§ 357 f. BGB einige Modifikationen in § 4 III FernUSG, da der Teilnehmer von einer allgemeinen Haftung wegen bestimmungsgemäßer Ingebrauchnahme ausgenommen ist.

693 S. *BGBl.2002 I*, S. *2850* und die Ausführungen im 4. Kapitel, IV, 2, b.

694 Vgl. die Ausführungen im 4. Kapitel, IV, 2, b.

695 S. *Slg. 2001, I-9945,* NJW 2002, 281= ZIP 2002, 31= ZfIR 2002, 15.

696 S. *Wildemann*, VuR 2003, 90 (92); *BGH*, WM 2005, 124 (125), wonach für die Frage des Beurteilungszeitpunktes der Vertragsschluss maßgeblich ist.

697 So auch *Fischer*, VuR 2002, 193 (197); *Wildemann*, VuR 2003, 90 (92); Micklitz/ Tonner/ *Tonner*, § 312 a Rn. 40.

698 Vgl. zu § 312 d III BGB MünchKomm/ *Masuch*, 5. Auflage, § 355 Rn. 66.

III) §§ 8, 9, 152 VVG

1) Geschichtlicher Hintergrund

Obwohl das VVG bereits am 01.01.1910 in Kraft getreten ist,[699] bestand bei Versicherungsverträgen erst seit dem 01.01.1991 in § 8 IV VVG ein zehntägiges Widerrufsrecht.[700] Dieses wurde bereits drei Jahre später, am 29.07.1994, durch das Dritte Gesetz zur Durchführung versicherungsrechtlicher Richtlinien des Rates der Europäischen Gemeinschaft[701] modifiziert, indem unter anderem die Widerrufsfrist auf 14 Tage verlängert wurde. Eine weitere Änderung ergab sich durch Art. 6 des Gesetzes zur Änderung der Vorschriften über Fernabsatzverträge bei Finanzdienstleistungen vom 02.12.2004, bei dem § 48 c VVG eingefügt wurde.[702] Dieser sah in Abs. 1 S. 1 ein spezielles Widerrufsrecht von zwei Wochen vor, wenn der Versicherungsvertrag unter ausschließlicher Verwendung von Fernkommunikationsmitteln i.S. des § 312 b II BGB geschlossen wurde. Bei Lebensversicherungsverträgen und Verträgen über die Altersversorgung von Einzelpersonen verlängerte sich das Widerrufsrecht gem. § 48 c I 2 VVG sogar auf 30 Tage. Zuletzt wurde das VVG durch das Gesetz zur Reform des VVG vom 23.11.2007 grundlegend reformiert und trat am 01.01.2008 in Kraft.[703] Nach dem fast 100-jährigen Bestehen des VVG war dabei vor allem der Umstand, dass grundsätzliche Änderungen des rechtlichen und wirtschaftlichen Umfelds von Nöten waren, Ausgangspunkt der Reform. Insbesondere sollte dabei auf die wettbewerbsorientierte Deregulierung des Versicherungswesens einerseits und die Einführung einzelner vertragsrechtlicher Regelungen im Interesse des Verbraucherschutzes andererseits ein besonderes Augenmerk gelegt werden.[704]

2) Die wesentlichen Änderungen des Widerrufsrechts innerhalb des VVG

Das ursprüngliche zehntägige Widerrufsrecht von 1991 bestand gem. § 8 IV 1 VVG, wenn der Versicherungsvertrag mindestens ein Jahr betrug. Hierbei war für die Einhaltung der Frist der Eingang der schriftlichen Widerrufserklärung beim Empfänger, also dem Versicherer, maßgeblich. Darüber hinaus war in § 8 IV 3 VVG ein Ausschluss des Widerrufs für den Fall geregelt, dass es sich bei dem Versicherungsnehmer um einen Vollkaufmann handelte oder sofortiger Versiche-

699 S. *RGBl.* S. 263.
700 Vgl. 3. Kapitel, II, 5.
701 S. *BGBl. 1994 I*, S. 1630.
702 S. *BGBl. 2004 I*, S. 3102.
703 S. *BGBl. 2007 I*, S. 2631.
704 Vgl. *Niederleithinger,* Teil A, Einleitung Rn. 3.

rungsschutz auf Wünsch des Versicherten bestand. Und schließlich musste der Versicherungsnehmer gem. § 8 IV 4 VVG über sein Widerrufsrecht belehrt werden. Dies zeigt, dass die Belehrung zwar erteilt werden musste, hieran aber keine Rechtsfolgen für den Fristbeginn geknüpft waren. Die Widerrufsfrist begann nämlich bereits mit dem Zeitpunkt, zu dem der Versicherte den Versicherungsvertrag unterschrieben hatte. In der Belehrung war aber sowieso, vor allem neben der Widerrufsfrist, der größte Fauxpas dieses Widerrufsrechts zu sehen, nicht nur deswegen weil eine gesonderte Widerrufsbelehrung nicht vorgeschrieben war und somit innerhalb des umfangreichen Versicherungsvertrages „versteckt" werden konnte, sondern auch weil die Belehrung nicht gesondert unterschrieben werden musste, so dass auch nicht sichergestellt war, ob der Versicherungsnehmer von seiner Belehrung auch wirklich Kenntnis genommen hatte. Dem gegenüber war das Problem bei der Widerrufsfrist, dass es auf den Eingang beim Versicherer ankam und nicht auf die Absendung der Widerrufserklärung. Dies konnte jedoch zu damaliger Zeit dazu führen, dass die Überlegungsfrist gerade einmal zwei, drei Tage betrug, da vereinzelt mit Zustellzeiten durch die Post von bis zu einer Woche zu rechnen war und außerdem der Versicherungsnehmer das bestehende Verlust- als auch das Verzögerungsrisiko zu tragen hatte.[705]

Durch die Änderungen seit Inkrafttreten des Dritten Gesetzes zur Durchführung versicherungsrechtlicher Richtlinien des Rates der Europäischen Gemeinschaft am 29.07.1994 wurden zunächst Lebensversicherungen vom Anwendungsbereich des § 8 IV VVG ausgeschlossen und dem Versicherungsnehmer wurde ein Rücktrittsrecht gem. § 8 V VVG eingeräumt. Grund hierfür war die Umsetzung der 2. Lebensversicherungsrichtlinie 90/619/EWG,[706] die ein Rücktrittsrecht verlangt.[707] Das hatte zur Folge, dass bei Lebensversicherungen durch den Rücktritt der bereits geschlossene Vertrag rückwirkend außer Kraft trat, während bei einem Widerruf der Vertrag erst gar nicht zustande kam.[708] Aber auch die soeben angesprochenen Probleme wurden weitestgehend behoben. So wurde die Widerrufsfrist von zehn auf 14 Tage erweitert, begann aber weiterhin mit Unterzeichnung des Versicherungsvertrages. Entscheidend war aber nunmehr, dass für die Einhaltung der Frist die Absendung des Widerrufes maßgeblich war und nicht mehr der Eingang beim Versicherer, so dass evtl. Verzögerungen bei der Versendung nicht mehr zu Lasten des Versicherungsnehmers gingen. Außerdem sah die neue Fassung nunmehr eine Rechtsfolge für den Fall der fehlerhaften oder unterbliebenen Belehrung vor. So begann die Widerrufsfrist gem. § 8 IV 3 VVG erst dann zu laufen, wenn der Versicherungsnehmer über sein Widerrufsrecht belehrt wurde und er die Belehrung

705 Vgl. *Teske*, NJW 1991, 2793 (2797).
706 S. *ABl. EG Nr. L 330/50* vom 29.11.1990.
707 Vgl. Begr. zum Reg-Entwurf *BT-Drucks. 12/6959*, S. 101.
708 Vgl. Römer/ Langheid/ *Römer*, § 8 Rn. 70.

durch Unterschrift bestätigte. Unterblieb demgegenüber die Belehrung auch nach Vertragsschluss, so erlosch das Widerrufsrecht nach § 8 IV 4 VVG erst einen Monat nach Zahlung der ersten Prämie. Auch wenn sich bzgl. der Belehrung durch die Modifizierung des VVG nichts änderte und diese weiterhin nicht gesondert unterschrieben werden musste, war es aber mittlerweile nach h. M. zumindest erforderlich, dass sich die Belehrung von dem sonstigen Vertragstext deutlich abhebt und dem Versicherungsnehmer wenigstens in Form einer Abschrift während der Widerrufsfrist vorlag.[709]

Mit dem am 08.12.2004 in Kraft getretenen § 48 c VVG wurde ein weiteres Widerrufsrecht für den Fall geschaffen, dass der Versicherungsvertrag unter ausschließlicher Verwendung von Fernkommunikationsmitteln geschlossen wurde. Dabei folgte die Regelung genauso wenig wie das Widerrufsrecht aus § 8 IV VVG den Regelungen aus §§ 355ff BGB. Wie bereits erwähnt, stand dem Versicherungsnehmer ein zweiwöchiges Widerrufsrecht zu, welches sich im Falle einer Lebensversicherung jedoch auf 30 Tage verlängerte. Gem. § 48 c IV VVG bestand ein Ausschluss des Widerrufsrechts bei Reise- und Gepäckversicherungen oder ähnlichen Versicherungsverträgen mit einer Laufzeit von weniger als einem Monat.[710] Die Widerrufsfrist war ebenfalls an den Vertragsschluss gebunden, es sei denn die Informationspflichten aus § 48 b VVG wurden erst nach Vertragsschluss übermittelt, denn dann war dieser Zeitpunkt maßgeblich. Darüber hinaus regelte § 48 c VI VVG, dass die §§ 5 a, 8 IV, V VVG keine Anwendung fanden, soweit der Versicherungsnehmer ein Widerrufsrecht nach § 48 c I VVG hatte. Dies bedeutete, dass wenn aufgrund des § 48 c III, IV VVG (Ausnahme bei beiderseits vollständig erfülltem Vertrag und bei Verträgen mit einer Laufzeit von weniger als einem Monat) das Widerrufsrecht des Versicherungsnehmers entfiel, er immer noch sein Widerspruchsrecht aus § 5 a VVG oder sein Widerrufsrecht aus § 8 VVG geltend machen konnte.[711] Im Gegensatz zu § 8 IV VVG war das Widerrufsrecht nicht ausgeschlossen, wenn der Versicherungsnehmer auf Wunsch des Versicherten sofortigen Rechtsschutz gewährte. Dennoch ergab sich für den Versicherer nur eine Teilvergütungspflicht für den Zeitraum nach Widerruf. Dementsprechend verblieben Prämien für vergangene Zeiträume beim Versicherer, sofern dieser den Versicherungsnehmer bei Vertragsschluss auf sein Widerrufsrecht, die Rechtsfolgen und auf den zu zahlenden Betrag hingewiesen hatte.[712] Unterblieben demgegenüber diese Hinweise, hatte der Versicherer zusätzlich die für das erste Jahr des Versicherungsschutzes gezahlten Prämien zu erstatten, es sei denn, der Versiche-

709 S. Prölss/ Martin/ *Prölls*, § 8 Rn. 46 m.w.N.
710 S. *Rott*, BB 2005, 53 (62).
711 Vgl. *Rott*, BB 2005, 53 (63).
712 Vgl. *Schneider*, VersR 2004, 696 (704).

rungsnehmer hatte Leistungen aus dem Versicherungsvertrag bereits in Anspruch genommen.

Die letzte wesentliche Änderung ergab sich durch das am 01.01.2008 neu in Kraft getretene VVG. Dort wurde das Widerspruchsrecht aus § 5 a VVG und die Widerrufsrechte aus §§ 8 IV, 48 c VVG in dem neuen § 8 VVG zusammengefasst. Dementsprechend hat der Versicherungsnehmer nunmehr unabhängig von der Art des Vertragsschlusses und des Vertriebswegs ein Widerrufsrecht von zwei Wochen. Die Widerrufsfrist ist seitdem nur noch von dem Zeitpunkt abhängig, zu dem dem Versicherungsnehmer die Unterlagen aus § 8 II VVG in Textform zugegangen sind. Für die Ordnungsmäßigkeit der Widerrufsbelehrung bestimmt § 8 II, 1 VVG i.V. mit § 8 V VVG, dass dieser Genüge getan ist, wenn eine Musterwiderrufsbelehrung verwendet wird.[713] Somit ist das Widerrufsrecht von der Ausnahme zur Regel geworden.[714] Dennoch findet sich in § 8 III VVG ein Ausnahmekatalog, deren S. 1 Nr. 1 und S. 2 in Art. 6 II lit. b und c der Fernabsatzrichtlinie II begründet sind und dem § 48 c III, IV VVG entsprechen.[715] Weiterhin finden sich in Abs. 3 noch Ausnahmen für Versicherungsverträge über vorläufige Deckung, es sei denn, es handelt sich um einen Fernabsatzvertrag i.S. des § 312 b I, II BGB (Nr. 2), für Versicherungsverträgen bei Pensionskassen, die auf arbeitsvertraglichen Regelungen beruhen, es sei denn, es handelt sich wiederum um einen Fernabsatzvertrag i.S. des § 312 b I, II BGB (Nr. 3) und bei Versicherungsverträgen über ein Großrisiko i.S. des Art. 10 I 2 des EGVVG. Die Rechtsfolgen eines ausgeübten Widerrufs finden sich nunmehr in § 9 VVG und gehen den allgemeinen Regelungen über die Rechtsfolgen eines Widerrufs von Verträgen im BGB vor. Dabei hat § 9 VVG sachlich unverändert die Regelungen des § 48 c V VVG übernommen,[716] sieht sich aber bereits schon jetzt einer Fülle von Kritiken bezüglich seiner Europarechtskonformität ausgesetzt.[717] Bei Lebensversicherungen besteht abweichend von § 8 I 1 VVG ein Widerrufsrecht von 30 Tagen gem. § 152 I VVG. Darüber hinaus sieht § 152 II VVG eine Sonderregelung gegenüber § 9 VVG vor. Während nach § 9 S. 1 VVG nämlich der Versicherer nur die nach Zugang des Widerrufs noch geleisteten Prämien erstatten muss, muss bei Lebensversicherungsverträgen gem. § 152 II 1 VVG zusätzlich der Rückkaufswert (vgl. § 169 VVG) vom Versicherer gezahlt werden. Begründet wird dies damit, dass der Versicherungsnehmer bei Kündigung den Rückkaufswert ebenfalls erhalten würde und somit bei einem Widerruf schlechter stünde als bei einer Kündigung.[718] Außerdem hat der Versicherer

713 Vgl. zur Kritik an einer Musterwiderrufsbelehrung die Ausführungen im 5. Kapitel, III, 3, IV.
714 S. *Marlow/ Spuhl*, S. 11.
715 S. *Niederleithinger*, § 8 Rn. 8.
716 S. *BT-Drucks. 16/3945*, 62.
717 Vgl. *Wandt/ Ganster*, VersR 2008, 425ff; *Dörner/ Staudinger*, WM 2006, 1710 (1713 f.)
718 S. *Niederleithinger*, § 152 Rn. 4.

gem. § 152 II 2 VVG im Fall des § 9 S. 2 VVG, also insbesondere bei nicht ordnungsgemäßer Belehrung, zusätzlich die Überschussanteile oder die für das erste Jahr gezahlten Prämien zu erstatten, sofern dies für den Versicherungsnehmer günstiger ist.

IV) Zusammenfassung

Obwohl das InvG erst am 01.01.2004 in Kraft getreten ist, wurde es schon mehrere Male überarbeitet. Durch das InvÄndG wurden bzgl. des Widerrufes einige wesentliche Änderungen vorgenommen, die den Verbraucherschutz bei dem Erwerb von Investmentanteilen entschieden ausgebaut haben, nicht nur, dass es nunmehr für die Einhaltung der Widerrufsfrist auf die Absendung der Widerrufserklärung und nicht mehr auf die Absendung des Widerrufs ankam, was für den Käufer zu einer erheblichen Zeitersparnis führen konnte, sondern auch der Beginn der Widerrufsfrist wurde an den Erhalt der Durchschrift des Antrags auf Vertragsabschluss oder eine Kaufabrechnung nebst ordnungsgemäßen Widerrufserklärung geknüpft, die der Regelung des § 355 II 1 BGB entsprach. Dies zeigt wiederum, dass auch wenn § 126 InvG nicht auf die Regelungen der §§ 355ff. BGB verweist, dennoch eine Verbindung zu den Widerrufsfolgen der §§ 355ff. BGB besteht.

Bei einem Widerruf eines Fernunterrichtsvertrages gem. 4 I FernUSG muss bei Unmöglichkeit der Rückerstattung der empfangenen Leistungen oder deren Verschlechterung zwar Wertersatz geleistet werden, aber nach der hier vertretenen Auffassung nicht auch noch der entgangene Gewinn. Ansonsten würde der Widerruf zu einer Verbesserung der finanziellen Verhältnisse des Unternehmers führen, was nicht der Intention des Gesetzgebers und dem Sinn und Zweck der Norm entsprechen kann. Auf Grund der Verweisung des § 4 I FernUSG auf die Normen des BGB kam es zwar zu *redaktionellen Anpassungen* mit der Einführung des § 361 a BGB aF und später der §§ 355ff. BGB, der inhaltliche Rechtszustand wurde aber jeweils beibehalten. Zu einem Problem führte dies jedoch bei den Änderungen aufgrund des OLG-Vertretungsänderungsgesetzes, da die Vorschrift des § 4 FernUSG augenscheinlich übersehen wurde. Daher muss eine richtlinienkonforme Auslegung des § 4 FernUSG in der Weise geschehen, dass entgegen der Subsidiaritätsklausel des § 312 a BGB die Erlöschensfrist des § 4 II FernUSG nicht gilt, wenn dem Lernenden als Verbraucher ein Widerrufsrecht nach der Haustürgeschäfterichtlinie zusteht.

Das seit dem 01.01.1991 in § 8 IV VVG bestehende zehntägige Widerrufsrecht bei Versicherungsverträgen wurde ebenfalls mehrfach modifiziert. Zusätzlich wurde sogar am 02.12.2004 gem. § 48 c VVG ein spezielles Widerrufsrecht von zwei Wochen eingeführt, wenn der Versicherungsvertrag unter ausschließlicher Verwendung von Fernkommunikationsmitteln i.S. des § 312b II BGB geschlossen wurde. Zuletzt wurden diese Widerrufsrechte zum 01.01.2008 reformiert. Die bereits zuvor bestehenden Kritikpunkte an den Widerrufsrechten konnte jedoch dennoch nicht vollumfänglich beseitigt werden, so dass diesbezüglich mit Spannung abgewartet werden darf, wie sich das neue VVG in der Rechtspraxis und gegen die bestehenden Kritiker durchsetzen wird.

Wie sich gezeigt hat, haben sich die Probleme bei den Widerrufsrechten auch außerhalb des BGB fortgesetzt. Dies verwundert umso mehr, beachtet man, dass die Widerrufsrechte außerhalb des BGB zum Teil nicht auf eine so lange Rechtsgeschichte zurückblicken und gerade durch die teilweise Nichtverweisung auf die §§ 355ff. BGB nicht vor den Problemen stehen, die sich aus dem Versuch einer Vereinheitlichung der Widerrufsrechte ergeben.

Neuntes Kapitel
Die Überschneidung der Widerrufsrechte

Wie sich aus den gemachten Ausführungen zu den einzelnen Widerrufsrechten ergeben hat, ist deren persönlicher Anwendungsbereich grundsätzlich identisch, da auf der einen Seite eine privat handelnde, und auf der anderen Seite eine gewerblich handelnde Person als Vertragsparteien auftreten müssen.[719] Demgegenüber knüpft der sachliche Anwendungsbereich entweder an die situativen Umstände (Haustürgeschäfte, Fernabsatzgeschäfte, Fernunterrichtsgeschäfte) oder an den Vertragsgegenstand (Verbraucherdarlehensverträge, Investmentgeschäfte, Versicherungsgeschäfte) an. Dennoch ist es bei einer Reihe von Verträgen durchaus möglich, dass dem Verbraucher grundsätzlich ein Widerrufsrecht nach unterschiedlichen Normen zusteht. Um den wegen dieser Doppelung der Widerrufsrechte u.U. entstehenden Anwendungsschwierigkeiten entgegenzuwirken, hat der Gesetzgeber die §§ 312 a, 312 d V BGB erlassen, die das Konkurrenzverhältnis der einzelnen Widerrufsrechte regeln.[720] Diese Normen werden in diesem Kapitel näher erläutert und ihre Europarechtskonformität wird herausgearbeitet. Zuvor werden jedoch die grundsätzlichen Überschneidungsmöglichkeiten der Widerrufsrechte dargestellt und bei welchen Widerrufsrechten eine Überschneidung schon grundsätzlich oder aufgrund von Ausnahmetatbestanden ausgeschlossen ist.

I) Überschneidungsmöglichkeiten und deren Ausschluss

1) Das Widerrufsrecht aus § 312 I 1 BGB

Das Widerrufsrecht bei Haustürgeschäften steht grundsätzlich in Konkurrenz zu fast allen anderen Widerrufsrechten. Dies ist auch nicht verwunderlich, kommt es doch häufig vor, dass in der Wohnung des Verbrauchers Verträge geschlossen werden. So wurden gerade in der Vergangenheit häufig Darlehensverträge zuhause bei dem Verbraucher geschlossen, mit der Folge, dass grundsätzlich ein Widerrufsrecht nach § 312 I 1 BGB und § 495 I BGB bestünde. Dasselbe gilt für Teilzeit-Wohnrechteverträge (§ 485 I BGB), Finanzierungshilfen (§§ 499 I, 500, 501 BGB), Ratenlieferungsverträge (§ 505 I Nr. 1 BGB), Fernunterrichtsverträge (§ 4 I FernUSG) und Investmentverträge (§ 126 I InvG), deren Vertragsschluss häufig unter

719 Vgl. 4. Kapitel, III, 2, a; 5. Kapitel, II, 2, a; 6. Kapitel, IV.
720 S. MünchKomm/ *Masuch*, 5. Auflage, § 312 a Rn. 1.

den Voraussetzungen des § 312 I BGB zustande kommt. Grundsätzlich würde dies auch für Versicherungsverträge gelten, jedoch ist dort eine Konkurrenz der Widerrufsrechte aus § 312 I 1 BGB und §§ 8, 9, 152 VVG ausgeschlossen, da insoweit § 312 III 1. Alt. BGB bestimmt, dass ein Widerrufsrecht nach § 312 I 1 BGB bei Versicherungsverträgen nicht besteht. Somit steht bei Versicherungsverträgen dem Verbraucher bzw. Versicherten nur ein Widerrufsrecht nach den §§ 8, 9, 152 VVG zu, soweit deren Voraussetzungen vorliegen. Um insgesamt aber eine Überschneidung der verschiedenen Widerrufsrechte zu vermeiden, hat der Gesetzgeber den § 312 a BGB eingeführt, wonach das Haustürwiderrufsrecht aus § 312 I 1 BGB subsidiär gegenüber den anderen Widerrufsrechten ist und ihm somit eine Art Auffangfunktion zukommt.[721]

2) Das Widerrufsrecht gem. § 312 d I 1 BGB

Wie bei dem Widerrufsrecht bei Haustürgeschäften, steht auch das Widerrufsrecht bei Fernabsatzverträgen aus § 312 d I 1 BGB in Konkurrenz zu den meisten anderen Widerrufsrechten. So kommt es auch dort häufig vor, dass über den Fernabsatz Verbraucherdarlehensverträge und dergleichen geschlossen werden. Dies gilt jedoch nicht für § 4 I FernUSG und § 485 I BGB, da § 312 b IV Nr. 1 und 2 vorsieht, dass das Fernabsatzrecht keine Anwendung findet, sofern der sachliche Anwendungsbereich des FernUSG oder des Teilzeit-Wohnrechterechts eröffnet ist. Gleiches gilt gem. § 312 b IV Nr. 5 BGB ebenfalls für die Widerrufsrechte innerhalb des VVG. Für die Widerrufsrechte aus §§ 495 I, 499 bis 507 BGB (nunmehr §§ 495, 506 bis 512 BGB n.F.) wurde mit § 312 d V 1 BGB eine Norm geschaffen, die den anderen Widerrufsrechten den Vorrang gewährt. Während bei der alten Fassung des § 312 d V 2 BGB trotz der Subsidiarität des Widerrufsrechts aus dem Fernabsatzvertrag dennoch die besondere Fristberechnung des § 312 d II BGB galt, da dies insoweit verbraucherfreundlicher war, wenn die Frist später zu laufen begann,[722] sieht § 312 d V 2 BGB n.F. aufgrund der Vollharmonisierung der neuen Verbraucherkreditrichtlinie diese besondere Fristberechnung nur noch für Ratenlieferungsverträge vor.[723] Als Besonderheit gilt bei der Möglichkeit des Widerrufs nach § 126 I InvG, dass sich dieses mit dem Fernabsatz bestimmter Finanzdienstleistungen überschneidet, aber dennoch keines der sodann bestehenden Widerrufsrechte Vorrang vor dem anderen hat. Dies ergibt sich aus dem Erwägungsgrund 14 FinFARL, wonach besondere gemeinschaftsrechtliche Bestimmungen, die nur für

721 Vgl. MünchKomm/ *Masuch,* 5. Auflage, § 312 a Rn. 1.
722 S. 5. Kapitel, IV, 2.
723 S. die Begründung zum Gesetzentwurf der Bundesregierung vom 05.11.2008, S. 104 f. Abrufbar unter http://www.bmj.bund.de/files/-/3370/RegE_Verbraucherkreditrichtlinie.pdf.

bestimmte Finanzdienstleistungen gelten, neben den fernabsatzrechtlichen Bestimmungen weiterhin Anwendung finden.[724]

3) § 312 I 1 BGB vs. § 312 d I 1 BGB

Eine Besonderheit besteht für das Verhältnis der Widerrufsrechte aus § 312 I 1 BGB und § 312 d I 1 BGB. Hier herrscht nämlich Uneinigkeit darüber, ob sich die beiden Widerrufsrechte schon denklogisch aufgrund ihrer Anwendungsbereiche gegenseitig ausschließen (§ 312 I BGB setzt eine körperliche Nähe der Vertragsparteien voraus, während nach § 312 b I BGB die Vertragsschließenden zu keinem Zeitpunkt körperlich anwesend sind) oder dennoch die Möglichkeit einer gemeinsamen Schnittmenge besteht und daher ihr Verhältnis zueinander klärungsbedürftig ist. So ist *Masuch* der Ansicht, dass es denklogisch nicht ausgeschlossen sei, dass in Ausnahmefällen trotz Veranlassung des Vertragsschlusses durch eine Haustürsituation ein Fernabsatzvertrag vorliege.[725] Er begründet seine Ansicht damit, dass in diesen Sonderfällen die mündliche Anbieterinitiierung des Kaufentschlusses des Verbrauchers mit dem späteren Vertragsschluss, welcher allein durch Fernkommunikationsmittel zustande gekommen sein muss, gleichrangig sei und daher die Widerrufsrechte auch nebeneinander zu gewähren seien.[726] Dies überzeugt jedoch nicht.[727] Die Regelungen des § 312 BGB und der §§ 312bff. BGB schließen sich bereits tatbestandlich aus und es bestehen diesbezüglich auch keine Sonderfälle. Wenn *Masuch* anführt, dass bei Vertragsanbahnung die Voraussetzungen des § 312 BGB vorliegen können und der Vertragsschluss dann unter ausschließlicher Verwendung von Fernkommunikationsmitteln geschlossen wird, so findet das Widerrufsrecht aus § 312 d I 1 BGB in solchen Fällen keine Anwendung. Bereits aus dem Wortlaut des § 312 b II BGB ergibt sich, dass sowohl die Anbahnung als auch der Vertragsschluss unter ausschließlicher Verwendung von Fernkommunikationsmitteln erfolgen muss,[728] so dass in dem von *Masuch* beschriebenen Fall der sachliche Anwendungsbereich der §§ 312bff. BGB gar nicht eröffnet ist. Darüber hinaus besagt auch Art. 2 Nr. 1 FARL das ein Vertragsschluss im Fernabsatz nur dann vorliegt, wenn für den Vertrag bis zu dessen Abschluss ausschließlich eine oder mehrere Fernkommunikationstechniken verwendet werden,[729] so dass auch auf europäischer Ebene der Anwendungsbereich des Fernabsatzvertrages nicht er-

724 S. MünchKomm/ *Wendehorst*, 5. Auflage, § 312 d Rn. 121.
725 S. MünchKomm/ *Masuch*, 5. Auflage, § 312 a Fn. 10 m.w.N.
726 S. MünchKomm/ *Masuch*, 5. Auflage, § 312 Rn. 65.
727 S. Staudinger/ *Thüsing*, 15. Auflage, § 312 a Rn. 2; MünchKomm/ *Wendehorst*, 5. Auflage, § 312 d Rn. 124; Erman/ *Saenger*, § 312 a Rn. 9.
728 Vgl. Palandt/ *Grüneberg*, 67. Auflage, § 312 b Rn. 8.
729 S. 5. Kapitel, I, 2, a.

öffnet ist, wenn bei der Vertragsanbahnung ein Haustürgeschäft vorliegt. Auch das von *Masuch* zitierte Urteil des *BGH*[730] besagt nichts anderes, da dort nur geklärt wurde, dass bei Boten nicht stets Direktkommunikationsmittel Anwendung finden und in solchen Fällen Fernabsatzverträge grundsätzlich vorliegen können. Wenn jedoch der Bote in unmittelbaren Kontakt mit dem Verbraucher tritt, sind nicht auch automatisch die Voraussetzungen des § 312 BGB erfüllt. § 312 BGB verlangt nämlich, dass es in der Haustürsituation zu einer Vertragsverhandlung kommt. Dies ist jedoch bei einem Boten nicht der Fall, der lediglich Willenserklärungen oder Waren überbringt und somit nicht anders zu behandeln ist als ein Post- oder Kurierbote.[731] Somit ist festzuhalten, dass es bei Haustürgeschäften und Fernabsatzverträgen keine gemeinsame Schnittmenge gibt, die eine Klärung ihrer Verhältnisse zueinander begründen würde.

4) Die Überschneidung sonstiger Widerrufsrechte

Zwischen den anderen Widerrufsrechten herrscht demgegenüber in den meisten Fällen von vornherein keine Konkurrenz, da sie sich häufig schon vom Anwendungsbereich her ausschließen (so kann das Widerrufsrecht aus §§ 8, 9 oder § 152 VVG nicht mit § 495 I BGB konkurrieren, da es sich um unterschiedliche Vertragsgegenstände handelt). Dennoch besteht auch dort grundsätzlich die Möglichkeit, dass es bei bestimmten Konstellationen zu Überschneidungen kommt (wenn z.B. der Fernunterrichtsvertrag in irgendeiner Weise kreditfinanziert wird und somit dem Verbraucher sowohl ein Widerrufsrecht nach § 4 I FernUSG als auch nach den §§ 495ff. BGB zusteht). Im Gegensatz zu den Überschneidungen des Widerrufsrechts bei Haustürgeschäften mit anderen verbraucherschützenden Widerrufsrechten und dem Widerrufsrecht bei Fernabsatzverträgen im Verhältnis zu den Widerrufsrechten bei Darlehensverträgen (2. Buch, Abschnitt 8, Titel 3 des BGB), hat es der Gesetzgeber bei den anderen Widerrufsrechten unterlassen, Regelungen für ihr Verhältnis untereinander zu schaffen. Dies auch aus gutem Grund. § 312 a BGB wurde erlassen, um den anderen Widerrufsrechten Geltungsvorrang zu gewähren, da es sich um Spezialregelungen mit z.T. höherem Verbraucherschurzniveau handelt.[732] Dasselbe gilt für § 312 d V BGB, da das Widerrufsrecht bei Fernabsatzverträgen nur deswegen subsidiär gegenüber den Widerrufsrechten bei Darlehensverträgen ist, weil es sich bei den Widerrufsrechten aus den Darlehensverträgen um die sachnäheren Normen handelt und nicht die Art des Vertragsab-

730 *BGH*, NJW 2004, 3699.
731 S. *BGH*, NJW 2004, 3699 (3700).
732 S. Staudinger/ *Thüsing*, 15. Auflage, § 312 a Rn. 1.

schlusses, sondern der Inhalt von stärkerem Gewicht ist.[733] Diese Aussagen treffen bei dem Verhältnis der anderen Widerrufsrechte zueinander aber nicht zu. Bei den Normen besteht weder ein Spezialitätsverhältnis noch ein unterschiedliches Näheverhältnis. Dieses widerspräche auch dem Verbraucherschutz, wenn dem Verbraucher bei Vorliegen mehrerer Widerrufsrechte der Zugang zu einem Teil dieser Rechte abgeschnitten wäre, obwohl es hierfür an einer gesetzlichen Regelung fehlt. Auch wenn diese Rechte zum größten Teil einheitlich auf § 355 BGB verweisen (ausgenommen sind § 126 I BGB und die §§ 8,9 und 152 VVG, deren Wortlaut bzgl. der Rechtsfolgen aber dennoch sehr nahe an dem des § 355 BGB ausgerichtet wurde), kann es doch insbesondere zu unterschiedlichen Widerrufsfristen kommen, wenn z.B. die Belehrung getrennt voneinander vorgenommen wurde. Bei einer Subsidiaritätsregelung würde dies dann bedeuten, dass sich der Verbraucher auf das eine Widerrufsrecht nicht mehr berufen kann, da die Widerrufsfrist abgelaufen ist, und das andere Widerrufsrecht, wo unter Umständen die Frist noch nicht abgelaufen ist, für den Verbraucher ausgeschlossen ist, so dass hierin eine Beschränkung der Rechte des Verbrauchers zu sehen wäre. Darüber hinaus hat das Bestehen mehrerer Widerrufsrechte aber auch gerade dann eine besondere Bedeutung, wenn die Voraussetzungen eines verbundenen Vertrages gem. §§ 358 f. BGB vorliegen. Insbesondere in solchen Situationen ist es dem Verbraucher möglich, sich von beiden Verträgen zu lösen, auch wenn für das eine Geschäft die Möglichkeit des Widerrufes bereits ausgeschlossen ist, für das andere Geschäft der Widerruf aber noch ausgeübt werden kann. Dem Verbraucher diese Möglichkeit seiner Rechtsausübung aufgrund einer Subsidiaritätsregelung zu nehmen, entspricht nicht dem Gedanken des umfassenden Verbraucherschutzes, so dass mehrere Widerrufsrechte durchaus nebeneinander bestehen können, sofern nicht § 312 a BGB oder § 312 d V BGB eingreift. Hierbei darf jedoch nicht § 358 II 2 BGB aus den Augen gelassen werden. Danach besteht die Möglichkeit des Widerrufes nach § 495 I BGB nicht, wenn der Verbraucher das finanzierte Geschäft mit den sich aus § 358 I, IV BGB ergebenden Rechtsfolgen widerrufen kann. Somit hat der Verbraucher in dieser Situation nicht die Möglichkeit, von beiden Widerrufsrechten Gebrauch zu machen. Um jedoch in diesen Konstellationen eine streitige Auslegung der Erklärung des Verbrauchers zu vermeiden, hat der Gesetzgeber zusätzlich in § 358 II 3 BGB geregelt, dass, selbst wenn der Verbraucher ausdrücklich den Verbraucherdarlehensvertrag widerruft, dies als Widerruf des finanzierten Vertrages fingiert wird, so dass der Verbraucher seine Erklärung auch unbeschadet gegenüber dem Darlehensgeber abgeben kann, ohne Gefahr laufen zu müssen, dass dadurch die Widerrufserklärung nicht fristgerecht erfolgt oder gar unwirksam ist.[734] § 358 II 2 BGB gilt aber wirklich nur für Verbraucherdarlehensverträge und ist nicht auch auf Fi-

733 S. Erman/ *Saenger*, § 312 d Rn. 31.
734 Vgl. Erman/ *Saenger*, § 358 Rn. 21.

nanzierungshilfen (§§ 499-504 BGB) oder Ratenlieferungsverträge (§ 505 BGB) anwendbar, da es insoweit schon an zwei Verträgen und deren Verbundenheit fehlt.[735]

II) Die Regelung des § 312 a BGB und seine Europarechtskonformität

§ 312 a BGB findet seinen Ursprung bereits im HWiG. Dort regelte § 5 II HWiG dass das HWiG gegenüber anderen Vorschriften subsidiär war, wenn diese ebenfalls Widerrufsrechte enthielten. Dabei nannte § 5 II HWiG abschließend die Regelungen des VerbrKrG, AuslInvG, KAGG und des FernUSG. Schon damals hieß es zur Begründung der Subsidiarität des HWiG, dass die Sondergesetze einen größeren Verbraucherschutz gewährleisten und der speziellen Vertragsart auf diese Weise besser Genüge getan werden kann.[736] Aufgrund der Schuldrechtsreform wurde dann § 5 II HWiG weitestgehend unverändert in § 312 a BGB a.F. übernommen, wobei sie aber auf Finanzierungshilfen und Teilzeitwohnrechteverträge ausgedehnt wurde. Somit fand das Widerrufsrecht nach § 312 I 1 BGB keine Anwendung, wenn zugleich bei Haustürgeschäften die tatbestandlichen Voraussetzungen der anderen spezielleren Normen erfüllt waren.[737] Dies hatte zur Folge, dass sofern die angeführten Sonderregelugen partielle Bereichsausnahmen vorsahen, dem Verbraucher weder aus § 312 I 1 BGB noch aus dem spezielleren Gesetz ein Widerrufsrecht zustand.[738] Gerade im Bereich von Immobiliardarlehensverträgen kam dieser Tatsache eine besondere Bedeutung zu, wenn der Darlehensvertrag zugleich ein Haustürgeschäft war. Dann war nämlich das Widerrufsrecht nach § 312 I 1 BGB aufgrund des § 312 a BGB und das Widerrufsrecht nach § 495 I BGB aufgrund der Ausnahme in § 491 III Nr. 1 BGB a.F. ausgeschlossen. Dies war auch letztendlich der Grund für den *BGH*, dem *EuGH* die Frage, ob die Haustürgeschäfterichtlinie auch Realkreditverträge umfasst und ihr in Bezug auf das dort vorgesehene Widerrufsrecht bei Haustürgeschäften der Vorrang vor der Verbraucherkreditrichtlinie einzuräumen ist, zur Vorabentscheidung vorzulegen.[739] In dem daraufhin ergangenen „Heininger“- Urteil stellte der *EuGH* fest, dass das deutsche Haustürwiderrufsrecht in Bezug auf die Subsidiaritätsregelung und der

735 S. MünchKomm/ *Habersack*, 5. Auflage, § 358 Rn. 16 m.w.N. bzgl. des fehlenden zweiten Vertrages bei Finanzierungshilfen; a.A. *Bülow*, NJW 2002, 1145 (1149), der durch eine teleologische Auslegung § 358 II 2 BGB dahin versteht, dass das verbraucherkreditrechtliche Widerrufsrecht immer dann nicht gelte, wenn das zu Grunde liegende Geschäft jenseits der Kreditierung bereits widerruflich sei, so dass auch Finanzierungshilfen und Ratenlieferungsverträgen mit von § 358 II 2 BGB umfasst seien.

736 S. Staudinger/ *Thüsing*, 15. Auflage, § 312 a Rn. 14.

737 Vgl. Palandt/ *Grüneberg*, 67. Auflage, § 312 a Rn. 1.

738 S. Erman/ *Saenger*, § 312 a Rn. 5.

739 S. *BGH*, NJW 2000, 521.

Befristung des Widerrufsrechts bei fehlender Belehrung mit der Haustürgeschäfterichtlinie nicht vereinbar war.[740] Diese Vorgaben hat der *BGH* mit seinem Urteil vom 09.04.2002 ins deutsche Recht umgesetzt, indem er entschieden hat, dass bei richtlinienkonformer Auslegung des § 5 II HWiG ein bei fehlender Widerrufsbelehrung zeitlich unbegrenztes Widerrufsrecht gem. § 1 I HWiG auch für Realkreditverträge im Sinne von § 3 II 2 Nr. 2 VerbrKrG gilt, sofern diese in einer Haustürsituation geschlossen wurden.[741] Diese Entscheidungen waren sodann auch der Grund für die Änderungen des BGB-Verbraucherrechts im Wege des OLG-Vertretungsänderungsgesetzes zum 01.08.2002.[742] Wie bereits im 4. Kapitel erläutert,[743] wurde § 312 a BGB in der Weise überarbeitet, dass er nicht mehr abschließend die vorrangigen Normen aufzählt und nur noch dann Anwendung findet, wenn dem Verbraucher auch tatsächlich nach einer anderen Vorschrift ein Widerrufsrecht zusteht. Durch diese Neuformulierung ist den Urteilen des *EuGH* und *BGH* Rechnung getragen worden, da nunmehr der Vorrang der anderen Widerrufsregelungen in Fällen haustürinitiierten Vertragsschlusses nur noch dann eingreift, wenn dieses Widerrufsrecht des Verbrauchers auch wirklich gegeben ist, also nicht wegen eines der dort vorgesehenen Ausnahmetatbestände ausgeschlossen ist.[744] Dadurch, dass der neue § 312 a BGB nunmehr auf eine enumerative Aufzählung der vorrangigen Vorschriften verzichtet hat, bedarf es z.B. keiner konkurrierenden Anwendung des § 505 I 1 BGB (nunmehr § 510 BGB n.F.) bei Ratenlieferungsverträgen mehr und auch Widerrufsrechte außerhalb des BGB, die zukünftig auf die Zentralnorm des § 355 BGB verweisen, können unproblematisch unter den § 312 a BGB subsumiert werden. Bezüglich des Verhältnisses von § 312 I 1 BGB zu § 312 d I 1 BGB wird auf die bereits gemachten Ausführungen verwiesen.[745] Letztmalig wurde § 312 a BGB durch Art. 7 des Investmentmodernisierungsgesetzes mit Wirkung zum 01.01.2004 geändert und dem Umstand angepasst, dass das AuslInvG und das KAGG zum InvG zusammengefasst wurden, ohne dabei jedoch eine inhaltliche Änderung des § 312 a BGB vorzunehmen.[746] Deshalb verweist § 312 a BGB nunmehr neben den §§ 355, 356 BGB auf § 126 InvG und nicht mehr auf § 11 AuslInvG oder § 23 KAGG.

Trotz der Änderungen des § 312 a BGB, vor allem durch das OLG-Vertretungsänderungsgesetz, ist es dem Gesetzgeber nicht gelungen, sämtliche Probleme im Zusammenhang mit der Subsidiarität der Norm zu beseitigen. Dies gilt insbesondere in Bezug auf die Besonderheiten bei der Widerrufsbelehrung und den Wider-

740 S. 4. Kapitel, IV, 1 und die näheren Ausführungen im 11. Kapitel.
741 S. *BGHZ 150*, 248= NJW 2002, 1881 und den Beitrag von *Hoffmann*, ZIP 2002, 1066ff.
742 S. *BGBl. I 2002*, *2850*.
743 S. 4. Kapitel, IV, 2, b.
744 Vgl. MünchKomm/ *Masuch*, 5. Auflage, § 312 a Rn. 3.
745 S. 9. Kapitel, I.
746 S. MünchKomm/ *Masuch*, 5. Auflage, § 312 a Rn. 4.

rufsfolgen. So sieht § 312 II BGB vor, dass die Widerrufsbelehrung auch auf die Rechtsfolgen des § 357 I und III BGB hinweisen muss. In § 4 FernUSG, der aufgrund des § 312 a BGB vorrangig Anwendung findet, ist eine solche Verweisung demgegenüber nicht geregelt. Zwar schließt § 4 III FernUSG die Wertersatzpflicht gem. § 357 I BGB i.V. mit § 346 I BGB aus, besagt aber nicht, dass die Pflicht zum Wertersatz bei bestimmungsgemäßer Ingebrauchnahme aus § 357 III BGB bereits in der Widerrufsbelehrung enthalten sein muss. Der Verbraucher muss zwar gem. § 357 III 2 BGB auf die Pflicht zum Wertersatz bei bestimmungsgemäßer Ingebrauchnahme hingewiesen werden, jedoch reicht dafür die Textform des § 126 b BGB aus, so dass die strengeren Anforderungen einer ordnungsgemäßen Widerrufsbelehrung nach § 355 II BGB nicht eingreifen.[747] Dies hat zur Folge, dass trotz Vorliegens einer Haustürsituation die strengen Anforderungen des § 312 II BGB an die Widerrufsbelehrung aufgrund der Subsidiarität keine Anwendung finden. Gleiches gilt insoweit auch für § 126 InvG. Dort wird nämlich weder auf § 357 I noch III BGB hingewiesen. Somit stellt sich die Frage, inwieweit die Widerrufsbelehrung ordnungsgemäß erteilt wurde oder doch fehlerhaft ist, wenn zwar grundsätzlich die Voraussetzungen des § 312 I 1 BGB vorliegen und dementsprechend auf § 357 I und III BGB hingewiesen werden müsste, aufgrund der Subsidiarität das Widerrufsrecht aus § 312 I 1 BGB aber ausgeschlossen ist und daher auch nicht die strengen Anforderungen an die Widerrufsbelehrung erfüllt sein müssen. Bezüglich der Folgen einer fehlerhaften Widerrufsbelehrung wird auf die Ausführungen im *10. Kapitel* verwiesen. Bei den Widerrufsfolgen gibt es bei den Spezialvorschriften zwar Regelungen, die den Verbraucher weitergehend schützen, als es § 312 I 1 BGB vorsieht (vgl. z.B. die eben gemachten Ausführungen zu § 4 III FernUSG), aber es bestehen auch nachteilige Sonderregelungen. So sieht § 485 V 2 BGB eine Überbürdung der Beurkundungskosten auf den Verbraucher vor, wenn dies ausdrücklich im Vertrag bestimmt wurde.[748] Diese Vorschrift, die entgegen des § 357 IV BGB einen weiteren Anspruch normiert und somit den Verbraucher schlechter stellt, als er bei einem Widerrufsrecht nach § 312 I 1 BGB stünde, zeigt welche Negativfolgen die Subsidiaritätsregelung des § 312 a BGB für den Verbraucher haben kann.[749] Darüber hinaus ist die Vorschrift auch nicht mit den Vorgaben des Art. 5 II Haustürwiderrufsrichtlinie vereinbar, da danach der Verbraucher im Falle des Widerrufs von jeglichen Ersatzpflichten freizustellen ist und somit auch nicht zur Tragung der Vertragskosten verpflichtet werden darf.[750] Somit stellt § 312 a BGB den Verbraucher bei einem in einer Haustürsituation geschlossenen Teilzeitwohnrechtevertrag gem. § 481 I 1 BGB nicht nur schlechter, als wenn

747 Vgl. MünchKomm/ *Masuch*, 5. Auflage, § 357 Rn. 40.

748 S. Palandt/ *Weidenkaff*, 67. Auflage, § 485 Rn. 12.

749 Zu der Ausnahme des Haustürwiderrufsrechts bei notariell beurkundeten Verträgen gem. § 312 III Nr. 3 BGB siehe die Ausführungen im 4. Kapitel, II, 2, b, aa.

750 S. *Kammerer*, S. 202.

ihm ein Widerrufsrecht nach § 312 I 1 BGB zustünde, sondern es liegt in einem solchen Fall sogar ein Verstoß gegen die Haustürwiderrufsrichtlinie vor. Des Weiteren besteht bei § 4 II FernUSG das Problem, dass das Widerrufsrecht auch dann spätestens ein halbes Jahr nach Erhalt der ersten Lieferung erlischt, wenn die Widerrufsbelehrung fehlerhaft oder sogar gar nicht erfolgte ist. Hierin ist ein Verstoß gegen § 355 IV 2 BGB n.F. zu sehen ist, der den Verbraucher in seinen Rechten weitergehend beschränkt und weder mit europäischen noch nationalen Regelungen in Einklang zu bringen ist.[751]

III) Die Regelung des § 312 d V BGB und seine Europarechtskonformität

Im Gegensatz zu der Regelung des § 312 a BGB, wonach die Aufzählung der vorrangigen Normen nicht abschließend und somit § 312 I 1 BGB subsidiär gegenüber sämtlichen Widerrufsrechten ist, sofern dem Verbraucher auch wirklich ein spezialgesetzliches Widerrufsrecht nach einer der anderen Normen zusteht, regelt § 312 d V BGB abschließend die vorrangigen Normen. So findet das Widerrufsrecht bei Fernabsatzverträgen aus § 312 d I 1 BGB keine Anwendung, wenn dem Verbraucher gleichzeitig ein Widerrufsrecht nach den §§ 495 I, 499-507 BGB (nunmehr §§ 495, 506 bis 512 BGB n.F.) zusteht. Eingeführt wurde die Vorschrift im Gegensatz zu § 312 a BGB erst durch das OLG-Vertretungsänderungsgesetz.[752] Hintergrund der Regelung war aber in Anlehnung an § 312 a BGB ebenfalls der Wille des Gesetzgebers, eine Doppelung des Widerrufsrechts zu verhindern.[753] Während in dieser Fassung das Widerrufsrecht nach § 312 d I 1 BGB nur dann nicht galt, wenn gleichzeitig ein Widerrufsrecht nach den §§ 499-507 BGB bestand, wurde es durch das Fernabsatzänderungsgesetz[754] in der Weise erweitert, dass nunmehr auch das Widerrufsrecht aus § 495 I BGB vorrangig zur Anwendung kommt. Grund hierfür war die Umsetzung der FinFARL, durch die der Ausschluss von Finanzdienstleistungen in § 312 b III Nr. 3 BGB gestrichen wurde und somit die Fernabsatzregelungen auch dann Anwendung finden, wenn es sich um Finanzdienstleistungen handelt, wie es nunmehr § 312 b I 1 BGB ausdrücklich regelt.[755] Trotz der Subsidiarität des Widerrufsrechts aus § 312 d I 1 BGB bei einem bestehenden Widerrufsrecht aus §§ 495, 409-507 BGB besteht dennoch bei Vorliegen der Voraussetzungen eines Fernabsatzvertrages eine Besonderheit. Diese ergibt sich aus dem Umstand, dass das Widerrufsrecht nach § 312 d I 1 BGB in einem Punkt günstiger ist als die anderen Widerrufsrechte. Grundsätzlich beginnt die Wi-

751 Vgl. 7. Kapitel, II, 2.
752 S. *BGBl. I 2002, 2850* und die Ausführungen im 5. Kapitel, III, 2.
753 S. *BT-Drucks. 14/9266*, 44 f.
754 S. *BGBl. I 2004*, 3102.
755 Vgl. hierzu 5. Kapitel, IV, 2.

derrufsfrist gem. § 355 III BGB n.F. mit der Erteilung der Widerrufsbelehrung. Bei § 312 d BGB beginnt die Widerrufsfrist nach Abs. 2 jedoch erst mit Erfüllung der Mitteilungspflichten nach § 312 c II BGB (nunmehr in Art. 246 § 2 i.V. mit § 1 I und II EGBGB n.F.), so dass der Beginn der Widerrufsfrist bei Fernabsatzgeschäften durchaus nach dem des § 355 III BGB n.F. liegen kann. Da dieser besondere Fristbeginn bei Fernabsatzverträgen bereits durch die FARL vorgegeben ist,[756] musste er auch für alle in deren Anwendungsbereich fallende Verträge eingehalten werden, um nicht gegen die europäischen Vorgaben zu verstoßen.[757] Aus diesem Grund wurde § 312 d V 2 BGB eingeführt, wonach der besondere Fristbeginn des § 312 d II BGB erhalten bleibt. Durch die neue Verbraucherkreditrichtlinie gilt dies seit dem Umsetzungsgesetz vom 02.07.2009 jedoch nur noch für Ratenlieferungsverträge, und nicht mehr für Verbraucherdarlehensverträgen und Finanzierungshilfe.

Wenn sich für Verbraucherdarlehensverträge gem. § 312 d V 2 BGB a.F. die Widerrufsfrist nach § 312 d II BGB richtete, stellte sich die Frage, ob dann auch die Norm des § 312 d III BGB Anwendung findet. Danach erlischt nämlich das Widerrufsrecht vorzeitig, wenn der Vertrag auf ausdrücklichen Wunsch des Verbrauchers von beiden Seiten bereits vor Ablauf der Widerrufsfrist erfüllt wird.[758] Im Sinne des umfassenden Verbraucherschutzes wäre dies nicht. Andernfalls wäre jedoch eine Besserstellung des Verbrauchers bei im Fernabsatz geschlossenen Verbraucherdarlehensverträgen gegeben. Auch wenn dies mit der FARL aufgrund der Mindestharmonisierung aus Art. 14 bei Waren und Dienstleistungen ohne weiteres vereinbar wäre, würde dies doch dem Prinzip der Vollharmonisierung der FinFARL widersprechen, da dort gem. Art. 6 II lit. c das Widerrufsrecht ausgeschlossen ist, wenn mit Zustimmung des Verbrauchers mit der Ausführung vor Ende der Widerrufsfrist begonnen wurde. Daher wird auch die Auffassung vertreten, dass auch das verbraucherkreditrechtliche Widerrufsrecht nach § 312 d III Nr. 1 BGB analog erlöschen müsse, wenn der Vertrag auf ausdrücklichen Wunsch des Verbrauchers von beiden Seiten voll erfüllt worden ist.[759] Nachdem nunmehr aber die VerbrKr-RL 2008/48/EG in Kraft getreten ist, ist diese Auffassung hinfällig geworden. Nach dessen Art. 14 V genießt nämlich das Widerrufsrecht aus Art. 14 Vorrang gegenüber den Widerrufsrechten aus der Haustürwiderrufsrichtlinie und aus der FinFARL, so dass Art. 6 II lit. c keine Anwendung findet, wenn dem Verbraucher bereits ein Widerrufsrecht aus Art. 14 VerbrKr-RL zusteht. Dementsprechend bestehen auch keine europarechtlichen Bedenken mehr, wenn man § 312 d III BGB nicht analog auf Verbraucherkreditverträge anwendet. Darüber

756 S. 5. Kapitel, I, 2, b.
757 S. *BT-Drucks. 15/2946*, 23.
758 S. 5. Kapitel, IV, 2.
759 S. MünchKomm/ *Wendehorst*, 5. Auflage, § 312 d Rn. 17.

hinaus verweist § 312 d V 2 BGB n.F. nach dem Umsetzungsgesetz nur noch für Ratenlieferungsverträge auf den besonderen Fristbeginn des § 312 d II BGB, so dass sich auch aus diesem Grund die Frage einer analogen Anwendung des § 312 d III BGB nicht mehr stellt. Hinzu kommt weiterhin, dass nach der Auffassung über die analoge Anwendung des § 312 d III BGB von dem Vorrang des Widerrufsrechts bei Verbraucherdarlehensverträgen gem. § 312 d V BGB nicht mehr allzu viel übrig bliebe. Außerdem entspricht die Auffassung nicht dem Willen des Gesetzgebers. Nach der Gesetzesbegründung wurde § 312 d V 2 BGB a.F. nur eingefügt, damit es durch die Vermeidung der Dopplung der Widerrufsrechte nicht zu einer Schwächung des Schutzes des Verbrauchers im Fernabsatz kommt.[760] Eine analoge Anwendung des § 312 d III BGB würde aber wiederum gerade eine solche Schwächung des Verbraucherschutzes bedeuten, so dass auch der Wille des Gesetzgebers gegen eine analoge Anwendung spricht.

IV) Zusammenfassung

Wie sich gezeigt hat, ist das Widerrufsrecht aus § 312 I 1 BGB subsidiär gegenüber allen anderen Widerrufsrechten und erfüllt eine Art Auffangfunktion. Der Grund hierfür findet sich in der Norm des § 312 a BGB, der jedoch aufgrund der „Heininger"- Entscheidung des *EuGH* überarbeitet werden musste. Vor der Entscheidung konnte es nämlich dazu kommen, dass dem Verbraucher aufgrund der Subsidiarität weder ein Widerrufsrecht aus dem Haustürgeschäft noch aus dem anderen Geschäft zustand, wenn dieses z.B. aufgrund spezieller Ausnahmen ausgeschlossen war. Aber auch der neugefasste § 312 a BGB ist nicht fehlerfrei. So kann es vorkommen, dass trotz Vorliegens einer Haustürsituation die strengen Anforderungen des § 312 II BGB an die Widerrufsbelehrung aufgrund der Subsidiarität keine Anwendung finden. Des Weiteren genügt § 312 a BGB nicht den europäischen Anforderungen. Die Vorschrift ist nämlich nicht mit den Vorgaben des Art. 5 II Haustürwiderrufsrichtlinie vereinbar, da danach der Verbraucher im Falle des Widerrufs von jeglichen Ersatzpflichten freizustellen ist. Wenn aber gleichzeitig die Voraussetzungen des § 481 I 1 BGB vorliegen, ist der Verbraucher gem. § 485 V 2 BGB verpflichtet, weitere Kosten zu zahlen, so dass hierin ein Verstoß gegen europäisches Recht zu sehen ist.

Demgegenüber findet das Widerrufsrecht bei Fernabsatzverträgen aus § 312 d I 1 BGB nur dann keine Anwendung, wenn dem Verbraucher gleichzeitig ein Widerrufsrecht nach den §§ 495 I, 506-512 BGB n.F. zusteht. Aber auch hier lag der Grund darin, eine Doppelung der Widerrufsrechte zu verhindern. Als Besonderheit

760 S. *BT-Drucks. 14/9266*, 44 f.

gilt auch weiterhin bei Ratenlieferungsverträgen § 312 d V 2 BGB n.F., wonach trotz der Subsidiarität des § 312 d I 1 BGB die besonderen Anforderungen an den Beginn der Widerrufsfrist gem. § 312 c I BGB n.F. weiter eingehalten werden müssen, um den Verbraucher durch die Vermeidung der Doppelung nicht schlechter zu stellen, als wenn ihm die Widerrufsrechte nebeneinander zustehen würden. Die Frage, ob ebenfalls § 312 d III Nr. 1 BGB analog auf Verbraucherdarlehensverträge anzuwenden sei, ist seit Inkrafttreten der neuen VerbrKr-RL hinfällig geworden, war aber auch davor aus Verbraucherschutzgesichtspunkten zu verneinen.

Bei den anderen Widerrufsrechten gibt es ein solches Spezialitätsverhältnis untereinander nicht, so dass die Widerrufsrechte durchaus nebeneinander bestehen können. Vorausgesetzt natürlich, sie schließen sich nicht bereits vom Anwendungsbereich her aus, wie dies häufig der Fall ist.

Auch die Regelungen über die Überschneidung von Widerrufsrechten waren Grund für etliche Diskussionen, die bis zur Entscheidung des *EuGH* geführt haben. Dennoch wurden die bestehenden Probleme nicht vollumfänglich behoben, so dass sich die Frage aufdrängt, ob man nicht besser auf die Regelungen der §§ 312 a, 312 d V BGB verzichtet und wie bei den anderen Widerrufsrechten sämtliche Widerrufsrechte nebeneinander bestehen lässt, sofern sie sich nicht aufgrund ihres Anwendungsbereiches ausschließen. Denn der Preis, dass gegen Europarecht verstoßen wird, nur um eine Doppelung der Widerrufsrechte zu vermeiden, ist meiner Ansicht nach zu hoch.

Zehntes Kapitel
Die Regelung der Widerrufsfolgen

Grundsätzlich sind die Folgen eines Widerrufs in den §§ 355ff. BGB normiert, wobei gem. § 357 I 1 BGB die Vorschriften über den gesetzlichen Rücktritt entsprechend Anwendung finden, sofern nicht ein anderes bestimmt ist. Dies gilt natürlich nur für jene Widerrufsrechte, die auf die §§ 355ff. BGB verweisen. Anders ist es somit bei den Widerrufsrechten aus § 126 I InvG und aus §§ 8, 152 VVG.[761] Aus dem Halbsatz "sofern nicht ein anderes bestimmt ist" ergibt sich, dass zum einen trotz der Vereinheitlichung in den §§ 355ff. BGB dennoch die Rechtsfolgen durchaus unterschiedlich ausgestaltet sein können[762] und zum anderen die Bestimmungen über den gesetzlichen Rücktritt zum Teil durch § 357 BGB erheblich abgeändert werden. Aber auch darüber hinaus gibt es eine Reihe von Problemen bei den Rechtsfolgen aus §§ 355ff. BGB, gerade in Bezug auf verbundene Verträge, so dass hierzu unterschiedlichste Meinungen von der höchstrichterlichen Rechtsprechung, den unterinstanzlichen Gerichten und der Literatur vertreten wurden.[763] Hierfür war nicht zuletzt auch die Rechtsprechung des *EuGH* ausschlaggebend.[764] Aus diesem Grund befasst sich dieses Kapitel auch mit den einzelnen Rechtsfolgen des Widerrufes und vor allem seinen Folgen für die Praxis.

I) Die Rechtsfolgen gem. §§ 355 f. BGB

§ 355 I 1 BGB bestimmt die Wirkung des Rechts zum Widerruf, so dass danach der Verbraucher an seine auf den Abschluss eines Vertrages gerichtete Willenserklärung nicht mehr gebunden ist, wenn er sie fristgerecht widerruft; natürlich vorausgesetzt, dass ihm überhaupt ein Widerrufsrecht nach den §§ 355ff. BGB zusteht. Dabei wandelt die Ausübung des Widerrufs den zunächst schwebend wirksamen Vertrag *ex nunc* in ein Abwicklungsverhältnis nach § 357 BGB um.[765] Weiterhin braucht der Widerruf nach § 355 I 2 BGB keine Begründung zu enthalten und kann entweder in Textform oder durch Rücksendung der Sache mit einer Frist von zwei Wochen erfolgen. Die Frist beginnt gem. § 355 II 1 BGB (§ 355 III BGB n.F.) jedoch erst mit dem Zeitpunkt, zu dem der Verbraucher eine ordnungsgemäße Wi-

761 S. 8. Kapitel, I, 2; III, 2.
762 Vgl. § 312 d VI BGB, 5. Kapitel, IV, 2.
763 S. z.B. die Ausführungen zum verbundenen Vertrag im 11. Kapitel, II.
764 *EuGH*, ZIP 2005, 1959; *EuGH*, ZIP 2005, 1965.
765 S. Palandt/ *Grüneberg*, 67. Auflage, § 355 Rn. 5.

derrufsbelehrung in Textform erhalten hat. Zusätzlich hierzu fordert § 355 II 3 BGB (§ 355 III 2 BGB n.F.) bei Verbraucherverträgen, die der gesetzlichen Schriftform unterliegen (§§ 484 I 1, 492 I 1, 500, 501 S. 1, 505 II BGB), dass dem Verbraucher eine Vertragsurkunde, sein schriftlicher Antrag oder eine Abschrift einer dieser beiden Urkunden zur Verfügung gestellt wird.[766] Wie bereits schon mehrfach erwähnt wurde, führt eine falsche oder unterbliebene Widerrufsbelehrung gem. § 355 III 3 BGB (§ 355 IV 3 BGB n.F.) zu einem zeitlich nicht beschränkten Widerrufsrecht. Es besteht jedoch nach § 355 II 2 BGB (§ 355 II 3 BGB n.F.) die Möglichkeit, eine fehlende oder falsche Widerrufsbelehrung nachzuholen, so dass die Frist erst mit Erteilung der ordnungsgemäßen Belehrung zu laufen beginnt. Dabei verlängert sich aber die Widerrufsfrist von zwei Wochen auf einen Monat, wenn die ordnungsgemäße Widerrufsbelehrung erst nach Vertragsschluss mitgeteilt wurde. Begründet wird diese Fristverlängerung zu Lasten des Unternehmers damit, dass er dadurch angehalten werde, dem Verbraucher die Widerrufsbelehrung rechtzeitig zu erteilen.[767] Hierbei ist darauf hinzuweisen, dass die Möglichkeit der Nachbelehrung erst seit dem OLG-Vertretungsänderungsgesetz gesetzlich normiert ist und dadurch zum ersten Mal eine eigene Widerrufsfrist für die nachträgliche Belehrung entstanden ist.[768] Da es aber in der Haustürwiderrufsrichtlinie 85/577/EWG keinerlei Regelungen über die Möglichkeit einer Nachbelehrung gibt, werden auch verschiedene Auffassungen zu deren Europarechtskonformität vertreten. So wird angeführt, dass eine verspätete Belehrung wie eine fehlende zu behandeln sei, mit der Folge, dass die Widerrufsfrist trotz Nachbelehrung nicht zu laufen beginne.[769] Der Grund hierfür liege in der Tatsache, dass die Rechtsposition des Verbrauchers durch die ausgelöste Frist der Nachbelehrung verkürzt werde, da nach Gemeinschaftsrecht dem Verbraucher in diesen Fällen ein unbefristetes Widerrufsrecht zustehe.[770]

Dem muss jedoch entgegen gehalten werden, dass dem Verbraucher ein dauerhaft bestehendes Widerrufsrecht wenig nutzt, wenn er hiervon keine Kenntnis hat. Außerdem wird die Rechtsposition des Verbrauchers durch die Nachbelehrung nicht verkürzt, sondern ihm werden dadurch vielmehr noch einmal explizit seine Rechte vor Augen geführt. Des Weiteren hat die Auffassung von *Fischer/ Machunsky* seit der Entscheidung des *EuGH*[771] in Sachen „Hamilton“ wieder stärker an Bedeutung gewonnen. Nachdem der *EuGH* nämlich festgestellt hat, dass die

766 S. MünchKomm/ *Masuch*, 5. Auflage, § 355 Rn. 41.
767 S. MünchKomm/ *Masuch*, 5. Auflage, § 355 Rn. 54.
768 S. *BT-Drucks. 14/7052.*
769 Vgl. Derleder/ Knops/ Bamberger/ *Derleder*, Kap. II § 9 Rn. 55 und *Reifner*, Kap. II § 11 Rn. 150; *Borst*, S. 80 f.; *Tonner*, BKR 2002, 856 (858).
770 S. *Tonner*, BKR 2002, 856 (858).
771 S. *EuGH*, WM 2008, 869ff.

Regelung des § 2 I 4 HWiG[772] nicht gegen die Richtlinie 85/577/EWG verstößt und somit europarechtskonform ist, gilt für Altverträge (Verträge, die in dem Zeitraum vom 01.05.1986 bis 31.12.2001 geschlossen und abgewickelt wurden) weiterhin, dass die Monatsfrist des § 2 I 4 HWiG ohne Rücksicht auf die Kenntnis des Verbrauchers von seinem Widerrufsrecht nach beiderseits vollständiger Erbringung der Leistung zu laufen beginnt. Diese fehlende Kenntnis wird dem Verbraucher durch die Möglichkeit der Nachbelehrung aber gerade verschafft.[773] Außerdem würde der Unternehmer von der Möglichkeit der Nachbelehrung Abstand nehmen, wenn dadurch nicht die Widerrufsfrist in Gang gesetzt wird, was wiederum nicht dem umfassenden Verbraucherschutzgedanken entspreche, welcher im BGB vorherrschte. Aber auch aus Sicht des Unternehmers spricht für die Möglichkeit der Nachbelehrung die Tatsache, dass er dadurch die Widerrufsfrist in Gang setzen und somit Rechtssicherheit schaffen kann. Auch wenn es einen Unterschied macht, ob der Verbraucher vor Vertragsschluss belehrt wird, wo er in seinen Entscheidungen noch frei ist, oder erst nach Durchführung des Vertrages, wo er die Rückabwicklungsfolgen bedenken muss, ist dies doch die Sache einer angemessenen Rückabwicklungsregelung und kein Argument gegen die Möglichkeit der Nachbelehrung.[774] Somit ist die Nachholmöglichkeit der Widerrufsbelehrung europarechtlich unbedenklich und kommt nicht nur dem Unternehmer, sondern auch dem Verbraucher zugute.[775]

Im Gegensatz zu der zeitlich nicht begrenzten Widerrufsregelung des § 355 III 3 BGB (§ 355 IV 3 BGB n.F.), erlischt das Widerrufsrecht des Verbrauchers gem. § 355 III 1 BGB (§ 355 IV 1 BGB n.F.) bereits nach sechs Monaten, wenn der Unternehmer nur seinen sonstigen Informationspflichten im Fernabsatz (§ 312 c II 1 Nr. 2 BGB i. V. mit § 1 BGB-InfoV), im elektronischen Geschäftsverkehr (§ 312 e I 1 BGB i. V. mit § 3 BGB-InfoV) oder bei Teilzeitwohnrechten (§ 482 II BGB i. V. mit § 2 BGB-InfoV) nicht nachkommt. Da der Unternehmer insofern zwar ordnungsgemäß belehrt hat und *nur* zusätzliche Informationspflichten verletzt hat, wollte der Gesetzgeber dem Unternehmer diesbezüglich die Sicherheit geben, dass der Vertrag nach Ablauf der verlängerten Widerrufsfrist dennoch nicht mehr widerrufen werden kann.[776]

Sonderregelungen zum Erlöschen des Widerrufsrechts finden sich weiterhin noch in § 312 d BGB und in § 4 III FernUSG. Nach § 312 d III BGB erlischt das Widerrufsrecht bereits vorzeitig, wenn bei einer Finanzdienstleistung der Vertrag von beiden Seiten auf ausdrücklichen Wunsch des Verbrauchers vollständig erfüllt ist (Nr. 1), wenn der Unternehmer mit der Ausführung der Dienstleistung unter

772 S. 4. Kapitel, II, 3.
773 S. *Fischer/ Machunsky*, § 2 Rn. 48.
774 S. *Martens*, VuR 2008, 121 (123).
775 So auch *Kammerer*, S. 172.
776 S. *BT-Drucks. 14/2658*, S. 47.

ausdrücklicher Zustimmung des Verbrauchers bereits vor Ende der Widerrufsfrist begonnen hat oder der Verbraucher diese selbst veranlasst hat (Nr. 2).[777] Der Grund dieser Vorschrift liegt darin, dass es weder dem Verbraucher zuzumuten ist, bei Dienstleistungen erst die Widerrufsfrist abzuwarten, bevor der Unternehmer tätig wird, und es dem Unternehmer nicht zuzumuten ist, da er andernfalls eine Dienstleistung erbringen würde, bei der er sich nicht sicher sein kann, ob es bei dem zugrundeliegenden Vertrag auch bleibt, oder dieser eventuell widerrufen wird, so dass der Unternehmer allenfalls nur eine Entschädigung in Geld erhalten könnte.[778] Demgegenüber sieht § 4 III FernUSG ein vorzeitiges Erlöschen des Widerrufs vor, wenn die beiderseitigen Leistungen vollständig erbracht sind oder das erste halbe Jahr nach Eingang der ersten Lehrmateriallieferung verstrichen ist.[779]

Anstelle des Widerrufsrechts nach § 355 BGB, kann auch zwischen Verbraucher und Unternehmer vertraglich ein Rückgaberecht vereinbart werden, wenn durch dieses oder ein künftiges Geschäft eine ständige Geschäftsverbindung aufrechterhalten werden soll und damit ein Zusammenhang besteht.[780] Die Voraussetzungen, Belehrung, Ausübung und Rechtsfolgen regelt dabei der § 356 BGB. Zweck hierbei ist zum einen den Abschluss solcher Verträge zu rationalisieren, die im Versandhandel oder sonstigen Direktvertrieb geschlossen werden und einem Lösungsrecht des Verbrauchers unterliegen, und zum anderen das Interesse des Unternehmers am Rückerhalt der gelieferten Waren zu sichern, ohne damit qualitative Einschränkungen des Verbraucherschutzes zu verbinden.[781]

II) Die Regelungen des § 357 BGB

Für die Rechtsfolgen eines Widerrufs verweist § 357 I 1 BGB auf die Normen der §§ 346ff. BGB, soweit nicht ein anderes bestimmt ist. Dementsprechend sind die Parteien grundsätzlich gem. § 346 I BGB verpflichtet, die empfangenen Leistungen zurückzugewähren und die gezogenen Nutzungen herauszugeben.[782] Ist eine Rückgewähr nach der Natur des Erlangten ausgeschlossen, der Gegenstand verbraucht, veräußert, belastet, verarbeitet oder umgestaltet, oder hat sich der empfangene Gegenstand verschlechtert oder ist untergegangen, muss der Schuldner nach § 346 II 1 BGB Wertersatz leisten. Durch diese Verweisung wird aufgrund des Widerrufs

777 S. 5. Kapitel, IV, 2.
778 Vgl. Bamberger/ Roth/ *Schmidt-Räntsch*, § 312 d Rn. 27.
779 Bzgl. der Europarechtskonformität dieser Norm vgl. die Ausführungen im 8. Kapitel, II, 2.
780 Vgl. Bamberger/ Roth/ *Ann*, § 312 Rn. 25.
781 S. MünchKomm/ *Masuch*, 5. Auflage, § 356 Rn. 1.
782 Etwas anderes gilt jedoch bei einem Fernunterrichtsvertrag, da dort gem. § 4 III FernUSG der Wert der Gebrauchsüberlassung oder der Benutzung der Sachen oder der Unterrichtserteilung bis zur Erklärung des Widerrufs nicht zu vergüten ist.

nicht der betroffene Schuldvertrag ersatzlos vernichtet, sondern in ein Rückgewährschuldverhältnis umgewandelt, so dass dem Widerruf eine ex-nunc-Wirkung zukommt.[783] Daher soll durch den Widerruf eines Vertrages dieser nicht als von Anfang an nichtig anzusehen sein, sondern vielmehr soll der *status quo ante*, also der Zustand wieder hergestellt werden, der ohne den rückabzuwickelnden Vertrag bestanden hätte.[784] Dies entspricht schließlich auch dem Sinn des Widerrufsrechts, da ja der Verbraucher vor übereilten oder ohne Abwägung geschlossenen Verträgen und deren Bindung geschützt werden soll.[785] Ob dies auch die Kosten der Zusendung betrifft, sofern sie dem Verbraucher auferlegt wurden, damit hatte sich der *BGH* zu befassen und diese Frage dem *EuGH* im Wege des Vorabentscheidungsverfahren vorgelegt.[786]

Da es sich bei dem Widerrufsrecht aber um ein besonders ausgestaltetes gesetzliches Rücktrittsrecht handelt, gelten für den Rücktrittsberechtigten auch besondere Grundsätze, die sich aus § 357 II-IV BGB ergeben. Dabei wird der Verbraucher gegenüber der Rückabwicklung nach den §§ 346ff. BGB aber überwiegend schlechter gestellt, wie sich aus den folgenden Ausführungen ergibt. Begründet wird dies damit, dass dadurch ein Ausgleich zwischen Unternehmer und Verbraucher geschaffen werde, der allein durch die Anwendung der allgemeinen Rücktrittsvorschriften, insbesondere in Bezug auf die Interessen des Unternehmers, nicht gewährleistet sei.[787] Diese Abweichungen würden nämlich berücksichtigen, dass die Widerrufsrechte im Gegensatz zu den gesetzlichen Rücktrittsrechten nicht auf eine Pflichtverletzung des anderen Teils zurückzuführen, sondern dem Verbraucher zur Wahrung seiner rechtsgeschäftlichen Entscheidungsfreiheit eingeräumt seien, ohne dass damit ein Vorwurf an den anderen Teil verbunden wäre.[788]

1) § 357 I 2, 3 BGB

So regelt § 357 I 2 BGB als Modifikation zu den §§ 346ff. BGB, dass § 286 III BGB für die Verpflichtung zur Erstattung von Zahlungen nach § 357 BGB entsprechend gilt, wobei § 357 I 3 BGB hierzu zusätzlich bestimmt, dass die Frist für den Verbraucher mit der Abgabe der Widerrufserklärung und für den Unternehmer mit deren Zugang beginnt. Dies bedeutet, dass Verzug *ipso iure* spätestens 30 Tage nach Ausübung des Widerrufsrechts eintritt.[789] Da die Vorschrift aber gleicher-

783 S. MünchKomm/ *Masuch*, 5. Auflage, § 357 Rn. 10.
784 S. Staudinger/ *Kaiser*, 15. Auflage, § 346 Rn. 65.
785 Vgl. Palandt/ *Grüneberg*, 67. Auflage, § 355 Rn. 3.
786 S. *BGH*, NJW 2009, 66ff.
787 S. MünchKomm/ *Masuch*, 5.Auflage, § 357 Rn. 1.
788 S. *Lorenz/ Riehm*, Rn. 447.
789 S. MünchKomm/ *Masuch*, 5.Auflage, § 357 Rn. 32.

maßen für Verbraucher und Unternehmer gilt, abgesehen von den unterschiedlichen Anknüpfungspunkten für den Fristbeginn, kann hierin keine Abweichung von den gesetzlichen Rücktrittsrechten zu Lasten des Verbrauchers gesehen werden. Vielmehr dient dies der Rechtsicherheit, zumal die allgemeinen Verzugsvoraussetzungen im Übrigen weiterhin Anwendung finden, so dass der Zahlungsschuldner auch weiterhin nicht in Verzug gerät, solange der Gläubiger die ihm obliegende Leistung noch nicht erbracht oder dem Schuldner angeboten hat.[790]

2) § 357 II BGB

In § 357 II BGB sind die Rücksendungskosten bei erfolgtem Widerruf geregelt. Nach dessen Satz 1 ist der Verbraucher zur Rücksendung der Sache verpflichtet, sofern sie durch Paket versandt werden kann. Des Weiteren trägt nach Satz 2 grundsätzlich der Unternehmer die Kosten und Gefahr der Rücksendung, es sei denn, es handelt sich um einen Fernabsatzvertrag, da dort dem Verbraucher die Kosten vertraglich auferlegt werden können, wenn der Preis der zurückzusendenden Sache 40 € nicht übersteigt oder der Verbraucher die Gegenleistung oder eine Teilzahlung zum Zeitpunkt des Widerrufs noch nicht erbracht hat (Satz 3). Etwas anderes soll bei Fernabsatzverträgen nur gelten, wenn die gelieferte Ware nicht der bestellten entspricht, also die Sache mangelhaft ist oder ein aliud geliefert wird (Satz 3 a.E.).[791] Dies ist konsequent, steht dem Verbraucher doch in einem solchen Fall ein Nacherfüllungsanspruch oder Recht zum Rücktritt zu, mit der Folge, dass dann eine Kostenverlagerung auf den Verbraucher wegen der Abweichung von den Grundsätzen des Gewährleistungsrechts unangemessen ist.[792]

Diese Vorschrift entspricht nunmehr den europäischen Vorgaben, so dass kein Verstoß mehr gegen höherrangiges Recht vorliegt.[793] Insbesondere die Regelung über die Tragung der Transportgefahr aus § 357 II 2 BGB ist dabei sehr zu begrüßen, da es sich dadurch bei der Rücksendung um eine Schickschuld handelt, mit der Folge, dass der Verbraucher die Gefahr des zufälligen Untergangs oder der Verschlechterung nicht zu tragen hat.[794] Dass dem Hinweis auf Verlagerung der Rücksendekosten auf den Verbraucher bei Fernabsatzverträgen auch dann genüge

790 Vgl. MünchKomm/ *Masuch*, 5.Auflage, § 357 Rn. 32.
791 S. *Kammerer*, S. 181 m.w.N.
792 S. MünchKomm/ *Masuch*, 5. Auflage, § 358 Rn. 21.
793 Dies war noch vor Umsetzung des FernAbsÄndG anders, da dort bei sämtlichen Widerrufsrechten dem Verbraucher gem. § 357 II 2 BGB die Kosten der Rücksendung übertragen werden konnte, wenn der Preis der zurückzusendenden Sache 40 € nicht überstieg. Darin war jedoch ein Verstoß gegen Art. 5 II Haustürwiderrufsrichtlinie zu sehen, so dass der Gesetzgeber den Zusatz einfügte, dass dies nur bei einem Widerrufsrecht nach § 312 d I 1 BGB möglich ist; vgl. auch die Ausführungen bei *Kammerer*, S. 181.
794 S. MünchKomm/ *Masuch*, 5.Auflage, § 357 Rn. 16.

getan ist, wenn die Vertragsvereinbarung per AGB erfolgt, ist allgemein anerkannt.[795] Dies widerspricht auch nicht dem Verbraucherschutzgedanken, da, wie bereits soeben erwähnt, der Vertrag grundsätzlich widerrufen werden kann, ohne dass dem Unternehmer eine Pflichtverletzung vorzuwerfen wäre, so dass der Unternehmer bei den Rücksendekosten zumindest insoweit schützenswerter ist als der Verbraucher, sofern der Preis der zurückzusendenden Sache 40 € nicht übersteigt. Daher sollte dem Unternehmer auch nicht eine allzu große Hürde bei der Abwälzung der Rücksendekosten bereitet werden, so dass eine entsprechende Klausel in den AGB hierfür durchaus ausreichend ist.

3) § 357 III BGB

Die Erstreckung der Haftung des Verbrauchers abweichend von § 346 II 1 Nr. 3 BGB auch auf Verschlechterung des empfangenen Gegenstandes infolge bestimmungsgemäßer Ingebrauchnahme ist in § 357 III BGB geregelt.[796] Diese Haftung für den Wertverlust der Sache hat der Verbraucher gem. § 357 III 1, 2. Hs. BGB jedoch nur zu tragen, wenn er zuvor vom Unternehmer schriftlich auf diese Rechtsfolge hingewiesen wurde und ihm gleichzeitig aufgezeigt wurde, wie er dieses Haftungsrisiko vermeiden kann.[797] In § 357 III 2 und 3 BGB (§ 357 III 3 und 4 BGB n.F.)[798] sind sodann die Ausnahmen der Wertersatzpflicht geregelt, wenn nämlich die Verschlechterung der Sache ausschließlich auf deren Prüfung zurückzuführen ist (Satz 2), oder der Verbraucher über sein Widerrufsrecht nicht ordnungsgemäß belehrt wurde und auch nicht anderweitig hiervon Kenntnis erlangt hat (Satz 3), so dass in diesen Fällen die Haftungserleichterung des § 346 II 1 Nr. 3 BGB dennoch greift.

Die Bestimmung des § 357 III 1 BGB hat Anlass zu zahlreichen Diskussionen bzgl. seiner Rechtmäßigkeit, vor allem in Hinblick auf seine Europarechtskonformität, gegeben.[799] Wie aktuell dabei dieser Meinungsstreit ist, hat das Vorabentscheidungsverfahren des *AG Lahr* vom 26.10.2007 gezeigt.[800] Während bei den Rücksendekosten noch der Unternehmer mit dem Argument schützenswerter erscheint, dass er nicht vermeiden könne, die Sache aufgrund eines Widerrufs zu-

795 Vgl. Palandt/ *Grüneberg*, 67. Auflage, § 357 Rn. 6.
796 S. MünchKomm/ *Masuch*, 5.Auflage, § 357 Rn. 37ff.
797 Vgl. *Fischer*, S. 107 und meine Ausführungen im 5. Kapitel, V, 2 bzgl. des Gestaltungshinweises Nr. 7 in der neuen Musterwiderrufsbelehrung.
798 Vgl. die Ausführungen im 7. Kapitel, II, 1, c.
799 Vgl. Palandt/ *Grüneberg*, 67. Auflage, § 357 Rn. 14; Erman/ *Saenger*, § 357 Rn. 16; MünchKomm/ *Masuch*, 5. Auflage, § 357 Rn. 6; *Brüggemeier/ Reich*, BB 2001, 213 (219); *Rott*, VuR 2001, 78 (85); Anwaltskommentar/ *Ring*, § 357 Rn. 38ff. m.w.N.
800 S. *AG Lahr*, MMR 2008, 270 f.; *EuGH*, Urt. v. 03.09.2009, Az. C-489/09; NJW 2009, 3015 f.

rücknehmen zu müssen, obwohl er vertragsgemäß geliefert habe, überzeugt diese Argumentation bei der Wertersatzpflicht für die bestimmungsgemäße Ingebrauchnahme aufgrund der zum Teil weitaus höheren Kosten nicht.[801] Auch wenn angeführt wird, dass dem Verbraucher zugemutet werden könne, mit der Ingebrauchnahme der Sache bis zu seiner Entscheidung über die Ausübung des Widerrufsrechtes zu warten,[802] ist diese Auffassung aus Sicht des Verbrauchers zu weitgehend. Durch diese Regelung wird der Verbraucher nämlich mit Kosten belastet, denen keine Bereicherung auf seiner Seite gegenübersteht.[803] Außerdem führt dies im Ergebnis dazu, dass der Verbraucher von seinem Widerrufsrecht aufgrund der eventuell entstehenden Kosten Abstand nehmen wird, so dass das Widerrufsrecht gerade bei hohen Wertminderungen (bei einem Neufahrzeug in der Regel 20% des Neupreises)[804] für den Verbraucher keine Alternative mehr darstellt, um sich von dem Vertrag zu lösen. Somit bedeutet dies letztendlich einen „Vertragsabschlusszwang“ für den Verbraucher.[805] Das Argument, der Verbraucher könne die Widerrufsfrist abwarten, bevor er die Sache in Gebrauch nehme, ist schließlich auch nicht überzeugend, da dem Verbraucher ein Widerrufsrecht wenig nützt, wenn er die Sache nicht vorher ausprobieren und auf ihre Tauglichkeit hin prüfen konnte. Der Verbraucher kann dann nämlich nicht entscheiden, ob die Sache seinen persönlichen Anforderungen und Erwartungen entspricht oder nicht. Außerdem würde dies wiederum ein Wahlrecht des Verbrauchers bedeuten, entweder die Sache in Gebrauch zu nehmen und dadurch auf sein Widerrufsrecht zu verzichten oder aber die Widerrufsfrist vor Ingebrauchnahme abzuwarten, um sich der Möglichkeit des Widerrufes nicht vorzeitig zu entledigen.[806] Dementsprechend ist der Ansicht,[807] dem Zweck der FARL, die Effektivität des Widerrufsrechts zu sichern, werde durch die tatbestandlichen Einschränkungen des § 357 III 1 BGB hinreichend Rechnung getragen, nicht zu folgen, so dass die Bestimmung aufgrund seiner generellen Abwälzung der Kosten auf den Verbraucher für die bestimmungsgemäße Ingebrauchnahme der Sache in seiner gegenwärtigen Ausgestaltung gegen die Vorschriften der FARL verstößt.[808]

Dennoch wird zu Recht angeführt, dass mit „Kosten“ in Art. 6 I 2 FARL nur solche Aufwendungen gemeint sind, die durch die Erklärung des Widerrufs entstehen und somit Substanzveränderungen und Wertminderungen davon unberührt

801 A.A. Palandt/ *Grüneberg*, 67. Auflage, § 357 Rn. 14; *Faustmann*, MMR 2008, 271; *Schirmbacher*, BB 2008, 694.
802 S. *Habersack*, BKR 2001, 72 (75).
803 S. *Brönneke*, MMR 2004, 127 (132).
804 Vgl. 5. Kapitel, V, 2.
805 S. *Brüggemeier/ Reich*, BB 2001, 213 (219).
806 So auch *Rott*, VuR 2001, 78 (86).
807 S. Bamberger/ Roth/ *Grothe*, § 357 Rn. 12.
808 S. *EuGH*, Urt. v. 03.09.2009, Az. C-489/09; NJW 2009, 3015 f.

bleiben,[809] und außerdem die FARL gem. ihrem 14. Erwägungsgrund den Mitgliedstaaten die nähere Ausgestaltung überlässt.[810] Aus diesem Grund ist auch die Ansicht, dass wenn es um die Frage der „Kosten" geht, die FARL hinsichtlich ihres Zweckes so ausgelegt werden müsse, dass Art. 6 II FARL grundsätzlich jegliche Zahlungsverpflichtungen des Verbrauchers mit Ausnahme der Rücksendekosten untersage,[811] zu weitgehend. Sofern zwar eine generelle Abwälzung der Kosten für die Verschlechterung der Sache auf den Verbraucher nach diesseitiger Auffassung zu einem Vertragskontrahierungszwang führt und somit gegen die FARL verstößt, darf dabei jedoch der Schutz des Unternehmers vor Missbrauch nicht außer Acht bleiben. So muss er vor den Folgen bewahrt werden, die ihm entstehen können, wenn der Verbraucher sog. „Scheingeschäfte" abschließt, bei denen er von Anfang an beabsichtigt, von seinem Widerrufsrecht Gebrauch zu machen und die Sache nur kostenlos für den Zeitraum der Widerrufsfrist nutzen will. Daher muss differenziert werden, ob der Unternehmer vom Verbraucher Wertersatz verlangen kann oder nicht. Hierfür sind aber verschiedene Kriterien zu beachten. So macht es bereits einen Unterschied, ob dem Verbraucher aufgrund eines verbundenen Geschäfts ein Widerrufsrecht zusteht, oder der Vertrag im Fernabsatz geschlossen wurde und ihm dadurch die Widerruflichkeit des Vertrages ermöglicht wird. Zum Beispiel hat der Verbraucher, wenn er den Kaufgegenstand finanziert und beide Verträge eine wirtschaftliche Einheit bilden, zwar ein Widerrufsrecht, aber er kann die Sache ganz normal im Geschäft überprüfen, so dass er nicht besser gestellt werden muss, als jemand der die gekaufte Sache nicht kreditfinanziert hat. Daher muss in einem solchen Fall der Verbraucher auch Wertersatz leisten, wenn er die Sache bereits bestimmungsgemäß in Gebrauch genommen hat und dann den Vertrag widerruft. Demgegenüber schützt das Widerrufsrecht im Fernabsatz gerade davor, dass der Verbraucher die Sache vorher nicht einer optischen Überprüfung unterziehen konnte, sondern allein auf die Angaben des Verkäufers vertrauen muss.[812] In einem solchen Fall ist der Verbraucher somit besonders schützenswert und es muss ihm die Möglichkeit gegeben werden, die Sache zunächst in Gebrauch zu nehmen, um zu schauen, ob sie seinen Anforderungen und Vorstellungen entspricht. Daher darf der Verbraucher im Falle des Widerrufs eines Fernabsatzvertrages nicht zur Zahlung der Verschlechterung bei bestimmungsgemäßer Ingebrauchnahme verpflichtet werden, da dadurch seine europarechtlich vorgegebenen Rechte verkürzt würden. Gleiches muss für das Widerrufsrecht aus § 4 FernUSG gelten, da dort dieselbe Situation vorliegt.[813] Aber auch bei einem Haustürgeschäft

809 S. *Bülow*, NJW 2002, 1145 (1150), wobei Art. 6 II FARL gemeint ist.
810 Vgl. Palandt/ *Grüneberg*, 67. Auflage, § 358 Rn. 14; *Bülow*, NJW 2002, 1145 (1150); *BT-Drucks. 14/6040*, S. 201.
811 Vgl. MünchKomm/ *Masuch*, 5. Auflage, § 357 Rn. 6 m.w.N.
812 S. 5. Kapitel.
813 Vgl. die Ausführungen im 8. Kapitel, II, 1.

dürfen dem Verbraucher nicht ohne weiteres die Kosten der Verschlechterung für die bestimmungsgemäße Ingebrauchnahme auferlegt werden, da er in der Haustürsituation überrumpelt wird und ebenfalls nicht die Möglichkeit hat, die Sache in der Weise zu überprüfen, wie er es in einem Geschäft machen könnte, in dem ihm kein Vertreter gegenübersteht und mit allen Mitteln auf einen Vertragsschluss drängt.

Allein auf den Vertragsinhalt oder dem Umstand des Zustandekommens abzustellen, ist jedoch auch nicht ausreichend, wie der zugrundeliegende Sachverhalt des Vorabentscheidungsverfahrens beim *AG Lahr*[814] zeigt. Dort hatte nämlich der Kläger als Onlinekäufer eines Notebooks den Kaufvertrag nach acht Monaten widerrufen, da sich ein Defekt am Display des Notebooks zeigte und der Beklagte als Verkäufer aber nicht zur kostenlosen Beseitigung des Defektes bereit war. Der Widerruf war nach so langer Zeit noch möglich, da die Widerrufsbelehrung des Beklagten aufgrund verschiedener Mängel unwirksam war, so dass die Widerrufsfrist nicht zu laufen begann. In einem solchen Fall stellt sich die Frage, ob der Verbraucher trotz der langen Nutzung dennoch keinen Wertersatz zu leisten hat, so dass der Unternehmer im Ergebnis die Verschlechterung der Sache mit eigenen Mitteln finanzieren muss. Denn je länger der Zeitraum der Nutzung ist, desto geringer ist der Restwert der Sache und die Chance des Unternehmers, die Sache noch anderweitig zu veräußern. Sofern die Sache aber wie im vorliegenden Fall mangelbehaftet ist, dürfen dem Verbraucher in Anlehnung an § 357 II 3, 2 Hs. BGB (§ 357 III 3, 2 Hs. BGB n.F.) nicht die Kosten auferlegt werden, da dies nicht dem Gewährleistungsrecht entsprechen würde. Dementsprechend muss § 357 III 1 BGB richtlinienkonform so ausgelegt werden, dass der Verbraucher den Kaufvertrag widerrufen kann, ohne Wertersatz für die bestimmungsgemäße Ingebrauchnahme leisten zu müssen, wenn die gelieferte Sache Mängel aufweist. In den Fällen, in denen die Sache aber mangelfrei ist, der Unternehmer jedoch nicht ordnungsgemäß belehrt hat, so dass die Widerrufsfrist nicht zu laufen beginnt, hat der Verbraucher nur Wertersatz für die bestimmungsgemäße Ingebrauchnahme zu leisten, wenn er von seinem Widerrufsrecht Kenntnis hatte. Nutzt der Verbraucher die Sache in einem solchen Fall nämlich über ein längeren Zeitraum hinaus, obwohl er von seinem Widerrufsrecht Gebrauch machen will, so handelt er missbräuchlich. Auch wenn die Widerrufsbelehrung mittlerweile als echte Rechtspflicht verstanden wird,[815] so dass der Unternehmer eine Pflichtverletzung begangen hat, muss der Verbraucher aufgrund seines missbräuchlichen Verhaltens Wertersatz für die bestimmungsgemäße Ingebrauchnahme leisten. Den Beweis für den Missbrauch muss dabei aber der Unternehmer führen. Von einem Missbrauch wird aber dann

814 S. *AG Lahr*, MMR 2008, 270 f.
815 Vgl. MünchKomm/ *Masuch,* 5. Auflage, § 355 Rn. 44, m.w.N.

auszugehen sein, wenn der Verbraucher bereits mehrmals bei demselben Unternehmer Waren bestellt und auch immer widerrufen hat.

4) Zwischenergebnis

Die Regelung des § 357 BGB verstößt hinsichtlicht ihres gegenwärtigen Abs. 3 S. 1 gegen Europarecht und bedarf einer europarechtskonformen Auslegung.[816] So muss zunächst unterschieden werden, um was für ein Art von Vertrag es sich handelt und dementsprechend welche Intention in der Möglichkeit des Widerrufes zu sehen ist. Danach muss der Verbraucher bei Fernabsatzverträgen, Fernunterrichtsverträgen und Verträgen, bei denen eine Haustürsituation ursächlich für den Vertragsschluss ist, grundsätzlich keinen Wertersatz für die bestimmungsgemäße Ingebrauchnahme leisten. Selbiges gilt für die Fälle, in denen die Ware mangelbehaftet ist. Auch trifft den Verbraucher keine Wertersatzpflicht, wenn er von seinem Widerrufsrecht keine Kenntnis hatte. Etwas anderes muss jedoch dann gelten, wenn der Verbraucher die Möglichkeit des Widerrufes missbraucht hat, indem er Kenntnis hiervon hatte, aber dennoch die Sache wie die eigene in Gebrauch nimmt. In Bezug auf die Kosten der Zusendung bleibt abzuwarten, wie der *EuGH* diesbezüglich die Vereinbarkeit mit der Richtlinie 97/7/EG sieht, wenn nämlich der Verbraucher trotz Widerrufs nach den nationalen Regelungen die übernommenen Zusendekosten nicht erstattet bekommt. Die anderen Absätze stehen demgegenüber nicht im Widerspruch zu den europäischen Richtlinien und sind auch mit dem Verbraucherschutzgedanken trotz ihrer Abweichungen durchaus vereinbar und aus Sicht des Unternehmers auch nötig, um der allein durch die gesetzlichen Rücktrittsregelungen bestehenden Schlechterstellung entgegenwirken zu können. Dies gilt vor allem auch für § 357 IV BGB der klarstellend regelt, dass weitergehende Ansprüche nicht bestehen. Dabei muss der Abs. 4 allerdings so verstanden werden, dass nur Ansprüche aus der Rückabwicklung des Vertrages (§§ 280, 812, 823 BGB) ausgeschlossen sind, während Ansprüche, die sich unabhängig vom Widerrufsrecht aus dem Verhalten des Unternehmers ergeben, weiterhin bestehen (insbesondere die Haftung aus c.i.c. und Delikt).[817]

816 *EuGH*, Urt. v. 03.09.2009, Az. C-489/09; NJW 2009, 3015 f.
817 S. Palandt/ *Grüneberg*, 67. Auflage, § 357 Rn. 16; MünchKomm/ *Masuch*, 5. Auflage, § 357 Rn. 52ff.

III) Verbundene Verträge, §§ 358 f. BGB

§ 358 BGB bestimmt die Rechtsfolgen, wenn ein Vertrag über die Lieferung einer Ware oder die Erbringung einer anderen Leistung mit einem Darlehensvertrag in der Weise verbunden ist, dass das Darlehen ganz oder teilweise der Finanzierung des anderen Vertrags dient, beide Verträge eine wirtschaftliche Einheit bilden und einer dieser beiden Verträge vom Verbraucher wirksam widerrufen wird.[818] Dabei behandelt Abs. 1 den Fall, dass der Verbraucher den Vertrag über die Lieferung einer Ware oder die Erbringung einer anderen Leistung widerruft, während Abs. 2 den umgekehrten Fall behandelt, also dass der Verbraucher den Darlehensvertrag widerruft. Als Rechtsfolge bestimmen beide Absätze, dass der Verbraucher im Falle des Widerrufs des einen Vertrages auch nicht mehr an die Willenserklärung des anderen Vertrages gebunden ist. Das Besondere ist dabei, dass weder der Widerruf des anderen Vertrages erklärt werden, noch überhaupt ein Widerrufsrecht bestehen muss, da insoweit die Fiktion der Wirkung eines Widerrufs gilt, wie sie in § 355 I 1 BGB beschrieben wird.[819] Eine Definition der verbundenen Verträge findet sich in § 358 III 1 BGB und entspricht weitestgehend den früheren Regelungen der §§ 9 I VerbrKrG, 6 II 1 TzWrG, 4 II 1 FernAbsG.[820] § 358 III 2 BGB regelt demgegenüber, dass von einer wirtschaftlichen Einheit insbesondere dann auszugehen ist, wenn der Unternehmer selbst die Gegenleistung finanziert, oder wenn sich der Darlehensgeber, sofern er ein Dritter ist, bei der Vorbereitung oder dem Abschluss des Verbraucherdarlehensvertrages der Mitwirkung des Unternehmers bedient. Bei einem finanzierten Erwerb eines Grundstücks, oder grundstücksgleichen Rechts, findet sich noch in § 358 III 3 BGB eine spezielle Legaldefinition für die wirtschaftliche Einheit, da bei Immobiliengeschäften besondere Eigenarten bei der Finanzierung gelten.[821] Und schließlich verweist § 358 IV BGB auf die Regelungen des § 357 BGB, wobei sich in dessen Satz 2 eine Modifikation in der Weise befindet, dass Ansprüche gegen den Verbraucher auf Zahlung von Zinsen und Kosten für die Rückabwicklung des Kreditvertrages ausgeschlossen sind. Die Vorschrift des früheren § 9 II 3 VerbrKrG wird nunmehr in § 358 IV 3 BGB rezipiert, so dass der Darlehensgeber anstelle des Unternehmers in das Abwicklungsverhältnis eintritt, sofern dem Unternehmer das Darlehen bei Zugang der Widerrufserklärung bereits zugeflossen ist. Dies hat zur Folge, dass der Verbraucher vom Darlehensgeber die Zins- und Tilgungsleistungen zurückverlangen kann, während er anstelle der Rückzahlung der Darlehensvaluta den vom Unternehmer geleisteten Gegenstand an den Darlehensgeber zurückzugewähren hat und ihm sämtliche ge-

818 Für die Neuerungen der §§ 358 f. BGB aufgrund des Umsetzungsgesetzes vom 02.07.2009, vgl. 7. Kapitel, II, 1, d.

819 S. *Fischer*, S. 109.

820 Vgl. für § 9 I VerbrKrG die Ausführungen im 6. Kapitel, II, 4.

821 S. *BT-Drucks. 14/9266*, S. 46.

gen den Unternehmer aus der Rückabwicklung des finanzierten Vertrages bestehenden Ansprüche abtreten muss.[822] § 358 V BGB regelt letztendlich noch den Umfang der Widerrufsbelehrung bei verbundenen Verträgen.

Demgegenüber regelt § 359 BGB den Einwendungsdurchgriff, der inhaltlich weitestgehend dem § 9 III, IV VerbrKrG entspricht.[823] Dabei sieht § 359 BGB als Rechtsfolge ein Leistungsverweigerungsrecht des Verbrauchers gegenüber dem Darlehensgeber vor, wenn ihm Einwendungen aus dem finanzierten Vertrag zustehen (Satz 1). Ausnahmen hierzu bestehen allerdings sofern es sich um einen Bagatellfall handelt (Satz 2) oder der Verbraucher noch Nacherfüllung verlangen kann und diese noch nicht fehlgeschlagen ist (Satz 3). Dabei versteht sich die Norm als Ergänzung zu § 358 BGB, regelt aber im Gegensatz dazu die Leistungsverweigerungsrechte des Verbrauchers und nicht seine Rückforderungsansprüche.[824] Außerdem findet der Einwendungsdurchgriff nur Anwendung, wenn der Verbraucher Einwendungen aus dem finanzierten Geschäft gegenüber dem Darlehensgeber geltend machen kann, und nicht auch im umgekehrten Fall, also wenn der Verbraucher Einwendungen aus dem Verbraucherdarlehensvertrag auch dem Unternehmer entgegenhalten kann. Begründet wird dies zu Recht damit, dass hierfür kein Bedürfnis besteht, da der finanzierte Vertrag bereits erfüllt ist und deshalb der Verbraucher nicht mehr mit der Inanspruchnahme durch den Unternehmer zu rechnen hat.[825]

Hintergrund dieser beiden Vorschriften ist der Schutzgedanke, den Verbraucher vor Risiken zu bewahren, die ihm durch die Aufspaltung eines wirtschaftlich einheitlichen Vertrages in ein Bargeschäft und einen damit verbundenen Darlehensvertrag drohen.[826] Daher kann der Verbraucher auch seine auf dem finanzierten Vertrag bestehenden Einwendungen ebenfalls dem Darlehensgeber entgegenhalten, und durch den Widerruf des einen Vertrages erstrecken sich die Rechtsfolgen auch auf den anderen Vertrag. Anderenfalls würde dem Verbraucher nämlich ein Widerrufsrecht wenig nützen, wenn er zwar den einen Vertrag widerrufen könnte, der andere Vertrag aber weiterhin bestünde, so dass der Verbraucher hieran trotz der wirtschaftlichen Einheit gebunden wäre. Der Verbraucher soll über die Ausübung seines Widerrufsrechts in der Gewissheit entscheiden können, dass er mit erfolgtem Widerruf an keines der beiden Geschäfte mehr gebunden ist.[827] Letztlich dient § 358 BGB auch der Umsetzung des Art. 6 IV FARL und § 359 BGB der Umsetzung der VerbrKr-RL.[828]

822 S. Palandt/ *Grüneberg*, 67. Auflage, § 358 Rn. 21.
823 Vgl. hierzu auch die Ausführungen im 6. Kapitel, II, 4.
824 S. Palandt/ *Grüneberg*, 67. Auflage, § 359 Rn. 4.
825 S. MünchKomm/ *Habersack*, 5. Auflage, § 359 Rn. 9; a.A. *Köndgen*, WM 2001, 1637 (1646).
826 Vgl. Palandt/ *Grüneberg*, 67. Auflage, § 358 Rn. 1.
827 S. MünchKomm/ *Habersack*, 5. Auflage, § 358 Rn. 1.
828 S. 5. Kapitel, I, 2, b; 6. Kapitel, I, 2, c.

Bezüglich der Bedeutung der §§ 358 f. BGB für die Rechtsprechung auf nationaler und europäischer Ebene, wird auf die Ausführungen im 11. Kapitel verwiesen.[829] Einen besonders umfangreichen Überblick zu verbundenen Verträgen und Einwendungs- und Rückforderungsdurchgriffen in Bezug auf Immobiliarkaufverträgen und Immobilienfondsbeteiligungen vermittelt *Borst*.[830]

IV) Zusammenfassung

Auch wenn die Widerrufsfolgen einheitlich in den §§ 355ff. BGB geregelt sind, ergeben sich einige Ausnahmen zu diesen Regelungen. Abgesehen von § 126 InvG und §§ 8, 152 VVG, die erst gar nicht auf die §§ 355ff. BGB verweisen, gilt dies insbesondere für die Sonderregelungen zum Erlöschen des Widerrufsrechts aus § 312 d BGB und § 4 III FernUSG.

Bezüglich der Europarechtskonformität des § 355 BGB hat sich herausgestellt, dass die dort geregelten Widerrufsfolgen mit den europäischen Normen übereinstimmen, auch wenn vertreten wird, dass die Möglichkeit der Nachbelehrung gem. § 355 II 2 BGB gegen Gemeinschaftsrecht verstoße. Dem ist nämlich entgegenzuhalten, dass vor allem seit der Entscheidung des *EuGH* in Sachen „Hamilton" die Möglichkeit der Nachbelehrung noch mehr an Relevanz gewonnen hat, um zu verhindern, dass der Verbraucher niemals von seinem Widerrufsrecht erfährt, aber dieses dennoch erlischt. Insofern wird das Recht des Verbrauchers nämlich nicht verkürzt, sondern ihm noch einmal explizit vor Augen geführt. Daher ist auch die Regelung über die Nachbelehrung mit dem Gemeinschaftsrecht vereinbar, schafft sie doch sowohl für den Verbraucher als auch für den Unternehmer Rechtssicherheit. Dass die Widerrufsfrist dann vier anstatt zwei Wochen beträgt, ist dem Umstand zuzuschreiben, dass der Unternehmer auf der einen Seite die ordnungsgemäße Widerrufsbelehrung bereits bei Vertragsschluss erteilen soll und somit die verspätete Erklärung sanktioniert wird, auf der anderen Seite aber dennoch im Gegensatz zu § 355 III 3 BGB die Nachbelehrung die Widerrufsfrist in Gang setzt, so dass darin ein Ansporn für den Unternehmer zu sehen sein soll.

Demgegenüber ist die Regelung des § 357 BGB nicht in allen Belangen europarechtskonform. Auch wenn es grundsätzlich durchaus verständlich ist, dass der Verbraucher im Gegensatz zu den allgemeinen Rücktrittsvorschriften schlechter gestellt wird, da dem Unternehmer grundsätzlich keine Vertragspflichtverletzung vorzuwerfen ist, gilt dieses Argument nicht für § 357 III 1 BGB. Dem Verbraucher grundsätzlich die Kosten für die Verschlechterung der Sache durch die bestimmungsgemäße Ingebrauchnahme aufzuerlegen, verstößt gegen die Vorschriften der

829 S. 11. Kapitel, II.
830 S. *Borst*, S. 199ff.

FARL, da dem Zweck der FARL, die Effektivität des Widerrufsrechts zu sichern, durch die tatbestandlichen Einschränkungen des § 357 III 1 BGB nicht hinreichend Rechnung getragen wird.[831] Da jedoch auch der Wille des Gesetzgebers, den Unternehmer in gewisser Weise zu schützen, um Missbrauch durch den Verbraucher entgegenzuwirken, nicht außer Acht gelassen werden darf, bedarf es einer richtlinienkonformen Auslegung des § 357 III 1 BGB, bei der die verschiedenen Einzelheiten des zu widerrufenden Vertrages berücksichtigt werden. Nur so wird den Anforderungen beider Seiten an die Rechtsfolge eines Widerrufs Rechnung getragen.

Die Regelungen der §§ 358 f. BGB sind erforderlich, bewahren sie doch den Verbraucher vor Risiken, die ihm durch die Aufspaltung eines wirtschaftlich einheitlichen Vertrages in ein Bargeschäft und einen damit verbundenen Darlehensvertrag drohen. Dies trägt nämlich dem Umstand Rechnung, dass dem Verbraucher ein Widerrufsrecht wenig nutzt, wenn er beispielsweise den finanzierten Vertrag widerrufen kann, an den Darlehensvertrag aber weiter gebunden ist oder aber die Einwendungen aus dem finanzierten Vertrag nicht auch dem Darlehensgeber entgegenhalten kann.[832] Grundsätzlich ist daher festzuhalten, dass die Widerrufsfolgen dem hohen Verbraucherschutzgedanken innerhalb Europas und vor allem Deutschlands mit Ausnahme des § 357 III 1 BGB genügen.

831 *EuGH*, Urt. v. 03.09.2009, Az. C-489/09; NJW 2009, 3015 f.
832 Vgl. insoweit die Probleme bei den „Schrottimmobilien“, bei denen ein verbundener Vertrag gerade verneint wird, 11. Kapitel, II.

Elftes Kapitel
Die Bedeutung der EuGH-Rechtsprechung für die nationalen Widerrufsrechte

Es hat sich gezeigt, dass die Rechtsprechung des *EuGH* einen großen Anteil an der Entwicklung der Widerrufsrechte hatte. So hat das bereits angesprochene „Heininger"-Urteil des *EuGH*[833] bzgl. der Vorlagefrage des *BGH* klargestellt, dass die Haustürgeschäfterichtlinie und die Verbraucherkreditrichtlinie den Schutz des Verbrauchers in verschiedenen Gefährdungssituationen gewährleisten soll und daher die Haustürgeschäfterichtlinie auch Realkreditverträge mit umfasst, so dass ihr in Bezug auf das Widerrufsrecht Vorrang gegenüber der Verbraucherkreditrichtlinie zukommt. Somit war das Urteil auch ausschlaggebend für die Änderung des § 312 a BGB zum 01.08.2002.[834] Aber auch die Entscheidungen des *EuGH* zu den Rechtssachen „Schulte"[835] und „Crailsheimer Volksbank"[836], hatten direkten Einfluss auf die nationalen Widerrufsrechte, da sie sich mit den Rechtsfolgen eines Widerrufes befassten. Nichts anderes gilt auch für die Entscheidung des *EuGH* in der Sache „Hamilton"[837], die zwar keine Änderung des BGB zur Folge hatte, aber dennoch für Furore sorgte. In dieser Entscheidung ging es im Wesentlichen um die Vereinbarkeit des § 2 I 4 HWiG a.F.[838] mit der Haustürgeschäfterichtlinie 85/577/EWG.

Da die *EuGH*-Rechtsprechung somit unerlässlich für die Entwicklung der Widerrufsrechte war, werden im Folgenden die einzelnen Entscheidungen dargestellt und ihre jeweilige Bedeutung für die nationalen Regelungen noch einmal herausgearbeitet.

833 S. *Slg. 2001, I-9945,* NJW 2002, 281=WM 2001, 2434= ZIP 2002, 31.
834 S. 9. Kapitel, II.
835 S. *EuGH*, ZIP 2005, 1959= ZfIR 2005, 815= NJW 2005, 3551= WM 2005, 2079.
836 S. *EuGH*, ZIP 2005, 1965= ZfIR 2005, 821= NJW 2005, 3555= WM 2005, 2086.
837 S: *EuGH*, Urt. v. 10.04.2008 – Rs. C-412/06= BB 2008, 967= NJW 2008, 1865= WM 2008, 869.
838 Nach § 2 I 4 HWiG a.F. erlosch das Widerrufsrecht bei fehlender oder fehlerhafter Widerrufsbelehrung nämlich erst einen Monat nach beiderseits vollständigere Erbringung der Leistung; s. hierzu auch die Ausführungen im 4. Kapitel, II, 3.

I) Die Entscheidung des EuGH in Sachen „Heininger" vom 13.12.2001

Im Sachverhalt dieser Entscheidung, die der *BGH*[839] dem *EuGH* zur Vorabentscheidung gem. Art. 234 EGV vorlegte, verlangten die Eheleute Heininger von der beklagten Bank die Rückabwicklung eines Realkreditvertrages. Für die Finanzierung des Kaufpreises für eine 1993 auf Anraten eines ihnen bekannten, für die Beklagte freiberuflich tätigen Immobilienmaklers, der sie mehrfach unaufgefordert zu Hause aufgesucht hatte, gekaufte Eigentumswohnung nahmen die Kläger, ebenfalls auf Anraten des Bekannten, bei der Beklagten ein Darlehen auf, das durch eine entsprechende Grundschuld abgesichert wurde. Eine Belehrung über ein Widerrufsrecht hatten sie nicht erhalten. Anfang 1998 erhoben die Eheleute Heininger Klage und widerriefen unter Berufung auf § 1 HWiG ihre auf den Abschluss des Darlehensvertrages gerichteten Willenserklärungen. Sie begehrten weiterhin die Erstattung von Zins- und Tilgungsleistungen und die Feststellung, dass die Beklagte keine Darlehensansprüche mehr habe.

Das *LG* hat die Klage abgewiesen.[840] Die daraufhin erfolgte Berufung wurde vom *OLG München* zurückgewiesen.[841] Mit der Revision verfolgten die Kläger ihr Klagebegehren weiter, so dass der XI. Zivilsenat des *BGH* den *EuGH* um Vorabentscheidung ersuchte. Hierbei ging es um die Fragen, ob die Haustürgeschäfterichtlinie 85/577/EWG auch Realkreditverträge umfasst und ihr im Bezug auf das Widerrufsrecht Vorrang gegenüber der Verbraucherkreditrichtlinie zukommt. Die Fragen ergaben sich daraus, dass die Kläger nach nationalem Recht erstens kein Widerrufsrecht nach § 7 VerbrKrG besaßen, da dieses nach § 3 II Nr. 2 VerbrKrG nicht für Realkreditverträge galt,[842] und dass zweitens ein Widerrufsrecht nach § 1 I HWiG grundsätzlich wegen der Subsidiarität des HWiG gegenüber dem VerbrKrG gem. § 5 II HWiG ausgeschlossen war.

1) Rechtslage vor der Entscheidung des EuGH

Die Fragen nach dem sachlichen Anwendungsbereich der Haustürwiderrufsrichtlinie und ihrem Vorrang gegenüber der Verbraucherkreditrichtlinie wurden auf nationaler Ebene höchst kontrovers entschieden. So gab es in der Literatur diesbezüglich ein breites Meinungsspektrum, angefangen bei der Ansicht, dass das Haustürwiderrufsgesetz nur dann durch § 5 II HWiG verdrängt werde, wenn das vorrangig anzuwendende Gesetz dem Verbraucher auch einen gleich effektiven

839 S. *BGH*, NJW 2000, 521.
840 S. *LG München I*, WM 1998, 1723.
841 S. *OLG München*, WM 1999, 728.
842 Vgl. MünchKomm/ *Ulmer*, 3. Auflage, § 3 Rn. 27 VerbrKrG und die Ausführungen im 6. Kapitel, II, 2, c.

Schutz gewähre,[843] über die Ansicht, das Haustürwiderrufsgesetz sei zwar in den Fällen des § 3 I VerbrKrG, aber nicht in den Fällen des § 3 II VerbrKrG, wo nur einzelne Vorschriften des VerbrKrG nicht zur Anwendung kommen, anwendbar, so dass in dem vorliegenden Fall weder ein Widerrufsrecht nach dem HWiG noch nach dem VerbrKrG bestünde,[844] bis hin zu der Ansicht, dass beide Widerrufsrechte nebeneinander bestünden.[845]

Die unterinstanzlichen Gerichte,[846] und ihnen folgend auch der *BGH* in dem Vorabentscheidungsverfahren[847] waren demgegenüber der Auffassung, dass die Vorrangregelung des § 5 II HWiG abschließend sei und daher die Regelungen des VerbrKrG generell vorrangig seien. Dabei begründete der *BGH* seine Auffassung vor allem mit dem Wortlaut des § 5 II HWiG. Danach komme es nämlich allein darauf an, ob ein Rechtsgeschäft überhaupt dem VerbrKrG unterfalle, nicht aber, ob dessen Schutzbereichbestimmungen sämtlich oder nur zum Teil Anwendung fänden.[848] Außerdem entspreche der Ausschluss des Widerrufsrechts nach § 1 HWiG für Kreditverträge gem. § 3 II Nr. 2 VerbrKrG dem Willen des Gesetzgebers, der eine Widerrufsmöglichkeit bei Realkrediten für von Anfang an unpassend angesehen habe. So solle dementsprechend das VerbrKrG auf grundpfandrechtlich abgesicherte Kredite insgesamt nicht anwendbar sein, weil es an einer wesentlichen Gefährdung der Verbraucherinteressen fehle. Außerdem berücksichtige die Gegenansicht nicht, dass sich § 5 II HWiG ursprünglich auf das AbzG bezogen habe, welches gem. § 1 I 1 AbzG schon grundsätzlich keine Anwendung auf Realkreditverträge fand. Und letztlich sei eine teleologische Reduktion des § 5 II HWiG in der Weise, dass im Falle von § 3 II Nr. 2 VerbrKrG der Widerruf nach § 1 HWiG möglich bleibe, nach dem Sinn und Zweck der maßgeblichen Vorschriften nicht angezeigt, da die Erwägungen, die im Zusammenhang mit dem VerbrKrG zum Ausschluss des Widerrufsrechts geführt haben, auch für Realkreditverträge gelten müssten, die in einer Haustürsituation geschlossen wurden.[849] Der Senat räumte zwar ein, dass dem Haustürwiderrufsgesetz und dem Verbraucherkreditgesetz verschiedene Schutzbereiche zugrunde lägen, mit ihnen aber keine unterschiedlichen Schutzzwecke verfolgt würden, so dass deshalb auch eine unterschiedliche Beurteilung nicht gerechtfertigt sei und dementsprechend der generelle Ausschluss des

843 Vgl. *OLG München*, WM 2000, 1336 (1338); *Fischer/ Machunsky*, Grundlagen des HWiG, Rn. 80ff.; *Stüsser*, NJW 1999, 1586 (1589).
844 Vgl. MünchKomm/ *Ulmer*, 3. Auflage, § 5 Rn. 15 HWiG; *Martis*, S. 177 f.; *Bruchner*, WM 1999, 825 (835 f.); *Schönfelder*, WM 1999, 1495.
845 S. *Spickhoff*, BB 1999, 165 (170).
846 S. *OLG Stuttgart*, WM 1999, 74 (75 f.); *OLG Frankfurt a.M.*, MDR 2000, 534; *OLG München*, WM 1999, 1418; *OLG Koblenz*, WM 1999, 2353 (2354).
847 S. *BGH*, NJW 2000, 521.
848 S. *BGH*, NJW 2000, 521 (522).
849 S. *BGH*, NJW 2000, 521 (522).

§ 3 II Nr. 2 VerbrKrG auch bei Kreditverträgen die in einer Haustürsituation geschlossen wurden gelten müsse.[850]

2) Die Entscheidung des EuGH vom 13.12.2001

Mit seinem Urteil vom 13.12.2001 behob der *EuGH* die auf nationaler Ebene bestehenden Kontroversen, indem er beide gestellten Fragen bejahte.[851] So entschied er, die Haustürgeschäfterichtlinie ist dahingehend auszulegen, dass sie auf einen Realkreditvertrag Anwendung findet, so dass der Verbraucher der einen Realkreditvertrag in einer Haustürsituation geschlossen hat, über ein Widerrufsrecht nach Art. 5 der Richtlinie 85/577/EWG verfügt,[852] zum einen, da die Haustürgeschäfterichtlinie grundsätzlich für jeden Vertrag gelte, der unter den Anwendungsbereich des Art. 1 subsumiert werden könne, und zum anderen, weil die Ausnahme des Art. 3 II lit. a[853] nicht für Realkreditverträge gelte.[854] Grund hierfür war der Umstand, dass der Schutz des Verbrauchers, der durch die Haustürgeschäfterichtlinie gewährleistet werden soll, nicht dadurch entbehrlich werde, dass der Kreditvertrag durch ein Grundpfandrecht abgesichert wird.[855]

Gleichzeitig machte der *EuGH* in seiner Vorabentscheidung deutlich, dass der nationale Gesetzgeber daran gehindert gewesen sei, das Widerrufsrecht nach der Haustürgeschäfterichtlinie auf ein Jahr nach Vertragsabschluss zu befristen.[856] Dies gehe aus Art. 5 I Haustürwiderrufsrichtlinie hervor, wonach die Widerrufsfrist mindestens sieben Tage ab dem Zeitpunkt der Belehrung des Verbrauchers über sein Widerrufsrecht beträgt, da der Verbraucher das Widerrufsrecht nicht ausüben könne, wenn es ihm nicht bekannt sei.[857] Daher könne Art. 4 III der Haustürgeschäfterichtlinie[858] auch nicht dahingehend ausgelegt werden, dass auf nationaler Ebene das Widerrufsrecht des Verbrauchers auf jeden Fall innerhalb eines Jahres ausgeübt werden muss, auch wenn der Verbraucher hierüber nicht belehrt wurde.[859]

850 S. *BGH*, NJW 2000, 521 (523).
851 S. *EuGH*, NJW 2002, 281=WM 2001, 2434= ZIP 2002, 31.
852 *EuGH*, NJW 2002, 281 (282).
853 Art. 3 II lit. a bestimmt, dass Verträge über den Bau, den Verkauf und die Miete von Immobilien sowie Verträge über andere Rechte an Immobilien vom Anwendungsbereich der Richtlinie 85/577/EWG ausgeschlossen sind, vgl. 4. Kapitel, I, 2, a.
854 *EuGH*, NJW 2002, 281 (281 f.).
855 *EuGH*, NJW 2002, 281 (282).
856 S. *Lange*, EWiR 2002, 523.
857 *EuGH*, NJW 2002, 281 (282).
858 Danach haben die Mitgliedstaaten zum Schutz der Verbraucher geeignete Maßnahmen zu treffen, sofern der Gewerbetreibende seiner Verpflichtung zur ordnungsgemäßen Belehrung nicht nachkommt, vgl. 4. Kapitel, I, 2, d.
859 *EuGH*, NJW 2002, 281 (282 f.).

3) Die Bedeutung des EuGH-Urteils vom 13.12.2001 für das nationale Recht

Der *BGH* trug dieser Entscheidung Rechnung und entschied mit Urteil vom 09.04.2002,[860] dass § 5 II HWiG richtlinienkonform einschränkend auszulegen sei und für Kreditverträge das Verbraucherkreditgesetz nicht vorgehe, soweit das Verbraucherkreditgesetz kein gleich weitreichendes Widerrufsrecht einräume wie das Haustürwiderrufsgesetz. Dementsprechend blieb es insgesamt dabei, dass die Subsidiaritätsklausel zugunsten des Verbraucherkreditgesetzes gilt, wenn sie hinsichtlich der Voraussetzungen und der Folgen des Widerrufsrechts nicht im Einzelfall zu einem für den Verbraucher ungünstigeren Ergebnis führt als nach dem Haustürwiderrufsgesetz.[861] Für die Frist bedeutete diese Auslegung wiederum, dass, obwohl es sich um einen Realkreditvertrag im Sinne des § 3 II Nr. 2 VerbrKrG handelt und dementsprechend § 7 II 4 VerbrKrG anzuwenden wäre, wonach das Widerrufsrecht bei unterbliebener Belehrung erst nach beiderseits vollständiger Erbringung der Leistung, spätestens aber ein Jahr nach Abgabe der auf den Abschluss des Kreditvertrages gerichteten Willenserklärung des Verbrauchers erlischt, das HWiG mit der Folge anzuwenden ist, dass das Widerrufsrecht gemäß § 2 I 4 HWiG spätestens erst einen Monat nach beiderseits vollständiger Erbringung der Leistung erlischt. Somit hat die „Heininger“- Entscheidung die richtige Auslegung der Subsidiaritätsregelung aus § 5 II HWiG bei an der Haustür angebahnten Realkreditverträgen zur Folge gehabt und damit ein bei fehlender Widerrufsbelehrung zeitlich unbeschränktes Widerrufsrecht aus §§ 1 I, 2 I 4 HWiG anerkannt.

Die geänderte Rechtsprechung des *BGH* war aber nicht die einzige Folge des *EuGH*-Urteils in Sachen „Heininger“. Wie bereits mehrfach erwähnt,[862] war die Entscheidung auch ursächlich für die Überarbeitung des § 312 a BGB, der inhaltlich im Wesentlichen § 5 II HWiG entsprach, und für die Einführung des § 355 III 3 BGB a.F. im Wege des OLG-Vertretungsänderungsgesetzes zum 01.08.2002. So hatte die Entscheidung des *EuGH* vom 13.12.2001 weitreichende Folgen auf nationaler Ebene was die Rechtsprechung des *BGH* und die Gesetzgebung anging und verursachte gleichzeitig eine andere Würdigung des Verbraucherschutzzweckes. Daher kann man davon ausgehen, dass der Verbraucherschutz, wie er mittlerweile in Deutschland Einzug gehalten hat, vieles dem damaligen Urteil des *EuGH* und dem öffentlichen Interesse daran zu verdanken hat.

860 S. *BGHZ 150*, 248 (256).
861 Vgl. *Derleder*, ZBB 2002, 202 (205).
862 S. 4. Kapitel, IV, 1 und 9. Kapitel, II wo die Überarbeitung des § 312 a BGB mit ihren Änderungen genau erläutert wurde.

II) Die Entscheidung des EuGH in Sachen „Schulte“ und „Crailsheimer Volksbank vom 25.10.2005

Die beiden Urteile des EuGH vom 25.10.2005 in Sachen „Schulte“[863] und in Sachen „Crailsheimer Volksbank“[864], befassten sich im Gegensatz zu dem soeben vorgestellten „Heininger“- Urteil mit den Rechtsfolgen eines Widerrufes. In dem Vorabentscheidungsersuchen des *LG Bochum*[865] ging es um den Rechtsstreit der Eheleute Schulte gegen die Deutsche Bausparkasse Bardenia AG und die Frage der Folgen, die der Widerruf des von den Eheleuten mit der Bausparkasse geschlossenen Realkreditvertrages nach dem anwendbaren nationalen Recht über Haustürgeschäfte hat. Die Kläger hatten sich nämlich auf Anraten eines Vermittlers an einer kreditfinanzierten Immobilienanlage beteiligt. Dabei sah das Modell aus Gründen der Steuerersparnis eine vollständige Fremdfinanzierung vor, wobei Tilgungen während der Laufzeit des Darlehens ausgeschlossen waren. Das Darlehen nahmen die Kläger bei der Beklagten auf, das durch eine notariell beurkundete Grundschuldbestellung an dem erworbenen Wohnungseigentum abgesichert wurde. Außerdem unterwarfen sich die Kläger der sofortigen Zwangsvollstreckung in ihr gesamtes Vermögen. Eine Widerrufsbelehrung nach dem HWiG war in dem Darlehensvertrag nicht enthalten. Nachdem die Kläger die Darlehensraten nicht mehr zahlten, kündigte die Beklagte den Darlehensvertrag, stellte das Darlehen zur sofortigen Rückzahlung fällig und betrieb die Zwangsvollstreckung aus der notariellen Urkunde. Daraufhin erklärten die Kläger im Anschluss an die Entscheidung „Heininger“ den Widerruf.

Zur Entscheidung der Klage legte das *LG Bochum* dem *EuGH* vier Fragen bezüglich der Auslegung der Haustürwiderrufsrichtlinie zur Vorabentscheidung vor:

1. Werden auch solche Immobilienkaufverträge, die in einer Haustürsituation geschlossen wurden, vom Anwendungsbereich der Haustürgeschäfterichtlinie gem. Art. 3 II a[866] ausgeschlossen, die lediglich als Bestandteil eines kreditfinanzierten Kapitalanlagemodells anzusehen sind?
2. Entspricht es den Anforderungen des Gebotes des hohen Schutzniveaus auf dem Gebiet des Verbraucherschutzes (gem. Art. 95 III EGV) sowie der von der Haustürgeschäfterichtlinie gewährleisteten Effektivität des Verbraucherschutzes, wenn eine nationale Rechtsordnung die Rechtsfolgen des Widerrufs der Darlehenserklärung auch bei solchen Kapitalanlagemodellen, bei denen das Darlehen ohne Erwerb der Immobilie nicht gewährt worden wäre, lediglich auf die Rückabwicklung des Darlehensvertrages beschränkt?

863 S. *EuGH*, ZIP 2005, 1959= ZfIR 2005, 815= NJW 2005, 3551= WM 2005, 2079.
864 S. *EuGH*, ZIP 2005, 1965= ZfIR 2005, 821= NJW 2005, 3555= WM 2005, 2086.
865 S. *LG Bochum*, NJW 2003, 2612.
866 S. 4. Kapitel, I, 2, a.

3. Genügt eine nationale Regelung dem Schutzzweck des Art. 5 II der Richtlinie 85/577/EWG, wenn danach der Verbraucher in Folge des Widerrufs die Darlehensvaluta an die finanzierende Bank zurückzahlen muss, obwohl das Darlehen nach dem für die Kapitalanlage entwickelten Konzept ausschließlich der Finanzierung der Immobilie dient und unmittelbar an den Verkäufer der Immobilie ausbezahlt wird?
4. Ist es mit dem hohen Schutzniveau auf dem Gebiet des Verbraucherschutzes (Art. 95 III EGV) sowie der von der Haustürgeschäfterichtlinie gewährleisteten Effektivität des Verbraucherschutzes vereinbar, wenn der widerrufende Darlehensnehmer nach der nationalen Rechtsordnung zu einer sofortigen Rückzahlung der – auf Grundlage des für die Kapitalanlage entwickelten Konzepts – bisher noch nicht getilgten Darlehensvaluta nebst marktüblicher Verzinsung verpflichtet ist?

Ebenso ging es in dem Vorabentscheidungsersuchen des *OLG Bremen*[867] um die Frage der Folgen eines Widerrufs und die Auslegung der Haustürgeschäfterichtlinie. Der Rechtsstreit betraf den Widerruf dreier von den Darlehensnehmern zur Finanzierung des Erwerbs von Immobilien bei der Crailsheimer Volksbank eG geschlossenen Kreditverträge nach dem anwendbaren nationalen Recht über Haustürgeschäfte. Dabei wurde für die Vermittlung der einzelnen Wohnungseinheiten eine Vertriebsfirma eingesetzt, die auch die Kredite bei der Crailsheimer Volksbank eG vermittelte. Wie bei der Rechtssache „Heininger" waren auch hier die Darlehensverträge grundpfandrechtlich abgesichert und die Darlehensnehmer unterwarfen sich der sofortigen Zwangsvollstreckung in das Grundstück und das gesamte übrige Vermögen. Nachdem die Darlehensnehmer sodann ihrer Zahlungsverpflichtung nicht nachkamen, kündigte der Darlehensgeber die Verträge und verlangte Rückzahlung der Darlehensvaluta nebst Zinsen. Das *LG Bremen* hatte zwei der drei Klagen stattgegeben, woraufhin die Beklagten Berufung eingelegt haben. Die dritte Klage vor dem *LG Bremen* wurde abgewiesen, da dort der Vertrag in einer Haustürsituation geschlossen worden sei und nach dem „Heininger"-Urteil habe widerrufen werden können, so dass die Klägerin Berufung einlegte. Der zuständige Senat des *OLG Bremen* legte daraufhin dem *EuGH* ebenfalls vier Vorlagefragen zur Auslegung der Richtlinie 84/577/EWG vor.

1. Ist es mit der Haustürgeschäfterichtlinie vereinbar, das Widerrufsrecht des Verbrauchers neben dem vorliegen einer Haustürsituation auch noch zusätzlich von weiteren Zurechnungskriterien abhängig zu machen, wie der vom Gewerbetreibenden bewusst herbeigeführten Einschaltung eines Dritten in den Vertragsschluss oder einer Fahrlässigkeit des Gewerbetreibenden hinsichtlich des Handelns des Dritten beim Vertrieb durch Haustürsituationen?

867 S. *OLG Bremen*, NJW 2004, 2238.

2. Liegt ein Verstoß gegen die Haustürgeschäfterichtlinie vor, wenn der Darlehensnehmer die Darlehensvaluta im Fall des Widerrufs an den Darlehensgeber zurückzahlen muss, obwohl er nicht nur den Darlehensvertrag in einer Haustürsituation geschlossen hat, sondern es gleichzeitig auch zu einer Auszahlung des Darlehens auf ein dem Darlehensnehmer nicht mehr zur Disposition stehendes Konto gekommen ist?
3. Schuldet der Darlehensnehmer im Falle des Widerrufs sofort das gesamte Darlehen und nicht die im Vertrag vorgesehenen Raten, so ist die Frage, ob hierin ein Verstoß gegen die Haustürgeschäfterichtlinie zu sehen ist?
4. Ist es mit der Richtlinie 85/577/EWG vereinbar, dass der Darlehensnehmer bei Widerruf des Darlehens und im Falle einer Pflicht zur Rückzahlung die Valuta auch marktüblich zu verzinsen hat?

1) Das nationale Recht vor der Entscheidung des EuGH

Die Vorlagefragen des *LG Bochum* und des *OLG Bremen* resultierten aus der Kritik dieser Instanzgerichte an der Rechtsprechungsrichtlinie des XI. Zivilsenats des *BGH*.[868] Nach § 3 I 1 HWiG (jetzt § 357 I 1 i. V. mit. § 346 I BGB) sind die Vertragsparteien beim Widerruf verpflichtet, die empfangenen Leistungen zurückzugewähren. Nach ständiger Rechtsprechung des XI. Zivilsenats galt dies insoweit auch für den Widerruf von Darlehensverträgen, so dass der Darlehensnehmer grundsätzlich zur sofortigen Rückzahlung der Darlehensvaluta nebst markküblicher Verzinsung verpflichtet war.[869] Des Weiteren ging der *BGH* insoweit auch davon aus, dass das Darlehen auch dann als empfangen galt, wenn die Darlehensvaluta nicht an den Darlehensnehmer, sondern auf dessen Weisung an einen Dritten geflossen ist.[870] Begründet wurde diese Auffassung damit, dass eine solche Auslegung zur Vermeidung von Wertungswidersprüchen hinsichtlich der Begründung eines Darlehensrückzahlungsanspruches erforderlich sei, zumal für die Begründung eines Darlehensrückzahlungsanspruches nach § 607 BGB a.F. ebenfalls ausreichend war, wenn die Darlehensvaluta vom Darlehensgeber unmittelbar an einen vom Darlehensnehmer bestimmten Dritten ausbezahlt wurde und der Dritte nicht lediglich als „verlängerte Arm" des Darlehensgebers fundierte.[871] Etwas anderes galt nach der Meinung des XI. Zivilsenates nur, wenn es sich bei dem finanzierten Geschäft und dem Darlehensvertrag um ein verbundenes Geschäft i.S. des § 9 I VerbrKrG (jetzt § 358 III BGB) handelt, da sich dann der Widerruf des Darlehens-

868 Vgl. *Borst*, S. 103 f.
869 S. *BGHZ 152*, 331 (336ff.)= NJW 2003, 422; *BGH*, WM 2003, 2184 (2185); *BGH*, WM 2003, 2410 (2411); *BGH*, WM 2004, 27 (31).
870 *BGHZ 152,* 331 (336 f.) m.w.N.
871 wie zuvor.

vertrages auch auf das finanzierte Geschäft beziehe (§ 9 II VerbrKrG, jetzt § 358 II 1 BGB). Dies hätte sodann zur Folge, dass der Darlehensgeber nach § 9 II 4 VerbrKrG (jetzt § 358 IV 3 BGB) bezüglich der Rückabwicklung in die Rechte und Pflichten des Verkäufers eintreten würde. Eine Anwendung des § 9 VerbrKrG kam nach Ansicht des *BGH* jedoch wegen des Wortlauts des § 3 II Nr. 2 VerbrKrG auf Realkreditverträge nicht in Betracht, so dass der Darlehensnehmer im Falle des Widerrufs die Rückzahlung der Darlehensvaluta nicht unter Hinweis auf § 9 III VerbrKrG verweigern konnte.[872] Dementsprechend habe der Widerruf des Darlehensvertrages nach Auffassung des *BGH* keinerlei Auswirkung auf den Immobilienkaufvertrag, mit der Folge, dass dieser bestehen bleibt, da ein Widerrufsrecht aufgrund der notariellen Beurkundung des Immobilienkaufvertrages (§ 311 b BGB ehemals § 313 BGB a.F.) gem. § 1 II Nr. 3 HWiG ausscheide.[873]

Bzgl. dieser Rechtsprechungsrichtlinie des XI. Zivilsenats gab es eine Reihe von anderen Ansichten innerhalb des Schrifttums und der unterinstanzlichen Gerichte.[874] Insbesondere wurde dabei kritisiert, dass aufgrund der wirtschaftlichen Folgen eines Widerrufs dieser für den Darlehensnehmer faktisch unmöglich gemacht werde.[875] Deshalb wurde auch die Auffassung vertreten, dass eine wirtschaftliche Einheit zwischen Darlehensvertrag und finanziertem Geschäft vorliege und daher dem Darlehensgeber gem. § 9 II 4 HWiG (jetzt § 358 IV 3 BGB) lediglich die Rechte des Verkäufers, mithin die Herausgabe des kreditfinanzierten Kaufgegenstandes, zuständen.[876] Dies ergebe sich auch aus dem durch das OLG-Vertretungsänderungsgesetz eingefügten § 358 III 3 BGB, da der Gesetzgeber dadurch gezeigt habe, dass er die Vorschriften über verbundene Geschäfte im Grundsatz auch bei Immobilienfinanzierungen für anwendbar halte.[877] Demgegenüber war *Derleder* der Ansicht, man müsse § 817 S. 2 BGB analog bei solchen Konstellationen anwenden, bei denen der Zweck des HWiG und seines Widerrufsrechts durch eine gegenüber dem vertraglichen Ratenplan vorzeitige Valutarückzahlung unterlaufen werde.[878] Die analoge Anwendung des § 817 S. 2 BGB führe dann nämlich dazu, dass der Darlehensnehmer nicht zur sofortigen Rückzahlung der Darlehensvaluta nebst markübliche Verzinsung verpflichtet sei, sondern die Kreditsumme in den vorgesehenen Raten zurückzuzahlen sei.[879] Bezüglich der Verzinsungspflicht bezog sich die Literatur, und dem sich anschließend das *OLG Bremen*, vor allem auf

872 S. *BGH*, NJW 2002, 1881 (1884); *BGH*, NJW 2003, 199 (199 f.); *BGH*, ZIP 2003, 160 (162 f.); *BGH*, NJW 2003, 424 (426); *BGH*, WM 2003, 64 (66).
873 S. 4. Kapitel, II, 2, b, aa.
874 S. *Borst*, S. 103 m.w.N.
875 wie zuvor.
876 S. *LG Bochum*, NJW 2003, 2612 (2614).
877 S. *Hoffmann*, ZIP 2004, 49 (50).
878 S. *Derleder*, ZfIR 2003, 177 (188).
879 S. *Derleder*, ZfIR 2003, 177 (188).

die Entscheidung des *EuGH* in Sachen „Travel Vac“,[880] wo eine Vertragsklausel, die pauschalen Schadensersatz im Falle eines Rücktritts vom Haustürgeschäft vorsah, beanstandet worden war, da eine Bestrafung des Verbrauchers für den Widerruf untersagt sei.[881] Dies müsse vor allem dann gelten, wenn die marktübliche Verzinsung höher sei als die vertraglich vereinbarte, da dies dem Sanktionscharakter des Widerrufs widersprechen würde.[882]

2) Die Entscheidungen des EuGH vom 25.10.2005

Die Vorlagefragen hat der EuGH dahingehend beantwortet, dass er erst einmal klarstellte, dass das Gemeinschaftsrecht eine Erstreckung der Wirkung des Widerrufs auf einen mit dem Darlehensvertrag verbundenen Immobilienkaufvertrag nicht gebiete.[883] Begründet wurde dies damit, dass es in der Richtlinie 85/577/EWG keinerlei Regelung über verbundene Geschäfte gebe, während dies in anderen Richtlinien, zum Beispiel die Richtlinie 87/102, die die Interessen der Verbraucher schützen sollen, geschehen sei. Auch gebe es keinerlei Grundlage für die Annahme einer stillschweigenden Vorschrift.[884] Bezüglich der Folgen eines Widerrufs eines Realkreditvertrages für den Kaufvertrag über die mit dem Kredit finanzierte Immobilie und für die Bestellung des Grundpfandrechts müsse auf das nationale Recht verwiesen werden.[885] Dementsprechend schließe die Richtlinie ein verbundenes Geschäft grundsätzlich nicht aus, schreibe ein solches Ergebnis aber auch nicht vor. Weiterhin stehe die Richtlinie im Falle des Widerrufs des Realkreditvertrages der Verpflichtung des Verbrauchers zur sofortigen Rückzahlung der Darlehensvaluta an den Darlehensgeber nicht entgegen.[886] Dies sei selbst dann der Fall, wenn das Darlehen ausschließlich zur Finanzierung des Erwerbs der Immobilie diene und unmittelbar an deren Verkäufer ausbezahlt werde. Hierfür spreche auch der Wortlaut der Richtlinie, wonach gemäß Art. 5 II die Anzeige des Widerrufs bewirke, dass der Verbraucher aus allen aus dem widerrufenen Vertrag erwachsenden Verpflichtungen entlassen sei. Hierin sei eine Wiederherstellung des ursprünglichen Zustandes zu sehen.[887] Daher stehe die Richtlinie einer nationalen Regelung, wonach der Verbraucher im Falle des Widerrufs eines Realkreditvertrages nicht nur die aufgrund dieses Vertrages erhaltenen Beträge zurückzuzahlen, sondern

880 *EuGH*, Slg. 1999, I-2195= NZM 1999, 580.
881 S. *OLG Bremen*, NJW 2004, 2238 (2242).
882 S. *OLG Bremen*, NJW 2004, 2238 (2242).
883 S. *EuGH*, ZIP 2005, 1959 (1962).
884 S. *EuGH*, ZIP 2005, 1959 (1962).
885 S. *EuGH*, NJW 2002, 281 (282).
886 S. *EuGH*, ZIP 2005, 1959 (1963).
887 S. *EuGH*, ZIP 2005, 1959 (1964).

auch die marktüblichen Zinsen zu zahlen habe, nicht entgegen. Außerdem habe der nationale Gesetzgeber dafür zu sorgen, dass falls das Kreditinstitut seiner Belehrungspflicht nicht nachkomme, dieses die Folgen der Verwirklichung dieser Risiken zu tragen habe, damit der Pflicht, die Verbraucher zu schützen, genügt werde. Ferner hat der *EuGH* noch festgestellt, dass die Anwendung der Richtlinie, bei Vertretung des Gewerbetreibenden durch einen Dritten, nicht davon abhängig gemacht werde könne, ob der Gewerbetreibende von der Haustürsituation gewusst habe, oder hätte wissen müssen.[888] Hierfür biete der Wortlaut der Richtlinie keinerlei Grundlage. Außerdem liefe eine solche zusätzliche Voraussetzung der Zielsetzung der Richtlinie zuwider, den Verbraucher vor dem mit dem Haustürgeschäft verbundenen Überraschungsmoment zu schützen.

3) Bedeutung der EuGH-Urteile für das nationale Recht

Durch die Entscheidungen des *EuGH* kann sich die kreditgebende Bank nicht mehr darauf berufen, dass die objektiv vorliegende Haustürsituation ihr nicht zurechenbar sei, da sie durch einen Dritten vertreten wurde und selbst nichts von der Haustürsituation gewusst habe. Der *BGH* schloss sich dieser Auffassung kommentarlos an.[889] Dementsprechend wurde der Verbraucherschutz erheblich erweitert, weil die Verbraucher nun doch noch ihre Darlehensverträge widerrufen konnten, wenn eine Haustürsituation und die weiteren Voraussetzungen vorlagen. Dadurch das der *EuGH* es jedoch dem nationalen Recht überließ, über die Rechtsfolgen des Widerrufs und dem Vorliegen eines verbundenen Geschäfts zu entscheiden, ist es bei der Rechtsprechung des XI. Zivilsenats des *BGH* geblieben, dass der Immobiliarkaufvertrag oder die Beteiligung an einem Immobilienfonds vom Widerruf des Darlehensvertrages unberührt bleibt. Nach dessen Auffassung entfaltet § 3 II Nr. 2 VerbrKrG gegenüber den Regeln über das verbundene Geschäft im Sinne des § 9 VerbrKrG in Bezug auf grundpfandrechtlich abgesicherte Kredite seine Ausschlusswirkung, so dass sich der Verbraucher nicht auf einen Einwendungs- und Rückforderungsdurchgriff berufen könne. Mit seinem Antiverbundurteil vom 25.04.2006[890] entschied der XI. Zivilsenat nämlich, dass es nach dem Wortlaut des § 3 II Nr. 2 VerbrKrG lediglich darauf ankomme, ob das Darlehen nach dem Kreditvertrag von der Sicherung durch ein Grundpfandrecht abhängig gemacht worden sei. Ob der Kreditnehmer selbst Sicherungsgeber ist, sei ohne Belang.[891] Daher liege eine grundpfandrechtliche Absicherung des Kredites auch dann vor, wenn der

888 S. *EuGH*, ZIP 2005, 1965.
889 S. *BGH*, Urt. v. 12.12.2005, Az. II ZR 327/04; *BGH*, Urt. v. 14.02.2006, Az. XI ZR 255/04.
890 S. *BGH*, ZfIR 2006, 513.
891 S. *BGH*, ZfIR 2006, 513 (515).

Kreditnehmer das Grundpfandrecht nicht selbst bestellt, sondern ein bestehendes, wenn auch nur teilweise, übernehme, so dass die Anwendung des § 9 VerbrKrG gemäß § 3 II Nr. 2 VerbrKrG ausgeschlossen sei. Dem Rückzahlungsanspruch der Darlehensvaluta des Kreditgebers stehe auch nicht die Entscheidung des *EuGH* vom 25.10.2005 entgegen, da es hierfür an einer Stütze sowohl in der Haustürgeschäfterichtlinie als auch im deutschen Recht fehle.[892] Dementsprechend findet nach Ansicht des XI. Zivilsenates die Vorschrift über verbundene Geschäfte nur dann Anwendung, wenn entweder keine grundpfandrechtliche Sicherung zustandegekommen ist oder die üblichen Konditionen nicht eingehalten wurden. Denn wenn die in § 3 II Nr. 2 VerbrKrG vorausgesetzten Konditionen nicht eingehalten worden seien, sei die Schriftform des § 4 I 4 Nr. 1 lit. b VerbrKrG zu wahren und der Einwendungsdurchgriff gemäß § 9 VerbrKrG eröffnet.[893]

Die andere Ansicht des II. Zivilsenats des *BGH*,[894] § 3 II Nr. 2 VerbrKrG finde keine Anwendung, wenn das Darlehen durch ein Grundpfandrecht gesichert werde, das nicht erst im Zusammenhang mit der Darlehensgewährung, sondern schon zuvor zur Sicherung einer Zwischenfinanzierung bestellt worden sei, ohne dass der Verbraucher auch an dem Zwischenfinanzierungskredit beteiligt gewesen sei (so war es regelmäßig bei den Grundstücken der Immobilienfonds),[895] so dass kein Realkredit im Sinne des § 3 II Nr. 2 VerbrKrG vorliege und der Kreditnehmer Einwendungen aus dem Anteilserwerb auch dem Darlehensgeber entgegenhalten könne,[896] ist seit der Einigung der Senate des BGH vom 25.04.2006 hinfällig. Seit diesem Zeitpunkt ist nunmehr allein der XI. Zivilrechtssenat des *BGH* für Darlehensverträge und damit verbundenen Immobiliarkaufverträgen zuständig, so dass sich die von ihm praktizierte Trennungstheorie, welche besagt, dass der Erwerber einer Immobilie, auch eines Anteils an einem geschlossenen Immobilienfonds, ein zur Finanzierung dieses Erwerbs aufgenommenes Darlehen auch dann zurückzahlen müsse, wenn das Erwerbsgeschäft störungsbehaftet ist, durchgesetzt hat. Der Bankrechtssenat hat aber zum Ausgleich seine Rechtsprechung seit der Entscheidung vom 16.05.2006 insofern geändert, als er bei institutionalisiertem Zusammenwirken von Kreditinstitut und Immobilienveräußerer Einwendungen aus dem finanzierten Geschäft gegenüber der Bank zugelassen hat.[897] Insofern haben doch noch zahlreiche Schrottimmobilienerwerber Recht bekommen.[898]

892 S. *BGH*, ZIP 2006, 1187 (1190).
893 S. *Derleder*, ZfIR 2006, 489 (492).
894 *BGH*, WM 2004, 1518ff; *BGH*, BB 2004, 1587ff; *BGH*, WM 2004, 1521ff.
895 S. *BGH*, ZIP 2004, 1395 (1398).
896 Vgl. *Derleder*, ZfIR 2006, 489 (490).
897 S. *BGHZ 168*, 1ff.
898 Vgl. *Derleder*, KJ 2009, 3ff.

III) Die Entscheidung des EuGH in Sachen „Hamilton“ vom 10.04.2008

In dem beim *OLG Stuttgart* vorliegenden Fall, stritten die Parteien um Ansprüche infolge eines widerrufenen Verbraucherdarlehensvertrages.[899] Die darlehensnehmende Klägerin hatte sich im Jahre 1992 an einem Immobilienfonds beteiligt und diesen voll finanziert. Der Vertragsschluss wurde durch eine Nachbarin veranlasst, die sie durch die Möglichkeit von Steuerersparnissen auf den Fonds hingewiesen hatte. Diese war wiederum von einem Vermittler geworben worden, nachdem sie sich selbst am Immobilienfonds beteiligt hatte, ihn zu informieren, sofern Bekannte ebenfalls Interesse hätten. Dadurch kam es zu einer Terminsvereinbarung, wobei nicht der Vermittler, sondern die Nachbarin in seiner Vertretung auftrat und die Beratung mit der Klägerin durchführte. Die entsprechenden Verträge für den Immobilienfonds und das Darlehen unterzeichnete die Klägerin sodann in ihrer Wohnung. Der Darlehensvertrag enthielt eine Widerrufsbelehrung nach dem VerbrKrG, wobei nach Ansicht der Beklagten der Fondsbeitritt und das Darlehen kein verbundenes Geschäft darstellten. Daher enthielt die Widerrufsbelehrung den Hinweis, dass der Widerruf als nicht erfolgt gelte, wenn der Darlehensnehmer die empfangene Valuta nicht binnen zwei Wochen zurückzahle. Nach Konkurs der Fondsinitiatoren 1997 und der damit verbundenen Verringerung der Ausschüttung entschloss sich die Klägerin 1998 zu einer Umschuldung. Sie kündigte und führte den gesamten Darlehensbetrag zurück. Infolge der geänderten Rechtsprechung des *BGH* erklärte sie schließlich im Mai 2002 den Widerruf und begehrte Rückzahlung von Zins- und Tilgungszahlungen.

Aufgrund dieses Sachverhaltes legte das *OLG Stuttgart* ebenfalls bezüglich der Auslegung der Haustürgeschäfterichtlinie dem *EuGH* folgende zwei Fragen zur Vorabentscheidung gem. Art. 234 EGV vor:

1. Liegt ein Verstoß gegen Art. 4 I, 5 I der Richtlinie 85/577/EWG vor, wenn das Rücktrittsrecht des Verbrauchers, trotz fehlerhafter oder unterbliebener Belehrung, gemäß § 2 I 4 HWiG einen Monat nach beiderseits vollständiger Erbringung der Leistung erlischt.
2. Für den Fall, dass der Gerichtshof die erste Vorlagefrage bejaht, befasst sich die zweite Vorlagefrage damit, ob das Rücktrittsrecht des Verbrauchers nach vollständiger Abwicklung des Vertrages verwirkt werden kann, obwohl keine Belehrung gemäß Art. 4 I der Richtlinie 85/577/EWG vorliegt.

899 S. *OLG Stuttgart*, ZfIR 2007, 18ff.

1) Die Rechtslage vor der Entscheidung des EuGH

Die Vorlage des *OLG Stuttgart* erfolgte vor dem Hintergrund, dass das Widerrufsrecht bei fehlerhafter oder unterbliebener Belehrung gemäß dem früher geltenden § 2 I 4 HWiG a.F. einen Monat nach beiderseits vollständig erbrachter Leistung erlosch. Bei einem verbundenen Geschäft bezog sich der Zeitpunkt der Leistungserbringung dabei lediglich auf den Vertrag, der widerrufen wurde. Diese Vorschrift wurde zwar durch das SMG mit Inkrafttreten am 01.01.2002 geändert, mit der Folge, dass gemäß § 355 III BGB das Widerrufsrecht generell sechs Monate nach Vertragschluss erlosch, wobei bei Lieferung von Waren die Frist frühestens mit der Lieferung der Ware beginnt.[900] Durch den im Wege des OLG-Vertretungsänderungsgesetz neu eingeführten § 355 III 3 BGB wurde die Sechsmonatsfrist jedoch in der Weise beschränkt, dass sie nicht gilt, wenn der Verbraucher nicht oder fehlerhaft belehrt worden ist, so dass dann das Widerrufsrecht gar nicht erlischt.[901] § 2 I 4 HWiG a.F. wurde jedoch nicht rückwirkend aufgehoben, so dass er nach wie vor auf Verträge, die vor der Schuldrechtsreform geschlossen wurden, wie in dem Fall des *OLG Stuttgart*, Anwendung findet. Daher legte das *OLG Stuttgart* dem *EuGH* auch die Vorlagefragen vor, um die bisher als nicht auslegungsfähig angesehene Norm des § 2 I 4 HWiG a.F.[902] in der Weise uminterpretieren zu können, dass unter „vollständiger Erbringung der Leistung“ bei einem grundpfandrechtlich abgesicherten Darlehen auch die vollständige Leistungserbringung im verbundenen Geschäft verstanden werde.[903] Dies hätte sodann zur Folge, dass der Kapitalanleger, der mit dem Darlehen der Bank eine Immobilienfondsbeteiligung erworben hat, bis zur Abwicklung und Beendigung der Fondsbeteiligung den Darlehensvertrag widerrufen kann.[904]

2) Die Entscheidung des EuGH vom 10.04.2008

Der *EuGH* hat daraufhin mit seinem Urteil vom 10.04.2008 entschieden, dass die Regelung des § 2 I 4 HWiG a.F. nicht gegen das Gemeinschaftsrecht verstoße.[905] Zum einen bezwecke die Haustürgeschäfterichtlinie keinen absoluten Verbraucherschutz und zum anderen ergebe sich auch nichts Gegenteiliges aus dem Wort-

900 S. Staudinger/ *Kaiser*, 15. Auflage, § 355 Rn. 54.
901 S. 4. Kapitel, IV, 2, b.
902 S. *BGH*, WM 2003, 2328 (2331); *BGH*, Urteile vom 18.01.2005 – XI ZR 54/04 und 66/04; *Lechner*, NZM 2007, 145 (150).
903 *OLG Stuttgart*, WM 2006, 1997 (1999).
904 S. *Edelmann*, BB 2008, 969 (970).
905 S. *EuGH*, BB 2008, 967 (969).

laut des Art. 5 der Richtlinie 85/577/EWG.[906] Die Haustürgeschäfterichtlinie gebiete nämlich nur insofern Verbraucherschutz, als die Ausübung des Widerrufs noch während der Laufzeit des Vertrages und nicht erst nach dessen Abwicklung erfolge, da der Art. 5 I, II den Begriff „Verpflichtung aus (dem) Vertrag" verwendet und dadurch die Ausübung des Widerrufs auch nur bei Bestehen des Vertrags möglich sei.[907] Da aber § 2 I 4 HWiG a.F. auf die vollständige Erbringung der gegenseitigen Leistungen für die Befristung des Widerrufsrechts anknüpfe, bedeute dies, dass der Vertrag regelmäßig beendet sei, so dass hierin eine „geeignete Maßnahme" gem. Art. 4 III der Haustürgeschäfterichtlinie zu sehen sei.[908] Dabei gelte es zu beachten, dass es nach der Haustürgeschäfterichtlinie nicht auf den Fortbestand des finanzierten Geschäfts (hier die Fondsbeteiligung) ankomme,[909] sondern nur auf die vollständige Erbringung der Leistungen aus dem Darlehensvertrag einzugehen sei, so dass der Verbraucher nur solange von seinem Widerrufsrecht Gebrauch machen könne, wie das Darlehensverhältnis und unmittelbar hieraus bestehende Verpflichtungen fortbestünden.[910] Aus diesen Gründen liege auch kein Verstoß gegen Art. 4 I, 5 I der Richtlinie 85/577/EWG vor, wenn das Rücktrittsrecht des Verbrauchers, trotz fehlerhafter oder unterbliebener Belehrung, gemäß § 2 I 4 HWiG a.F. einen Monat nach beiderseits vollständiger Erbringung der Leistung erlischt. Da der *EuGH* die erste Vorlagefrage verneinte, brauchte er auf die zweite Frage bzgl. der Verwirkung nicht mehr einzugehen.

3) Die nationale Bedeutung des EuGH-Urteils in Sachen „Hamilton"

Die Entscheidung des *EuGH* hat gezeigt, dass die Haustürgeschäfterichtlinie kein ewiges Widerrufsrecht fordert, wie es in § 355 III 3 BGB (§ 355 IV 3 BGB n.F.) normiert ist. Dies wird jedoch als bedenklich angesehen, liefere es doch den Unternehmen den Anreiz, gegen Widerrufsbelehrungspflichten zu verstoßen, die Unkenntnis des Verbrauchers auszunutzen, auf eine schnelle Vertragsabwicklung zu drängen und mit einem geringen Restrisiko einen Vertragsgewinn zu realisieren.[911] Der *EuGH* belässt es dennoch dabei, dass es bei der Haustürgeschäfterichtlinie keinerlei Regelungen über verbundene Geschäfte gebe und daher auf die nationalen Vorschriften verwiesen werde müsse. Deshalb brachte die Entscheidung auch nicht den erwünschten Verbraucherschutz, sondern relativierte sogar noch das

906 Vgl. *Ebers*, VuR 2008, 270.
907 S. *EuGH*, NJW 2008, 1865 (1867).
908 Wie zuvor.
909 S. die soeben gemachten Ausführungen zu den Urteilen des *EuGH* in Sachen „Schulte" und „Crailsheimer Volksbank".
910 S. *Edelmann*, BB 2008, 969 (970).
911 S. *Ebers*, VuR 2008, 270; die Ausführungen im 10. Kapitel.

Urteil in Sachen „Heininger", da zwar nach wie vor die Widerrufsfrist nicht zu laufen beginnt, bevor der Verbraucher ordnungsgemäß belehrt wurde, das Widerrufsrecht aber dennoch erlöschen kann, obwohl nicht ordnungsgemäß belehrt wurde. Der Hoffnung von Verbraucherschützern, dass die nationalen Gerichte dennoch auch auf die verbundenen Geschäfte bzgl. der vollständigen Erbringung der Leistungen bei nicht grundpfandrechtlich gesicherten Darlehen abstellen werden, muss jedoch eine Absage erteilt werden. Dem steht nämlich neben dem eindeutigen Wortlaut des § 2 I 4 HWiG a.F. vor allem auch der Umstand entgegen, dass das HWiG a.F. das Verbundgeschäft überhaupt nicht kannte.[912] Insgesamt bleibt es also bei der Rechtslage, dass der Verbraucher den Darlehensvertrag auch dann nicht widerrufen kann, obwohl er nicht ordnungsgemäß über seinen Widerruf belehrt wurde, sofern der Darlehensvertrag bereits von beiden Seiten vollständig erfüllt wurde und seitdem ein Monat verstrichen ist. Das finanzierte Geschäft ist dabei für das Merkmal der vollständigen Erbringung der Leistung nicht zu berücksichtigen.[913]

IV) Zusammenfassung

Wie sich gezeigt hat, hat sich der *EuGH* in vier Entscheidungen mit dem Anwendungsbereich, den Rechtsfolgen und der Reichweite der Widerrufsrechte beschäftigt, dies auch teilweise mit unmittelbaren Einfluss auf die nationale Gesetzgebung, so dass die Urteile diesbezüglich großen Einfluss auf die nationalen Widerrufsrechte hatte. Vor allem in Hinblick auf die Entscheidung in Sachen „Heininger" war dies der Fall, da dadurch der § 312 a BGB neu gefasst und der § 355 III 3 BGB a.F. eingeführt wurde.

Nach den Entscheidungen in der Rechtssache „Schulte" und „Crailsheimer Volksbank" verblieb es dagegen bei der dem Verbraucher gegenüber ungünstigen Rechtsprechung des XI. Zivilsenats, dass der Immobiliarkaufvertrag, oder die Beteiligung an einem Immobilienfonds vom Widerruf des Darlehensvertrages unberührt bleibt und dementsprechend der Verbraucher die Rückzahlung des Darlehens nicht unter Hinweis auf den Immobiliarkaufvertrag bzw. die Beteiligung an einem Immobilienfonds, verweigern kann. Deswegen wird sich der Verbraucher gut überlegen müssen, ob er widerruft, da er dann die Darlehensvaluta nebst marktüblicher Verzinsung zurückzahlen muss, was aber nur in den wenigsten Fällen möglich erscheint, denkt man an die „Schrottimmobilien" die ihrerseits Grund für die Aufnahme des gewährten Darlehens waren, hierzu aber keinen vergleichbaren Ge-

912 Vgl. *Edelmann*, BB 2008, 969 (970); *Ebers*, VuR 2008, 270 (271).
913 Vgl. insoweit auch die Ausführungen im 10. Kapitel.

genwert aufgrund des raschen Wertverlustes darstellen.[914] Durch die Wendung des XI. Zivilsenats insofern, als er bei institutionalisiertem Zusammenwirken von Kreditgeber und Veräußerer Einwendungen aus dem finanzierten Geschäft nach nationalem Recht zuließ, wurde diese Rechtslage zugunsten der Schrottimmobilienerwerber aber entschärft. Dafür war wohl auch die Auffassung des *EuGH* maßgeblich, dass bei einer Belehrungspflichtverletzung die Bank die Risiken des Widerrufs zu tragen hat.

Einen Ausbau des Verbraucherschutzes unterließ der *EuGH* aber auch in der Rechtssache „Hamilton“, sondern bestärkte noch einmal seine Auffassung zu verbundenen Verträgen. Er stellte sogar weiterhin fest, dass die Haustürwiderrufsrichtlinie keinen absoluten Verbraucherschutz bezwecke, so dass ein Widerrufsrecht auch durchaus erlöschen könne, ohne dass der Verbraucher von seinem Widerrufsrecht jemals erfahren habe, vorausgesetzt, dass der Vertrage bereits abgewickelt sei.

914 Vgl. insofern auch *Martens*, VuR 2008, 121 (123 f.).

Zwölftes Kapitel
Die Verwirkung von Widerrufsrechten

Die Entscheidung des *EuGH* in Sachen „Hamilton“[915] hat bezüglich der Dimension der Widerrufsrechte wieder einmal für aktuellen Gesprächsstoff innerhalb der Lehre und der Rechtsprechung gesorgt. Nicht zuletzt war das der Entscheidung zugrundeliegende Vorabentscheidungsverfahren des *OLG Stuttgart*[916] auch Ausgangspunkt dieser Arbeit. Neben der durch den *EuGH* beantworteten Frage zur Vereinbarkeit des § 2 I 4 HWiG mit der europäischen Haustürgeschäfterichtlinie, ging es dem *OLG Stuttgart* nämlich um die Frage, ob ein Widerrufsrecht überhaupt verwirkt werden kann, sofern § 2 I 4 HWiG europarechtswidrig ist. Da der *EuGH* jedoch bereits die erste Vorlagefrage verneinte, musste er sich mit der zweiten Frage nicht mehr auseinandersetzen. Der durch das OLG-Vertretungsänderungsgesetz eingefügte § 355 III 3 BGB (§ 355 IV 3 BGB n.F.) bestimmt jedoch, dass die Widerrufsfrist nicht zu laufen beginnt, wenn der Verbraucher nicht oder nicht ordnungsgemäß über sein Widerrufsrecht belehrt wurde, so dass die Frage einer Verwirkung nunmehr auch nach neuem Recht durchaus relevant ist. Insbesondere geht es dabei darum, ob ein Vertrag auch dann widerrufen werden kann, wenn er bereits vor Jahren oder sogar Jahrzehnten abgeschlossen und gegebenenfalls auch von beiden Seiten vollständig erfüllt wurde, dem Verbraucher aber aufgrund fehlender oder fehlerhafter Widerrufsbelehrung dennoch ein Widerrufsrecht zusteht. Bezüglich der Rechtsfolgen eines sodann erfolgten Widerrufes wird auf die Ausführungen im *10. Kapitel* verwiesen. Deshalb befasst sich dieses Kapitel auch zunächst mit den Voraussetzungen einer Verwirkung, bevor auf die einzelnen Ansichten hierzu, insbesondere auch seit der Entscheidung des *EuGH* in Sachen „Hamilton“, eingegangen wird und dann ein eigener Lösungsvorschlag erarbeitet wird.

I) Die Verwirkung und ihre Voraussetzungen

Für die Verwirkung eines Rechts, und nicht nur solcher, die der Verjährung unterliegen, sondern z.B. auch der Gestaltungsrechte,[917] muss der Berechtigte ein Verhalten an den Tag gelegt haben, das bei dem Verpflichteten in zurechenbarer Weise ein schutzwürdiges Vertrauen auf die weitere Nichtinanspruchnahme hervorgeru-

915 S. 11. Kapitel, III.
916 S. *OLG Stuttgart*, ZfIR 2007, 18ff.
917 Vgl. Staudinger/ *Looschelders/ Olzen*, 14. Auflage, § 242 Rn. 304.

fen hat.[918] Dementsprechend ist die Verwirkung ein Fall der unzulässigen Rechtsausübung wegen widersprüchlichen Verhaltens,[919] wobei der Verstoß gegen Treu und Glauben dabei in der „illoyalen Verspätung“ der Rechtsausübung liegt.[920] Hintergrund dieser besonderen Form des widersprüchlichen Verhaltens ist dabei, dass dem Schuldner gerade bei langen Verjährungsfristen die Möglichkeit der Leistungsfreiheit auch vor deren Ablauf verschafft werden soll, wenn sich die Geltendmachung des Rechts durch den Gläubiger als widersprüchlich und missbräuchlich darstellt.[921]

Im Gegensatz zu Verjährungs- und Ausschlussfristen, bei denen die Rechtsfolge allein aufgrund Zeitablaufs eintritt, müssen bei der Verwirkung aber gerade noch zusätzliche Umstände hinzutreten, die die verspätete Geltendmachung des Rechts als treuwidrig erscheinen lassen.[922] Dementsprechend ist die Verwirkung eines Rechts an enge Voraussetzungen geknüpft und tritt dann ein, wenn das Recht vom Berechtigten über längere Zeit nicht geltend gemacht worden ist (Zeitmoment) und der andere Teil sich nach dem gesamten Verhalten des Berechtigten darauf einstellen durfte und sich auch tatsächlich darauf eingestellt hat, dass dieser das Recht auch in Zukunft nicht mehr geltend machen wird (Umstandsmoment).[923] Für das Zeitmoment besteht jedoch aufgrund einer Interessenabwägung des Einzelfalls nicht die Möglichkeit, den erforderlichen Zeitablauf genau zu bestimmen, so dass dem Umstand, innerhalb welchen Zeitraums ein durchschnittlicher Rechtsinhaber sein Recht üblicherweise geltend macht, entscheidende Bedeutung zukommt.[924] Selbiges gilt für das Umstandsmoment, so dass auch hier keine festen Kriterien gebildet werden können und dementsprechend ebenfalls eine Interessenabwägung im Einzelfall unter Zugrundelegung der Frage, ob die verspätete Inanspruchnahme durch den Gläubiger für den Schuldner noch zumutbar ist, vorgenommen werden muss.[925] Die Umstände sind daher auch maßgeblich, welcher Zeitablauf im Einzelfall als erforderlich und genügend angesehen wird, so dass zwischen ihnen eine Wechselwirkung besteht, mit der Folge, dass der Zeitablauf umso kürzer sein kann, je gravierender die sonstigen Umstände sind, und dass umgekehrt an diese Umstände desto geringere Anforderungen gestellt werden, je länger der abgelaufene Zeitraum ist.[926] Während die frühere lange Verjährungsfrist von 30 Jahren noch als Orientierungshilfe für die Bemessung der Zeitspanne dienen konnte, ist dies durch die im Wege des SMG eingeführte kurze Regelverjährung von 3 Jahren gem.

918 Vgl. Staudinger/ *Looschelders/ Olzen*, 14. Auflage, § 242 Rn. 306.
919 S. Palandt/ *Heinrichs*, 67. Auflage, § 242 Rn. 87.
920 S. *BGHZ 25*, 47 (52).
921 S. *BGH,* NJW 1992, 1255 (1256).
922 S. *BGH*, NJW 1959, 1929.
923 S. *BGH*, WM 1957, 976; NJW 1965, 1532; NJW 1989, 836.
924 S. Staudinger/ *Looschelders/ Olzen*, 14. Auflage, § 242 Rn. 307.
925 S. *BGHZ 25*, 47 (52).
926 S. MünchKomm/ *Roth*, 5. Auflage, § 242 Rn. 301.

§ 195 BGB nicht mehr möglich, so dass die Verjährungsfrist als Orientierungsmaßstab nicht mehr herangezogen werden kann.[927] Dementsprechend kommt es umso mehr auf den Einzelfall und die dortigen Umstände an, soll das Rechtsinstitut der Verwirkung noch zur Anwendung gelangen und seine Wirkung als rechtsvernichtende Einwendung entfalten.

II) Die Möglichkeit einer Verwirkung der Widerrufsrechte

Ohne auf die eventuellen Voraussetzungen einer Verwirkung bei Widerrufsrechten einzugehen, die an sich schon höchst kontrovers sind,[928] bereitet bereits die grundsätzliche Möglichkeit einer Verwirkung Schwierigkeiten, da zahlreiche Argumente gegen bzw. für eine Verwirkung sprechen.

1) Die Argumente gegen eine Verwirkung

Zunächst ist festzuhalten, dass eine Verwirkung dem Sanktionscharakter und Schutzzweck der Haustürgeschäfterichtlinie widersprechen würde, durch die der Unternehmer zur Belehrung über das Widerrufsrecht veranlasst werden soll.[929] Dementsprechend müsste in der Verwirkung des Widerrufsrechts grundsätzlich ein Verstoß gegen die Haustürgeschäfterichtlinie gesehen werden. Hierfür sprechen auch die Ausführungen des *EuGH* in Sachen „Heininger".[930] Wie bereits gezeigt, hatte der *EuGH* festgestellt, dass eine nationale Regelung, die bestimmt, dass das Widerrufsrecht ein Jahr nach Abschluss des Vertrages erlischt, gegen Art. 5 I Haustürwiderrufsrichtlinie verstoße, da Hintergrund der Bestimmung sei, dass der Verbraucher das Widerrufsrecht nicht ausüben könne, wenn es ihm nicht bekannt sei.[931] Gleichzeitig stellte der *EuGH* klar, dass das Argument, eine Befristung des Widerrufsrechts sei aus Gründen der Rechtssicherheit unerlässlich, zurücktreten müsse, soweit dadurch eine Einschränkung der Rechte impliziert werde, die dem Verbraucher mit der Haustürgeschäfterichtlinie ausdrücklich verliehen wurde.[932] Der Verbraucher müsse nämlich vor den Gefahren geschützt werden, die sich daraus ergeben würden, dass Kreditinstitute bewusst Realkreditverträge außerhalb ihrer Geschäftsräume abschließen.[933] Dementsprechend dürfe derjenige Unterneh-

927 Vgl. MünchKomm/ *Roth*, 5. Auflage, § 242 Rn. 302.
928 S. 12. Kapitel, III.
929 Vgl. die Ausführungen im 4. Kapitel, I, 2, b.
930 S. 11. Kapitel, I,
931 S. *EuGH*, NJW 2002, 281 (282).
932 S. *EuGH*, NJW 2002, 281 (283).
933 Wie zuvor.

mer auch nicht besser gestellt werden, der sich einer missbräuchlichen Vertriebsstruktur bediene.[934]

Des Weiteren ist fraglich, ob ein Widerrufsrecht, von dem der Verbraucher keine Kenntnis hat, befristet werden kann, so dass es erlischt, ohne das der Verbraucher jemals davon Kenntnis erlangen konnte.[935] Dem hat der *EuGH* ebenfalls eine Absage erteilt und mit seinem Urteil klargestellt, dass Art. 4 III Haustürgeschäfterichtlinie nicht dahingehend ausgelegt werden könne, dass eine Befristung des Widerrufsrechts als *geeignete Maßnahme* anzusehen sei, wenn der Verbraucher nicht über sein Widerrufsrecht durch den Unternehmer belehrt wurde.[936] Dementsprechend verstößt ein Erlöschen des Widerrufsrechts ein Jahr nach Vertragsschluss bei fehlerhafter oder unterbliebener Widerrufsbelehrung nach den seinerzeitigen Argumenten des *EuGH* gegen die Regelungen der Haustürgeschäfterichtlinie, so dass daraus geschlossen werden könnte, dass nicht nur jede Befristung bei unterlassener oder fehlerhafter Belehrung, sondern auch die Annahme einer Verwirkung bei Unkenntnis des Verbrauchers einen Verstoß gegen die Richtlinie 85/577/EWG darstellt.

Außerdem spricht neben der damaligen Rechtsprechung des *EuGH* in Sachen „Heininger" auch die Möglichkeit der Nachbelehrung gem. § 355 II 2 BGB grundsätzlich gegen eine Verwirkung des Widerrufsrechts. Der Unternehmer hat jederzeit die Möglichkeit, eine unterbliebene oder fehlerhafte Widerrufsbelehrung nachzuholen und dadurch die verlängerte Widerrufsfrist von einem Monat in Gang zu setzen.[937] Daher kann der Unternehmer auch nicht die Strategie verfolgen, den Verbraucher nicht zu belehren, um dadurch die Widerrufsausübung zu vermeiden, und sich schließlich auf Verwirkung berufen. Insofern verdient nämlich keinen Vertrauensschutz durch Verwirkung, wer seinerseits das zur Information des Vertragspartners Erforderliche gerade nicht getan hat.[938]

Ferner spricht die Tatsache dagegen, dass, wenn der Verbraucher nicht ordnungsgemäß belehrt wurde, die andere Vertragspartei damit rechnen muss, dass der Verbraucher erst spät oder überhaupt nicht von seinem Widerrufsrecht erfährt. Kann der Unternehmer aber nicht davon ausgehen, dass der Verbraucher sein Widerrufsrecht kennt, muss eine Verwirkung grundsätzlich ausscheiden, da es an dem erforderlichen Umstandsmoment fehlt.[939] So ist die höchstrichterliche Rechtsprechung bereits in Bezug auf das AbzG der Auffassung gewesen, dass in der Mög-

934 S. *Staudinger*, NJW 2002, 653 (654).
935 Vgl. *Piekenbrock/ Schulze*, WM 2002, 521 (522).
936 S. *EuGH*, NJW 2002, 281 (282).
937 S. 10. Kapitel I.
938 S. *Martens*, VuR 2008, 121 (125).
939 Vgl. *Fischer/ Machunsky*, § 1 Rn. 310; so auch *Mankowski,* der davon ausgeht, dass die resultierende Unsicherheit des Unternehmers gerade die gewollte Sanktion des Gesetzgebers in Bezug auf § 355 III 3 BGB a.F. sei, *Mankowski*, S. 836ff.

lichkeit des Widerrufs auch noch nach längerer Zeit gerade die gesetzlich gewollte Folge einer unzureichenden oder unterbliebenen Widerrufsbelehrung liege, für die der Unternehmer die alleinige Verantwortung trage, so dass bereits hier die Möglichkeit der Verwirkung am fehlenden Umstandsmoment scheitere.[940]

2) Die Begründungen für eine Verwirkung

Dem Argument, dass eine Verwirkung dem Sanktionscharakter und Schutzzweck der Haustürgeschäfterichtlinie widersprechen würde, kann der Einwand der Rechtssicherheit entgegengehalten werden. Dabei kommt das Argument der Rechtssicherheit nicht nur dem Unternehmer, sondern auch durchaus dem Verbraucher zugute. So stellt die Verwirkung doch eine realistische Möglichkeit dar, endlose und auch unter Umständen für den Verbraucher mit erheblichem Aufwand und auch Verlusten behaftete Auseinandersetzungen zu beenden und dadurch „Rechtsfrieden" zu schaffen.

Hinzu kommt, dass nicht erkennbar ist, warum ein Verbraucher auch nach vielen Jahren noch schutzwürdig sein soll, obwohl seine anderen vertraglichen Rechte, so zum Beispiel die Gewährleistungsrechte, meist schon verjährt sind.[941] Dies gilt umso mehr, wenn zwar der Unternehmer den Verbraucher nicht ordnungsgemäß belehrt hat, dieser aber auf andere Weise von seinem Widerrufsrecht Kenntnis erlangt hat. In einem solchen Fall ist nicht verständlich, warum der Verbraucher besonders schützenswert erscheint, vor allem wenn der Unternehmer der Annahme ist, er habe aufgrund der Verwendung der Musterwiderrufsbelehrung alles nötige für eine ordnungsgemäße Belehrung getan. Ein sodann noch nach Jahren erfolgter Widerruf würde für den Unternehmer zu einer unbilligen Härte führen, bedenkt man dabei auch die Folgen eines Widerrufs.[942]

Außerdem wird das Argument angeführt, dass es weder in der Timesharing- noch in der Fernabsatzrichtlinie ein zeitlich unbegrenztes Widerrufsrecht gebe, sondern dort auch Höchstfristen bei fehlender Widerrufsbelehrung vorgesehen seien.[943] Dementsprechend müsse als *geeignete Maßnahme* im Sinne des Art. 4 III Haustürgeschäfterichtlinie nicht unbedingt ein dauerndes Widerrufsrecht bei unterbliebener oder fehlerhafter Belehrung gewährt werden, auch wenn natürlich unter dem Gesichtspunkt des „effet utile" eine abschreckende Maßnahme erforderlich sei, um die Anforderungen des Art. 4 III zu erfüllen.[944]

940 S. *BGHZ 97,* 127 (134 f.); *BGHZ 97*, 351 (359).
941 S. *Timmerbeil*, NJW 2003, 569 (570).
942 Vgl. die Ausführungen im 10. Kapitel, II.
943 S. *Staudinger*, NJW 2002, 653 (654).
944 Vgl. *Staudinger*, NJW 2002, 653 (654).

Das entscheidende Argument für die Möglichkeit einer Verwirkung des Widerrufsrechts bei fehlender oder fehlerhafter Widerrufsbelehrung ist das Urteil des *EuGH* in Sachen „Hamilton".[945] Wie bereits aufgezeigt,[946] hat der *EuGH* entschieden, dass die Haustürgeschäfterichtlinie keinen absoluten Verbraucherschutz bezwecke, sondern diesen nur insoweit gewähre, wie die Ausübung des Widerrufs noch während der Laufzeit des Vertrages und nicht erst nach dessen Abwicklung erfolge. Daraus resultiert, dass wenn das Schuldverhältnis beendet bzw. erfüllt ist, ein Widerruf des Vertrages nicht mehr in Betracht kommt.[947] Dementsprechend verstößt nach Ansicht des *EuGH* die Regelung des § 2 I 4 HWiG a.F., wonach das Widerrufsrecht einen Monat nach beiderseits vollständiger Erfüllung der Leistungen erlischt, auch nicht gegen die europäischen Vorgaben. Diese Argumentation spricht für die Möglichkeit einer Verwirkung der Widerrufsrechte. Dadurch kann nämlich das Argument, der Sanktionscharakter und Schutzzweck der Haustürgeschäfterichtlinie würde durch eine Verwirkung beschränkt, nicht mehr nur allein unter dem Aspekt der Rechtssicherheit aufrecht erhalten werden, da nunmehr höchstrichterlich klargestellt wurde, dass es gerade nicht auf einen absoluten Verbraucherschutz ankommt. Somit muss grundsätzlich ein Widerrufsrecht verwirkt werden können, wenn die gegenseitigen Leistungen erbracht sind und die weiteren Voraussetzungen einer Verwirkung vorliegen. Auf die weiteren Voraussetzungen wird sogleich eingegangen. Diese europäische Sichtweise schlägt sich auch in dem Verbraucherrechterichtlinienvorschlag der EU-Kommission vom 08.10.2008 nieder.[948] So sieht Art. 13 VRRL-E vor, dass wenn der Gewerbetreibende den Verbraucher nicht ordnungsgemäß über sein Widerrufsrecht aufgeklärt hat, die Widerrufsfrist drei Monate nach dem Tag abläuft, an dem der Gewerbetreibende seine anderen vertraglichen Verpflichtungen in vollem Umfang erfüllt hat. Somit kommt es bei dem Richtlinienentwurf für die Frist des Widerrufsrechts ebenfalls nicht auf die Kenntnis des Verbrauchers, sondern nur auf die Erfüllung der vertraglichen Pflichten an. Dies verdeutlicht noch einmal, dass ein allen anderen Rechten gegenüber vorrangiger und absoluter Verbraucherschutz nicht gewollt ist.

3) Zwischenergebnis

Die besseren Argumente sprechen also für eine Verwirkung. Vor allem das Hauptargument gegen eine Verwirkung, dass nämlich dadurch der Sanktionscharakter und Schutzweck der Haustürgeschäfterichtlinie beschränkt werde, greift spätestens

945 S. *EuGH*, ZIP 2008, 772= WM 2008, 869.
946 S. 11. Kapitel, III, 2.
947 Vgl. *Edelmann*, BB 2008, 969 (970).
948 S. *KOM(2008)*, 614.

seit der Entscheidung des *EuGH* in Sachen „Hamilton" nicht mehr. Vielmehr ist mittlerweile auch auf europäischer Ebene anerkannt, dass es eines dauernden Widerrufsrechts und absoluten Verbraucherschutzes nicht bedarf. Somit kann das Rechtsinstitut der Verwirkung grundsätzlich bei der Beantwortung der Frage, ob eine fehlende oder fehlerhafte Belehrung generell zu einem ewig bestehenden Widerrufsrecht führt, herangezogen werden.

III) Verschiedene Ansichten für die Voraussetzungen einer Verwirkung

Ist in dem ersten Schritt nunmehr geklärt, dass die Widerrufsrechte grundsätzlich dem Einwand der Verwirkung unterliegen,[949] ist nunmehr die Frage, welche Voraussetzungen an eine Verwirkung zu stellen sind. Dies ist jedoch ebenfalls umstritten, so dass verschiedene Anknüpfungspunkte für die Erfüllung der Voraussetzungen vertreten werden.

1) § 7 II 3 VerbrKrG analog

Es wird die Auffassung vertreten, dass man in analoger Anwendung des § 7 II 3 VerbrKrG bei einem im Rahmen eines Haustürgeschäftes nach unterbliebener Belehrung vorhandenem Widerrufsrecht eine Verwirkung nach einer Ausschlussfrist von einem Jahr annimmt.[950] Begründet wird diese Auffassung mit dem Argument, dass sich bei § 7 II 3 VerbrKrG wegen der absolut zeitlichen Begrenzung auf ein Jahr ab Abgabe der Vertragserklärung die Frage nach einer Verwirkung nicht stelle und daher der Gesetzgeber eine auf Dauer schwebende Unwirksamkeit des Darlehensvertrages vermeiden wolle, so dass ein Widerrufsrecht bei einer Haustürsituation dem Verbraucher nicht auf ewig offengehalten werden könne.[951]

Diese Argumentation kann jedoch seit Einführung des § 355 III 3 BGB nicht mehr greifen, da seit dem Zeitpunkt bei sämtlichen Widerrufsrechten die Widerrufsfrist nicht zu laufen beginnt, wenn nicht ordnungsgemäß belehrt wurde. Somit ist diese Ansicht veraltet und kann nicht mehr vertreten werden. Aber selbst für Altverträge, bei denen noch das ehemalige HWiG Anwendung findet, kann diese Ausschlussfrist nicht herangezogen werden, da es sich bei § 7 II 3 VerbrKrG um eine singuläre Norm handelte. Sie galt nur für Verträge, auf die jenes Gesetz anzuwenden war, so dass sich eine Anwendung auf das HWiG, auch nicht in analoger

949 So auch Palandt/ *Heinrichs*, 67. Auflage, § 242 Rn. 109; MünchKomm/ *Masuch*, 5. Auflage, § 355 Rn. 71.
950 S. *OLG Hamm*, MDR 1999, 537= WM 1999, 1057.
951 S. *OLG Hamm*, MDR 1999, 537= WM 1999, 1057 (1059).

Anwendung, verbietet.[952] Des Weiteren würde diese starre Frist von einem Jahr nach Vertragsschluss gegen die Vorschriften der Haustürgeschäfterichtlinie verstoßen, wonach die Widerrufsfrist erst zu laufen beginnt, wenn der Verbraucher ordnungsgemäß über sein Widerrufsrecht belehrt worden ist.[953]

Somit kann eine analoge Anwendung des § 7 II 3 VerbrKrG und die damit verbundene Jahresfrist für die Voraussetzungen einer Verwirkung nicht herangezogen werden, da zum einen die Argumentation in Bezug auf § 355 III 3 BGB nicht mehr zutreffend ist und zum anderen die herangezogenen Argumente nicht überzeugen.

2) § 124 III BGB

Ferner wird die Auffassung vertreten, man könne § 124 III BGB über ein *argumentum a maiore ad minus* auf die Fälle des § 2 I 4 HWiG bei unterbliebener Widerrufsbelehrung analog anzuwenden, da ein Wertungswiderspruch bestehe, wenn dort keine Frist zu laufen beginne, während bei einer arglistigen Täuschung oder widerrechtlichen Drohung eine Zehnjahresfrist bestehe.[954] Dasselbe Argument könnte nämlich auch für die Vorschrift des § 355 III 3 BGB (§ 355 IV 3 BGB n.F.) herangezogen werden. Da es sich bei § 124 III BGB um eine Ausschlussfrist handelt, kommt es nicht darauf an, dass der Anfechtungsberechtigte die arglistige Täuschung nicht entdeckt bzw. die Zwangslage nicht geendet hat.[955] Dies hätte zur Folge, dass das Widerrufsrecht spätestens mit Ablauf von zehn Jahren seit der Abgabe der Willenserklärung ausgeschlossen wäre.

Hier hat allerdings der *BGH* festgestellt, dass die bloße Dauer zwischen Abgabe der Willenserklärung und dem Widerruf für eine Verwirkung nicht ausreiche, und daher ein Zeitraum von zehn Jahren, zumindest bei noch bestehenden Darlehensverträgen, unschädlich sei.[956] Denn die Schwäche der analogen Anwendung des § 124 III BGB besteht darin, dass dieser die Ausschlussfrist unabhängig von der beiderseitigen Vertragserfüllung vorsieht. Daher sprechen die bereits mehrfach genannten Argumente, insbesondere die Schutzbedürftigkeit des Verbrauchers und die Möglichkeit des Unternehmers, die Belehrung gem. § 355 II 2 BGB (§ 355 II 3 BGB n.F.) nachzuholen und somit die Frist in Gang zu setzen, um der Inanspruchnahme durch den Verbraucher auch noch nach mehreren Jahren zu entgehen, gegen eine analoge Anwendung des § 124 III BGB.

952 Vgl. *Mankowski*, EWiR 1999, 657 (658).
953 S. 4. Kapitel, I, 2, b.
954 Vgl. *Mankowski*, EWiR 1999, 657 (658).
955 S. Staudinger/ *Singer/ von Finckenstein*, 14. Auflage, § 124 Rn. 8.
956 S. *BGHZ 148*, 201= WM 2001, 1464; *BGH*, WM 2004, 2491 (2494).

3) § 257 HGB

Schließlich gibt es noch die Ansicht, die handelsrechtlichen Aufbewahrungsfristen des § 257 HGB in Betracht zu ziehen, zumal es sich bei den meisten Fällen des Widerrufs um einen Anspruch aus einer Bankverbindung handele und für Korrespondenzen mit Kunden die Sechsjahresfrist des § 257 I Nr. 2 und 3, IV, V HGB einschlägig sei, da es sich hierbei um Handelsbriefe handele.[957] Wenn dementsprechend die Banken nach sechs Jahren unter den Voraussetzungen des § 257 V HGB ihre Kundenkorrespondenz vernichten dürften, könnten sie auch auf eine sonstige Dokumentation der Geschäftsverbindungen verzichten. Dann spreche aber auch einiges dafür, dass sie ab diesem Zeitpunkt nicht mehr mit Vorwürfen ihrer Kunden konfrontiert werden könnten, denn wie sollen sie dann noch deren Vorwürfe nachvollziehen und auf ihre Richtigkeit überprüfen können. Somit ergebe sich daraus eine Schutzbedürftigkeit der Banken, nicht mehr mit früheren Ansprüchen seitens der Kunden behelligt zu werden.[958]

Dem ist entgegenzuhalten, dass das Umstandsmoment weder allein aus dem Zeitmoment, dem Ablauf der Frist des § 257 IV, V HGB, abgeleitet werden darf, noch allein an Umstände geknüpft werde kann, an denen der Berechtigte unbeteiligt ist.[959] Außerdem fordert die Verwirkung als weitere Voraussetzung ein Verhalten des Berechtigten, auf das der Verpflichtete sein Vertrauen stützen darf.[960] Dementsprechend fehlt es bei dieser Ansicht an dem Umstandsmoment für eine Verwirkung. Wie bereits erwähnt,[961] kann sich der Unternehmer vor allem dann nicht auf Verwirkung berufen, wenn er den Verbraucher wissentlich falsch oder gar nicht belehrt hat und der Verbraucher von der fehlenden oder fehlerhaften Widerrufsbelehrung auch nicht auf sonstige Weise Kenntnis erlangen konnte.

4) Zwischenergebnis

Keine der vorangestellten Ansichten erfüllt die strengen Voraussetzungen an eine Verwirkung bei unterbliebener oder fehlerhafter Widerrufsbelehrung. Während die beiden erstgenannten Auffassungen fälschlich auf den Vertragsschluss abstellen und dadurch dem Sanktionscharakter und Schutzzweck der Haustürgeschäfterichtlinie zuwiderlaufen, hat die letztgenannte Auffassung dieses Kriterium zwar aufgegriffen und zu Recht auf den Zeitpunkt abgestellt, zu dem die gegenseitigen vertraglichen Verpflichtungen erfüllt sind, geht aber fehlerhaft von der Annahme

957 S. *OLG München*, WM 2006, 1292 (1293).
958 S. *OLG München*, WM 2006, 1292 (1293).
959 S. *Martens*, VuR 2008, 121 (125).
960 Vgl. *Haertlein*, WuB IV E. § 257 HGB 2.06, 807 (808).
961 S. 12. Kapitel, II, 1.

aus, dass dadurch sowohl das Zeitmoment als auch gleichzeitig das Umstandsmoment erfüllt sei.

IV) Eigene Anforderungen an die Voraussetzungen einer Verwirkung

1) Die Anforderungen an den Unternehmer

Der Unternehmer kann sich nur dann auf eine Verwirkung berufen, wenn er selbst der Ansicht ist, er sei seiner Verpflichtung zur ordnungsgemäßen Belehrung nachgekommen. Denn nur in diesem Fall, und sofern die weiteren Voraussetzungen vorliegen, darf er sich als Verpflichteter darauf einrichten, dass das Widerrufsrecht nicht mehr geltend gemacht werde.[962] Dies kann aber nur der Fall sein, wenn er überhaupt belehrt hat. Fehlt es gänzlich an einer Widerrufsbelehrung, so ist der Unternehmer nicht schützenswert und kann sich nicht auf eine Verwirkung berufen. Hierfür spricht neben dem bereits mehrfach angesprochenen Sanktionscharakter vor allem die Tatsache, dass der Unternehmer jederzeit die Möglichkeit hat, die Belehrung gem. § 355 II 2 BGB (§ 355 II 3 BGB n.F.) nachzuholen. Auch wenn die fehlende Widerrufsbelehrung der fehlerhaften gleichzusetzen ist,[963] besteht bzgl. der Intention des Unternehmers doch unter Umständen ein Unterschied. Gerade in Bezug auf die Schwierigkeiten bei Verwendung des Musters aus Anlage 2 des § 14 BGB-InfoV (Muster aus Anlage 1 zum EGBGB n.F.),[964] auf die bereits im 5. Kapitel eingegangen wurde,[965] kann es sein, dass der Unternehmer zu Recht davon ausgeht, das seinerseits Erforderliche für eine ordnungsgemäße Widerrufsbelehrung getan zu haben, so dass ihm kein Vorwurf gemacht werden darf, wenn die Widerrufsbelehrung dennoch gegen die gesetzlichen Vorgaben verstößt. Dann ist aber auch nicht ersichtlich, warum sich der Unternehmer nicht auf das erforderliche Umstandsmoment berufen kann. Die Musterwiderrufsbelehrung wurde ja gerade eingeführt, damit der Unternehmer bei deren Verwendung nicht dem Risiko des ewig bestehenden Widerrufsrechts unterfällt. Eine sodann dennoch fehlerhafte Widerrufsbelehrung darf aber nicht zu seinen Ungunsten führen, sondern muss die Möglichkeit eröffnen, dass die zwar fehlerhafte Widerrufsbelehrung entgegen des § 355 III 3 BGB (§ 355 IV 3 BGB n.F.) dennoch einer zeitlichen Grenze unterliegt, sofern der Unternehmer gutgläubig von ihrer Rechtmäßigkeit ausgegangen ist. Somit ist zunächst einmal festzuhalten, dass sich der Unternehmer nur dann auf eine Verwirkung berufen kann, wenn er zwar eine Widerrufsbelehrung erteilt hat, diese

962 Vgl. *BGHZ 43*, 292; *84*, 280; *105*, 290.
963 S. *EuGH*, NJW 2008, 1865 Rn. 35; *BGH*, ZIP 2004, 1639.
964 S. 7. Kapitel, II, 2.
965 S. 5. Kapitel, III, 3; V.

aber entgegen seiner Kenntnis fehlerhaft war. Der Unternehmer, der wissentlich eine fehlerhafte Widerrufsbelehrung verwendet, ist genauso wenig schützenswert, wie der Unternehmer, der gar keine Widerrufsbelehrung erteilt hat, so dass in diesen Fällen eine Verwirkung von vornherein ausgeschlossen ist. Sofern es Schwierigkeiten bereitet, die Gutgläubigkeit des Unternehmers zu beweisen, wird hiervon wohl zumindest dann ausgegangen werden können, wenn er sich einer Musterwiderrufsbelehrung oder einer vergleichbaren eigenen Belehrung bedient hat.

2) Das Umstandsmoment

Auch wenn es für das Umstandsmoment an festen Kriterien fehlt und lediglich pauschal vorausgesetzt wird, dass sich der Verpflichtete auf die Nichtvornahme nur dann berufen könne, wenn aufgrund des Verhaltens des Berechtigten der Verpflichtete darauf vertraut hat, dass der Berechtigte sein Recht nicht mehr geltend machen werde,[966] muss für das Umstandsmoment doch zumindest an die Kenntnis des Verbrauchers von seinem Widerrufsrecht angeknüpft werden. Denn wie bereits mehrfach erwähnt, nützt dem Verbraucher ein Recht wenig, von dem er keine Kenntnis hat. Außerdem kann der Unternehmer auch nicht darauf vertrauen, dass der Verbraucher sein Widerrufsrecht nicht mehr geltend machen werde, wenn er über dessen Nichtwissen informiert ist. Da eine Verwirkung aber nach den eben gemachten Ausführungen nur in Betracht kommt, wenn der Unternehmer „nur" fehlerhaft belehrt hat, kommt es für das Umstandsmoment darauf an, dass der Verbraucher von der Fehlerhaftigkeit der Widerrufsbelehrung weiß. Hierfür kommt es aber nicht auf die Kenntnis des Verbrauchers von seinem Widerrufsrecht aufgrund der nachträglichen ordnungsgemäßen Belehrung des Unternehmers an, sondern vielmehr allein darauf, dass der Verbraucher überhaupt Kenntnis erlangt hat. Ob dies nun durch die nachträgliche Belehrung des Unternehmers oder auf sonstige Weise erfolgt, ist dabei ohne Belang.[967] Denn während bei einer fehlenden Widerrufsbelehrung eine Nachbelehrung durch den Unternehmer durchaus verlangt werden muss, ist dies bei einer fehlerhaften Belehrung aufgrund der gegebenenfalls fehlenden Kenntnis des Unternehmers von der Fehlerhaftigkeit nicht der Fall. Dem Vorschlag, dass es für die Kenntnis ebenfalls ausreichend sei, wenn der Verbraucher von seinem ordnungsgemäßen Widerrufsrecht hätte Kenntnis nehmen können,[968] ist jedoch eine Absage zu erteilen. Dadurch werden nämlich die hohen Anforderungen an das Widerrufsrecht als Schutzinstrument nicht erfüllt, da es hierfür grundsätzlich auf die tatsächliche Kenntnis des Verbrauchers von seinem

966 S. Palandt/ *Heinrichs*, 67. Auflage, § 242 Rn. 95.
967 A.A. *Kulke*, VuR 2008, 22 (24).
968 S. *GA Poieares Maduro*, ZIP 2007, 2306 (2307).

Widerrufsrecht ankommen muss. Dem Verbraucher muss sein Widerrufsrecht klar und deutlich sein, denn nur dann kann er auch entscheiden, ob er an den geschlossenen Vertrag und die damit verbundenen Verbindlichkeiten festhalten will oder nicht. Wenn lediglich auf die Möglichkeit der Kenntnisnahme abgestellt wird, steht dem Verbraucher dieses Wahlrecht aber gerade nicht zu. Andererseits wird man von dem Verbraucher als durchschnittlich informierten, aufmerksamen und verständigen Marktteilnehmer[969] aber dennoch verlangen können, dass er sich nicht sämtlichen Entscheidungen verschließt. So wird man wohl erwarten können, dass, wenn in der Tagespresse und in den Fernsehnachrichten über solche Dinge informiert wurde, wie es gerade bei den sog. „Schrottimmobilien" der Fall war, der Verbraucher seine abgeschlossenen Verträge noch einmal überprüft, sofern ein vergleichbarer Sachverhalt zugrunde liegt, oder sich aber einer Rechtsberatung unterzieht. Hierfür helfen ja bereits die Verbraucherschutzzentralen weiter, sofern der Verbraucher sich nicht eines Rechtsanwaltes bedienen will. Grundsätzlich wird man aber verlangen müssen, dass der Verbraucher von seinem ordnungsgemäßen Widerrufsrecht auch wirklich Kenntnis hat und nur wenn er die im Verkehr erforderliche Sorgfalt besonders schwer vernachlässigt hat, ihm dies zugerechnet werden kann. Somit reicht es also nicht aus, wenn der Verbraucher von seinem Widerrufsrecht Kenntnis hätte nehmen können,[970] sondern hierfür ist vielmehr eine zumindest grob fahrlässige Unkenntnis des Verbrauchers Voraussetzung. Dieses Kriterium der Kenntniserlangung wird ebenfalls bei der Regelverjährung nach §§ 195, 199 I Nr. 2 BGB eingesetzt, so dass es auch hier Anwendung findet, zumal es auch bei der Regelverjährung darum geht, einen Ausgleich zu schaffen zwischen dem Interesse des Schuldners (Unternehmers) an der Erlangung von Rechtssicherheit und dem Interesse des Gläubigers (Verbrauchers) überhaupt seine Rechte effektiv geltend machen zu können.[971] Die Beweislast hierfür hat der Unternehmer zu tragen. Denn der Unternehmer, der fehlerhaft über das Widerrufsrecht belehrt hat, muss den Nachweis führen, dass der Verbraucher über einen längeren Zeitraum Kenntnis von seinem ordnungsgemäßen Widerrufsrecht hat, es aber trotzdem nicht ausgeübt hat, da er derjenige ist, dem der Umstand günstig ist.[972]

Somit kommt es für das Umstandsmoment auf die Kenntnis bzw. grob fahrlässige Unkenntnis des Verbrauchers von der Fehlerhaftigkeit der Widerrufsbelehrung an, damit beim Unternehmer der Vertrauenstatbestand erfüllt ist. Dabei muss aber nicht ein Handeln des Unternehmers für die Kenntnis ursächlich sein, sondern die generelle Kenntniserlangung in irgendeiner Weise ist dafür ausreichend. Im Umkehrschluss bedeutet dies, dass solange der Verbraucher nicht um die ord-

969 S. hierzu die Ausführungen im 2. Kapitel, II.
970 Vgl. insofern die Legaldefinition in § 122 II BGB.
971 S. *Deblitz/ Fuchs*, BKR 2008, 397 (403).
972 S. *Kulke*, VuR 2008, 22 (25).

nungswidrige Belehrung weiß, ist das Umstandsmoment auch nicht erfüllt und eine Verwirkung scheidet aus.

3) Zeitmoment

Wie der *EuGH* in Sachen „Hamilton" entschieden hat, bezweckt die Haustürgeschäfterichtlinie keinen absoluten Verbraucherschutz, so dass eine Regelung, die das Erlöschen des Widerrufsrechts einen Monat nach beiderseits vollständiger Erfüllung der Leistungen bestimmt, nicht gegen die europäischen Vorgaben verstößt.[973] Diesen Gedanken aufgegriffen, könnte man bezüglich der Verwirkung des Widerrufsrechts nach geltendem Recht ebenfalls auf die Erfüllung der Leistungen aus dem das Widerrufsrecht gewährenden Vertrages abstellen. Dies würde sodann bedeuten, dass das Widerrufsrecht dann erlischt, wenn die gegenseitigen Leistungen vollständig erbracht sind und der Verbraucher bereits vorher von seinem ordnungsgemäßen Widerrufsrecht wusste. Sofern diese beide Voraussetzungen vorliegen, sollte das Widerrufsrecht des Verbrauchers aber noch zusätzlich drei Monate bestehen, damit er auch danach zumindest für einen gewissen Zeitraum noch die Möglichkeit hat, über die Geltendmachung seines Widerrufsrechts nachzudenken und nicht sofort mit Erfüllung der Leistung sein Wahlrecht ausüben muss.[974] Somit sollte das Widerrufsrecht erst dann erlöschen, wenn der Verbraucher von seinem ordnungsgemäßen Widerrufsrecht weiß und drei Monate seit der vollständigen Erbringung der Leistungen vergangen sind. Erfährt der Verbraucher erst nach der Erbringung der Leistungen von seinem ordnungsgemäßen Widerrufsrecht, erlischt es ab diesem Zeitpunkt nach drei Monaten, da dadurch dem Verbraucher noch einmal genügend Gelegenheit gegeben wurde zu entscheiden, ob er den bereits erfüllten und abgewickelten Vertrag dennoch widerrufen will, oder daran festhält.

Bei der vollständigen Erbringung der Leistung stellt sich aber noch die Frage, wie dieses Merkmal zu beurteilen ist. So macht es nämlich insbesondere bei verbundenen Verträgen einen Unterschied, ob für die Leistungserbringung nur auf den Vertrag abgestellt wird, der dem Verbraucher ein Widerrufsrecht gewährt (z.B. der Verbraucherdarlehensvertrag) oder ob es für die Leistungserbringung auch auf den verbundenen Vertrag ankommt (z.B. Gesellschaftsbeteiligung an einem Fonds).[975] Es wird die Leistungserbringung bei einer Gesellschaftsbeteiligung nämlich erst dann angenommen werden können, wenn der Verbraucher aus der

973 Vgl. 11. Kapitel, III, 2.
974 Diese Dreimonatsfrist sieht auch der Entwurf der europäischen Kommission vom 02.07.2008 für eine Richtlinie zu Vertragsrechten des Verbrauchers vor, so dass sich an dieser Zeitspanne orientiert werden kann.
975 So z.B. *Maier*, EWiR 2008, 367 (368).

Gesellschaft ausgeschieden ist, er also weder Gewinnauszahlungen noch Verlustzuweisungen geltend machen kann,[976] und nicht schon dann, wenn der Darlehensvertrag vollständig zurückgeführt wurde. Dementsprechend können zwischen diesen beiden Zeitpunkten mehrere Jahre liegen, so dass das Widerrufsrecht auch dementsprechend länger bestehen würde. Für eine Erstreckung der Leistungserbringung auf den verbundenen Vertrag wird angeführt, dass der Verbraucher z.B. bei einem als Haustürgeschäft zustande gekommenen Teilzahlungsgeschäft sein Widerrufsrecht auch dann noch ausüben könne, wenn zwar der Darlehensvertrag bereits vollständig bedient sei, aus dem Teilzahlungsgeschäft aber noch nicht alle Sachleistungen erbracht seien, so dass er im Falle des Verbundes schlechter stünde.[977] Außerdem würde dies dem Zweck des verbundenen Vertrages widersprechen, den Verbraucher vor Risiken zu schützen, die durch eine Aufspaltung eines Teilzahlungsgeschäfts in einen Kreditvertrag und ein Bargeschäft drohen.[978] Auch wenn diese Argumente durchaus überzeugend sind, spricht doch gegen die Einbeziehung des verbundenen Vertrages für die vollständige Erbringung der Leistungen, dass der Verbund erst bei den Rechtsfolgen relevant wird, und nicht schon bei dem Rechtsgrund für den Widerruf.[979] Überdies wirkt sich der Verbund nicht auf die zu erbringenden Leistungen der Parteien aus dem verbundenen Vertrag aus, so dass nach ständiger Rechtsprechung des *BGH* die Bank auch nicht als Erbringer der Leistungen aus dem verbundenen Vertrag angesehen wird.[980] Außerdem darf auch deshalb für das Zeitmoment der Verwirkung nicht auf den verbundenen Vertrag eingegangen werden, da dies gerade bei einer Gesellschaftsbeteiligung an einem Fonds zu einer so langen Widerruflichkeit führen könnte, die dem § 355 III 3 BGB (§ 355 IV 3 BGB n.F.) unter Umständen sehr nahe käme, so dass gerade das Argument, eine Verwirkung müsse aus Rechtssicherheitsgründen möglich sein, dadurch stark an Bedeutung verlieren würde. Aus diesen Gründen darf für die Frage, wann die gegenseitigen Leistungen vollständig erfüllt sind, nur auf den das Widerrufsrecht gewährenden Vertrag abgestellt werden, so dass der verbundene Vertrag diesbezüglich außen vorbleibt. Sofern die Widerrufsfrist dann eingehalten wurde, finden die Vorschriften über den verbundenen Vertrag auf der Rechtsfolgenseite des Widerrufs natürlich wieder ihre Anwendung.

Kommt es somit nur auf den Vertrag an, der das Widerrufsrecht vorsieht, ist bei Verbraucherdarlehensverträgen ein weiteres Problem, ob bereits durch eine Umschuldung bzw. Ablösungsdarlehen die gegenseitigen Leistungen aus dem ursprünglichen Verbraucherdarlehensvertrag vollständig erfüllt sind. Hierzu wird die Auffassung vertreten, dass wenn der verbundene Vertrag für die Leistungserbrin-

976 S. *BGH*, ZIP 2004, 2319.
977 S. *Wolters*, ZfIR 2007, 21 (22).
978 Wie zuvor.
979 S. *BGH*, ZIP 2006, 940ff. m.w.N; *Deblitz/ Fuchs*, BKR 2008, 397 (401).
980 S. *BGH*, ZfIR 2006, 509.

gung keine Rolle spiele, dann müsse dies erst recht für das nicht verbundene Ablösungsdarlehen gelten.[981] Außerdem werde durch die Auszahlung aufgrund einer Umschuldung oder eines Ablösungsdarlehens, das ursprüngliche Restdarlehen zurückgeführt, so dass ab dem Zeitpunkt die beiderseitigen Leistungen vollständig erfüllt seien.[982] Dem ist jedoch entgegenzuhalten, das Art. 5 II der Haustürgeschäfterichtlinie ausdrücklich auf alle aus dem Vertrag erwachsenden Verpflichtungen abstellt, so dass hierzu auch die Ablösungsdarlehen und Umschuldungsmöglichkeiten gezählt werden müssen, die nur aus dem Grund abgeschlossen wurden, um das ursprüngliche Darlehen vollständig zurückzuführen. Die Richtlinie dehnt nämlich durch ihre Formulierung des Art. 5 den Anwendungsbereich auf Verpflichtungen aus, die nur mittelbar auf dem Darlehensvertrag beruhen, solange sie nur aus ihm erwachsen, also ihren Ursprung in dem Darlehensvertrag finden.[983] Außerdem soll das Widerrufsrecht ja nur dann verwirkt sein, wenn dem Verbraucher aus dem Vertrag keine Verpflichtungen mehr treffen. Dies ist bei einem Verbraucherdarlehen aber nur dann der Fall, wenn der Verbraucher so steht, als ob er das finanzierte Geschäft mit eigenen Mitteln finanziert hätte.[984] So ist es aber gerade nicht, wenn sich der Verbraucher eines Ablösedarlehens zur Rückzahlung der Darlehensvaluta bedient, da er dadurch wieder neue Verpflichtungen eingeht, die auf das ursprüngliche Verbraucherdarlehen zurückzuführen sind. Vielmehr muss vorausgesetzt werden, dass den Verbraucher aus dem ursprünglichen Darlehensvertrag keinerlei Verpflichtungen mehr treffen, sei es nun aus dem ersten Darlehensvertrag direkt oder aber einem darauf aufbauenden Ablösedarlehen oder einer anderen Umschuldungsmöglichkeit. Des Weiteren würde dadurch derjenige Darlehensgeber privilegiert, der das ursprüngliche Darlehen möglichst frühzeitig durch Abschlusses eines Folgedarlehens zurückführen lässt.[985] Selbst wenn der Verbraucher auf Eigeninitiative hin das Darlehen durch ein Folgedarlehen zurückführt oder eine andere Art der Umschuldung wählt, kann dies nicht zu einem anderen Ergebnis führen, da er weiterhin die ursprünglichen Verpflichtungen erfüllt, und dementsprechend nicht so gestellt werden kann, als wenn er den finanzierten Vertrag mit eigenen Mitteln bewirkt hätte. Und schließlich würde ansonsten der Darlehensgeber über die Widerrufsfrist entscheiden können, indem er das Ursprungsdarlehen vorzeitig ablösen lässt und dadurch das Zeitmoment erfüllt wird.[986] Dies widerspreche aber wiederum dem Sinn und Zweck des Widerrufsrechts und der Intention des Gesetzgebers, den Unternehmer (die Bank) zu einer ordnungsgemäßen Widerrufsbelehrung zu bewegen, um dem Sanktionscharakter

981 S. *Maier*, VuR 2008, 401 (406 f.).
982 Vgl. *Deblitz/ Fuchs*, BKR 2008, 397 (402).
983 S. *Deblitz/ Fuchs*, BKR 2008, 397 (402).
984 S. *Maier*, VuR 2008, 401 (408).
985 Vgl. *Deblitz/ Fuchs*, BKR 2008, 397 (402).
986 So auch *Maier*, VuR 2008, 401 (408).

des § 355 III 3 BGB (§ 355 IV 3 BGB n.F.) zu entgehen und ihm nicht die Möglichkeit zu eröffnen, erst fehlerhaft zu belehren und dann das Darlehen vorzeitig abzulösen, um sich schließlich auf eine Verwirkung berufen zu können.

Eine Verwirkung des Widerrufsrechts kommt somit nur in Betracht, wenn der Unternehmer „lediglich" fehlerhaft über das Widerrufsrecht informiert hat, aber davon ausgegangen ist, seine Belehrung entspreche den gesetzlichen Anforderungen. Außerdem muss der Verbraucher Kenntnis bzw. grob fahrlässige Unkenntnis von der Fehlerhaftigkeit der Widerrufsbelehrung gehabt haben, damit das erforderliche Umstandsmoment erfüllt ist. Demgegenüber ist das Zeitmoment dann erfüllt, wenn der Verbraucher von der Fehlerhaftigkeit der Widerrufsbelehrung weiß, die beiderseitigen Leistungen des Vertrages erbracht sind, der das Widerrufsrecht gewährt und zusätzlich die Dreimonatsfrist verstrichen ist. Für die Erfüllung der beiderseitigen Leistungen kommt es zwar dabei nicht auf den verbundenen Vertrag an, bei Verbraucherdarlehensverträgen aber sehr wohl auf die Anschlussfinanzierung oder die sonstigen Umschuldungsmöglichkeiten.

V) Zusammenfassung

Auch wenn es eine Menge zum Teil sehr überzeugende Ansichten gegen eine Verwirkung der Widerrufsrechte gibt, muss dieses Rechtsinstitut dennoch Anwendung finden. Dabei sind aber jedoch sehr hohe Anforderungen zu stellen, die sämtlich erfüllt sein müssen, um das Widerrufsrecht trotz fehlerhafter Widerrufsbelehrung verwirken zu lassen. Da die hierzu bereits vertretenen Auffassungen diese Anforderungen aus verschiedenen Gründen jedoch nicht erfüllen, wurden eigene Kriterien hierzu aufgestellt und jeweils begründet. Bisher ist entweder das Zeitmoment falsch bestimmt oder aber auf das Umstandsmoment nicht hinreichend eingegangen worden. Auch wenn die hohen Anforderungen an eine Verwirkung, die nunmehr herausgearbeitet wurden, in der Praxis wahrscheinlich nicht immer erfüllt sein werden, besteht doch für den Unternehmer grundsätzlich die Hoffnung, dass sich der Verbraucher nicht mehr auf sein Widerrufsrecht berufen kann. Dieses Ergebnis wurde schließlich auch durch die Entscheidung des *EuGH* in Sachen „Hamilton" bestärkt, so dass die Gefahr eines Europarechtsverstoßes bei einer Verwirkung nicht mehr besteht. Die Verwirkung des Widerrufsrechts tritt aber nur ein, wenn der Unternehmer zumindest versucht hat, ordnungsgemäß zu belehren und er von der Fehlerhaftigkeit seiner Widerrufsbelehrung nichts weiß, dem Verbraucher dieser Zustand sehr wohl bekannt oder aber grob fahrlässig nicht bekannt ist und schließlich der das Widerrufsrecht gewährende Vertrag von beiden Seiten vollständig erfüllt ist und seit diesem Zeitpunkt weitere drei Monate vergangen sind. Liegen diese Voraussetzungen allesamt vor, steht einer Verwirkung aufgrund der herausgearbeiteten Ergebnisse nichts mehr entgegen.

Dreizehntes Kapitel
Rechtspolitische Perspektive und Zusammenfassung

I) Rechtspolitische Perspektive

Die Widerrufsrechte haben einen erheblichen Wandel durchlaufen, wie er in solcher Kürze innerhalb des BGB seinesgleichen sucht. Die Widerrufsrechte als verbraucherschützende Instrumente fanden zunächst in den 70er Jahren des letzten Jahrhunderts Einzug in die Gesetze und erst im Jahre 2000 ins BGB. Dort wurden sie durch das Schuldrechtsmodernisierungsgesetz und das OLG-Vertretungsänderungsgesetz, den Erlass neuer europäischer Richtlinien und vor allem durch die europäische und nationale Rechtsprechung geprägt. Diese Veränderungen sind jedoch bei weitem noch nicht abgeschlossen, wie aktuelle Vorabentscheidungsverfahren bei der Auslegung einzelner Normen, die neue Verbraucherkreditrichtlinie 2008/48/EG und das Gesetz zur Umsetzung der Richtlinien 2008/48/EG und 2007/6664/EG zeigen.

Des Weiteren haben insbesondere die sog. „Schrottimmobilienfälle" eine derartige emotionale Sensibilisierung in der Bevölkerung ausgelöst, dass sie jahrelang die Gerichte sämtlicher Instanzen mit Klagen überschwemmt haben und vor allem auch in der Tagespresse immer wieder angesprochen wurden. Das öffentliche Interesse an diesen Verfahren ist vor allem darauf zurückzuführen, dass Tausende Anleger hiervon betroffen waren bzw. immer noch betroffen sind und dementsprechend auch informiert werden wollten. Für viele ging es um existenzbedrohende oder gar existenzvernichtende Anlagegeschäfte, die seit Anfang der 90er Jahre den Finanzmarkt in großem Ausmaße kennzeichneten. So wurden den Anlegern Immobilien oder Immobilienanteile durch Beteiligungen an einer GbR oder Kommanditgesellschaft im Wege des Haustürvertriebes verkauft, die durch einen Kredit fremdfinanziert wurden. Durch die prognostizierten Mieteinnahmen sollte der Kredit bedient werden, so dass für den Anleger keinerlei Risiko bei der Ablösung des Darlehens entstehen sollte. Dass die prognostizierten Einnahmen ausblieben, ist mittlerweile hinreichend bekannt, nicht aber deren weitreichende Folgen. So bedeuteten die falschen Prognosen nicht nur den Verlust der Einlagen, die von den Verbrauchern oft als sichere Altersvorsorge gedacht waren, sondern auch Probleme bei der Rückzahlung der aufgenommenen Darlehen. Dies wiederum hatte zur Folge, dass den Anlegern die Zwangsversteigerung drohte. Deswegen waren die Entscheidungen des *BGH* und des *EuGH* auch von so großem Interesse, bestand doch grundsätzlich die Möglichkeit, das Haustürgeschäft zu widerrufen und den damit verbundenen Darlehensvertrag rückabzuwickeln.[987] Aufgrund der hohen Anzahl der Betroffenen und der Bedeutung dieser Anlagegeschäfte haben die Widerrufsrechte auch eine prominente Bedeutung bei Verträgen mit Verbrauchern eingenommen.

Die Bedeutung der Widerrufsrechte war auch dem Gesetzgeber klar, so dass die verbraucherschützenden Widerrufsrechte stetig ausgebaut wurden. Dennoch ist auch eindeutig, dass der Verbraucherschutz nicht stets Vorrang genießt, sondern auch den Mechanismen der Marktwirtschaft Rechnung zu tragen ist.[988] Daher hat sich auch der Begriff des „durchschnittlich informierten, aufmerksamen und verständigen Durchschnittsverbrauchers“ etabliert,[989] wonach gewisse Anforderungen an den im freien Markt handelnden Verbraucher zu stellen sind. Grundsätzlich ist aber der Verbraucher bei Geschäften mit Unternehmern die unterlegene Partei und somit besonders schützenswert. Bestes Beispiel ist hierfür die Widerrufsbelehrung. So muss der Unternehmer den Verbraucher gem. § 355 II 1 BGB ordnungsgemäß über sein Widerrufsrecht belehren, damit die Widerrufsfrist zu laufen beginnt. Unterbleibt diese Belehrung oder ist sie fehlerhaft, beginnt die Widerrufsfrist nicht zu laufen.[990] Die Anforderungen an eine ordnungsgemäße Widerrufsbelehrung sind jedoch sehr hoch, so dass die Gefahr bestand, der Unternehmer könne diesen nicht gerecht werden und der Verbraucher somit auch noch nach Jahren den Vertrag widerrufen. Dies war auch dem Gesetzgeber bekannt, so dass er eine Musterwiderrufsbelehrung einführte, die diesem Misstand entgegentreten sollte. Da diese aber auch nicht den gesetzlichen Anforderungen entsprach und außerdem in der BGB-InfoV als Anlage eingefügt wurde, hatte sie nur Verordnungsrang und verstieß dementsprechend gegen höherrangiges Recht.[991] Bediente sich der Unternehmer dennoch einer solchen Musterwiderrufsbelehrung, die nicht den Vorschriften des BGB entsprach, war die Belehrung fehlerhaft, so dass der Verbraucher nicht an die zweiwöchige Widerrufsfrist gebunden war. An diesem Zustand änderte sich auch nichts durch die folgenden Verordnungen, die die Musterwiderrufsbelehrungen ändern sollten.[992] Daher hat sich der Gesetzgeber in dem Gesetz zur Umsetzung der Verbraucherkreditrichtlinie, des zivilrechtlichen Teils der Zahlungsdiensterichtlinie sowie zur Neuordnung der Vorschriften über das Widerrufs- und Rückgaberecht entschieden, die Musterwiderrufsbelehrung in das EGBGB aufzunehmen, so dass ihr nunmehr Gesetzesrang eingeräumt wird. Somit

987 Vgl. ausführlich hierzu das 11. Kapitel.

988 S. zu den Problemen des Informationsmodells die Ausführungen im 2. Kapitel.

989 S. *EuGH*, Urt. v. 16.07.1998, Rs. C-210/96, Slg. 1998 I, 4657 (*Gut Springenheide)*; *EuGH*, Rs. C-220/98, Slg. 2000 I, 117 (*Lifting Creme*), *EuGH*, Rs. C-465/98, Slg. 2000 I, 2297 (*Darbo*).

990 Vgl. allgemein zur Widerrufsbelehrung und deren Entwicklung das 5. Kapitel.

991 S. *BVerfG*, NVwZ 2006, 191.

992 S. 5. Kapitel, III, 3, V.

ist es Gerichten verwehrt, die Musterwiderrufsbelehrung als unwirksam zu verwerfen, da sie Bestandteil eines formellen Gesetzes ist.[993]

Die Informationspflichten wurden ins BGB eingeführt, damit der Verbraucher vor und nach Vertragsschluss wesentliche Angaben erhält, die ihm bei der Wahl des richtigen Vertragspartners und der Ware helfen sollen, um dadurch seine ohnehin schlechtere Vertragsposition zu verbessern. Dass nicht für sämtliche Vertragstypen sämtliche Informationen in einer Musterwiderrufsbelehrung zusammengefasst werden können, darf sich nicht zu Lasten des Verbrauchers auswirken. Diesbezüglich scheint sich der Gesetzgeber nicht der weitreichenden Folgen bewusst zu sein, so dass nur zu hoffen bleibt, dass dieser Rückschritt in der Praxis nicht ausgenutzt wird, um den Verbraucher über wesentliche Bestimmungen des Vertrages nicht aufklären zu müssen oder ihn mit einem solchen Maß an Informationen zu konfrontieren, dass er nur verwirrt wird.

In Bezug auf den Umfang der Aufklärung und Informationen scheint sich ebenfalls ein Wandel zu vollziehen. So bestimmt die neue Verbraucherkreditrichtlinie umfangreiche vorvertragliche und vertragliche Informationspflichten.[994] Dem trägt das Umsetzungsgesetz Rechnung, indem es umfangreiche Informationspflichten bei Verbraucherverträgen vorschreibt. Dementsprechend versucht der Gesetzgeber, den Verbraucherschutz weiter voranzutreiben. Das Umsetzungsgesetz überfordert den Verbraucher jedoch bei dem Umgang mit den Informationen, da die Informationen teilweise ins EGBGB ausgegliedert werden, so dass permanent mit verschiedenen Gesetzen gearbeitet werden muss. Dem Durchschnittsverbraucher ist hier eine Überprüfung der ordnungsgemäßen Belehrung und die Übermittlung der erheblichen Informationen ohne Rechtskenntnisse prinzipiell überhaupt nicht mehr möglich, so dass er entweder auf die ordnungsgemäße Aufklärung vertrauen muss oder aber sich eines Rechtsanwalts oder einer anderen rechtsberatenden Stelle bedienen muss. Insofern scheint sich der Verbraucherschutz insgesamt rückläufig zu entwickeln, auch wenn die Intention der Bundesregierung mit Sicherheit eine andere gewesen ist. Dennoch muss ihr der Vorwurf gemacht werden, die bereits bestehende und auch hinreichend bekannte Kritik nicht genügend gewürdigt zu haben.

Kritik gab es jedoch bis jetzt nicht nur an der Legislative, sondern auch an der Judikative. Auch ihr wird vorgeworfen dem Verbraucherschutz nicht immer hinreichend Rechnung getragen zu haben. Vor allem die Rechtsprechung des XI. Zivilsenats sah sich häufig der Kritik der Literatur und der unterinstanzlichen Gerichte ausgesetzt, sie sei weniger verbraucher-, als viel mehr bankenfreundlich. Diesbezüglich wurde bereits vor allem die Auffassung des XI. Zivilsenats in Bezug auf die Rechtsfolgen des Widerrufs eines Realkreditvertrages bei verbundenem

993 S. *Gesetzentwurf der Bundesregierung,* 05.11.2008, S. 197.
994 S. 7. Kapitel, I, 1, c.

Immobiliarkaufvertrag und die Kritik hieran erläutert.[995] So hat die Rechtsprechung des *BGH* den Verbraucherschutz nicht in dem Maße vorangetrieben, wie es ihm durchaus möglich war. Vor allem nach den Entscheidungen des *EuGH* in Sachen „Schulte“[996] und „Crailsheimer Volksbank“[997] hatte der XI. Zivilsenat die Möglichkeit, seine bis dato geltende Rechtsprechung zu überdenken und den Kritiken aus der Literatur Rechnung zu tragen, was nur eingeschränkt geschehen ist. Der *EuGH* hat ebenfalls seine verbraucherfreundliche Rechtsprechung nicht in dem Maße fortgeführt, wie es die „Heininger-Entscheidung“[998] erwarten ließ. Während er bereits in den Entscheidungen „Schulte“ und „Crailsheimer Volksbank“ mangels anderer Vorgaben in den einschlägigen Richtlinien die weitere Vorgehensweise weitestgehend den nationalen Gesetzen überließ, bestätigte er diese Auffassung zu verbundenen Verträgen in der Sache „Hamilton“[999] noch einmal und entschied außerdem, dass die Haustürgeschäfte-richtlinie keinen absoluten Verbraucherschutz bezwecke. Der Versuch der Verbraucherkreditrichtlinie ein einheitliches europäisches Recht durch Vollharmonisierung zu schaffen, ist als Rückschritt zu werten, da er die Anhebung des Verbraucherschutzniveaus in vielen EU-Staaten behindert.

II) Zusammenfassung der wesentlichen Ergebnisse

1. Zum Schutz des Verbrauchers vor den bestehenden Informationsassymetrien wurde in den siebziger Jahren erstmals der Begriff des „Informationsmodells“ gebildet. Dabei muss das Informationsmodell eher dem *klassischen, liberalen Sozialmodell* zugerechnet werden, da es sich nur um eine marktkomplementäre und nicht marktkorrigierende Maßnahme handelt. Das Informationsmodell dient nicht nur dem Verbraucherschutz, sondern ist auch für einen funktionierenden Wettbewerb auf dem Markt unerlässlich.
2. In Bezug auf den Verbraucherbegriff ist an dem politischen Leitbild des „durchschnittlich informierten, aufmerksamen und verständigen Durchschnittsverbrauchers,“[1000] festzuhalten, da ein Mindestmaß an Nachfrageraufmerksamkeit unerlässlich ist, um einen funktionsfähigen Binnenmarkt zu sichern.[1001]

995 S. 11.Kapitel, II, 1.
996 S. *EuGH*, ZIP 2005, 1959.
997 S. *EuGH*, NJW 2005, 3555.
998 S. *EuGH*, WM 2001, 2434.
999 S. *EuGH*, BB 2008, 967.
1000 S. *EuGH*, Urt. v. 16.07.1998, Rs. C-210/96, Slg. 1998 I, 4657 (*Gut Springenheide)*; *EuGH*, Rs. C-220/98, Slg. 2000 I, 117 (*Lifting Creme*), *EuGH*, Rs. C-465/98, Slg. 2000 I, 2297 (*Darbo*).
1001 Vgl. *Leible*, EuZW 1998, 528 (529).

3. Bei der Auslegung des Verbraucherbegriffs bedarf es allerdings einer engen Auslegung, so dass dual-use-Geschäfte vollständig ausscheiden, sofern der beruflich- gewerbliche Zweck nicht eine völlig untergeordnete Rolle spielt. Die Verbrauchervorschriften sollen allein denjenigen Verbraucher schützen, der kein Gewerbe und keine selbständige berufliche Tätigkeit ausübt.
4. Die Betrachtung der historischen Entwicklung der Widerrufsrechte hat gezeigt, dass der Verbraucherschutz insbesondere durch dieses Instrument erheblich vorangetrieben wurde. Dies geht sogar soweit, dass der nationale Verbraucherschutz teilweise über die Anforderungen der europäischen Vorgaben hinausgeht. Dabei zeigt die stetige Weiterentwicklung der Widerrufsrechte und deren weitgehende Zusammenführung im zweiten Buch dritter Abschnitt des BGB, dass ein umfassender und systematischer Verbraucherschutz geschaffen wurde, der der zunehmenden Schutzbedürftigkeit des Verbrauchers aufgrund der Komplexität der Vertriebsformen und der Globalisierung Rechnung trägt. Inwieweit die aktuell angestrebte Vollharmonisierung auf europäischer Ebene dieser Entwicklung entgegenwirkt, bleibt abzuwarten.
5. Bereits nach § 1 II Nr. 3 HWiG a.F. bestand kein Recht zum Widerruf, wenn die auf den Vertragsschluss gerichtete Willenserklärung des Kunden von einem Notar beurkundet worden war. Eine vergleichbare Vorschrift existiert auch im geltenden Recht in § 312 III BGB. Dieser Ausschluss ist allerdings viel zu weit gefasst. Die Auffassung des Gesetzgebers, dass aufgrund der Belehrungspflicht des Notars eine Überraschung oder Übervorteilung des Kunden ausgeschlossen sei, ist nicht zutreffend. So gibt es eine Reihe von Verträgen, in denen die notarielle Beurkundung nur noch eine Formalie darstellt, da der Kunde bereits aufgrund der vorangegangenen Vertragsverhandlungen fest entschlossen ist, den Vertrag zu schließen.
6. Aufgrund der Schwierigkeiten bei Erteilung einer ordnungsgemäßen Widerrufsbelehrung hat sich der Gesetzgeber entschieden, hierfür eine Musterwiderrufsbelehrung zu schaffen. Obwohl in mehreren Verordnungen versucht wurde, der Kritik aus der Literatur und der Rechtsprechung Rechnung zu tragen und dementsprechend die Musterwiderrufsbelehrung stetig erweitert oder umformuliert wurde, ist es dem Gesetzgeber bisher nicht gelungen, eine solche zu schaffen, die den gesetzlichen Anforderungen entspricht. Das Risiko der Fehlerhaftigkeit hat dabei der Unternehmer zu tragen, da nach § 355 IV 3 BGB n.F. eine nicht ordnungsgemäße oder unterbliebene Widerrufsbelehrung weiterhin dazu führt, dass die Widerrufsfrist nicht zu laufen beginnt.
7. Die Musterwiderrufsbelehrung nach dem Umsetzungsgesetz vom 02.07.2009 ist nur dann wirksam, wenn sie korrekt für das jeweilige Geschäft erteilt wird und nicht dem Verbraucher die Risiken einer komplexen Subsumtion aufbürdet.

8. Die innerhalb der Musterwiderrufsbelehrung nunmehr geregelte Regelwiderrufsfrist von 14 Tagen für den Fall, dass im Fernabsatz dem Verbraucher die Widerrufsbelehrung unverzüglich nach Vertragsschluss in Textform mitgeteilt wurde und ihn der Unternehmer hiervon nach Art. 246 § 1 I Nr. 10 EGBGB n.F. unterrichtet hat, ist sehr zu begrüßen. Diese Regelung der bislang durch die Rechtsprechung anders entschiedenen Sachverhalte[1002] trägt dem Umstand Rechnung, dass der Unternehmer gerade bei Onlineauktionen nicht in der Lage ist, den Verbraucher vor Vertragsschluss ordnungsgemäß zu belehren, da sich erst durch Zeitablauf der Auktion der Vertragspartner des Unternehmers ergibt.
9. Die Ausführungen des nationalen Gesetzgebers, dass eine Musterwiderrufsbelehrung für Verbraucherdarlehensverträge aufgrund der Vollharmonisierung der neuen Verbraucherkreditrichtlinie nicht möglich sei, überzeugt nicht. Dadurch bleibt es für die Darlehensgeber bei der bestehenden Rechtsunsicherheit für eine ordnungsgemäße Widerrufs-belehrung. Daher muss die Einführung einer Musterwiderrufsbelehrung für Verbraucherdarlehensverträge gefordert werden.
10. Die neue Verbraucherkreditrichtlinie 2008/48/EG erweitert den Verbraucherschutz im Vergleich zur alten teilweise. Dennoch ist sie nicht in der Lage, das gesetzte Ziel zu erreichen. Außerdem hat sich die Richtlinie leider dafür entschieden, so umfangreiche Informationspflichten zu schaffen, dass diese dem Verbraucherschutz nicht förderlich sind. Dieses Manko setzt sich auch im Umsetzungsgesetz vom 02.07.2009 fort. Hinzu kommt, dass wesentliche Regelungen in das EGBGB n.F. ausgegliedert worden sind, so dass der Verbraucher stets mit verschiedenen Gesetzen arbeiten muss. Dies ist einem mit dem Gesetz nicht so versierten Verbraucher jedoch nicht zuzumuten, so dass es für das Verständnis und dem Umgang mit den ständigen Verweisungen nunmehr in jedem Fall eines Rechtsrates bedarf. Die Intention, ein übersichtlicheres Gesetz zu schaffen, ist somit gescheitert. Somit erfüllen weder die neue Verbraucherkreditrichtlinie noch das Umsetzungsgesetz der Bundesregierung die gestellten Anforderungen und erreichen nicht die gesetzten Ziele.
11. Die Einführung des § 360 BGB n.F. trägt zur Übersichtlichkeit der Widerrufsvorschriften bei, da er die komplizierten Anforderungen an eine ordnungsgemäße Widerrufs- und Rückgabebelehrung zusammenfasst und dadurch zumindest in diesem Punkt dem besseren Verständnis des Rechtsanwenders dient.
12. Der neu eingefügte § 359 a BGB n.F. stärkt den Verbraucherschutz in bemerkenswerter Weise. So finden dadurch die Vorschriften des § 358 I und IV BGB auch dann Anwendung, wenn zwar die Voraussetzungen eines verbundenen Vertrages nicht vorliegen, die Ware oder Leistung des Unternehmers im Ver-

1002 S. *OLG Naumburg*, WM 2008, 326; *KG*, MMR 2007, 185 (186); *OLG Hamm*, ZIP 2007, 824 (825).

braucherdarlehensvertrag aber genau bezeichnet ist. Dementsprechend wird der Anwendungsbereich bestimmter Vorschriften über den verbundenen Vertrag erweitert, so dass sich der Verbraucher im Falle des Widerrufs dennoch von beiden Verträgen lösen kann, ohne diese einzeln widerrufen zu müssen.

13. Die Regelung des neu angefügten § 312 II 3 BGB n.F., der die Belehrung über die Widerrufsfolgen nicht zwingend vorgibt, überzeugt nicht. Es kann den Unternehmern im Hinblick auf Fehlbewertungen nur geraten werden, sich nicht an § 312 II 3 BGB n.F. zu halten, sondern bei der Widerrufsbelehrung stets auch auf die Widerrufsfolgen zu verweisen.
14. In Bezug auf Restschuldversicherungen ist insoweit Kritik an dem Umsetzungsgesetz vom 02.07.2009 geboten, als wohl auch die neue Formulierung dazu führen wird, dass die Restschuldversicherung bei der Berechnung des effektiven Jahreszinssatzes in der Praxis weiterhin eher selten Beachtung findet, obwohl die Verbraucherkreditrichtlinie ein anderes vorschreibt.
15. Bei dem Umsetzungsgesetz hat der nationale Gesetzgeber wieder einmal die Vorschriften des FernUSG nicht beachtet. Das Widerrufsrecht aus § 4 I FernUSG ist nämlich im Gegensatz zu § 355 IV 2 BGB nicht zeitlich unbefristet, wenn die Widerrufsbelehrung unterblieben oder fehlerhaft ist. Vielmehr sieht § 4 II FernUSG weiterhin vor, dass das Widerrufsrecht spätestens mit dem Ablauf des ersten Halbjahres nach Eingang der ersten Lieferung erlischt. Somit muss § 4 II FernUSG weiterhin in der Weise richtlinienkonform ausgelegt werden, dass die Erlöschensfrist des § 4 II FernUSG nicht gilt, wenn dem Lernenden als Verbraucher ein Widerrufsrecht nach der Haustürgeschäfterichtlinie zusteht.[1003]
16. Eine Überschneidung des Anwendungsbereichs von Widerrufsrechten besteht (entgegen anderer Auffassung)[1004] nicht bei Fernabsatzgeschäften und Haustürgeschäften, so dass es einer Klärung des Verhältnisses von § 312 I 1 BGB zu § 312 d I 1 BGB nicht bedarf. Die für andere Überschneidungsbereiche geschaffene Regelung des § 312 a BGB ist trotz der Änderungen aufgrund des OLG-Vertretungsänderungsgesetzes immer noch europarechtswidrig. Grund hierfür ist, dass trotz des Vorliegens eines Haustürgeschäftes die für Teilzeit-Wohnrechteverträge vorhandene Vorschrift des § 485 V 2 BGB nach § 312 a BGB vorrangig gilt und dementsprechend der Verbraucher im Falle eines Widerrufs verpflichtet ist, entgegen Art. 5 II Haustürgeschäfterichtlinie darüber hinausgehende Kosten zu tragen.
17. Obwohl sich einige Stimmen gegen die Europarechtskonformität der Nachbelehrung gem. § 355 II 2 BGB (§ 355 II 3 BGB n.F.) aussprechen, ist diese den-

1003 So bereits *Fischer*, VuR 2002, 193 (197); *Wildemann*, VuR 2003, 90 (92); Micklitz/ Tonner/ *Tonner*, § 312 a Rn. 40.

1004 S. MünchKomm/ *Masuch*, 5. Auflage, § 312 a Fn. 10 m.w.N.

noch europarechtlich unbedenklich. So nutzt dem Verbraucher ein dauerhaft bestehendes Widerrufsrecht wenig, wenn er hiervon keine Kenntnis hat. Hinzu kommt, dass durch die Nachbelehrung die Rechte des Verbrauchers nicht verkürzt, sondern ihm vielmehr noch einmal explizit vor Augen geführt werden. Außerdem würde der Unternehmer von der Möglichkeit der Nachbelehrung Abstand nehmen, wenn dadurch nicht die Widerrufsfrist in Gang gesetzt würde.

18. Demgegenüber entspricht die Regelung des § 357 III 1 BGB nicht den europäischen Vorgaben und bedarf einer europarechtskonformen Auslegung.[1005] Dem Verbraucher die Verschlechterung für eine bestimmungsgemäße Ingebrauchnahme aufzuerlegen, überzeugt nicht. Dies würde im Ergebnis zu einem Kontrahierungszwang führen, wenn die Kosten besonders hoch ausfallen, wie es beispielsweise bei Textilien oder Automobilen der Fall ist, und der Verbraucher dementsprechend von einem Widerruf Abstand nehmen müsste. Da aber eine generelle Kostenabwälzung auf den Unternehmer ebenfalls zu unbilligen Ergebnissen führen würde, sollte die Vorschrift so ausgelegt werden, dass der Unternehmer nur Wertersatz für die bestimmungsgemäße Ingebrauchnahme verlangen kann, wenn der Verbraucher die Möglichkeit des Widerrufes missbraucht hat, indem er Kenntnis hiervon hatte, aber dennoch die Sache wie die eigene in Gebrauch nimmt. In einem solchen Fall ist nämlich weniger der Verbraucher als vielmehr der Unternehmer schützenswert.
19. Der neu eingefügte § 357 III 2 BGB n.F. erweitert in unzulässiger Weise den Anwendungsbereich des europarechtswidrigen § 357 III 1 BGB, da er eine Wertersatzpflicht auch dann ermöglicht, wenn sie unmittelbar nach Vertragsschluss mitgeteilt wird und bereits vor Abgabe der Vertragserklärung daraufhin gewiesen wurde.
20. Die Verwirkung des Widerrufsrechts muss grundsätzlich möglich sein, um Rechtssicherheit zu schaffen. Das Hauptargument gegen diese Auffassung, dass nämlich der Sanktionscharakter und Schutzzweck der Haustürgeschäfterichtlinie beschränkt werde, greift spätestens seit der Entscheidung des *EuGH* in Sachen „Hamilton" nicht mehr, da nunmehr eindeutig ist, dass auch auf europäischer Ebene ein absoluter Verbraucherschutz nicht beabsichtigt ist. Was die Voraussetzungen anbelangt, müssen jedoch strenge Maßstäbe gesetzt werden. So muss zunächst der Unternehmer gutgläubig davon ausgegangen sein, seine Widerrufsbelehrung entspreche den Anforderungen an eine ordnungsgemäße Widerrufsbelehrung, da er sich nur dann darauf einstellen darf, dass der Verbraucher sein Widerrufsrecht nicht mehr geltend machen wird. Weiterhin muss für das Vorliegen des Umstandsmoments der Verbraucher auf irgendeine Art und Weise von seinem Widerrufsrecht Kenntnis erlangt haben oder infolge

1005 S. *EuGH*, Urt. v. 03.09.2009, Az. C-489/09; NJW 2009, 3015 f.

grober Fahrlässigkeit in Unkenntnis geblieben sein. In Bezug auf das Zeitmoment sollte das Widerrufsrecht erst dann erlöschen, wenn der Verbraucher von seinem ordnungsgemäßen Widerrufsrecht weiß und zusätzlich drei Monate seit der vollständigen Erbringung der Leistungen vergangen sind.

Literaturverzeichnis

Artz, Markus; Anmerkung zum Urteil des BGH – XI ZR 63/01, JZ 2002, 457ff.

Anwaltskommentar; BGB, Schuldrecht, Bonn 2002, (zitiert: Anwaltskommentar/ *Bearbeiter*)

Bamberger, Heinz Georg/Roth, Herbert; BGB, Band 1, §§ 1-610, CISG, 2. Auflage, München 2007, (zitiert: Bamberger/ Roth/ *Bearbeiter*)

Bartsch, Hans-Jürgen; Privatrechtlicher Schutz des Verbrauchers bei Haustürgeschäften, ZRP 1973, 219ff.

Baumbach, Adolf/Hopt, Klaus J.; HGB, 32. Auflage, München 2006, (zitiert: Baumbach/ Hopt/ *Bearbeiter*)

Becker, Rolf/Föhlisch, Carsten; Von Quelle bis eBay: Reformaufarbeitung im Versandhandelsrecht, NJW 2005, 3377ff.

Berger, Christian; Der Ausschluss gesetzlicher Rückgewähransprüche bei der Erbringung unbestellter Leistungen gemäß § 241 a BGB, JuS 2001, 649ff.

Bierekoven, Christiane; Die Neuregelung des Widerrufs- und Rückgaberechtes im Fernabsatz und E-Commerce, CR 2008, 785ff.

Bodenstedt, Kai; Die Umsetzung der Fernabsatzrichtlinie im englischen und deutschen Recht, Hamburg 2006, (zitiert: *Bodenstedt*)

Boente, Walter/Riehm, Thomas; Besondere Vertriebsformen im BGB, JURA 2002, 222ff.

Borchert, Günter; Verbraucherschutzrecht, 2. Auflage, München 2003, (zitiert: *Borchert*)

Borst, Daniel; Die Prinzipien des Schutzes von Immobilienanlegern bei Fonds- und Bauträgermodellen, Bremen 2007, (zitiert: *Borst*)

Brandner, Hans Erich; Verhaltenspflichten der Kreditinstitute bei der Vergabe von Verbraucherkrediten, ZHR 1989, 147ff.

Brenner, Christoph; Die verbraucherschützenden EG-Richtlinien im Bereich des Schuldrechts und ihre Umsetzung in Deutschland und Frankreich, München 2000, (zitiert: *Brenner*)

Brinkhaus, Josef/Scherer, Peter; Gesetz über Kapitalanlagegesellschaften Auslandinvestment- Gesetz, München 2003, (zitiert: Brinkhaus/ Scherer/ *Bearbeiter*)

Brönneke, Tobias; Abwicklungsprobleme beim Widerruf von Fernabsatzgeschäften, MMR 2004, 127ff.

Bruchner, Helmut; Bankenhaftung bei fremdfinanziertem Immobilienerwerb, WM 1999, 825ff.

Bruchner, Helmut/Ott, Claus/Wagner-Wieduwilt; Verbraucherkreditgesetz, 2. Auflage, München 1994, (zitiert: *Bruchner/ Ott/ Wagner-Wieduwilt*)

Brüggemeier, Gert/Reich, Norbert; Europäisierung des BGB durch große Schuldrechtsreform?, BB 2001, 213ff.

Buchmann, Felix; Die Widerrufsbelehrung im Spannungsfeld zwischen Gesetzgebung und Rechtsprechung, MMR 2007, 347ff.

Buchmann, Felix; Zum Entwurf der Musterwiderrufsbelehrung des BMJ, K&R 2008, 12ff.

Bülow, Peter; Zum aktuellen Stand der Schuldturmproblematik, insbesondere zur Anwendung von § 11 Abs. 3 Verbraucherkreditgesetz, WM 1992, 1009ff.

Bülow, Peter; Änderung des Verbraucherkreditgesetzes durch das Bauhandwerkersicherungsgesetz, NJW 1993, 1617ff.

Bülow, Peter; Sicherungsgeschäfte als Haustür- oder Verbraucherkreditgeschäfte, NJW 1996, 2889ff.

Bülow, Peter; Unsinniges im Fernabsatz, ZIP 1999, 1293ff.

Bülow, Peter; Verbraucherkreditrecht im BGB, NJW 2002, 1145ff.

Bülow, Peter; Verbraucherkreditgesetz, 4. Auflage, Heidelberg 2000, (zitiert: *Bülow*)

Bülow, Peter/Artz, Markus; Verbraucherkreditrecht, 6. Auflage, Heidelberg 2006, (zitiert: *Bülow/Artz*)

Bülow, Peter/Artz, Markus; Fernabsatzverträge und Strukturen eines Verbraucherprivatrechts im BGB, NJW 2000, 2049ff.

Bunte, Hermann- Josef; Bürgschaften und Haustürwiderrufsgesetz –Anmerkung zum Beschluss des LG Kleve vom 30. Dezember 1992= WM 1993, 600-, WM 1993, 877ff.

Bydlinski, Peter;Die aktuelle höchstrichterliche Judikatur zum Bürgschaftsrecht in der Kritik, WM 1992, 1301ff.

Callies, Christian/Ruffert, Matthias; EUV/ EGV, 3. Auflage, München 2007, (zitiert: Callies/ Ruffert/ *Bearbeiter*)

Damm, Reinhard; Verbraucherrechtliche Sondergesetzgebung und Privatrechtssystem, JZ 1978, 173ff.

Das Bürgerliche Gesetzbuch; Kommentar, Band II, 2. Teil, §§ 414-610, (Anhang nach § 455: Abzahlungsgesetz), 12. Auflage, Berlin 1978, (zitiert: BGB-RGRK/ *Bearbeiter*)

Dauner-Lieb, Barbara; Verbraucherschutz durch Ausbildung eines Sonderprivatrechts für Verbraucher, Berlin 1983, (zitiert: *Dauner-Lieb*)

Deblitz, Stephanie/Fuchs, Michael; Hamilton: Abkehr des EuGH von wertungsgeleiteter Verbraucherschutzrechtsprechung – Eine kritische Stellungnahme, BKR 2008, 397ff.

Deckers, Stefan; Zusendung unbestellter Ware, NJW 2001, 1474ff.

Degenhart, Christoph; Staatsrecht I, 23. Auflage, Heidelberg 2007, (zitiert: *Degenhart*)

Derleder, Peter; Der Widerruf des Haustürgrundpfandkredits, ZBB 2002, 202ff.

Derleder, Peter; Die Kreditabwicklung bei gescheiterten Steuersparmodellen des Immobiliensektors, ZfIR 2003, 177ff.

Derleder, Peter; Trennungsprinzip und Täuschungsabwehr- Die neue Linie des Bundesgerichtshofs gegenüber dem finanzierten Immobilienfondsanteilserwerb, ZfIR 2006, 489ff.

Derleder, Peter; Warenwunschwelten und Verbraucherfrustrationsrechte, NJW 2008, 1643ff.

Derleder, Peter; Die vollharmonisierende Europäisierung des Rechts der Zahlungsdienste und des Verbraucherkredits, NJW 2009, 3195ff.

Derleder, Peter; Subprime Judikatur, Die Bewältigung der Finanzkrise und die Anforderungen an eine risikoadäquate Zivilrechtsprechung, KJ 2009, 3ff.

Derleder, Peter/Knops, Kai-Oliver/Bamberger, Heinz Georg; Handbuch zum deutschen und europäischen Bankrecht, Berlin Heidelberg 2004, (zitiert: Derleder /Knops/ Bamberger/ *Bearbeiter*)

Dick, Hans; Verbraucherleitbild der Rechtsprechung, München 1995, (zitiert: *Dick*)

Domke, Frank; Nachholung gesetzlicher Informationspflichten bei Fernabsatzverträgen über Finanzdienstleistungen: Kein unbefristetes Widerrufsrecht des Verbrauchers, BB 2005, 228ff.

Dörner, Heinrich; Zur Anwendung des Fernunterrichtsschutzgesetzes, BB 1977, 1739ff.

Dörner, Heinrich/Staudinger, Ansgar; Kritische Bemerkung zum Referentenentwurf eines Gesetzes zur Reform des Versicherungsvertragsrechts, WM 2006, 1710ff.

Drescher, Jochen; Die „Technische Novelle" des Verbraucherkreditgesetzes, WM 1993, 1445ff.

Ebers, Martin; Anmerkung zum Urteil des EuGH v. 10.04.2008 – Rs. C-412/06, VuR 270 f.

Edelmann, Hervé; „EuGH: Kein grenzloser Verbraucherschutz", Anmerkung zum Urteil des EuGH v. 10.04.2008 – Rs. C-412/06, BB 2008, 969 f.

Elßner, Christof/Schirmbacher, Martin; Die Gesellschaft bürgerlichen Rechts als Verbraucher?, VuR 2003, 247ff.

Erman, Walter; BGB,Band I, §§ 1-758, UKlaG, AGG, 12. Auflage, Köln 2008, (zitiert: Erman/ *Bearbeiter*)

Faber, Klaus/Schade, Rüdiger; Fernunterrichtsschutzgesetz, München 1980, (zitiert: *Faber/ Schade*)

Faber, Wolfgang; Elemente verschiedener Verbraucherbegriffe in EG- Richtlinien, zwischenstaatlichen Übereinkommen und nationalem Zivil- und Kollisionsrecht, ZEuP, 1998, 854ff.

Faustmann, Jörg; Zur Wirksamkeit von Widerrufsbelehrungen bei Übernahme des amtlichen Musters der BGB-InfoV unter Berücksichtigung der Entscheidung des LG Halle vom 13.05.2005-1 S 28/05, VuR 2006, 384ff.

Faustmann, Jörg; Anmerkung zum Beschluss des AG Lahr – 5 C 138/07, MMR 2008, 271

Fehrenbacher, Oliver/Herr, Gunther;ie BGB- Gesellschaft- eine natürliche Person im Sinne des Verbraucherschutzrechts?, BB 2002, 1006ff.

Fischer, Ansgar/Machunsky, Jürgen; Haustürwiderrufsgesetz, 2. Auflage, Berlin 1995, (zitiert: *Fischer/ Machunsky*)

Fischer, Nikolaj; Das allgemeine verbraucherschützende Widerrufsrecht gemäß § 355 BGB, (zitiert: *Fischer*)

Fleischer, Holger; Informationsasymmetrie im Vertragsrecht, München 2001, (zitiert: *Fleischer*)

Fleischer, Holger; Vertragsbezogene Informationspflichten im Gemeinschaftsrecht, ZEuP 2000, 772ff.

Föhlisch, Carsten; Ist die Musterwiderrufsbelehrung für den Internethandel noch zu retten?, MMR 2007, 139ff.

Föhlisch, Carsten; BMJ: 14tägige Frist und erweiterter Wertersatz bei eBay-Auktionen sowie Muster-Widerrufsbelehrung mit Gesetzesrang geplant, MMR 2008, XXIV f.

Föhlisch, Carsten; Korrigierte Muster-Widerrufsbelehrung tritt zum 1. April 2008 in Kraft, MMR 2008, 205 f.

Frotscher, Pierre; Verbraucherschutz beim Kauf beweglicher Sachen, Bayreuth 2004, (zitiert: *Frotscher*)

Fuchs, Andreas; Das Fernabsatzgesetz im neuen System des Verbraucherschutzrechts, ZIP 2000, 1273ff.

Geßner, Timm; Die Restschuldversicherung in der Äquivalenzprüfung des Darlehensvertrages, VuR 2008, 84ff.

Gilles, Peter; Das Gesetz über den Widerruf von Haustürgeschäften und ähnlichen Geschäften, NJW 1986, 1131ff.

Gottschalk, Eckart; Verbraucherbegriff und Dual- use- Verträge, RIW 2006, 576ff.

Graf von Westphalen/Emmerich/Von Rottenburg; Verbraucherkreditgesetz, 2. Auflage, Köln 1996, (zitiert: Graf von Westphalen/ Emmerich/ von Rottenburg/ *Bearbeiter*)

Groeschke, Peer; Die Haftung einkommensschwacher und vermögensloser Bürgen, BB 1994, 725ff.

Groeschke, Peer; Anmerkung zum Urteil des BGH- XI ZR 184/93, BB 1994, 1312ff.

Grundmann, Stefan; Europäisches Schuldvertragsrecht- Das europäische Recht der Unternehmensgeschäfte, Berlin 1999, (zitiert: *Grundmann*)

Grundmann, Stefan; Privatautonomie im Binnenmarkt, JZ 2000, 1133ff.

Habersack, Mathias; Haustürgeschäfterichtlinie und Realkreditverträge, WM 2000, 981ff.

Habersack, Mathias; Verbraucherkredit- und Haustürgeschäfte nach der Schuldrechtsmodernisierung, BKR 2001, 72ff.

Habersack, Mathias; Anmerkung zum Urteil des EuGH v. 25.10.2005 – Rs. C-229/04, JZ 2006, 91ff.

Haertlein, Lutz; Anmerkung zum Urteil des OLG München – 19 U 5845/05, WuB IV E. § 257 HGB 2.06, 807 f.

Härting, Niko; Referentenentwurf für neues Fernabsatzgesetz, CR1999, 507ff.

Härting, Niko;Fernabsatzgesetz, Berlin 2000, (zitiert: *Härting*)

Hefermehl, Wolfgang/Köhler, Helmut/Bornkamm, Joachim; Wettbewerbsrecht, 25. Auflage, München 2007, (zitiert: Hefermehl/ Köhler/ Bornkamm/ *Bearbeiter*)

Heinrichs, Helmut; Das Gesetz zur Änderung des AGB-Gesetzes, NJW 1996, 2190ff.

Henssler, Martin; Gewerbe, Kaufmann und Unternehmen, ZHR 161 (1997), 13ff.

Hippel, Eike von; Verbraucherschutz, 3. Auflage, Tübingen 1986, (zitiert: *Hippel*)

Historisch-kritischer Kommentar zum BGB; Band I, Allgemeiner Teil, §§ 1-240, Mohr Siebeck 2003, (zitiert: HKK/ *Bearbeiter*)

Hoffmann, Jochen; Haustürwiderruf bei Realkrediten und verbundenes Grundstücksgeschäft, ZIP 2002, 1066ff.

Hoffmann, Jochen; Die Rechtsfolgen des Verbraucherwiderrufs und die Haustürgeschäfterichtlinie – Unbeschränkter Gestaltungsspielraum des nationalen Rechts?, ZIP 2004, 49ff.

Hoffmann, Jochen; Spezielle Informationspflichten im BGB und ihre Sanktionen, ZIP 2005, 829ff.

Hoffmann, Markus; Der Diskussionsstand zur Reform der Verbraucherkreditrichtlinie, BKR 2004, 308ff.

Hoffmann, Markus; Die Reform der Verbraucherkredit-Richtlinie (87/102/EWG); Berlin 2007, (zitiert: *Hoffmann*)

Hörmann, Günter; Verbraucherkredit und Verbraucherinsolvenz-Perspektiven für die Rechtspolitik aus Europa und USA, Bremen 1986, (zitiert: Hörmann/ *Bearbeiter*)

Hüttebräuker, Astrid; Die Entstehung der EG-Richtlinien über den Verbraucherkredit, Bonn 2000, (zitiert: *Hüttebräuker*)

Jauernig, Othmar; BGB, 12. Auflage, München 2007, (zitiert: Jauernig/ *Bearbeiter*)

Jung, Eberhard; Bedeutung und dogmatische Erfassung eines Widerrufsrechts bei „Haustürgeschäften", ZRP 1981, 137ff.

Kammerer, Christoph; Harmonisierung des Verbraucherrechts in Europa, Hamburg 2004, (zitiert: *Kammerer*)

Kemper, Rainer; Verbraucherschutzinstrumente, Baden-Baden 1994, (zitiert: *Kemper*)

Kiethe, Kurt/Groeschke, Peer; Vertragsdisparität und strukturelle Unterlegenheit als Wirksamkeits- und Haftungsfalle, BB 1994, 2291ff.

Kind, Sandra; Die Grenzen der Verbraucherschutzes durch Information- aufgezeigt am Teilzeitwohnrechtegesetz, Berlin 1998, (zitiert: *Kind*)

Klauer, Irene; Die Europäisierung des Privatrechts, Baden-Baden 1998, (zitiert: *Klauer*)

Knauth, Klaus-Wilhelm; Die Bedeutung des Gesetzes über den Widerruf von Haustürgeschäften und ähnlichen Geschäften für die Kreditwirtschaft, WM 1987, 517ff.

Knobloch, Michael; Der Markt der Restschuldversicherungen in Deutschland, VuR 2008, 91ff.

Knops, Kai-Oliver; Restschuldversicherung im Verbraucherkredit, VersR 2006, 1455ff.

Köndgen, Johannes; Darlehen, Kredit und finanzierte Geschäfte nach neuem Schuldrecht – Fortschritt oder Rückschritt?, WM 2001, 1637ff.

Krebs, Peter; Verbraucher, Unternehmer oder Zivilpersonen, DB 2002, 517ff.

Kulke, Ulrich; Anmerkung zum Schlussantrag des GA Poieares Maduro v. 21.11.2007 – Rs. C-412/06 („Hamilton"), VuR 2008, 22ff.

Lange, Knut Werner; Kurzkommentar zum BGH, Urt. v. 9.4.2002, EWiR 2002, 523ff.

Larenz, Karl/Wolf, Manfred; Allgemeiner Teil des BGB, 9. Auflage, München 2004, (zitiert: *Larenz/ Wolf*)

Lechner, Herbert; Neues von den Schrottimmobilien, NZM 2007, 145ff.

Lehmler, Lutz;UWG, Neuwied 2007, (zitiert: *Lehmler*)

Leible, Stefan; Anmerkung zum Urteil des EuGH vom 16.07.1998, Rs. C-210/96, EuZW 1998, 528 f.

Liedtke, Katrin; Die Umsetzung der Haustürwiderrufs- und der Fernabsatz-Richtlinie in Deutschland und Frankreich, Hamburg 2007, (zitiert: *Liedtke*)

Lorenz, Stephan; Richtlinienkonforme Auslegung, Mindestharmonisierung und der „Krieg der Senate", NJW 1998, 2937ff.

Lorenz, Stephan; Im BGB viel Neues: Die Umsetzung der Fernabsatzrichtlinie, JuS 2000, 833ff.

Lorenz, Stephan/Riehm, Thomas; Lehrbuch zum neuen Schuldrecht, München 2002, (zitiert: *Lorenz/ Riehm*)

Löwe, Walter; Schutz gegen Überrumpellung beim Vertragsabschluss, BB 1986, 821ff.

Lurger, Brigitta; Vertragliche Solidarität: Entwicklungschance für das allgemeine Vertragsrecht in Österreich und in der Europäischen Union, Baden-Baden 1998, (zitiert: *Lurger*)

Lütcke, Jens; Fernabsatzrecht, §§ 312b-312 f BGB, München 2002, (zitiert: *Lütcke*)

Maier, Arne; Kurzkommentar zum Urteil des EuGH v. 10.04.2008 – Rs. C-412/06, EWiR 2008, 367 f.

Maier, Arne; Beschränkungen des Haustürwiderrufs in der aktuellen Rechtsprechung, VuR 2008, 401ff.

Mankowski, Peter; Anmerkung zum Urteil des OLG Hamm – 31 U 146/98, EWiR 1999, 657 f.

Mankowski, Peter; Beseitigungsrechte, Tübingen 2003, (zitiert: *Mankowski*)

Marlow, Sven/Spuhl, Udo; Das Neue VVG kompakt, Berlin 2007, (zitiert: *Marlow/ Spuhl*)

Martens, Matthias; Nachbelehrung und Verwirkung des Widerrufsrechts bei Haustürgeschäften, VuR 2008, 121ff.

Martinek, Michael; Das neue Teilzeit- Wohnrechtegesetz- missratener Verbraucherschutz bei Time- Sharing- Verträgen, NJW 1997, 1393ff.

Martinek, Michael; Verbraucherschutz im Fernabsatz- Lesehilfe mit Merkpunkten zur neuen EU- Richtlinie, NJW 1998, 207 f.

Martis, Rüdiger; Verbraucherschutz, NJW- Schriften 61, München 1998, (zitiert: *Martis*)

Martis, Rüdiger;Aktuelle Entwicklungen im Recht der Haustürwiderrufsgeschäfte, MDR 1999, 198ff.

Martis, Rüdiger/Meinhof, Alexander; Verbraucherschutzrecht, 2. Auflage, München 2005, (zitiert: *Martis/ Meinhof*)

Marx, Claudius/Bäuml, Swen Oliver; Die Information des Verbrauchers zum Widerrufsrecht im Fernabsatz – „klar und verständlich“ ?, WRP 2004, 162ff.

Masuch, Andreas; Neufassung des Musters für Widerrufsbelehrung, BB 2005, 344ff.

Masuch, Andreas;Neues Muster für Widerrufsbelehrung, NJW 2008, 1700ff.

Meents, Jan Geert; Ausgewählte Probleme des Fernabsatzgesetzes bei Rechtsgeschäften im Internet, CR 2000, 610ff.

Meßling, Miriam; Die Lösung rechtsgeschäftlicher Bindungen im deutschen und italienischen Privatrecht, Baden-Baden 2003, (zitiert: *Meßling*)

Metz, Rainer; Restschuldversicherungen bei Konsumentenkrediten: Die Rückkehr der Sittenwidrigkeit?, BKR 2007, 401ff.

Michalski, Lutz; Das Haustürwiderrufsgesetz, Jura 1996, 169ff.

Micklitz, Hans- W./Tonner, Klaus; Vertriebsrecht, Haustür-, Fernabsatzgeschäfte und elektronischer Geschäftsverkehr (§§ 312- 312 f; 355- 359 BGB), Baden- Baden, 2002, (zitiert: Micklitz/ Tonner/ *Bearbeiter*)

Micklitz, Hans-W. ; Die Fernabsatzrichtlinie 97/7/EG, ZEuP 1999, 875ff.

Mülbert, Peter O.; Außengesellschaften- manchmal ein Verbraucher?, WM 2004, 905ff.

Münchener Kommentar;Lauterkeitsrecht, Band 1, Grundlagen des Wettbewerbsrechts, Internationales Wettbewerbs- und Wettbewerbsverfahrensrecht, Europäisches Gemeinschaftsrecht- Grundlagen und sekundärrechtliche Maßnahmen, §§ 1-4 UWG, München 2006, (zitiert: MünchKomm/ *Bearbeiter*, Lauterkeitsrecht)

Münchener Kommentar; ZPO, Band 3, §§ 946-1086, EGZPO, GVG, EGGVG, UKlaG, Internationales Zivilprozessrecht, 3. Auflage, München 2008, (zitiert: MünchKomm/ *Bearbeiter*, ZPO)

Münchener Kommentar; BGB, Band 1, Allgemeiner Teil, 1. Halbband, §§ 1-240, ProstG, 5. Auflage, München 2006, (zitiert: MünchKomm/ *Bearbeiter,* 5. Auflage)

Münchener Kommentar; BGB, Band 2, Schuldrecht Allgemeiner Teil, §§ 241- 432, FernAbsG, 4. Auflage, München 2001, (zitiert: MünchKomm/ *Bearbeiter*, 4. Auflage)

Münchener Kommentar; BGB, Band 2, Schuldrecht Allgemeiner Teil, §§ 241- 432, 5. Auflage, München 2007, (zitiert: MünchKomm/ *Bearbeiter*, 5. Auflage)

Münchener Kommentar; BGB, Band 3, Schuldrecht, Besonderer Teil I, §§ 433- 606, Finanzierungsleasing, VerbrKrG, HWiG, Erbschaft- und Schenkungsteuergesetz, Gesetz zur Regelung der Miethöhe, HeizkostenV, 3. Auflage, München 1995, (zitiert: MünchKomm/ *Bearbeiter*, 3. Auflage)

Münchener Kommentar; BGB, Band 3, Schuldrecht, Besonderer Teil I, §§ 433- 610, Finanzierungsleasing, HeizkostenV, BetriebskostenV, CISG, 5. Auflage, München 2008, (zitiert: MünchKomm/ *Bearbeiter,* 5. Auflage)

Nickel, Carsten; Der Vertrieb von Investmentanteilen nach dem Investmentgesetz, ZBB 2004, 197ff.

Niederleithinger, Ernst; Das neue VVG, Berlin 2007, (zitiert: *Niederleithinger*)

Nobbe, Gerd; Verantwortlichkeit der Bank bei der Vergabe von Krediten und Hereinnahme von Sicherheiten, ZBB 2008, 78ff.

Palandt, Otto; BGB, 61. Auflage, München 2002, (zitiert: Palandt/ *Bearbeiter*, 61. Auflage)

Palandt, Otto; BGB, 62. Auflage, München 2003, (zitiert: Palandt/ *Bearbeiter*, 62. Auflage)

Palandt, Otto; BGB, 67. Auflage, München 2008, (zitiert: Palandt/ *Bearbeiter*, 67. Auflage)

Peterek, Jörg; Ausnutzung der Rechtsunkenntnis – Anwendungsfall des § 4 Nr. 2 UWG?, WRP 2008, 714ff.

Pfeiffer, Thomas; Vom kaufmännischen Verkehr zum Unternehmensverkehr, NJW 1999, 169ff.

Pfeiffer, Thomas/Dauck, Andreas; BGH- Rechtsprechung aktuell: Haustürgeschäftewiderrufsgesetz-, Entscheidungen und LM- Anmerkung 1991- 1995, NJW 1996, 2077ff.

Piekenbrock, Andreas/Schulze, Götz; Die Grenzen richtlinienkonformer Auslegung – autonomes Richterrecht oder horizontale Direktwirkung, WM 2002, 521ff.

Piepenbrock, Hartwig/Schröder, Konrad; Die soziale Marktwirtschaft als Garant für den Verbraucherschutz, Köln 1987, (zitiert: Piepenbrock/ Schröder/ *Bearbeiter*)

Planck, Gottlieb; Zur Kritik des Entwurfes eines bürgerlichen Gesetzbuches für das deutsche Reich, AcP 75 (1889), 327ff.

Poieares Maduro, Miguel; Schlussantrag v. 21.11.2007 – Rs. C-412/06 („Hamilton"), ZIP 2007, 2306ff.

Präve, Peter; Die VVG-Informationspflichtenverordnung, VersR 2008, 151ff.

Prölss, Erich R./Martin, Anton; Versicherungsvertragsgesetz, 26. Auflage, München 1998, (zitiert: Prölss/ Martin/ *Bearbeiter*)

Reich, Norbert; Europäisches Verbraucherrecht, 3. Auflage, Baden-Baden 1996, (zitiert: *Reich*)

Reich, Norbert; Mithaftung und Bürgschaft in neuer Rechtsprechung und Rechtspraxis zum Bankenrecht, VuR 1997, 187ff.

Reinicke, Dietrich/Tiedtke, Klaus; Kaufrecht, 7. Auflage, München 2004, (zitiert: *Reinicke/ Tiedtke*)

Riehm, Thomas/Schreindorfer, Benedikt; Das Harmonisierungskonzept der neuen Verbraucherkreditrichtlinie, GPR 2008, 244ff.

Riesenhuber, Karl; Information – Beratung – Fürsorge, ZBB 2003, 325ff.

Ring, Gerhard; Fernabsatzgesetz, Bonn 2000, (zitiert: *Ring*)

Ritz, Corinna; Harmonisierungsprobleme bei der Umsetzung der EG-Richtlinie 87/102 über den Verbraucherkredit, Frankfurt am Main 1995, (zitiert: *Ritz*)

Römer, Wolfgang/Langheid, Theo; Versicherungsvertragsgesetz, 2. Auflage, München 2003, (zitiert: Römer/ Langheid/ *Bearbeiter*)

Roth, Herbert; EG-Richtlinien und Bürgerliches Recht, JZ 1999, 529ff.

Roth, Wulf-Henning; Bürgschaftsverträge und EG-Richtlinie über Haustürgeschäfte, ZIP 1996, 1285ff.

Rott, Peter; Widerruf und Rückabwicklung nach der Umsetzung der Fernabsatzrichtlinie und dem Entwurf eines Schuldrechtsmodernisierungsgesetzes, VuR 2001, 78ff.

Rott, Peter; BB-Gesetzgebungsreport: Die Umsetzung der Richtlinie über den Fernabsatz von Finanzdienstleistungen im deutschen Recht, BB 2005, 53ff.

Rott, Peter; Kreditvermittlung nach der Reform des Verbraucherkreditrechts, VuR 2008, 281ff.

Rott, Peter; Die neue Verbraucherkredit-Richtlinie 2008/48/EG und ihre Auswirkungen auf das deutsche Recht, WM 2008, 1104ff.

Rott, Peter; Die Umsetzung der Haustürwiderrufsrichtlinie in den Mitgliedstaaten, Baden-Baden 2000, (zitiert: *Rott*)

Schimikowski, Peter; VVG-Reform: Die vorvertraglichen Informationspflichten des Versicherers und das Rechtzeitigkeitserfordernis, r+s 2007, 133ff.

Schinkels, Boris; Die Widerrufsfrist für Fernabsatzverträge im aktuellen Referentenentwurf des BMJ: Ein Fortschritt trotz pseudoverbraucherschützender Sanktionierung rechtmäßigen Verhaltens, ZGS 2008, 337ff.

Schirmbacher, Martin; Wertersatz für Verschlechterung durch Nutzung nach Widerruf eines Fernabsatzvertrags? – Vorlagefrage an den EuGH, BB 2008, 694

Schirmbacher, Martin; Musterhafte Widerrufsbelehrung – Neuerungen und kein Ende, BB 2009, 1088ff.

Schlömer, Uwe/Dittrich, Jörg; EBay & Recht – Bilanz der Rechtsprechung, BB 2007, 2129ff.

Schmelz, Karl-Joachim/Klute, Sabine; Zum Gesetzentwurf für ein Verbraucherkreditgesetz, ZIP 1989, 1509ff.

Schmidt, Karsten; Verbraucherbegriff und Verbrauchervertrag – Grundlagen des § 13 BGB, JuS 2006, 1ff.

Schmidt-Räntsch, Jürgen; Gesetzliche Neuregelung des Widerrufsrechts bei Verbraucherverträgen, ZIP 2002, 1100ff.

Schneider, Burkhard/Hellmann, Markus; Anmerkung zum Urteil des EuGH v. 25.10.2005 – Rs. C-229/04, BB 2005, 2714

Schneider, Christian; Umsetzung der Fernabsatzrichtlinie 2002/65/EG im VVG, VersR 2004, 696ff.

Scholz, Franz Josef; Erste Novellierung des Verbraucherkreditgesetzes, BB 1993, 1161ff.

Schönfelder, Matthias; Realkreditverträge und das Haustürwiderrufsgesetz, WM 1999, 1495ff.

Schürnbrand, Jan; Die Neuregelung des Verbraucherdarlehensrechts, ZBB 2008, 383ff.

Schwerdtfeger, Jörg; Änderungen des AGB- Gesetzes durch Umsetzung der Verbrauchervertrags-Richtlinie, DStR 1997, 499ff.

Seibert, Ulrich; Das Verbraucherkreditgesetz, insbesondere die erfaßten Geschäfte aus dem Blickwinkel der Gesetzgebung, WM 1991, 1445ff.

Siems, Mathias; Die neue Verbraucherkreditrichtlinie und ihre Folgen, EuZW 2008, 454ff.

Soergel, Hs. Th.; BGB, Band 2 a, Allgemeiner Teil 3, §§ 13, 14, 126a-127, 194-225, 13. Auflage, Frankfurt am Main 2002, (zitiert: Soergel/ *Bearbeiter*)

Soergel, Hs. Th.;BGB, Band 3, Schuldrecht II (§§ 433-515) AGB-Gesetz, AbzG, EAG, EKG, UN-KaufAbk, 12. Auflage, Stuttgart 1991, (zitiert: Soergel/ *Bearbeiter*, 12. Auflage)

Sölter, Annette; Kein Bürgenschutz durch das Verbraucherkreditgesetz?, NJW 1998, 2192ff.

Spickhoff, Andreas; Bankenhaftung bei fehlgeschlagenen Immobilienerwerber-Treuhandmodellen, BB 1999, 165ff.

Stauder, Bernd; Vom Abzahlungskauf zum Konsumentenkredit, ZRP 1980, 217ff.

Staudinger, Ansgar; Der Widerruf bei Haustürgeschäften: eine unendliche Geschichte?, NJW 2002, 653ff.

Staudinger, Julius v.; BGB, Buch 1, Allgemeiner Teil, §§ 1-14; 90-133, 14. Auflage, Berlin 2004, (zitiert: Staudinger/ *Bearbeiter,* 14. Auflage)

Staudinger, Julius v.; BGB, Buch 2, Recht der Schuldverhältnisse, §§ 241-243; 311-312 f; 328-361 b; 328-359; 433-487; 491-507, 14./15. Auflage, Berlin 2001/2004/2005, (zitiert: Staudinger/ *Bearbeiter,* Auflage)

Steppeler, Wolfgang;Verbraucherkreditgesetz, 2. Auflage, Stuttgart 1997, (zitiert: *Steppeler*)

Streinz, Rudolf; EUV/ EGV, München 2003, (zitiert: Streinz/ *Bearbeiter*)

Teske, Wolfgang; Das neue Gesetz über den Widerruf von Haustürgeschäften und ähnlichen Geschäften, ZIP 1986, 624ff.

Teske, Wolfgang; Anmerkung zum Urteil des AG Hamburg vom 30.07.1987, BB 1988, 869ff.

Teske, Wolfgang; Neue Widerrufsrechte beim Abschluß von Versicherungs- und Verbraucherkreditverträgen, NJW 1991, 2793ff.

Teske, Wolfgang; Anmerkung zum Urteil des OLG München vom 17.01.1991- 29 U 5325/90, ZIP 1991, 758ff.

Tiedtke, Klaus; Die Rechtsprechung des Bundesgerichtshofs zum Bürgschaftsrecht seit 1990, ZIP 1995, 521ff.

Timmerbeil, Sven; Der neue § 355 III BGB – ein Schnellschuss des Gesetzgebers?, NJW 2003, 569 f.

Tonner, Klaus; Das neue Fernabsatzgesetz- oder: System statt „Flickenteppich“, BB 2000, 1413ff.

Tonner, Klaus; Probleme des novellierten Widerrufsrechts: Nachbelehrung, verbundene Geschäfte, Übergangsvorschriften, BKR 2002, 856ff.

Tonner, Klaus/Brieske, Cornelia; Verbraucherschutz durch gesetzliche Kennzeichnungserfordernisse, BB 1996, 913ff.

Ulmer, Peter; Direktvertrieb und Haustürwiderrufsgesetz, WRP 1986, 445ff.

Ulmer, Peter/Habersack, Matthias; Verbraucherkreditgesetz, München 1992, (zitiert: *Ulmer/Habersack*)

Vogel, Christian; Vom Anlegerschutz zum Verbraucherschutz, Baden-Baden 2005, (zitiert: *Vogel*)

Wandt, Manfred/Ganster, Bastian; Die Rechtsfolgen des Widerrufs eines Versicherungsvertrags gem. § 9 VVG 2008, VersR 2008, 425ff.

Wassermann, Peter; Grundfälle zum Recht der Haustürgeschäfte, JuS 1990, 548ff.

Wesel, Uwe; Geschichte des Rechts, 3. Auflage, München 2006, (zitiert: *Wesel*)

Westphalen, Friedrich Graf v.; Die Novelle zum AGB- Gesetz, BB 1996, 2101ff.

Wildemann, Andree; „Heininger“ und das vergessene FernUSG – Immer noch gemeinschaftswidrige Erlöschensfrist bei Haustürgeschäften nach der Änderung des BGB durch das OLG-Vertretungs-änderungsgesetz –, VuR 2003, 90ff.

Witt, Carl-Heinz; Widerrufsbelehrung inklusive Information über Verbraucherrechte – Nichts Neues zur Musterbelehrung, NJW 2007, 3759ff.

Woitkewitsch, Christopher; Die Rechte des Verbrauchers beim Abonnementvertrag, MDR 2005, 371ff.

Wolters, Martin; Anmerkung zum Beschluss des OLG Stuttgart v. 02.10.2006 – 6 U 8/06, ZfIR 2007, 21ff.

Xu, Haoming; Zur Geschichte und zum Wesen des modernen Verbraucherschutzrechts, Münster 2002, (zitiert: *Xu*)

Zahn, Herbert; Leasingpraxis nach Inkrafttreten des Verbraucherkreditgesetzes, DB 1991, 2171ff.